交通运输职业技能等级评价教材

公路养护工

（专业实务）

交通运输部职业资格中心　组织编写

人民交通出版社

北　京

内 容 提 要

交通运输职业技能等级评价教材《公路养护工》由交通运输部职业资格中心组织编写，分为基础知识和专业实务两册。本书为专业实务分册，共分为五部分（五个等级），每部分（等级）分四至七章，包括路基养护、路面养护、桥涵养护、隧道养护、交通工程及沿线设施养护、管理与培训、技术创新与试验研究。

本书可作为公路养护工职业技能等级评价教材，也可供相关从业人员学习参考。

图书在版编目（CIP）数据

公路养护工. 专业实务 / 交通运输部职业资格中心组织编写. — 北京 : 人民交通出版社股份有限公司，2024. 8. —（交通运输职业技能等级评价教材）.
ISBN 978-7-114-19654-6

Ⅰ. U418

中国国家版本馆 CIP 数据核字第 2024SX1648 号

交通运输职业技能等级评价教材

书　　名：**公路养护工**（专业实务）
著 作 者：交通运输部职业资格中心
责任编辑：石　遥　刘永超　李　农
责任校对：赵媛媛　宋佳时
责任印制：刘高彤
出版发行：人民交通出版社
地　　址：（100011）北京市朝阳区安定门外外馆斜街 3 号
网　　址：http://www.ccpcl.com.cn
销售电话：（010）59757973
总 经 销：人民交通出版社发行部
经　　销：各地新华书店
印　　刷：北京市密东印刷有限公司
开　　本：787 × 1092　1/16
印　　张：29.5
字　　数：717 千
版　　次：2024 年 8 月　第 1 版
印　　次：2024 年 8 月　第 1 次印刷
书　　号：ISBN 978-7-114-19654-6
定　　价：110.00 元
（有印刷、装订质量问题的图书，由本社负责调换）

《公路养护工(专业实务)》

编写人员

主　　编：王福恒　崔凌秋

副 主 编：宋欣冈　欧阳伟

成　　员：彭东黎　熊延华　丁王飞　杨旭光　董雨明　李小军　吴佳晔　李郴娟　袁　芳　赵峥嵘　张兴梅　蔡亚玲　曹洧豪　秦　茜　张琳奇　吴增涛　韩昊煊

审定人员

主　　审：陈晓明

成　　员：杨庆振　申　莉　彭　建　谭志兵　贲　放　贾松涛　李光辉　孟　云　胡留党　李　玮

前言

随着我国交通基础设施大养护时代的到来,公路养护工作的重要性日益凸显,同时也对公路养护领域技术技能人才素质提出了更高要求。为适应公路养护行业发展需要,交通运输部职业资格中心依据《公路养护工国家职业标准(2024 年版)》,组织相关专家编写了《公路养护工(基础知识)》和《公路养护工(专业实务)》两本教材。

《公路养护工(专业实务)》有三个特点:一是兼备全面性和层次性。教材遵循由浅入深的设计原则,从初级的基本认知、基础养护工作到高级的创新应用,层层递进形成了一套完整系统的实操指南。二是突出实用性和创新性。教材精心选取并分析了交通运输部公路养护示范项目等多个工程实例,为读者展现了公路养护技术在数字化建设方面的成果,推动智慧养护与科学养护的创新应用。三是突出时效性和前瞻性。在行业绿色低碳转型发展的背景下,教材前瞻性地探索了公路养护技术在实现"双碳"目标中的创新应用,旨在激发读者的创新思维并提升其解决实际工程问题的能力。

《公路养护工(专业实务)》共分为五部分(五个等级),每部分(等级)分四至七章。其中,第一章由彭东黎、袁芳、张琳奇编写;第二章由丁王飞、董雨明、张兴梅、吴增涛编写;第三章由杨旭光、李小军、秦茜编写;第四章由熊延华、赵峥嵘编写;第五章由崔凌秋、李郴娟、蔡亚玲、韩昊煊编写;第六章由崔凌秋、宋欣冈编写;第七章由吴佳晔编写。本教材由王福恒、崔凌秋、宋欣冈、曹洧豪统稿。

本教材在编写和审定过程中,得到了贵州交通职业大学、江西交通职业技术学院、湖南交通职业技术学院、重庆建筑工程职业学院、南京交通职业技术学院、山东公路技师学院、四川交通职业技术学院、辽宁省交通运输事务服务中心、中交基础设施养护集团有限公司、中铁建安工程设计院有限公司、河南交通投资集团有限公司、江西省交通投资集团有限责任公司、吉林省高速公路集团有限公司、贵州省公路建设养护集团有限公司、辽宁交投公路科技养护有限责任公司、广东省公路管理局科技教育中心、中路交科(北京)交通咨询有限公司、贵州黔通安达工程咨询有限公司、四川升拓检测技术有限公司等单位的大力支持,在此表示感谢!

本教材在编写过程中,虽经反复推敲,仍难免存在纰漏,敬请广大读者批评指正。

交通运输部职业资格中心
2024 年 8 月

目录

第一部分　五级/初级工

第二部分　四级/中级工

第三部分　三级/高级工

第四部分　二级/技师

第五部分　一级/高级技师

第一部分

五级/初级工

第一章

路基养护

(1)能够识别路基的各种病害。

(2)能够进行路基日常检查和日常保养作业。

(3)能够进行路基各种轻度损坏的维修养护作业。

(4)能够进行路基既有防护及支挡结构物轻度病害处治。

第一节　路基养护基本规定

一、路基养护管理要求

(1)路基养护应包括日常养护和养护工程。日常养护应包括日常巡查、日常保养和日常维修;养护工程应包括预防养护、修复养护、专项养护和应急养护。

(2)路基养护工作对象应包括公路用地范围内的路肩、路堤与路床、边坡、既有防护及支挡结构物、排水设施、特殊路基等。

(3)路基养护工作内容应包括路况调查与评定、养护决策、日常养护、养护工程设计、养护工程施工、养护工程质量验收、跟踪观测和技术管理。

(4)路况调查与评定应包括病害调查、技术状况评定、安全性评估等内容。应定期进行路基病害调查、技术状况检测与评定,并对存在较大病害隐患路基的安全性进行评估。

(5)应结合公路信息化建设,建立健全路基管理系统,并及时更新路基基础资料、检测评定与定点监测数据、安全性评估结果等信息。

(6)应按公路养护科学决策的工作制度与方法,编制路基养护规划与年度计划。

(7)路基日常维修、预防养护、修复养护和专项养护应加强质量管理,严格施工过程质量控制,落实日常养护考核和养护工程验收制度。

(8)养护工程验收质量检验评定标准应符合公路养护工程质量检验评定的有关规定。

(9)路基日常维修、预防养护、修复养护和专项养护宜进行跟踪观测,综合评判实施效果,并做好技术总结。

(10)路基养护工作内容实施过程的技术档案应进行管理与归档。

(11)路基养护作业安全应符合现行《公路养护安全作业规程》(JTG H30)和《公路工程施工安全技术规范》(JTG F90)的有关规定。

二、路基养护质量要求

1.路肩养护应满足下列质量要求

(1)表面密实平整、清洁、无杂物、无杂草。

(2)路肩宽度符合设计要求,边缘顺直、无缺损。

(3)横坡符合设计要求,与路面衔接平顺,不阻挡路面排水。

(4)路缘石完好、无缺损。

2.路堤与路床养护应满足下列质量要求

(1)无明显不均匀沉陷。

(2)无开裂滑移。

(3)无冻胀、无翻浆。

3.边坡养护应满足下列质量要求

(1)坡面平整,无冲沟、无松散、无杂物。

(2)坡度符合设计要求。

(3)边坡稳定。

4.既有防护及支挡结构物养护应满足下列质量要求

(1)无沉陷、无开裂、无移位,沉降缝、伸缩缝完好。

(2)表面平整、无脱空。

(3)排水孔无堵塞、无损坏。

5.排水设施养护应满足下列质量要求

(1)无杂物、无淤塞、无冲刷。

(2)纵坡适度、排水畅通。

(3)进出口状况完好、无积水。

三、养护工程分类

1.预防养护

预防养护是对存在病害隐患、暂未影响正常运营的路基及其附属结构物,以预防病害隐患过快发展、提高安全运行为目标,进行的主动性养护工程。

(1)应贯彻路基预防养护理念,遵循“预防为主、主动施策”的原则。

(2)对路基存在病害隐患的路段应实施定点观测或监测,及时掌握病害发展趋势,并根据定点观测或监测结果,确定预防养护时机。

(3)应在确定预防养护时机的基础上,根据路基病害隐患特点及发展趋势等,确定预防养护措施。

(4)对路基预防养护工程进行一阶段施工图设计。技术简单的预防养护工程可采用技术方案设计,并按技术方案组织实施。

2. 修复养护

修复养护是在路基出现明显病害或部分丧失服务功能的情况下,以恢复良好的路基状况为目标,进行的维修加固性养护工程。

(1)应及时对路基病害进行维修加固,实施修复养护工程。

(2)对路基修复养护工程进行一阶段施工图设计,或技术设计和施工图设计两阶段设计。

3. 专项养护

专项养护是为恢复、保持或提升路基服务功能而集中实施的路基维修、加固、专项处治、灾后恢复等养护工程。

4. 应急养护

应急养护是在突发情况下,路基严重损坏或损毁,并危及或已造成交通中断,以快速恢复安全通行能力为目标,进行的应急性抢通、保通和抢修养护工程。

第二节 路基检查

一、路基病害类型

路基病害可分为路肩病害、路堤与路床病害、边坡病害、既有防护及支挡结构物病害、排水设施病害五类。

1. 路肩病害可分为路肩或路缘石缺损、阻挡路面排水、路肩不洁三类

(1)路肩或路缘石缺损,指路肩一侧宽度小于设计宽度 10cm 及 10cm 以上,路肩出现 20cm × 10cm(长度 × 宽度)以上的缺口,路缘石丢失、损坏、倾倒或路缘石与路面脱离透水等。路肩或路缘石缺损如图 1-1-1 所示。

(2)阻挡路面排水,指路肩高于路面,造成路面排水不畅。

(3)路肩不洁,指路肩有堆积杂物、未经修剪且高于 15cm 的杂草,如图 1-1-2 所示。

图 1-1-1 路肩或路缘石缺损

图 1-1-2 路肩不洁

2. 路堤与路床病害可分为杂物堆积、不均匀沉降、开裂滑移、冻胀翻浆四类

(1)杂物堆积,指人为倾倒的垃圾和秸秆等杂物的堆积。

(2)不均匀沉降,指路基出现大于4cm的差异沉降,或大于5cm/m的局部沉陷,如图1-1-3所示。

(3)开裂滑移,指沿路基纵向出现弧形开裂,路基产生侧向滑动趋势,如图1-1-4所示。

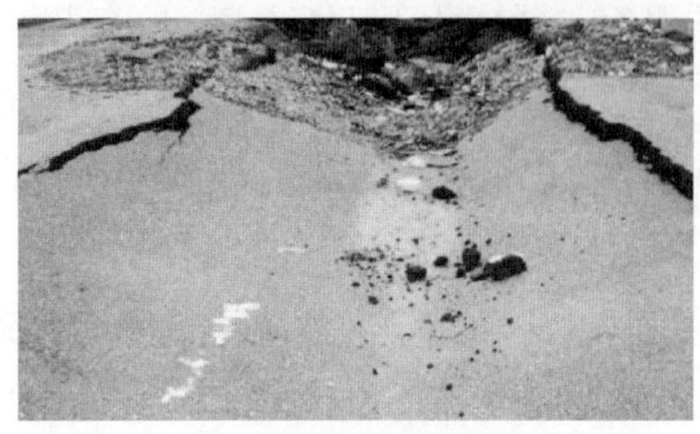
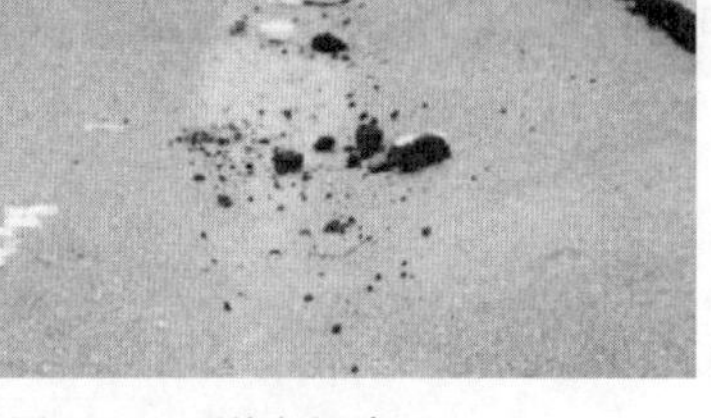

图1-1-3　不均匀沉降

图1-1-4　开裂滑移

(4)冻胀翻浆,指季节性冰冻引起的路面隆起、变形,春融或多雨地区的路基在行车荷载作用下造成路面变形、破裂、冒浆等,如图1-1-5所示。

3. 边坡病害可分为坡面冲刷、碎落崩塌、局部坍塌、滑坡四类

(1)坡面冲刷,指由雨水冲刷坡面形成深度10cm以上的沟槽(含坡脚缺口),如图1-1-6所示。

图1-1-5　冻胀翻浆

图1-1-6　坡面冲刷

(2)碎落崩塌,指路堑边坡因表层风化等产生的碎石滚落、局部崩塌等。

(3)局部坍塌,指因边坡表面松散破碎或雨水冲刷而引起的坡面滑塌,如图1-1-7所示。

(4)滑坡,指边坡发生整体剪切破坏引起的坡体下滑,或有明显水平位移,如图1-1-8所示。

图1-1-7　局部坍塌

图1-1-8　滑坡

4. 既有防护及支挡结构物病害可分为表观破损、排(泄)水孔淤塞、局部损坏、结构失稳四类

(1)表观破损,指勾缝或沉降缝损坏、表面破损、钢筋外露和锈蚀等。

(2)排(泄)水孔淤塞,指排(泄)水孔被杂物堵塞,造成排水不畅。

(3)局部损坏,指局部出现的基础淘空、墙体脱空、脱落、鼓肚、轻度裂缝、下沉等,如图1-1-9所示。

(4)结构失稳,指结构物整体出现的开裂、倾斜、滑移、倒塌等,如图1-1-10所示。

图1-1-9　局部损坏

图1-1-10　结构失稳

5. 排水设施病害可分为排水设施堵塞、排水设施损坏、排水设施不完善三类

(1)排水设施堵塞,指排水设施内有杂物、垃圾、淤积等,造成排水不畅或设施堵塞,如图1-1-11所示。

(2)排水设施损坏,指排水设施出现勾缝严重脱落,排水沟、截水沟、急流槽等设施破损,如图1-1-12所示。

图1-1-11　排水设施堵塞

图1-1-12　排水设施损坏

(3)排水设施不完善,指排水设施缺失、未与外部排水系统有效衔接,造成排水不畅通。

二、路基病害调查

1. 路基养护检查方式与技术

开展公路养护检查是基层养护单位法定性、经常性的工作,而养护人员数量不足、工作量

繁重等综合原因致使固有的养护检测略显低效,模式也日趋僵化。公路养护检测工作在新形势下,迫切需要以信息化手段和方法提高工作效率。

当前高速公路路基的养护检查,主要依靠养护人员驾车或人工步行进行。驾车检查速度较快,但容易遗漏缺陷病害,检查精细度不足;人工步行检查能满足检查精细度要求,但检查速度很慢,且每月定期巡查均需大量人工进行,工作效率低下,并具有一定的安全隐患。

无人机技术的发展与推广,为更加快速准确、降本增效地开展公路养护性检测工作提供了一种新的思路;特别是在山区高填方、高挖方路段,使用无人机代替人工进行路基养护检查,既可大大提高工作效率,检测人工难以达到的检查部位,又可规避检查工作的安全风险。

2. 路基病害调查一般规定

(1)路基病害调查应以1000m路段长度为一个基本单元,不足1000m按一个基本单元计,并对上、下行方向分别调查,与路面病害调查的基本单元划分相一致。

(2)路基病害调查可采用人工调查与设备检测相结合的方式,采集路基病害信息。

(3)路基病害定点监测应符合下列规定:

①对存在较大病害隐患的路段,应根据需求安设监测设备,采用测量仪器、探测工具等定期采集路基相关数据信息,对路基病害的发生原因和发展趋势进行判断。

②路基病害监测的主要内容应包括路基沉降量、边坡侧向位移量及裂缝宽度、既有防护及支挡结构物的裂缝宽度及位移。

第三节　路基保养维修

一、日常巡查

(1)应在公路养护日常巡查工作制度中明确路基日常巡查工作内容。

(2)路基的日常巡查可分为一般巡查和专项巡查。

(3)路基的一般巡查频率每周不宜少于一次,遇特殊气候、突发灾害等情况,应适当增加巡查频率。一般巡查可用目测方式,也可用目测与量测相结合的方式,应包括下列主要工作内容:

①检查路肩是否存在缺损、阻挡排水,是否存在杂草、杂物。

②检查路堤是否存在杂物堆积,是否存在沉陷、冻胀翻浆。

③目测边坡是否存在冲刷、缺口,坡面是否存在杂草、杂物,坡体是否存在松动、碎落崩塌、局部坍塌。

④检查既有防护及支挡结构物是否存在表面破损、勾缝脱落、杂草、杂物,是否存在排(泄)水孔堵塞,是否存在局部损坏。

⑤查看排水设施是否存在堵塞、破损等。

(4)路基的专项巡查应主要对高边坡、既有防护及支挡结构物、排水设施等的病害进行实地察看与量测,做好路基专项巡查记录,并应符合下列规定:

①路基的专项巡查应在年度公路网级的路基技术状况调查基础上,每半年进行一次。

②对最近一次路基技术状况指数 SCI 或任一分项指标评定为“次、差”的路段,其专项巡查频率每月不得少于一次。

(5)路基专项巡查应包括下列主要工作内容:

①察看边坡坡顶和坡面是否存在裂缝以及裂缝的发展情况;边坡坡面是否存在岩体风化松散、局部坍塌、滑坡。

②检查既有防护及支挡结构物是否存在结构变形、滑移、开裂;基础是否存在积水、冲刷、空洞等。

③查看排水设施的排水是否通畅、有效,是否损坏、不完善。

二、日常保养

路基日常保养应包括下列主要工作内容:

(1)整理路肩,修剪路肩杂草,清除路肩杂物。

(2)整理坡面,缺口培土,修剪坡面杂草,清除坡面杂物。

(3)清除护坡、支挡结构物上的杂物,疏通排(泄)水孔。

(4)清理绿化平台、碎落台上的杂物。

(5)疏通边沟、截水沟、集水井、泄水槽等排水设施。

(6)修整中央分隔带路缘石,清除杂物、杂草,清理排水通道。

三、日常维修

(1)应根据路基技术状况评定与日常巡查记录结果,按月度或季度编制日常维修工作计划。

(2)日常维修应包括下列主要工作内容:

①修补路基缺口,整修路缘石,修整路肩坡度,处理路肩的轻微病害。

②清理边坡零星塌方,修补坡面冲沟,修理砌石护坡、防护网、绿植等坡面防护工程的局部损坏。

③修理既有防护及支挡结构物的表观破损和轻微的局部损坏。

④整修绿化平台、碎落台。

⑤局部开挖边沟、截水沟等,铺砌、修复排水设施等。

四、路肩养护

路肩是路基的组成部分,其功能是保护路面边缘,供行人和非机动车通行,也可供临时停车和错车之用。造成路肩病害的主要因素是水的作用,因此路肩养护与维修工作的重点就是减少或消除水对路肩的危害。土路肩如图 1-1-13 所示,碎石硬化路肩如图 1-1-14 所示。

图 1-1-13 土路肩

图 1-1-14 碎石硬化路肩

1. 路肩的作用

(1)保护路面。

(2)临时停车。

(3)提供侧向余宽,引导视线,增加行车的安全性和舒适性。

(4)增加挖方路基弯道地段的视距。

(5)为设置交通安全设施或养护作业提供工作场地。

2. 路肩养护的要求

(1)表面无车辙、坑洼、隆起、沉陷、缺口。

(2)横坡适度,边缘顺适。

(3)与路面接茬平顺。

3. 路肩养护和维修工作内容

必须经常保持有适当的平整顺适的横坡,以迅速排除路面范围内的地面水。硬路肩横坡与同类型路面横坡相同;土路肩或草皮路肩的横坡应比路面横坡大 1% ~2%,以利于排水。

土路肩上出现的车辙、坑洼以及因行车道罩面、加铺保护层而造成的错台现象,必须及时排除积水、清理淤泥,并用与原路肩相同的土填平夯实,恢复原有状态。路肩过高妨碍路面排水时,应铲削整平,达到合乎规定的坡度。路肩外侧边缘由于流水冲刷,或牲畜踩踏、车轮碾压形成缺口时,应及时修补,使其保持整齐顺适。可结合实施具有中国特色的公路标准化、美化建设工程(GBM 工程),用石块、水泥混凝土预制块铺砌(或现浇)宽度不小于 20cm 的路肩边缘带(护肩带),从而既保护路肩,又美化路容。

4. 保持路肩整洁的方法

(1)保持硬路肩的整洁。

加强日常巡查,发现路肩上出现杂物,应及时清扫,以保持路肩的整洁。清扫路肩时应洒水,避免造成扬尘污染。

①清扫泥土、杂物。

②排除积水、积雪、积冰、积沙。

③拦水带(路缘石)的刷白、修理。

(2)保持土路肩的整洁。

①土路肩上出现的车辙、坑洼,用与原路肩相同的土填平夯实,恢复原有状态。

②雨后必须及时排除积水、清理淤泥,以保持路肩的整洁。

③对于植草皮或利用天然草加固的路肩,定期进行维护和修剪,草高不得超过15cm,并随时清除杂草和草丛中积存的泥沙杂物,以利于排水,保持路容美观。

(3)路肩上严禁种植农作物和堆放任何杂物。

对于养路材料,应在公路以外相连路肩之处,根据地形情况,选择适宜地点,设置堆料台,堆料台的间距以200~500m为宜。

5.处理路肩坑洼、隆起、塌陷的方法

(1)土路肩车辙、坑槽的处理。

土路肩上出现车辙、坑洼、坑槽等病害时,必须及时排除积水、清理淤泥,并用与原路肩相同的土填平夯实,恢复原有状态。

①修补材料。

用与原路肩相同的土或良好的砂性土。砂性土或粉性土地段,应掺拌黏性土加固表面,以提高路肩的稳定性。

②修补方法:

a.清除杂草,刨松表面。

b.用填补材料摊铺压实,使填补层与原路肩结合牢固。

c.填补厚度大于0.15m时,应分层夯压密实。

d.土路肩隆起,妨碍路面排水,应铲削整平。

(2)填土路基路肩塌陷的修理。

①用级配较好的砂砾土,或塑性指数满足要求的亚黏土。

②对于小型路肩塌陷缺口,用黏性良好的土修补夯实。

③对较大的塌陷缺口,修理时应先进行清理,将路肩上出现病害的部分的土挖去,再分层填筑夯实。回填时,挖补面积要扩大,且逐层挖成台阶状,由下往上,逐层填筑,压实度达到路基施工质量要求。

五、边坡病害处治

1.一般规定

(1)边坡病害处治应保证坡面与坡体稳定,并应根据实际情况计算确定原支护结构的有效抗力。

(2)当出现坡面冲刷、岩体碎落崩塌、边坡局部滑塌、滑坡等病害时,应及时采取相应的技术措施进行维修加固。

(3)应根据边坡岩土体条件、病害类型及严重程度、地下水类型及埋藏深度、降水量、施工可行性,经比选后确定合理的养护技术。常用处治措施可参照表1-1-1选用。

边坡养护处治措施　表 1-1-1

边坡病害类型	处治措施							
	坡面防护	沿河路基冲刷防护	挡土墙	锚固	抗滑桩	削方减载	堆载反压	棚洞
冲刷	√	√	×	×	×	×	×	×
碎落崩塌	√	×	△	×	×	×	×	√
局部坍塌	△	△	√	×	×	√	×	×
滑坡	△	×	√	√	√	△	△	×

注:√-推荐,△-可选,×-不推荐。

2. 路基防护与加固分类

(1)坡面防护。保护路基边坡表面,以防受到自然因素的破坏(雨水冲刷、干湿及冷热循环作用,以及表面风化等)。

(2)冲刷防护(堤岸防护与加固)。主要使沿河路堤不致受到水流的冲刷、淘空和浸软。

(3)支挡建筑。指各类挡土墙,主要用以防止路基变形或支挡路基本体以保证其稳定性。

3. 坡面防护

公路边坡养护是公路养护的重要组成部分,是保障路基稳定的关键。边坡养护是为了保护路基边坡免受雨水冲刷、减缓温差与温度变化对边坡的影响,防止边坡岩土表层的风化破碎,保护路基稳定。坡面生态防护是采用植物防护和工程防护相结合的防护方法。坡面防护包括植物防护、工程防护和综合防护。

坡面防护主要类型及适用条件宜符合表 1-1-2 的规定。

坡面防护主要类型及适用条件　表 1-1-2

防护类型	亚类	适用条件
植物防护	植草或喷播植草	可用于坡率不陡于 1:1 的土质边坡防护。当边坡较高时,植草可与土工网、土工网垫结合防护
	铺草皮	可用于坡率不陡于 1:1 的土质边坡或全风化、强风化的岩石边坡防护
	种植灌木	可用于坡率不陡于 1:0.75 的土质、软质岩石和全风化岩石边坡防护
	喷混植生	可用于坡率不陡 1:0.75 的砂土、碎石土、粗粒土、巨粒土及风化岩石边坡防护,边坡高度不宜大于 10m
工程防护	喷护	可用于坡率不陡于 1:0.5 的易风化但未遭强风化的岩石边坡防护
	挂网喷护	可用于坡率不陡于 1:0.5 的易风化、破碎的岩石边坡防护,高速公路、一级公路和环境景观要求高的公路不宜采用
	干砌片石护坡	可用于坡率不陡于 1:1.25 的土质边坡或岩石边坡防护
	浆砌片石护坡	可用于坡率不陡于 1:1 的易风化的岩石和土质边坡防护
	护面墙	可用于坡率不陡于 1:0.5 的土质和易风化剥落的岩石边坡防护
综合防护	骨架植物防护	可用于坡率不陡于 1:0.75 的土质和全风化、强风化的岩石边坡防护

(1)铺草皮。

铺草皮防护适用于坡面缓于1∶1,且需要迅速绿化的土质边坡,以及边坡坡度为1∶1～1∶2的严重风化的软质岩石边坡。

铺草皮有多种方法,主要有平铺、竖铺和网格式铺筑,如图1-1-15所示。

铺砌草坪用的草块及草卷应规格一致,边缘平直,杂草不得超过5%;草块土层厚度宜为3～5cm,草卷土层厚度宜为1～3cm。

(2)种植灌木。

灌木防护既适用于坡面缓于1∶0.75的路基边坡,也适用于在堤岸边的河滩上,用以降低流速,促使泥沙淤积,防止水流直接冲刷路堤,如图1-1-16所示。但高等级公路边坡上严禁种植乔木。

图1-1-15　铺草皮防护边坡

图1-1-16　草灌结合防护边坡

六、防护与加固工程养护

(一)处理路基小塌方

路基塌方,是常见的路基边坡病害,也是公路水毁的普遍现象。按破坏规律和病害成因的不同,路基塌方大致可分为剥落、碎落、滑塌及坍塌等。

1.路基边坡塌方原因

(1)路基边坡过陡。

(2)路基施工方法不当,如路基施工时大爆破震松了山石。

(3)雨水或地下水导致土体过于潮湿。

(4)路基边坡坡脚被水冲刷。

(5)路肩边坡岩石破碎、风化严重。

2.处理方法

(1)加强日常养护。

①对于石质路堑边坡,应经常观察坡面岩石风化情况,以及危岩、浮石的变动,发现问题,及时采取适当的措施处理,如清除、抹面、喷浆、勾缝、嵌补、锚固等,避免危及行车、行人安全和堵塞边沟,影响排水。

②对于填土路堤边坡上形成的冲沟和缺口，应及时用黏结性良好的土修补拍实。对较大的冲沟和缺口，修理时应将原边坡挖成台阶形，然后分层填筑压实，并注意与原坡面衔接平顺。

③随时清理路基塌方。

④严禁在边坡上及路堤坡脚、护坡道上挖土取料或种植农作物。

(2)整修边坡。

经常保持路基边坡有适宜的坡度。坡面保持平顺、坚实无冲沟，其坡度符合设计规定。

(3)边坡加固。

①土质边坡可采用种草、铺草皮等方法加固。开采石料方便的地方，可做成干砌片石护坡加固，如图1-1-17所示。

②软硬岩石交错的边坡，将软硬岩层用水泥砂浆抹面。抹面前先将风化岩石层清除，挖出新鲜岩面，并将岩体坑洼嵌补平齐。

③对于易风化的路堑边坡软质岩层，可修建干砌片石或浆砌片石护面墙，如图1-1-18所示。

图1-1-17　干砌片石护坡

图1-1-18　浆砌片石护面墙

④修建挡土墙，如图1-1-19所示。

(4)增建排水设施。

在容易发生塌方或已经发生塌方的路段，可修建截水沟、排水沟等排水设施，把冲刷路基的水流引至路基范围以外的沟渠中排出，如图1-1-20所示。

图1-1-19　浆砌片石挡土墙

图1-1-20　截水沟

（二）处理边坡、碎落台、护坡道局部损坏

1. 未防护加固的路基边坡、碎落台的日常维修

（1）路堑边坡、碎落台的日常养护与维修。

①应经常观察路堑，特别是深路堑边坡的稳定情况，注意发现边坡病害。

②当土路堑边坡出现冲沟时，应及时用黏土将土填塞捣实。

③发现危岩、浮石，及时处理、清除。

④如出现潜流涌水，可开沟隔断水源，将水引至路基以外。

⑤及时清理路堑边坡的碎落和坍塌堆积物。

（2）路堤边坡、护坡道的日常维护。

①对于填土路堤边坡上形成的冲沟和缺口，应及时用黏结性良好的土修补拍实。

②对较大的冲沟和缺口，修理时应将原边坡挖成台阶形，然后分层填筑压实，并注意与原坡面衔接平顺。

碎落台、护坡道在路基中的位置如图 1-1-21 所示。

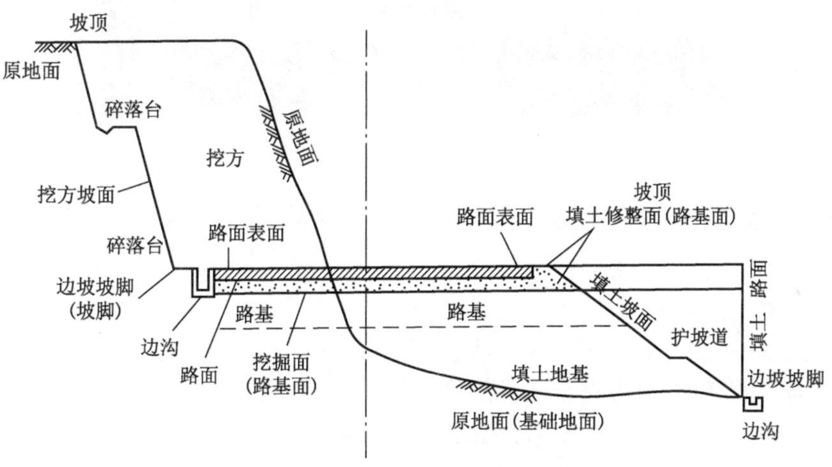

图 1-1-21　碎落台、护坡道在路基中的位置

2. 已防护加固的边坡、碎落台、护坡道局部损坏的修理方法

（1）植物防护。

①应经常检查植被的发育状态，对未成活植被应及时补种。三维植被网防护如图 1-1-22 所示。

②草皮护坡根部有局部冲空现象，用黏土填塞捣实。

图 1-1-22　三维植被网防护

（2）砌石防护。

①护坡石块有松动现象，干砌护坡用小石块嵌紧，浆砌护坡用小石块嵌紧后用砂浆勾缝。

②局部脱落，用石块填补、嵌紧、勾缝。

③泄水孔有堵塞,及时疏通。

(3)抛石加固边坡。

抛石有空缺或冲失,应及时添补填实,或选用大块石压铺在表面。

(4)石笼加固边坡。

①笼框、铁丝出现腐蚀或断开,应及时修理笼框、填满石块。

②填石有脱落现象,应予以填满,封闭笼框。

抛石和石笼防护如图 1-1-23 所示。

图 1-1-23　抛石和石笼防护

(三)挡土墙养护

1. 基本要求

(1)对挡土墙应加强检查,发现病害应查明原因,并观察其发展趋势,采取相应的修复、加固等措施;当损坏严重时,可考虑全部或部分拆除重建。

(2)应保持挡土墙的泄水孔畅通,定期检查和维修,清理伸缩缝、沉降缝,使其正常发挥作用。

(3)重建或增建挡土墙,应根据公路所在地区地形及水文地质等条件合理选择挡土墙类型。

2. 主要病害

(1)表面破损。表面破损主要是指浆砌片(块)石或预制砌块破碎松动、砂浆脱落,如维修不及时,使雨水冲刷下渗,致大面积散失、脱空和剥落,使得挡土墙的支挡作用降低甚至丧失。

(2)墙背填土沉陷变形。这是一种比较普遍的严重病害,由于填料选择不当,加之施工压实不足,在墙背排水不利的情况下,地表径流汇集、雨水下渗,在潜蚀作用下引起沉陷变形。

(3)泄水孔堵塞。挡土墙中设置合理的泄水孔,有利于排除墙背填土积水,降低孔隙水压力,维持其稳定性。但由于施工质量问题,如反滤层设置不合理或泄水孔施工不符合要求等,在使用过程中随水流的作用,可使泄水孔的排水通道被细颗粒材料堵塞,从而形成墙背填土积水,容易导致冻胀、湿陷、滑塌等严重病害的产生。挡土墙墙背填土沉陷变形如图 1-1-24 所示。

(4)基础冲刷。处于暴雨集中、雨水冲刷严重的地段或沿河、沿冲沟地段的挡土墙,常因雨水急速局部冲刷基础,使底部材料被形成的涡流冲蚀、卷起带走,随着冲刷深度和范围的增大,导致基础脱空,如不及时处理,则会进一步导致结构物失稳破坏。挡土墙基础冲刷路面出现漏斗如图1-1-25所示。

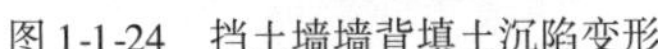

图1-1-24　挡土墙墙背填土沉陷变形

图1-1-25　挡土墙基础冲刷路面出现漏斗

(5)沉降缝、伸缩缝破损变形。它主要是指沉降缝、伸缩缝在施工中未按要求完全封闭、位置设置不合理或设置数量不足,从而在自然因素和人为因素作用下,导致缝被颗粒材料填充、变形量不足而被挤裂或拉开。

3.伸缩缝和泄水孔养护

(1)伸缩缝养护。

伸缩缝要经常养护,清除缝内沉积物,扭紧螺栓,使其发挥正常作用。日常养护中应定期检查、清理和维修。

(2)泄水孔养护。

挡土墙的泄水孔应经常保持畅通。泄水孔如有堵塞,应及时疏通。如无法疏通,另行选择适当位置增设泄水孔,或在墙背后沿挡土墙加做墙后排水设施,一般可增设盲沟将水引出路基以外,以防止墙后积水,引起土压力增加,造成土壤膨胀,将挡土墙挤裂、推倒。挡土墙伸缩缝和泄水孔如图1-1-26所示。

(3)风化表面养护。

当挡土墙表面出现风化剥落时(图1-1-27),应将风化表层凿除,喷涂水泥砂浆保护层,防止剥落恶化;当风化剥落严重时,应将风化部分拆除重砌。

图1-1-26　挡土墙伸缩缝和泄水孔

图1-1-27　挡土墙表面风化剥落

七、路基边坡绿化养护

(1)公路绿化养护应加强日常养护、预防养护和定期维护工作,对植物应适时灌溉、排涝、施肥、中耕除草、整形修剪、补植和改植,并应加强病虫害日常防治等工作。

(2)植物灌溉应根据绿地的土壤质地、土壤肥力、天气情况和植物的生理需水量等,确定灌溉时间和灌溉量。当雨后绿地出现积水时,应及时排出积水,对经常性积水的绿地,宜增设排水设施。

(3)植物施肥应根据绿地土壤肥力、季节及植物生理需肥特点等合理进行。

(4)植物整形修剪应结合植物的生物学特性、生态习性、景观需求和树木健康管理要求等,适时适量进行。当路侧乔灌木影响建筑限界和路侧安全净空,遮挡视距、标志,或与路灯、架空线及其他变电设备等安全距离不足时,应及时修剪、清除或改植。植物修剪如图1-1-28、图1-1-29所示。

图1-1-28 人工修剪植物

图1-1-29 机械修剪植物

(5)病虫害防治应加强日常巡查、定期检疫和预报工作,发现疫情应及时处置。病虫害防治宜采用生物防治和物理防治为主,化学药剂防治为辅的方法。采用化学药剂防治时,不应使用有机磷类药剂。

(6)缺失植物的补植和改植应符合下列规定:

①当草皮生长不良导致边坡或边沟防护不足时,应及时补植、复壮或改植。

②植物枯死时,应及时清理,并在适宜季节补植或改植。

③植物补植或改植宜采用原有物种,不得引入外来物种。

④必要时应对栽植土进行补缺或更换。

(7)公路绿化养护应加强自然灾害防治工作,在灾害性天气来临前,应提前采取防御措施;灾害性天气期间,应加强巡查和针对性管理等工作;灾害性天气之后应及时做好清理和补植等工作。

第四节　排水设施保养维修

一、一般规定

(1)应及时疏通、修复既有排水设施,保证其功能完好、排水畅通。

(2)应根据实际情况,做好路基排水设施与路面、桥隧等排水设施的衔接,形成较完善的排水体系。排水设施不能满足使用要求时,应适时增设完善。

(3)在保证边沟排水的前提下,可采取改进断面形式、增设盖板等措施提高路侧安全性。

(4)沿河路段应增设导水、拦水设施,减小客水对路基的影响。在有路面水集中冲刷边坡的路段,可增设集中排水设施。

(5)低填、浅挖路基以及排水困难地段,应采取防、排、截相结合的综合排水措施,拦截进入路界的地表水,排除路基内自由水。

二、路基排水的目的及排水设施

路基排水系统能否正常工作,直接影响到路基的稳定性。因此,加强对各排水设施的日常养护与维修,是确保路基稳定的关键环节。

(1)地表排水设施通常有边沟、截水沟、排水沟、跌水及急流槽、拦水带等。

(2)地下排水设施通常有暗沟、明沟、盲沟、管式渗沟、洞式渗沟及防水隔离层等。

三、疏通路基边沟的方法

(1)在春融前,特别是汛前,应全面对边沟、截水沟,以及暗沟(管)等排水设施进行检查疏浚。

(2)雨中上路巡查,及时清除堵塞,疏导水流,保持水流通畅,防止雨水集中冲坏路堤。

(3)暴雨后应进行重点检查,如有冲刷、损坏,需及时修理加固,如有堵塞应立即疏通。

(4)对土质边沟,应经常保持符合设计断面,满足排水要求,并要特别注意排水口的设置和排水畅通。沟底应保持不小于0.5%的纵坡,在平原地区排水有困难的路段,纵坡不宜小于0.3%。边沟内不能种庄稼,更不能利用边沟做排灌渠道。边沟外边坡也应保持一定的坡度,以防坍塌,阻塞边沟。

四、疏通地下排水设施的方法

(1)暗管堵塞时,宜采用刮擦法、冲洗法、真空吸附法等方法进行疏通。

(2)暗管排水进出口应定期清除杂草和淤积物。检查井和竖井式暗管门应盖严,发现损坏或丢失应及时换补。

(3)暗管排水量达不到排水要求时,应进行改建,暗管的直径应根据排水量确定。

(4)边沟排水暗管由于边坡位移等原因发生变形开裂时,应及时采取加固或更换措施。

五、对损坏的排水设施进行加固的方法

在养护工作中,要针对现有排水系统不完善的部分逐步加以改进、完善,充分发挥各种排水设施的功能。如对有积水的边沟,应将水引至附近低洼处;对疏松土质的沟渠,需结合地形、地质、纵坡、流速等实际情况,综合考虑加固。具体加固方法及其要求可参见路基工程。

如发现渗沟、盲沟出水口处长草、堵塞,应进行清除和冲洗;对渗沟应经常检查疏浚,以保证管内水流通畅;如发现反滤层淤塞失效,则应翻修,并剔除其中较小颗粒的砂石,以保证其孔隙,便利排水;如位置不当,则应另建渗沟或盲沟。

使用针刺无纺布作反滤层是一项新技术。针刺无纺布的规格可选用 200 ~ 300g/m^2。选用时,应注意无纺布的有效孔径要小于渗流中黏粒的粒径。

排水设施加固方法参考表 1-1-3,排水设施加固与沟底纵坡的关系参考表 1-1-4。

排水设施加固方法 表 1-1-3

形式	加固方法	加固层厚度(mm)
简易式	土沟夯实	20 ~ 30
	水泥砂浆抹平	20 ~ 30
	石灰三合土抹平	30 ~ 50
	黏土碎(砾)石加固	100 ~ 150
	石灰三合土碎(砾)石加固	100 ~ 150
干砌式	干砌片石	150 ~ 250
	干砌片石水泥砂浆抹平	150 ~ 250
浆砌式	浆砌片石	150 ~ 250
	浆砌混凝土预制块	60 ~ 100
	砌砖	单砖或一砖半

排水设施加固与沟底纵坡的关系 表 1-1-4

沟底纵坡(%)	<1	1 ~ 3	3 ~ 5	5 ~ 7	>7
加固类型	不加固	土质好不必加固 土质不好,简易加固	干砌	干砌或浆砌	浆砌

铺砌排水设施的方法

1. 排水设施的铺砌类型及适用范围

沟渠加固类型及适用范围参考表 1-1-5。

沟渠加固类型及适用范围 表 1-1-5

铺砌类型	适用范围
单层干砌片石	适用于无防渗要求,流速大于 2m/s 的沟渠
单层栽砌卵石	适用于无严格防渗要求,且流速介于 2 ~ 2.5m/s 以内的沟渠防冲刷加固
浆砌片石	适用于沟内水流速度较快,且防渗要求较高的水沟加固

2. 单层干砌片石加固施工要点

(1)沟内平均流速在 2 ~ 3.5m/s 时,干砌片石尺寸可选用 0.15 ~ 0.25m;当流速大于 4.0m/s时,应采用急流槽或增加跌水。当沟壁沟底为细颗粒土时,应加设碎(砾)石垫层,其厚度在 0.10 ~ 0.15m 范围内。

(2)碎(砾)石垫层石料粒径在 550mm 的质量应占总质量的 90% 以上。

(3)片石间隙应用硬碎石填塞紧密。片石大面应砌向表面,以减少表面粗糙度。

3. 单层栽砌卵石施工要点

(1)沟槽开挖后,沟壁沟底为细颗粒土时,应加设砾石垫层,要求选用平均粒径在 24mm 范围内的干净砾石。

(2)所用卵石要求质地坚硬,粒径在 0.15 ~ 0.25m 范围内。

(3)施工时,一般应先砌沟底,后砌沟壁,从上向下逐层砌筑。砌筑可自下而上逐步选用较小的卵石,最上一层则用较长卵石平放并封顶压牢。栽砌卵石加固沟渠如图 1-1-30 所示。

(4)所有卵石均应栽砌,大头朝下,相互紧靠。每行卵石需大小均匀,两排之间保持错缝。卵石之间的孔隙,用小石填塞紧密。

4. 浆砌片石加固施工要点

(1)沟渠开挖后,沟槽要整平夯实。如土质干燥,应洒水润湿后夯实。遇有孔穴,应堵塞密实。

(2)在有地下水或冻害地段,沟壁沟底外侧需加设反滤层或垫层,并在沟壁上预留泄水孔。当平均流速大于 4m/s,沟底纵坡不受限制时,应采用急流槽处理。

(3)一般采用 M5 水泥砂浆砌筑,机械拌和,随拌随用。

(4)砌筑完成后,应注意对砌体的养护。浆砌片石加固沟渠如图 1-1-31 所示。

图 1-1-30　栽砌卵石加固沟渠

图 1-1-31　浆砌片石加固沟渠

第二章 路面养护

技能目标

(1)能检查识别沥青路面常见损坏。

(2)能检查识别水泥混凝土路面常见损坏。

(3)能检查识别粒料类路面常见损坏,维修沥青路面拦水带、裂缝等。

(4)能保养水泥混凝土路面,维修水泥混凝土路面接缝,疏通排水等。

第一节 路面损坏识别

一、沥青路面常见损坏

沥青路面随着通车时间日益增长,不可避免受到交通荷载、环境因素、材料因素等影响,从而发生不同程度的破坏,路面养护初级工要求能正确判断沥青路面的常见损坏类型。《公路技术状况评定标准》(JTG 5210—2018)将沥青路面损坏分为龟裂、块状裂缝、纵向裂缝、横向裂缝、沉陷、车辙、波浪拥包、坑槽、松散、泛油、修补共11种类型。针对我国沥青路面主要损坏形式的调查情况,参考国外的损坏分类方法,沥青路面破坏类型可分为:永久变形类、裂缝类、水损害类及表面功能衰减类。

(一)永久变形类

沥青路面永久变形主要与沥青高温稳定性有关,具体病害包括沉陷、车辙、波浪拥包、脱皮、啃边等。

1.沉陷

路面、路基有竖向变形,路面下凹一定深度,称为路面沉陷(图1-2-1)。汽车行驶在沉陷区域,会产生较大的冲击负荷,此时车辆会出现较大的颠簸,长此以往,道路的结构会受到严重的破坏,而且道路的安全性和舒适度也会大幅下降。

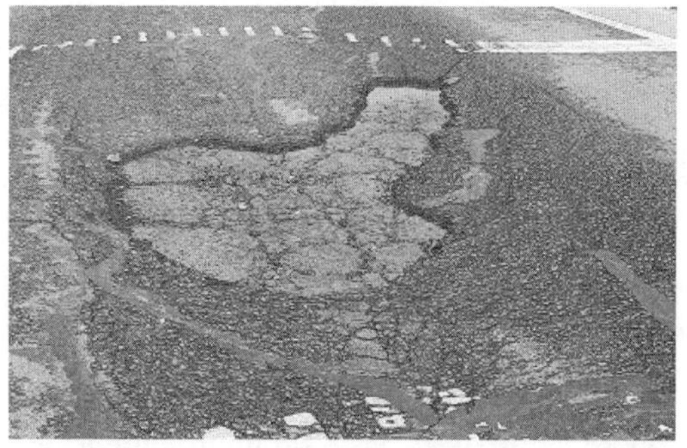

图 1-2-1　沉陷

2. 车辙

车辙是路面上沿行车轨迹方向产生的深度在 1.5cm 以上的纵向带状凹槽(图 1-2-2)。车辆荷载反复作用于沥青路面时,会在路面结构层轮迹带上形成细微的竖向变形,随着时间的累积这种变形逐渐变大,最终轮迹带的路面两侧向上隆起,这种病害就称之为车辙。车辙使得行车舒适度逐渐降低,甚至危及行车安全,当车辙逐渐加深至某种程度后,对行车安全造成极大的威胁。车辙面积按实有长度乘以变形部分的平均值计算。

图 1-2-2　车辙

3. 波浪拥包

波浪拥包指的是由于局部沥青面层材料移动而在路表面形成的有规律的纵向起伏,波峰和波谷间隔很近。波浪拥包是一种对路面行驶质量影响较大的病害形式(图 1-2-3)。

图 1-2-3　波浪拥包

4. 脱皮

沥青路面上层和下层,或旧路罩面层与原路面的表面层呈块状或片状脱落,称为脱皮(图 1-2-4)。

图 1-2-4　脱皮

5. 啃边

路面边缘破碎脱落称为啃边(图 1-2-5)。

图 1-2-5　啃边

(二)裂缝类

沥青路面裂缝是路面早期破损最常见的病害,路面产生裂缝的原因是多方面的,主要与耐久性和低温稳定性有关。裂缝常发生在公路沥青路面的浅层,随着雨水的侵蚀、气候温差变化以及交通碾压等影响,裂缝的深度会逐渐扩大,直接影响到公路结构的综合强度,导致公路路面强度下降。因此,裂缝经过发生发展,会对路基造成较大的损害,降低其承载力,影响使用寿命。具体病害包括龟裂、纵向裂缝、横向裂缝和块状裂缝等。

1. 龟裂

龟裂是沥青路面最为严重的一种裂缝方式,也是养护工作中比较难处理的病害之一。由各种因素产生的一系列相互交叉贯通的小网格裂缝因其形状类似乌龟背壳被称为龟裂(图 1-2-6)。龟裂为缝宽 3mm 以上,且多数缝距 10cm 以内,面积 1m^2 以上的块状不规则裂缝。

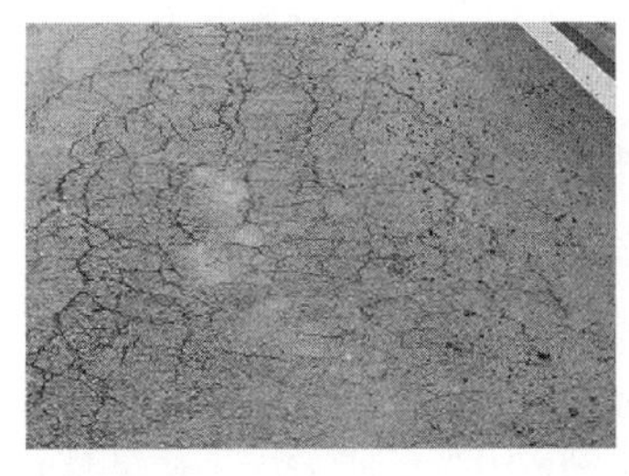

图 1-2-6　龟裂

2. 纵向裂缝

纵向裂缝(图 1-2-7)是指与道路中线大致平行的裂缝,各条裂缝长度、宽度不一,偶尔伴有少量支缝。

图 1-2-7　纵向裂缝

3. 横向裂缝

横向裂缝(图 1-2-8)是指与道路中心线基本垂直,各条缝宽不一,偶尔伴有少量支缝。

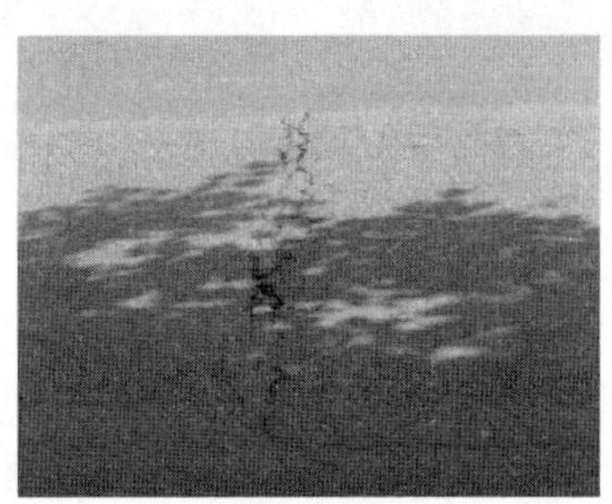
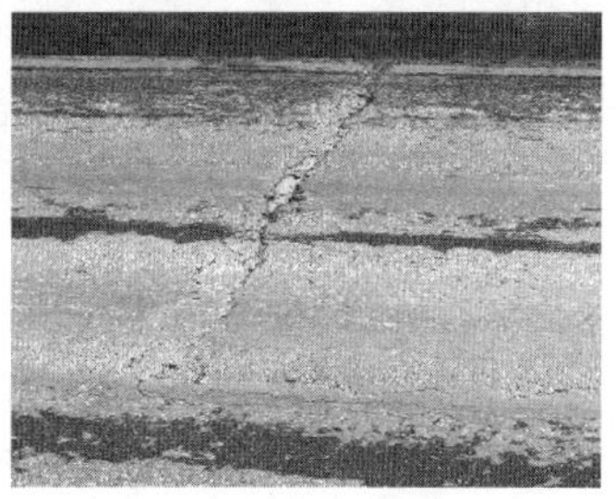

图 1-2-8　横向裂缝

4. 块状裂缝

块状裂缝(图 1-2-9)表现为纵向与横向裂缝交错分裂,路面形成多边形大块。块状裂缝的网格在形状和尺寸上都有别于龟裂。路面裂缝呈不规则形状,块的尺寸大于 50cm。块状裂缝的产生与荷载作用关系不大,它主要由于面层材料低温收缩和沥青的老化引起,出现在整个路面宽度范围内。

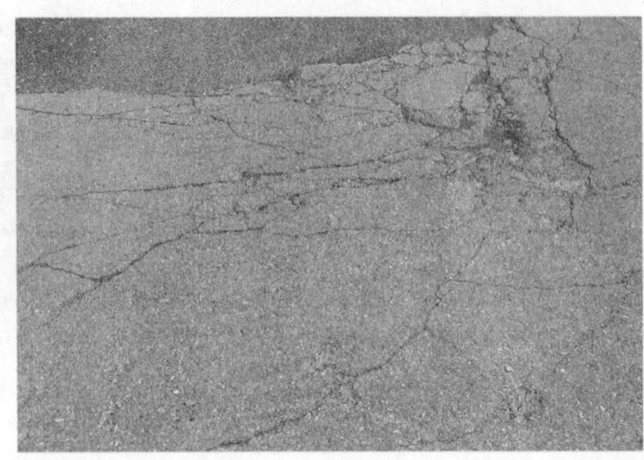

图 1-2-9　块状裂缝

(三)水损害类

沥青路面水损害类主要与水稳定性有关,具体病害包括麻面与松散、坑槽、翻浆等。

1. 麻面与松散

路面沥青混合料失去黏结力,集料松动或散失,严重时出现坑槽,称为麻面(图 1-2-10)或松散(图 1-2-11)。

图 1-2-10　麻面

图 1-2-11　松散

2. 坑槽

坑槽(图 1-2-12)是路面破坏而形成的深洼。坑槽的深度一般大于 2cm,面积在 $0.04m^2$ 以上。

图 1-2-12　坑槽

3. 翻浆

基层的粉细料浆在行车作用下从沥青面层裂缝或空隙处冒出,称为翻浆(图 1-2-13)。

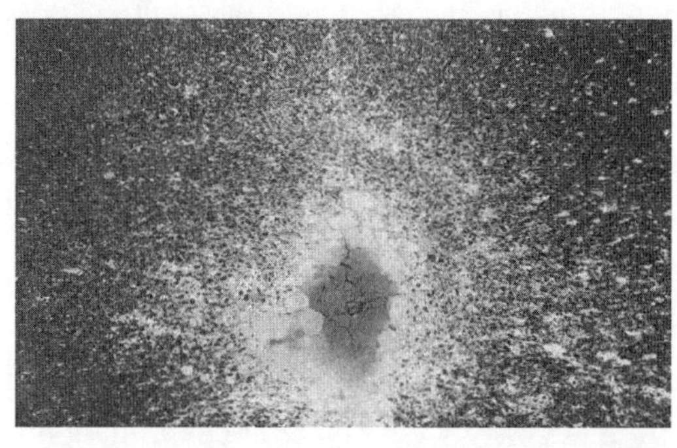

图 1-2-13　翻浆

(四)表面功能衰减类

沥青路面表面功能衰减主要与沥青的抗滑性能有关。

1. 泛油

泛油(图 1-2-14)是指高温季节沥青被挤出,表面形成薄油层,很少或看不到集料,车辆过后有轮迹出现。

图 1-2-14　泛油

2. 修补

修补(图 1-2-15)指因龟裂、坑槽、松散、沉陷、车辙、裂缝等损坏处理后在路面表面形成修补部分,也称为补丁。

图 1-2-15　修补

二、水泥混凝土路面常见损坏

我国将水泥混凝土路面分为11类损坏:裂缝、板角断裂、破碎板、唧泥、错台、拱起、修补、坑洞、边角剥落、接缝料损坏、露骨。

1. 裂缝

裂缝(图1-2-16)应为板块上只有一条裂缝的情况,可以为横向、纵向或不规则的斜裂缝,按裂缝长度计量,用1.0m的影响宽度换算成损坏面积。

图1-2-16　水泥混凝土路面裂缝

裂缝通常由于收缩应力、重载反复作用、温度或湿度翘曲应力、丧失地基支撑等因素单独或多种因素综合作用而产生。施工时切缝不及时也会导致水泥混凝土裂缝出现。

2. 板角断裂

板角断裂(图1-2-17)指裂缝与纵横接缝相交且交点距距板角小于或等于板边长度的一半的损坏,损坏按断裂板角的面积计量。

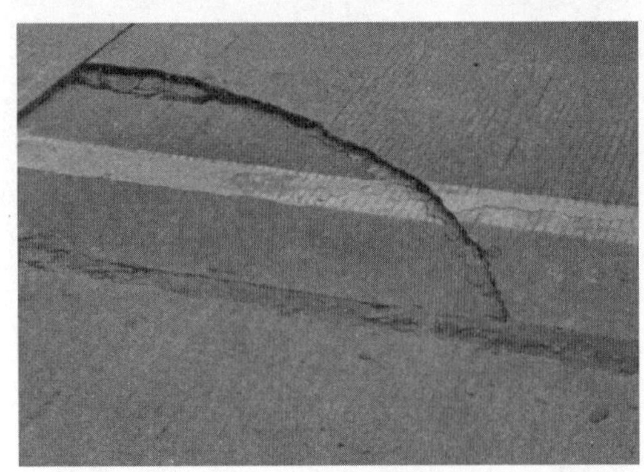
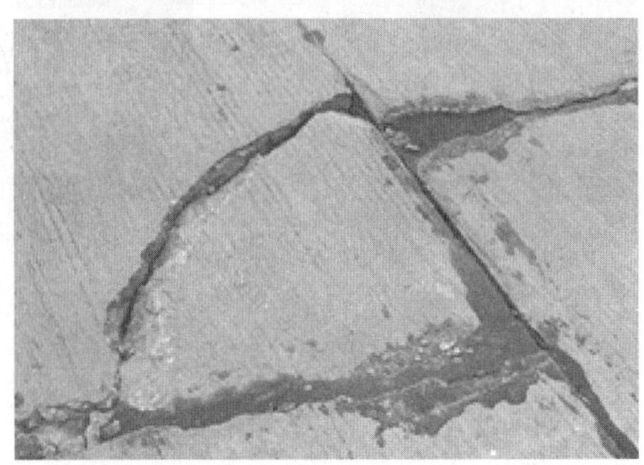

图1-2-17　板角断裂

3. 破碎板

破碎板(图1-2-18)指混凝土板被多条裂缝分为3个以上板块,损坏按水泥板整块面积计量。

图 1-2-18　破碎板

破碎板是较为严重的一种损坏形式，通常是在重载作用下裂缝进一步发展的结果。在荷载的作用下，破碎板会进一步破碎直至完全失去整体性。

4. 唧泥

唧泥（图 1-2-19）指水泥混凝土板块在车辆驶过后，接缝处有基层泥浆涌出。损坏按唧泥处接缝的长度计量，换算成损坏面积时乘以 1m 的影响宽度。损坏不分严重程度。唧泥的明显标志是接缝附近的路面表面有污渍或基层材料沉积物。

图 1-2-19　唧泥

唧泥通常是由于板下基层材料受到有压水的冲蚀，泥浆在荷载作用下随之从接缝或裂缝中唧出，唧泥是由于接缝填封的失效而引起水的下渗，板底面与基层顶面脱空，基层材料的不耐冲刷和重载的反复作用引起的。唧泥会使板边缘的基础部分失去支撑能力，在轮载重复作用下最终将导致板的断裂。

5. 错台

错台是水泥混凝土路面最为常见的损坏之一，也是造成水泥混凝土路面行驶舒适性下降的主要原因之一。错台（图 1-2-20）指水泥混凝土路面板的纵向或横向接缝两边板块出现大于 5mm 的高差，损坏按发生错台的接缝长度计量，换算成损坏面积时乘以 1m 的影响宽度。

图 1-2-20　错台

6. 拱起

拱起(图 1-2-21)指横缝两侧的板体发生明显抬高,高度大于 10mm,损坏按拱起所涉及的板块面积计算。

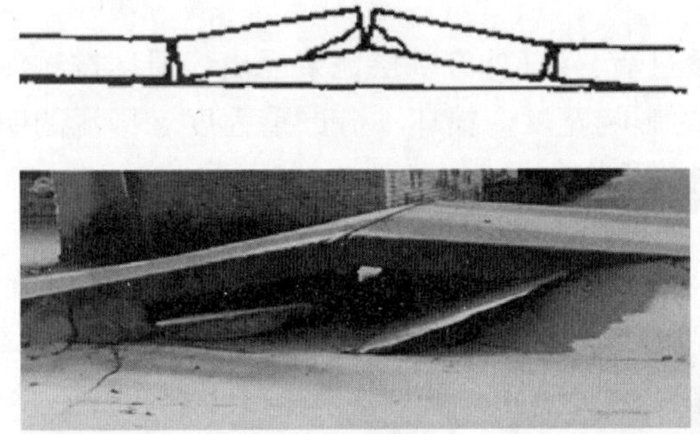

图 1-2-21　拱起

在春季或夏季,横缝处板块出现突发性的向上隆起,有时往往伴随出现板块横向断裂。缝隙内落入坚硬材料,板块受阻而产生很大压应力,促使板块失稳而出现拱起现象。

7. 修补

裂缝、板角断裂、边角剥落、坑洞和层状剥落的修补面积或修补影响面积(裂缝修补按长度计算,影响宽度为 0.2m),损坏不分轻重。修补(图 1-2-22)后又出现损坏,按原损坏类型分类统计。

图 1-2-22　修补

8. 坑洞

坑洞(图1-2-23)为板面出现有效直径大于30mm、深度大于10mm的局部坑槽,损坏按单个坑洞外接矩形面积或坑洞群所涉及的面积计量。

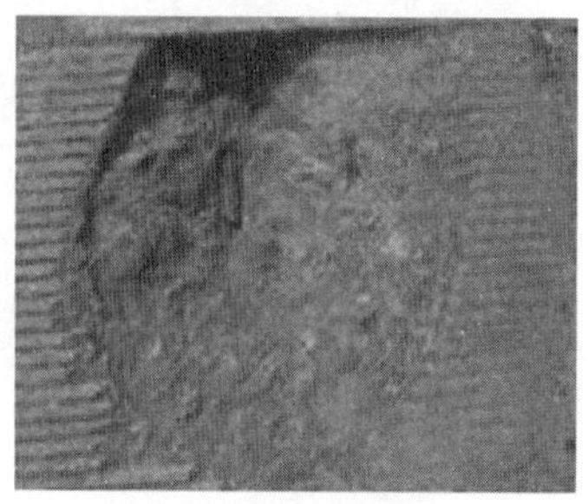

图1-2-23　坑洞

施工质量差或浇筑的混凝土砂石材料含泥量过大,夹带朽木、纸张、泥块等杂物,以及行驶的某些车辆、机械的金属硬轮对路面产生撞击都可造成坑洞的产生。

9. 边角剥落

边角剥落(图1-2-24)指沿接缝方向的板边出现裂缝、破碎或脱落现象,裂缝面一般不是垂直贯穿板厚,而是与板面成一定角度。损坏按发生剥落的接缝长度计量,换算成损坏面积时乘以1m的影响宽度。

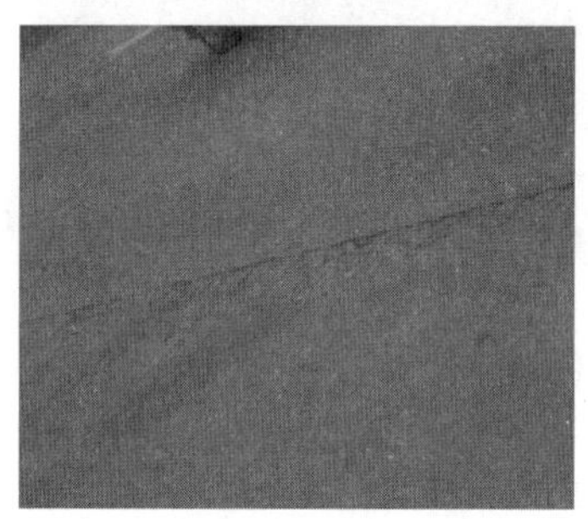

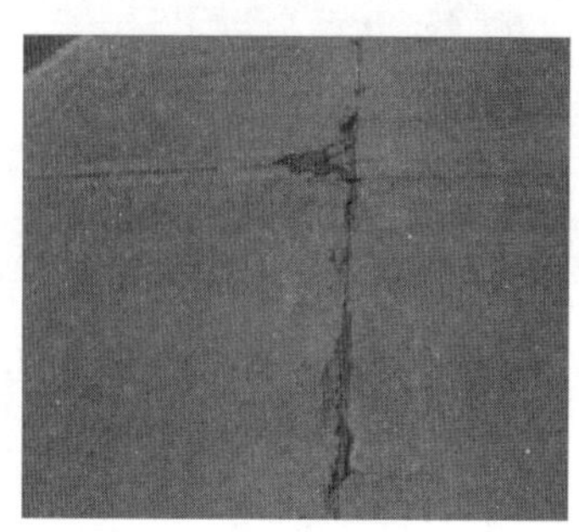

图1-2-24　边角剥落

边角剥落是由于接缝内进入坚硬材料而妨碍了板的膨胀变形,接缝处混凝土强度不足,传荷设施(传力杆)设计或设置不当(未正确定位、锈蚀等),接缝施工质量差,重载反复作用等造成的。

10. 接缝料损坏

接缝料损坏(图1-2-25)由于接缝的接缝料老化、剥落等原因,填料不密实或接缝内已无填料,接缝被砂、石、土等填塞。按出现接缝料损坏的接缝长度计量,换算成损坏面积时乘以1m的影响宽度。

接缝料被挤出、老化、腐蚀及杂草生长是产生接缝料损坏的主要原因。

图 1-2-25　接缝料损坏

11. 露骨

露骨(图 1-2-26)指板块表面出现细集料散失、粗集料暴露或表层疏松剥落等现象,损坏按面积计量,损坏不分轻重。

图 1-2-26　露骨

露骨主要是由于混凝土表面灰浆不足,洒水提浆造成混凝土路面表层强度不足引起的。

三、粒料类(砂石、砾石等)路面常见损坏

粒料类路面是用天然砾(碎)石、砂、黏土等粒料或其他材料由一定比例混合后铺设而成,通常厚度较薄。粒料类路面具有施工简单、成本低廉、承载能力较好等优点,但也存在耐久性、平整度不足等方面的问题。砂石路面的损坏类型分为 6 类:路拱不适、沉陷、波浪搓板、车辙、坑槽和露骨。

1. 路拱不适

路拱不适是指在道路设计、施工或使用过程中,路拱结构未能达到预期效果,路面横坡大于 4% 或小于 2%,或路面中线偏移从而导致路面出现各种病害和损坏。按照行车方向长度计量。

2. 沉陷

沉陷是指路面、路基有竖向变形,路面下凹深度大于 30mm 以上。沉陷一般是由于路基土体承载能力不足、路基排水不畅、路基压实不足、边坡失稳等问题引起,导致路面结构向下位移形成坑洼。按面积计量。

3. 波浪搓板

波浪搓板主要表现为路面出现波浪状的起伏,峰谷高差大于30mm,通常是由于内部应力分布不均匀、材料性能不足、施工质量差等问题导致。按面积计量。

4. 车辙

车辙表现为轮迹处深度大于30mm的纵向带状凹槽,换算成损坏面积时乘以0.4m的影响宽度。当车辆行驶时,车轮与路面之间产生相对运动,使得路面材料在车轮作用下发生变形、流动、剪切,从而形成车辙现象。车辙通常发生在交通荷载较为集中的区域。按沿行车方向的长度计算。

5. 坑槽

坑槽表现为路面结构层破坏形成深度大于30mm、直径大于0.1m的坑洼。路基不均匀沉降、交通荷载大是产生坑槽的主要原因。路面坑槽会降低道路的平整度、舒适性和安全性,影响车辆的正常行驶。按坑槽外接矩形面积计量。

6. 露骨

露骨是指路面表层材料由于长时间受到交通荷载、自然环境和气候等因素的影响,导致表面黏结料和细集料散失,主集料外露。露骨路面通常表现为路面不平、磨损严重、抗滑性能降低等,将降低道路的行驶舒适性、安全性以及使用寿命,按面积计量。

第二节　沥青路面养护

一、清除路面泥土、杂物和污染物

清除路面泥土、杂物和污染物等工作建议参考以下要求:

(1)路面清扫作业应错开车流高峰期。

(2)人工清扫应按人行道路面、树穴及周边、车行道路面、雨井口的顺序按车行线反方向进行,并注意交通安全。

(3)行道树因季节原因产生落叶时期宜酌情增加清扫次数,并及时清运清扫的枯枝落叶。

(4)垃圾定点倾倒,不得将垃圾扫入雨水井、雨水口、绿化带、河道等位置。

(5)人行道保洁应同时清除公共绿地中的白色垃圾和污物,且不损及花草树木。

(6)做到勤走、勤看、勤扫,清理路面的纸屑、饮料瓶等垃圾,确保路面整洁。在保洁时间段内不得使用大扫帚(雨后推水、落叶季节和冬季除雪作业除外)。

(7)在车速较快(限速60km/h及以上)的道路上不得安排人工作业;如出现道路泼洒、车辆事故或在车速较慢的主次干道需要人工在车行道进行作业时,应严格按照占道作业相关安全规范进行作业,按车行线反方向清扫,现场须有专人指挥,疏通车辆。

(8)雨天作业要穿好带有反光警示标识的雨衣裤、雨帽,雨帽不能遮挡视线,并密切注意路面行车情况。

(9)当遇中雨(含)以上天气时,应暂停清扫保洁作业;安排专人加强路面巡视,对排水口、井盖等处因水流所积存垃圾及时进行清除；雨后应及时进行路面积水清除作业。

（10）废物箱应做到垃圾不满溢，清掏要彻底，应在废弃物达到三分之二容量时及时清掏，作业后应将箱体周边地面清扫干净。

二、排除路面积雪、积冰和积砂

1. 排除路面积雪

（1）二级及其以上公路应及时清除路面积雪，并排出路肩以外，路面除雪如图 1-2-27 所示。

a)人工除雪

b)撒除雪盐

图 1-2-27　路面除雪

（2）三、四级公路应及时清除路面积雪，路肩积雪解冻前一次清除。交通量小的路段，如除雪有困难，可将积雪压实、整平，维持通车。在陡坡、急弯、平交道口等处撒铺防滑料。

2. 排除路面积冰

路面结冰现象一直是个世界级难题，路面因积雪结冰而湿滑，导致交通事故频繁发生，给道路畅通和行车安全带来严重影响。因此，各国都在积极地探索有效的路面融雪除冰方法。

（1）破碎清除法。

破碎清除法中，以人工清除法和机械清除法最为常见。人工清除法较为灵活，但效率低下；机械清除法速度快，但其机动性不高且易对道面结构造成不可逆的损伤，路面除冰如图 1-2-28 所示。

a)人工除冰

b)机械除冰

图 1-2-28　路面除冰

(2)抛洒除冰剂。

利用“盐能降低水的冰点”的原理,在道面撒布含有盐分的除冰剂,可以促进路面积雪的融化,提高道面的防滑性能。市面上用于抛洒的除冰剂主要分为氯盐类和非氯盐类。氯盐类除冰剂冰点低、价格低廉,但会造成路面剥蚀破坏、腐蚀排水管道和汽车轮胎、锈蚀钢筋、破坏土壤生态环境、破坏臭氧层、污染饮用水等负面影响,因此要合理确定用法、用量,使之有效地除冰融雪,并将污染控制到最低程度。撒除冰剂如图 1-2-29 所示。非氯盐类除冰剂的环保性能较好,对道路、环境、植物影响较小,但价格昂贵,仅用于机场、铁道等场所,难以大量、大面积使用。

a)除冰剂

b)人机配合抛洒除冰剂

图 1-2-29　撒除冰剂

3. 排除路面积砂

受大风沙尘天气影响,部分公路可能会出现不同程度的积砂,影响车辆通行安全。清除积砂需根据其数量合理调配人力、机械,或者是采取人工与机械相结合的方式清理。在积砂清理作业现场,应严格按照公路保通保畅相关要求,摆放锥桶、设立施工作业提示牌,仔细将路面积沙清除至公路以外。路面除砂如图 1-2-30 所示。

a)高速公路除砂现场

b)国(省)道路面除砂现场

图 1-2-30　路面除砂

三、铺设防滑料、灭尘剂

(一)铺设路面防滑料方法

严重的积雪会影响路线畅通;积雪融化结冰,会使路面变得十分光滑,危及行车安全。因此,寒冷地区冬季公路养护的重要工作就是冰雪路面防滑。

1.路面防滑料及用量

(1)砂、炉渣、矿渣、小砾石或碎石、石屑等,撒铺量约为每1000m^{2}路面撒0.5~5m^{3}防滑料。

(2)砂与盐类(氯化钙、氯化钠、氯化镁)混合料。混合比为盐砂质量比1:500,撒铺量约为每1000m^{2}路面撒0.5~1m^{3}混合料。

(3)道路防滑剂,其用量按产品说明书使用。

抛撒防滑剂如图1-2-31所示。

图1-2-31　抛撒防滑剂

2.作业要点

(1)路面防滑的重点是陡坡、急弯、平交道口桥面、桥头引道等路段。

(2)直接在结冰的路面上均匀撒布。

(3)撒铺时间宜在冰雪融解时或开始结冰时,以便材料能够部分地冻入表面冰层中而不致失散。

(4)氯化钙、氯化钠、氯化镁等盐类容易对环境及路面造成污染及破坏,应尽量少用。

(二)路面灭尘的方法

砂石、碎砾石等粒料路面,在干旱季节路面磨耗大、易扬尘,造成环境污染,影响行车安全,因此应及时采取降尘防尘措施。

1.喷雾洒水灭尘

喷雾洒水是最简易有效的路面灭尘方法,洒水能有效提高尘土含水率。当公路上尘土含水率达10%以上时,就可抑制粉尘飞扬。

本方法的优点是成本低,操作方便,不污染环境;缺点是水分容易蒸发,路面微细尘粒不易被水湿润,洒水间隔时间短。

2. 浇洒氯盐类水溶液灭尘

氯盐类水溶液能显著降低水的表面张力，从而增加水对粉尘的湿润效果，并且可有效地抑制水分子的蒸发。

一般氯化物（氯化钠、氯化镁）溶液用量为3.6kg/m²，固体氯化物用量为0.5～0.8kg/m²，每季度浇洒1～2次。

四、刷白和修理拦水带、路缘石

设置拦水带是为了避免路面纵坡较小造成排水不便，或避免高填方边坡被路面水冲刷。在路肩上设置的拦水带是将水流拦截至边沟或在适当地点将水排离路基。修建和刷白路缘石，是为了保护路肩和美化路容。拦水带和路缘石如图1-2-32所示。

a)现浇拦水带

b)路缘石

图1-2-32　拦水带和路缘石

（一）修理拦水带、路缘石

由于路表水冲刷及车辆碾压容易造成拦水带、路缘石的松动、破损，应及时修复或更换。

（1）修理材料应符合施工时配料和比例。

（2）挖除松动或破损的拦水带、路缘石，重新安装混凝土预制块或现浇混凝土。

（3）水泥砂浆抹面：施工时先赶平，再修整抹平，然后抹光，最后接搓平整。

路缘石（拦水带）维修如图1-2-33所示。

a)预制路缘石（拦水带）更换

b)现浇路缘石（拦水带）施工

图1-2-33　路缘石（拦水带）维修

(二)刷白拦水带、路缘石

1. 刷白要求

(1)拦水带、路缘石刷白前表面应清洁、平整、粗糙、湿润无积水。

(2)刷白线边缘整齐,宽度一致。宽度按拦水带、路缘石设计要求。

(3)刷层厚度均匀,表面光洁,不皱皮,不露底,不污染路面和环境。

(4)刷白时间:一年两次或一年多次。

路缘石刷白如图1-2-34所示。

图1-2-34　路缘石刷白

2. 刷白材料

(1)白色石灰浆。

(2)白色外墙防水涂料。

(3)道路标线涂料。

刷白材料如图1-2-35所示。

a)白色石灰浆刷白料

b)道路标线涂料

图1-2-35　刷白材料

3. 施工方法

刷白施工的方法很多,根据被涂刷的拦水带、路缘石形状和大小及涂料的种类,选择适合的方法。

(1)人工手提灰浆桶用扫把涂刷。

(2)路缘石喷白机喷涂。

(3)用可转动的圆柱形滚筒滚涂。

刷白工具如图 1-2-36 所示。

a)路缘石喷涂机

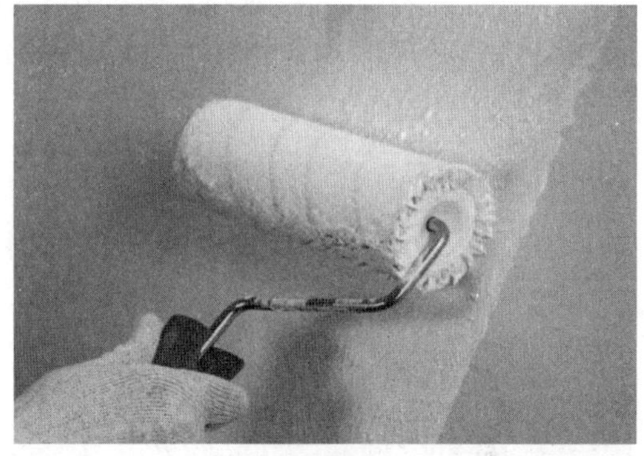

b)滚筒刷

图 1-2-36　刷白工具

五、路面灌缝

裂缝是沥青路面常见、易发病害之一。如果裂缝没有及时处治,在降雨和车辆荷载反复共同作用下,往往会加重路面破坏,影响行车平稳性,缩短路面使用寿命。治理路面轻微裂缝,通常采用“灌缝”法,一般在每年 3～5 月和 9～10 月两个时间段进行灌缝修补,做到预防性养护。

1. 裂缝清理

采用钢丝刷沿每条裂缝反复擦刷,擦刷后采用小刷子对缝内进行清扫。清扫后,采用强力吹风机吹净裂缝处遗留尘土。第一遍清除裂缝时,喷气嘴应在距离裂缝不大于 5cm 的位置,第二遍距离可以较远些。如果缝内仍有杂物无法用强力吹风机吹出,可用铁钩剔除。剔除完毕后,采用强力吹风机吹,直至吹净浮尘。

2. 灌缝

灌缝用沥青采用重交通道路石油沥青。首先对沥青进行现场加热,温度控制在 150～160℃,再用专用容器将热沥青灌入缝内,浇灌热沥青 2～3 遍,待沥青温度下降至常温后即可开放交通,裂缝清理干净后,根据缝宽采取不同的处理方案:

(1)缝宽 1mm 及以下的裂缝。首先将其病害部位的杂物清除干净,并用刷子将乳化沥青均匀地顺着裂缝涂抹,要反复进行,直到将裂缝完全封闭,然后将筛制好的细砂均匀地撒上,待破乳后即可开放交通。

(2)缝宽 1～6mm 的裂缝。首先用专用工具顺着裂缝慢慢地将裂缝中的杂物清除,并往返几次,直到将缝中的杂物清除干净,并将裂缝周围清扫干净。然后现场加热沥青,温度控制在 150～160℃,再用专用容器将热沥青灌入缝内,浇灌热沥青 2～3 遍,待沥青温度下降至常温后用装满乳化沥青的机具灌注裂缝,将整个裂缝灌满后,均匀地将筛制好的石屑或者细砂撒到裂缝中(视缝宽窄选料),以上所有工作全部完成后即可开放交通。

(3)缝宽6mm以上的裂缝。先用专用工具将裂缝内部及裂缝周围的杂物清除干净,如果无法清除杂物可用割缝机顺缝切割,用吹风机吹干净后,用高含量乳化沥青与细砂拌制的混合料分层填入缝中,并用特制的工具进行夯实,填筑的混合料要与路面齐平,乳化沥青的用量应在14%~20%。裂缝越宽,乳化沥青的用量越小。裂缝填筑完成后,再用特制的刷子顺裂缝方向刷一层乳化沥青,然后在其上面撒上干净的石屑,待破乳后,即可开放交通。

清缝与灌缝如图1-2-37所示。

a)清缝

b)灌缝

图1-2-37 清缝与灌缝

第三节 水泥混凝土路面的保养与维修

一、水泥混凝土路面接缝养护

(一)水泥混凝土路面的接缝

水泥混凝土是一种脆性材料,它在断裂时的相对拉伸变形很小,在各种应力作用下易产生裂缝。为了使荷载应力、疲劳应力、温差应力及干缩应力等导致的不规则自然断裂变为可控断裂和规则裂缝,在水泥混凝土路面设置纵横接缝。水泥混凝土路面的接缝包括纵向缩缝、横向胀缝、横向缩缝和横向施工缝。

(二)水泥混凝土路面接缝养护要求

接缝是水泥混凝土路面的薄弱环节,最易引起破坏,特别是胀缝,损坏率极高;同时,接缝是路表水进入路面结构的主要途径。接缝是水泥混凝土路面的养护重点,应对接缝进行适时的保养,保持接缝完好、表面平顺。

(1)当接缝料凸出板面,应及时铲平。

(2)接缝料外溢流淌到接缝两侧面板,影响路面平整度和路容时应予清除。

(3)应防止泥、砂土挤压进接缝内,当杂物嵌入接缝时应及时剔除,以免影响板的伸缩。

(4)当局部接缝料脱落时应及时进行灌缝填补。

(5)接缝渗水严重时应进行整条接缝料更换。

(6)应周期性地对接缝料进行更换,更换周期一般为2~3年。

(三)接缝材料

接缝材料按使用性能分为接缝板和填缝料两类。填缝料的技术要求与施工质量验收标准,应符合水泥混凝土路面有关施工规范的规定。

1. 接缝板

常用杉木板、纤维板、泡沫橡胶板、泡沫树脂板等。

2. 填缝料

按施工温度分为加热施工式填缝料和常温施工式填缝料两种。

(1)加热施工式填缝料主要有:沥青橡胶类、聚氯乙烯胶泥类和沥青玛琋脂类等。

(2)常温施工式填缝料有:聚氨酯焦油类、氯丁橡胶类、乳化沥青类等。

(四)接缝填缝料缺损维修方法

(1)清除接缝中的旧填缝料和杂物,并将缝内灰尘吹净。

(2)在胀缝修理时,应先将热沥青涂刷缝壁,再将接缝板压入缝内。对接缝板接头及接缝板与传力杆之间的间隙,必须用沥青或其他填缝料填实抹平。上部用嵌缝条的应及时嵌入嵌缝条。

(3)用加热式填缝料修补时,必须将填缝料加热至灌入温度。宜用嵌缝机填灌,填缝料应与缝壁黏结良好和填灌饱满。在气温较低季节施工时,应先用喷灯将接缝预热。

(4)用常温式填缝料修补时,除无须加热外,其施工方法与加热式填缝料相同。

(五)接缝料更换

1. 更换要求

(1)接缝料的更换应做到饱满、密实、黏结牢固,清缝、灌缝宜使用专用机具。更换接缝料前应将原接缝料及掉入缝槽内的砂石、杂物清除干净,并保持缝槽干燥、清洁。

(2)接缝料灌注深度宜为30~40mm。当缝深过大时,缝的下部可填入多孔柔性垫底材料或泡沫塑料支撑条。

(3)接缝料的灌注高度,夏季宜与面板平,冬季宜稍低于面板2mm,多余的或溅到面板上的接缝料应予以清除。

(4)接缝料更换宜选在春秋两季,或在当地年气温居中且较干燥的季节进行。

2. 施工方法

(1)切缝。用切缝机(图1-2-38)将路面原纵、横缝或路面裂缝进行切缝处理。接缝界面应露出新的混凝土面,便于新的接缝料与路面黏结。切缝深度 40 ~ 60mm,宽度 5 ~ 10mm。

(2)清缝。用清缝机将缝内旧接缝料、灰土和其他杂物吹干净。清缝如图 1-2-39 所示。

(3)嵌缝。嵌缝包括接缝板的施工和填缝料的灌注。

①接缝板:首先将黏胶或建筑热沥青等涂刷在缝壁,然后将接缝板嵌压入缝内。对接缝板接头及接缝板与传力杆之间的间隙,必须用沥青或其他填缝料填实抹平。对于路面纵缝较宽的,也可采用乳化沥青砂进行底层处理。

②加热式填缝料:施工时将填缝料加热至灌入温度,滤去渣物,倒入填缝机内即可填灌。在填缝的同时,需用铁钩来回钩动,以增加与缝壁的黏结和填灌的饱满。

③常温式填缝料:施工时可以用嵌缝机直接灌注。嵌缝如图 1-2-40 所示。

④填缝料固化后,开放交通。

图 1-2-38　切缝机

图 1-2-39　清缝

图 1-2-40　嵌缝

二、处理中央分隔带排水设施的方法

中央分隔带排水设施出现在高等级公路的修建中。根据相关规范规定,高速公路、一级公路整体式断面必须设置中间带。中间带由两条左侧路缘带和中央分隔带组成。

1. 中央分隔带排水方式

中央分隔带排水根据分隔带宽度、绿化和交通安全设施的形式、分隔带表面的处理方式等因素选择不同的排水方式。

(1)分隔带表面采用铺面封闭的中央分隔带排水,降落在分隔带上的表面水透过两侧路面直接排除。

(2)表面无铺面且未采用表面排水设施的中央分隔带,降落在分隔带上的表面水下渗,由分隔带内的地下排水设施排除。

(3)超高路段路面排水的重点是超高外侧路面雨水的处理。由于超高外侧雨水必须通过中央分隔带排除,其常用的处理方式有:

①在凸形中央分隔带开口,设置排水通道,通过内侧路面排水。

②将中央分隔带设置成扁平式,通过中央分隔带和内侧路面排水。

③在中央分隔带内设置排水设施。

④在中央分隔带上侧边缘设置路缘石和泄水口,或设置路拦式集水沟(管)。

2. 中央分隔带排水设施

在中央分隔带内设置的排除分隔带内下渗水和超高路段外侧路面雨水的排水设施,称为中央分隔带排水设施。中央分隔带排水设施由纵向排水沟(明沟、暗沟)、渗沟、雨水井、集水井、横向排水管等组成。

3. 中央分隔带排水设施的养护工作

必须对中央分隔带排水构造物进行妥善的日常维护,保持其有效的排水功能。

(1)定期疏通中央分隔带的进水口、纵向排水沟、雨水井、集水井、横向排水管、渗沟等,同时定期清除雨水井、集水井污物。

(2)雨天应重点检查超高路段的中央分隔带纵向排水沟、横向排水管、雨水井、集水井等的排水状况,出现堵塞、积水应及时排除。

(3)当中央分隔带部分或全部功能不能满足排水要求时,应通过改善或改建工程进行完善提高。

第三章

桥涵养护

技能目标

(1)能检查桥梁外观存在的缺陷病害,以及桥梁结构的完整性和功能的完备性。

(2)能对桥梁混凝土缺陷进行修补,对钢结构桥梁及桥梁构件除锈防腐。

第一节 桥梁巡查

1. 日常巡查的频率

养护检查等级为Ⅰ、Ⅱ级的桥梁日常巡查每天不应少于1次;对有特殊照明需求(功能性及装饰性照明、航空航道指示灯等)的桥梁,应适当开展夜间巡查。养护检查等级为Ⅲ级的桥梁,日常巡查每周不应少于1次。遇地震、地质灾害或极端气象时应增加检查频率。

2. 日常巡查的方法

日常巡查可以乘车目测为主,并应做巡检记录,发现明显缺损和异常情况应及时上报。

3. 日常巡查的内容

(1)桥路连接处是否异常。

(2)桥面铺装、伸缩缝是否有明显破损;伸缩缝位置的桥面系是否存在异常。

(3)栏杆或护栏等有无明显缺损。

(4)标志标牌是否完好。

(5)桥梁线形是否存在明显异常。

(6)桥梁是否存在异常的振动、摆动和声响。

(7)桥梁安全保护区是否存在侵害桥梁安全的情况。

护栏刮擦如图1-3-1所示,限高牌缺失如图1-3-2所示,伸缩缝型钢断裂如图1-3-3所示,伸缩缝锚固混凝土破损如图1-3-4所示,护坡开裂如图1-3-5所示,桥面线形异常如图1-3-6所示。

图 1-3-1 护栏刮擦

图 1-3-2 限高牌缺失

图 1-3-3 伸缩缝型钢断裂

图 1-3-4 伸缩缝锚固混凝土破损

图 1-3-5 护坡开裂

图 1-3-6 桥面线形异常

第二节 桥梁日常维修

桥梁日常维修包括清洁保养、涂装维护、设备设施维护等,具体如下:

(1)疏通堵塞的泄水孔,更换或补充泄水孔雨篦。

(2)清理伸缩缝中的填塞物。

(3)复拧或更换附属设施松动的或脱落的螺栓。

(4)排除桥面积水,疏通路面排水。

(5)涂刷临时性或小面积易施工的钢结构防腐蚀材料。

(6)清理桥面及桥下易燃物。

伸缩缝清理如图1-3-7所示,清理泄水孔如图1-3-8所示,防腐涂刷如图1-3-9所示,清理桥下杂物如图1-3-10所示,拧紧螺栓如图1-3-11所示,排除桥面积水如图1-3-12所示。

图1-3-7　伸缩缝清理

图1-3-8　清理泄水孔

图1-3-9　防腐涂刷

图1-3-10　清理桥下杂物

图 1-3-11　拧紧螺栓

图 1-3-12　排除桥面积水

交通工程及沿线设施养护

(1)能检查标志、标线、护栏等交通安全设施损坏；能检查绿化、声屏障等绿化环境保护设施损坏。

(2)能保洁保养标志、标线等交通安全设施；能保洁绿化、声屏障等绿化与环境保护设施。

(3)能对交通安全设施、服务设施和管理设施等影响道路安全运营和服务水平的脏污进行清洁。

第一节　交 通 标 志

一、巡查交通标志视认性

交通标志是用文字或符号传递引导、限制、警告或指示信息的道路设施，又称道路标志、道路交通标志。一般是以安全、设置醒目、清晰、明亮的交通标志实施交通管理，是保证道路交通安全、顺畅的重要措施。

(1)禁令标志。禁令标志是禁止或限制车辆、行人交通行为的标志，表示禁止、限制及相应解除的含义，道路使用者应严格遵守。标志内容尽量采用图形方式，并用辅助标志以文字说明，采用文字方式的禁令标志为白底、红圈、黑文字，形状为圆形或矩形。禁令标志一般应设置在需要限制或禁止的地方，除禁止停车标志外均应成对设置在限制或禁止路段的起终点和桥梁的两端。禁令标志示例如图 1-4-1 所示。

a)停车让行标志

b)减速让行标志

c)静止大型客车驶入标志

图 1-4-1

d)禁止电动车驶入标志

e)禁止向左转弯加辅助标志

f)禁止车辆长时停放标志

图 1-4-1　禁令标志示例

(2)指示标志。指示标志是指示车辆、行人行进的标志,道路使用者应遵守。有时段、车种等特殊规定时,应用辅助标志说明。除特别说明外,指示标志上不应附加图形、文字。附加图形、文字时,原指示标志的图形位置不变。标志内容尽量采用图形方式,并用辅助标志以文字说明。指示标志的颜色为蓝底、白图案,形状为圆形、长方形和正方形。指示标志示例如图 1-4-2所示。

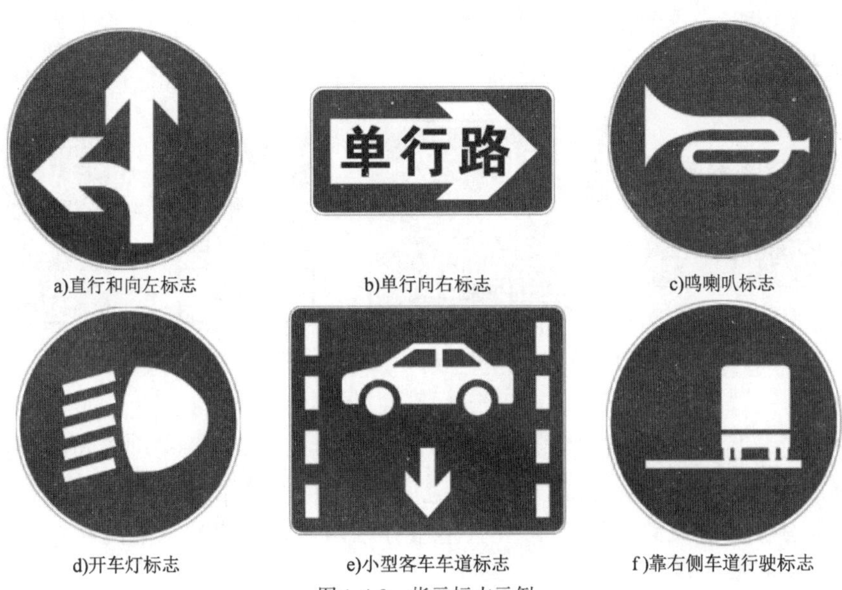

a)直行和向左标志　b)单行向右标志　c)鸣喇叭标志

d)开车灯标志　e)小型客车车道标志　f)靠右侧车道行驶标志

图 1-4-2　指示标志示例

(3)警告标志。警告标志警告车辆驾驶人应注意前方有难以发现的情况、需减速慢行或采取其他安全行动的标志。警告标志的颜色多数为黄底(少数为黄绿、橙、粉红底)、黑边、黑图案,形状为等边三角形或矩形。警告标志设置的位置与公路的计算行车速度有关。警告标志示例如图 1-4-3 所示。

a)交叉路口标志

b)连续转弯标志加辅助标志

c)注意残疾人标志

图　1-4-3

d)匝道注意速度标志　e)施工标志　f)交通事故管理标志

图 1-4-3　警告标志示例

(4)指路标志。指路标志是传递道路方向、地点、距离信息的标志。指路标志分为路径指引标志、地点指引标志、道路沿线设施指引标志、其他道路信息指引标志。

指路标志的颜色除里程碑、百米桩、公路界牌外,一般道路为蓝底、白图案。高速公路和城市快速路指路标志的底色为绿色。形状除地点识别标志外,均为长方形和正方形。指路标志示例如图 1-4-4 所示。

a)交叉路口预告标志　b)地点距离标志　c)地点识别标志加辅助标志　d)入口预告标志

图 1-4-4　指路标志示例

(5)旅游区标志。旅游区标志是提供旅游景点方向、距离的标志,可分为旅游指引标志和旅游符号标志两类。旅游区标志的颜色为棕色底白色字符。旅游区标志设在高速公路或其他道路通往旅游景点的交叉路口附近,或在大型服务区内通往各旅游景点的路口。旅游区标志示例如图 1-4-5 所示。

a)旅游区距离标志　b)旅游区方向标志　c)旅居车营地标志

图 1-4-5　旅游区标志示例

(6)告示标志。用以解释道路设施、指引路外设施或告示有关道路交通安全法规及交通管理安全行车的提醒等内容。告示标志的设置有助于道路设施、路外设施的使用和指引,以及安全行车。告示标志示例如图 1-4-6 所示。

a)高速公路编号信息告示标志　　b)区间测速信息告示标志

图 1-4-6　告示标志示例

(7)辅助标志。辅助标志是附设在主标志之下,起辅助说明作用的标志,分表示时间、车辆种类、区域或距离、警告、禁令理由等类型。辅助标志安装在主标志下面,紧靠主标志下缘。辅助标志示例如图 1-4-7 所示。

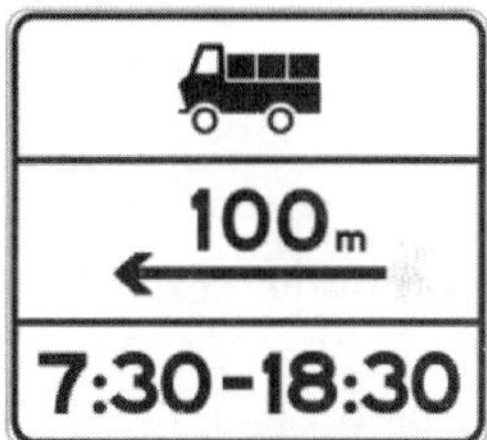

a)时间范围辅助标志　　b)车辆种类辅助标志　　c)组合辅助标志

图 1-4-7　辅助标志示例

二、巡查交通标志内容

(1)巡查标志是否完整,没有损坏、刮擦或褪色。

(2)巡查标志的文字、符号和图案清晰可辨认。

(3)巡查交通标志设置是否合理,版面内容整洁、清晰。

(4)巡查重要枢纽指路地名信息是否完整和是否过载。

标志损坏如图 1-4-8 所示,标志版面内容不清晰如图 1-4-9 所示。

图 1-4-8　标志损坏

图 1-4-9　标志版面内容不清晰

三、巡查交通标志遮蔽状况

交通标志的设置位置、数量及安装角度应符合设计要求,板面信息不得被其他标志、树木或冰、雪等遮挡。交通标志被冰雪遮挡如图 1-4-10 所示,标志被树木遮挡如图 1-4-11所示。

图 1-4-10 交通标志被冰雪遮挡

图 1-4-11 标志被树木遮挡

四、巡查版面和金属构件损伤、支撑件歪斜变形损伤

交通标志应无明显歪斜、变形,钢构件无明显剥落、锈蚀;板面应平整,无明显褪色、污损、起泡、起皱、裂纹、剥落等病害。标志歪斜如图 1-4-12 所示,标志锈蚀如图 1-4-13 所示。

图 1-4-12 标志歪斜

图 1-4-13 标志锈蚀

第二节　交通标线及突起路标

一、巡查标线及突起路标缺损及污染

1. 巡查标线缺损和污染

(1)标线应具有良好的视认性，颜色均匀、边缘整齐、线形流畅，并与道路线形相协调。

(2)标线不应出现网状裂缝、断裂裂缝和气泡等现象。

(3)重新画设标线应与旧标线基本重合。

标线不清晰如图 1-4-14 所示，标线出现裂缝如图 1-4-15 所示。

图 1-4-14　标线不清晰

图 1-4-15　标线出现裂缝

2. 巡查突起路标缺损

(1)巡查突起路标有无严重缺损。

(2)突起路标有无明显褪色。

二、巡查夜间视认性

1. 巡查标线夜间视认性

高速公路、一级、二级公路和城市快速路、主干路应按标准设置反光交通标线，反光标线应保持良好的夜间视认性，反光能力强，颜色鲜明，反光度强，白天和夜晚都具有良好的能见度。

2. 巡查突起路标夜间视认性

应保持突起路标在夜间具有良好的视认性。反光标线夜间发光如图 1-4-16 所示，突起路标夜间发光如图 1-4-17 所示。

图 1-4-16　反光标线夜间发光

图 1-4-17　突起路标夜间发光

第三节　视线诱导设施

一、巡查轮廓标

1. 巡查轮廓标缺损

(1)查看轮廓标反光矩形色块有无剥落。

(2)轮廓标应表面清洁、无缺损及明显褪色。

2. 巡查轮廓标夜间视认性

轮廓标的光度性能应保持在夜间有良好的视认性。安装在波形护栏上的轮廓标如图1-4-18所示,轮廓标夜间发光如图1-4-19所示。

图1-4-18　安装在波形护栏上的轮廓标

图1-4-19　轮廓标夜间发光

二、轮廓标维修

1. 补贴反光色块

轮廓标反光矩形色块有剥落的情况,应及时进行补贴。

2. 清除表面脏污和遮蔽物

轮廓标表面如有脏污和遮蔽物,应及时对其进行清洁。

第四节　护 栏 设 施

一、护栏巡查

1. 波形梁钢护栏

波形梁钢护栏板、立柱,应完整、无缺损;柱帽、防阻块、坚固件等部件应完整、无缺损;护栏防腐层无明显脱落和锈蚀；护栏安装线形应流畅，无明显变形和歪斜；增厚路面段巡查时应注意护栏高度是否符合规范要求。

2. 缆索护栏

缆索护栏各组成部件应完整、无缺损、无锈蚀、无明显变形；增厚路面段巡查时应注意护栏高度是否符合规范要求。

3. 水泥混凝土护栏

水泥混凝土护栏应无明显裂缝和破损；增厚路面段巡查时应注意护栏高度是否符合规范要求。

二、护栏维修

(1)波形梁钢护栏(图1-4-20)如遇螺栓松脱，需要紧固螺栓，护栏板搭接方向正确，螺栓坚固。

(2)水泥混凝土护栏(图1-4-21)如遇脏污，需对护栏清洁。

图1-4-20　波形梁钢护栏

图1-4-21　水泥混凝土护栏清洗

(3)波形梁钢护栏和缆索护栏(图1-4-22)部件如有锈蚀(图1-4-23)，需涂刷防锈漆。

图1-4-22　缆索护栏

图1-4-23　锈蚀护栏

第五节 防眩设施

一、巡查防眩设施

1. 巡查防眩设施部件缺损、歪斜

防眩板是指为使夜间行车的驾驶人免受对向来车前灯眩光干扰而设置在分隔带上的一种交通安全产品。巡查防眩设施部件是否有缺损、歪斜、褪色、锈蚀和严重变形。

2. 巡查防眩设施夜间视认性

防眩板如图1-4-24所示,防眩网如图1-4-25所示。防眩设施表面应色泽均匀,不得有气泡、裂纹、疤痕等缺陷,并有较好的夜间视认性。

图1-4-24 防眩板

图1-4-25 防眩网

二、防眩设施维修

1. 紧固螺栓

如遇防眩设施不牢固,需紧固螺栓,保障设施牢固、稳定。

2. 增补和扶正防眩板(网)

巡查过程中,如遇防眩板歪斜,需要对其进行扶正;如遇防眩板(网)缺失,需及时进行增补。

第六节 隔离栅和防落网

一、隔离栅和防落网巡查

1. 巡查隔离栅缺损

巡查隔离栅金属网片、立柱、斜撑、连接件、基础等部件是否完整无缺;巡查隔离栅有无明显倾斜、变形,各部件连接稳固;巡查隔离栅防腐涂层有误明显脱落、锈蚀现象。

2. 巡查防落网缺损

巡查防落网是否网孔均匀、有无断丝、锈蚀、围封不严实现象。

二、隔离栅和防落网维修

1. 修复隔离栅缺损

隔离栅立柱出现缺损时,应及时进行修复,修复构件时,应与相衔接的同类既有设施匹配。

2. 修复防落网缺损

防落网如出现断丝、破损、锈蚀,应及时进行修复,修复构件时,应与相衔接的同类既有设施匹配。

隔离栅如图 1-4-26 所示,防落网如图 1-4-27 所示。

图 1-4-26　隔离栅

图 1-4-27　防落网

第七节　里程碑和百米桩

一、里程碑和百米桩破损

巡查里程碑和百米桩是否有破损、安装是否稳固、正面是否有遮挡视线的障碍物。

二、里程碑和百米桩缺失

里程碑和百米桩出现缺失,则需进行补设,补设时需要与原路段里程碑和百米桩材质一致。

第八节　绿化、声屏障等绿化环境保护设施

一、巡查绿化

巡查公路沿途绿化是否有缺损、缺水、缺肥、病虫害等现象,及时对公路沿途绿化进行补插、补水、补肥、除虫及修剪、清洁。

二、巡查声屏障设施

巡查公路沿途声屏障设施是否有缺损,是否有脏污,如有脏污,需及时清洁。

公路绿化如图 1-4-28 所示,公路声屏障设施如图 1-4-29 所示。

图 1-4-28　公路绿化

图 1-4-29　公路声屏障设施

第九节　避险车道

一、巡查制动床、减速消能设施及其他配套设施

巡查避险车道制动床、减速效能的碎石垫层是否平整,防撞桶是否歪斜。

二、修复制动床集料和缓冲装置

避险车道制动床集料不平整或厚度不够时,需按要求进行修补。

第二部分

四级/中级工

第一章 路基养护

技能目标

(1)能够进行路基各项日常检查。

(2)能够进行路基日常养护作业。

(3)能够进行路基各种中度病害的养护维修作业。

(4)能够进行路基既有防护及支挡结构物中度病害处治。

第一节 路基检查

一、地表排水设施损坏及检查、养护要求

(1)对各类地表排水沟渠,应保证设计断面形状、尺寸和纵坡满足排水要求。沟内有淤积、沟壁损坏、边坡松散滑塌,造成沟渠断面形状改变时,应及时清淤和修复。

(2)对边沟、截水沟、排水沟等进行冲刷防护、防渗加固时,应符合下列规定:

①土质边沟受水流冲刷造成纵坡大于3%时,宜采用混凝土、浆砌或干砌片(块)石铺砌;冰冻较轻地区可采用稳定土加固。边沟连续长度过长时,宜分段设置横向排水沟将水流引离路基,其分段长度在一般地区不超过500m,在多雨地区不超过300m。

②对滑坡、膨胀土、高液限土、湿陷性黄土地段,截水沟、边沟、排水沟等产生渗漏时,应采取铺设防渗土工布、浆砌石等防渗措施。

③雨季前应及时清理盖板边沟、更换破损的盖板,盖板设置不得影响路面的排水功能。

④对于地下水丰富路段,由于路面加铺导致边沟加深时,应保证原沟底高程不变。

(3)涵洞的养护应符合现行《公路桥涵养护规范》(JTG H11)的有关规定。

(4)泄水槽损坏时应及时修复,防止水集中冲刷涵洞。

(5)超高路段排水设施应及时疏通,避免水下渗至路基。

(6)跌水和急流槽病害处治应符合下列规定:

①进出口冲刷现象严重时,进水口应进行防护加固,出水口应进行加固或设置消力池。

②基底不稳定时,急流槽底可设置防滑平台,或设置凸榫嵌入基底中。

③急流槽较长时,应分段铺砌,且每段长度不宜超过 10m。连接处应用防水材料填塞,密实无空隙。

(7)蒸发池的隔离栅或安全警示牌出现缺失或破损时,应及时修复。积雪融化造成的蒸发池积水应及时排出。

(8)油水分离池、检查井出入口出现淤塞时,应及时清掏。安全警示设施缺失时,应及时补设。

(9)应定期检查维修排水泵站,及时排除设备故障。检查维修时,应采取相应措施,保证维修作业人员的安全。

二、地下排水设施损坏及检查、养护要求

(1)当地下排水设施堵塞、淤积、损坏时,应及时清理维修。

(2)对排水暗管进行疏通、改建时,应符合下列规定:

①暗管堵塞时,宜采用刮擦法、冲洗法、真空吸附法等方法进行疏通。

②暗管排水进出口应定期清除杂草和淤积物。检查井和竖井式暗管门应盖严,发现损坏或丢失应及时换补。

③暗管排水量达不到排水要求时,应进行改建,暗管的直径应根据排水量确定。

④边沟排水暗管由于边坡位移等原因发生变形开裂时,应及时采取加固或更换措施。

(3)反滤层和顶部封闭层失效时,应及时翻修。

(4)渗井、渗水隧洞病害处治应符合下列规定:

①应加强渗井、渗水隧洞出水口的除草、清淤和坑洼填平等工作。寒冷地区保温设施失效时,应及时更换或维修。

②渗井周围路基发生渗漏时,应进行防渗处理,井内的淤泥应及时清除。

③发现渗井设置不合理或功能失效时,应及时改造。

④宜对渗水隧洞内部进行人工检查,及时排除淤堵,保证排水畅通。

第二节　路基日常养护

一、路肩养护

(一)路肩加固的类型和方法

公路上的路肩通常不供行车之用,但从功能上要求应能承受汽车荷载。为减少路肩养护工作量,对于行车密度大的路线,应有计划地将土路肩改铺成硬路肩。硬路肩的横坡度应与路面的横坡度相同。

1. 采用种植草皮加固

如果为了防止雨中会车时的泥泞陷车,则可用粒料加固,砾石、风化石、炉渣、碎砖等粒料

掺拌黏土，铺筑加固层，其厚度不小于 15cm。应尽量采用挖槽铺压；也可在雨后路肩湿软时，直接将粒料（不加黏土）撒铺到路肩上，并进行碾压，分期地将粒料铺压进路肩土中加固。种植草皮加固路肩如图 2-1-1 所示。

2. 采用路缘石加固路肩

（1）混凝土应按试验确定的配合比进行拌制及预制，路缘石的质量符合图纸规定要求。

（2）路缘石埋设的槽底基础和后背填料应夯击密实，压实度符合图纸要求。路缘石加固路肩如图 2-1-2 所示。

图 2-1-1　种植草皮加固路肩

图 2-1-2　路缘石加固路肩

（3）安砌缘石时应钉桩拉线，务必使顶面平整，线条直顺，曲线圆滑美观，埋砌稳固。

3. 混凝土预制块加固土路肩

土路肩加固前准备。施工前应按图纸逐桩测量其施工高程及应有宽度，当不符合图纸规定时，应及时修整；土路肩的压实度，需满足重型击实标准的 95% 以上，同时路基变坡整修应符合图纸要求。经监理工程师检查同意后，方可分段进行预制块的铺砌或现浇水泥混凝土加固作业。混凝土预制块加固路肩如图 2-1-3 所示。

（1）混凝土预制块按图纸要求的尺寸应在预制场集中预制，并经检验合格后方可使用。预制块在运输时应轻拿轻放，不得野蛮装卸，避免损坏。

图 2-1-3　混凝土预制块加固路肩

（2）铺砌预制块时，首先应按图纸要求设置垫层或整平，然后将块件接缝处用水湿润，并在侧面涂抹水泥砂浆。砌块落座时位置正确、灰缝挤紧，但不得碰撞相邻砌块。灰缝宽度不大于 10mm。

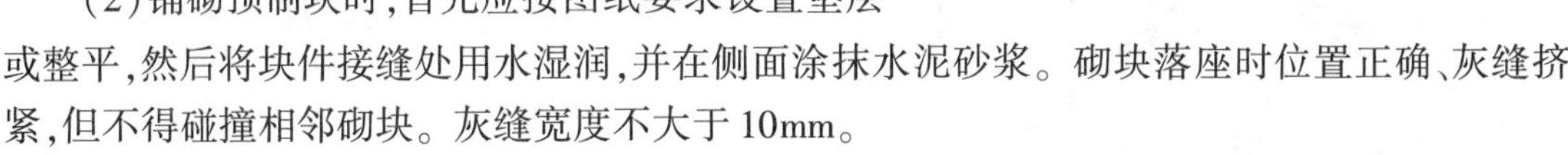

（3）铺砌段完成后，即进行养生，在砂浆强度达到图纸规定要求前，禁止在其上行走或碰撞。

4. 现浇混凝土加固土路肩

（1）模板应采用钢板材料制成，所有模板均不应翘曲，并应有足够强度来承受混凝土压力，而不发生变形。所有模板应处理干净，并涂上经批准的脱模剂，并按图纸尺寸对混凝土全深立模，然后浇筑混凝土。现浇混凝土加固路肩如图 2-1-4 所示。

图 2-1-4　现浇混凝土加固路肩

(2)混凝土应按试验确定的配合比进行拌和及浇筑。按图纸要求的厚度,浇筑在模块内的混凝土宜用捣动器振捣或监理工程师认可的其他方法捣固。模板应留待混凝土固结后方可拆除,拆模时应保证棱角不受损坏,混凝土应按规定刮平成型,然后用木抹子将其抹饰平整。经监理工程师允许可采用其他抹面方法,但不允许粉饰。

(3)抹饰平整后即进入养生。

5. *砂石加固硬路肩*

可用泥结碎石或稳定类材料加固路肩,如石灰土、二灰碎石等。

6. *综合结构硬路肩*

如在基层上作沥青表面处治的综合结构路肩。

(二)陡坡路段路肩的养护措施

陡坡路段(纵坡大于5%)的路肩由于纵坡大,易被暴雨冲成纵横沟槽,甚至冲坏路堤边坡,一般可根据路基排水系统的情况与需要,综合改善,可采取下述措施。

(1)设置截水明槽。

自纵坡坡顶起,每隔20m左右两侧交叉设置30~50cm宽的斜向截水明槽,并用碎(砾)石填平,同时在路肩边缘处设置高10cm、顶宽10cm、底宽20cm的拦水土埂,在每条截水明槽处留一淌水缺口,其下边的边坡用草皮或砌石加固,使雨水集中在截水明槽内排出,如图2-1-5所示。

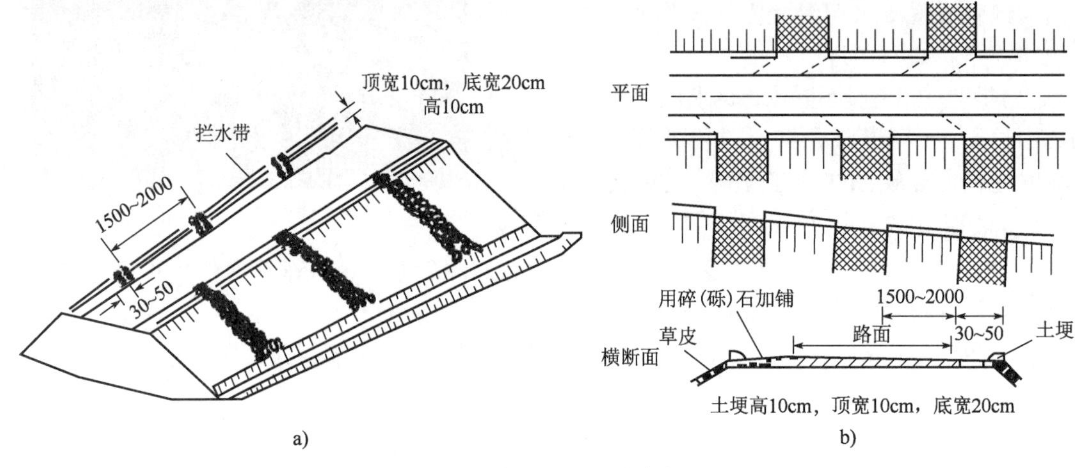

图 2-1-5　路肩截水明槽(尺寸单位:cm)

(2)用粒料加固土路肩或有计划地铺筑硬路肩。

为减少土路肩的养护工作量,对路面过窄或行车密度大的路线,应尽量利用当地砂石或矿渣等材料，对路肩有计划地加固、硬化，或用沥青、水泥混凝土材料改铺成硬路肩。

(3)在陡坡路段的路肩和边坡上全范围人工植草，以防冲刷。

在铺筑硬路肩有困难的路线或路段，可种植草皮或利用天然草来加固路肩。种植草皮应选择适宜当地土质、易于成活和生长的草种，成活生长后定期进行维护和修剪，草高不得超过15cm，并随时清除杂草和草丛中积存的泥沙杂物，以利排水，保持路容美观，如图2-1-6所示。

图2-1-6　陡坡路段路肩和边坡上全范围人工植草

(4)高速公路及实施GBM工程的一般公路，路肩应根据设计要求硬化，并砌筑路肩边缘带。

(5)路肩上严禁种植农作物和堆放任何杂物。对于养路材料，应在公路以外相连路肩之处，根据地形情况，选择适宜地点，设置堆料台，堆料台的间距以200~500m为宜。

(三)路肩外侧边缘缺口的维修方法

(1)路肩边缘带应加强养护和修理。对由于雨水冲刷及车辆碾压造成的松动、破损，应及时修复或更换。

(2)路肩外侧边缘被流水冲缺，或牲畜踩踏、车轮碾压形成缺口时，应及时修补，也可结合实施GBM工程，用石块、水泥混凝土预制块铺砌(或现浇)路肩边缘带(护肩带)，其宽度不小于20cm，既保护路肩，又美化路容。

二、边坡养护

(一)坡面植物防护

1.湿法喷播(液压喷播)

湿法喷播(液压喷播)是一种将植物种子(草种、花种或树种)或植物体的一部分(芽、根、茎等可以发芽萌生的物质)经过科学处理后混入水中，并配以一定比例的专用配料(包括肥料、色素、木纤维覆盖物、纸浆、黏合剂、保水剂、土壤改良剂等)，通过喷植机的搅拌，利用高压泵体的作用，喷播在地面或坡面的现代化种植植被的方法，如图2-1-7所示。

图 2-1-7　液压喷播施工

2. 客土喷播

客土喷播是指在岩石边坡等场地整备后,将土壤和种子等材料的混合物喷植于场地表面的生态恢复工程,适用于不同风化程度的岩石边坡或其他难以采用常规种植技术施工的场地。多种材料的混合物包括团粒剂使客土形成团粒化结构,加筋纤维在其中起到类似植物根茎的网络加筋作用,从而形成有一定厚度的具有耐雨水、耐风侵蚀,牢固透气,与自然表土类似或更优的多孔稳定土壤结构,如图 2-1-8 所示。

图 2-1-8　客土喷播施工

(二)坡面工程防护

1. 喷护

喷浆。适用于坡度不陡于 1:0.5 的易风化但未强风化、全风化的岩石挖方边坡。厚度不小于 5cm。材料为不低于 M10 的砂浆。

喷射混凝土。适用于坡度不陡于 1:0.5 的易风化但未强风化、全风化的岩石挖方边坡。厚度不小于 8cm,分 2～3 次喷射。材料为不低于 C15 的混凝土。

2. 挂网喷护

可用于坡度不陡于 1:0.5 的易风化、破碎的岩石边坡,高速公路、一级公路和环境景观要求高的公路不宜采用。边坡挂网喷护如图 2-1-9 所示。

工艺流程：边坡清理—测量放线—钻孔、安装锚杆、灌浆—挂网施工—高压喷射混凝土—盖无纺布—养护。

材料：锚杆为全长黏结型螺纹钢筋。挂网用镀锌铁丝网或钢筋网。

3. *砌石护坡*

干砌片石护坡。适用于坡度不陡于1∶1.25 的易受水流侵蚀的土质边坡、严重剥落的软石边坡、周期性浸水和受水流冲刷较轻的河岸或水库岸的坡面。厚度一般为 0.3m，其下设 0.1m 厚的碎石或砂砾垫层，施工从下向上码砌，彼此嵌紧，接缝错开并用小石块填塞。

浆砌片石护坡。适用于坡度不陡于 1∶1 的防护流速较大、波浪作用较强、有流冰、漂浮物等撞击的边坡。厚度一般采用等截面，为 0.3 ~ 0.4m，其下设 0.1m 厚的碎石或砂砾垫层，如图 2-1-10所示。

图 2-1-9　边坡挂网喷护

图 2-1-10　浆砌片石护坡

浆砌片石护坡施工，应符合下列要求：坡面应修整成型或夯实平整，不应有树桩、有机质，修整后立即进行护坡砌筑。砌体外露面的坡顶、边口用较平整的石块并修整。护坡坡脚应挖槽使基础嵌入槽内。砌体错缝砌筑，砂浆饱满，勾缝平顺、牢固，不得有通缝、叠砌、贴砌和浮塞等。施工时砌体每 10 ~ 15m 留一条伸缩缝，缝宽 2cm，用沥青麻絮嵌塞。

4. *护面墙*

可用于坡度不陡于 1∶0.5 的土质边坡和易风化剥落的岩石边坡。这种防护方式不仅可以有效地提高边坡的稳定性，降低边坡开挖高度，减少边坡挖方数量，降低造价，还有利于路容路貌整齐美观。护面墙包括实体护面墙、窗孔式护面墙、拱式护面墙等，如图 2-1-11、图 2-1-12 所示。

图 2-1-11　浆砌护面墙

图 2-1-12　浆砌片石窗孔式护面墙

(三)坡面综合防护(骨架植物防护)

可用于坡度不陡于1∶0.75的土质边坡和全风化、强风化的岩石边坡。

采用预制混凝土砌块、浆砌片石、栽砌卵石等做骨架,框格内采用植物防护或其他辅助防护措施。

1. 浆砌片石或水泥混凝土骨架植草护坡

适用于坡度不陡于1∶0.75的土质边坡和全风化的岩石边坡。

骨架种类为方格形、人字形、拱形。骨架内铺草皮或种草进行辅助防护。浆砌片石方形骨架植草护坡如图2-1-13所示,水泥混凝土拱形骨架植草前如图2-1-14所示。

图2-1-13　浆砌片石方形骨架植草护坡

图2-1-14　水泥混凝土拱形骨架植草前

2. 多边形水泥混凝土空心块植物护坡

适用于坡度不陡于1∶0.75的土质边坡和全风化、强风化的岩石路堑边坡。空心预制块内填充种植土,喷播植草,如图2-1-15所示。

3. 锚杆混凝土框架植物护坡

适用于土质边坡和坡体中无不良结构面、风化破碎的岩石路堑边坡。框架采用钢筋混凝土,框架内采用植生袋或植草,如图2-1-16所示。

图2-1-15　多边形水泥混凝土空心块植物护坡

图2-1-16　锚杆混凝土框架植物护坡

三、沿河路基防护

沿河路基防护可用于防护水流对沿河、沿溪等路堤坡脚的冲刷与淘刷。

沿河地段路基受水流冲刷时,应根据河流特性、水流性质、河道地貌、地质等因素,结合路基位置选用适宜的防护工程、导流或改河工程。沿河路基冲刷防护主要类型及适用条件宜符合表2-1-1的规定。

冲刷防护主要类型及适用条件　　表2-1-1

防护类型		适用条件
植物防护		可用于允许流速在1.2~1.8m/s、水流方向与公路路线近似平行、不受洪水主流冲刷的季节性水流冲刷地段防护。经常浸水或长期浸水的路堤边坡不宜采用
砌石或混凝土护坡		可用于允许流速为2~8m/s的路堤边坡防护
土工织物软体沉排、土工模袋		可用于允许流速为2~3m/s的沿河路基冲刷防护
石笼防护		可用于允许流速为4~5m/s的沿河路堤坡脚或河岸防护
浸水挡土墙		可用于允许流速为5~8m/s的峡谷急流和水流冲刷严重的河段
护坦防护		可用于沿河路基挡土墙或护坡的局部冲刷深度过大、深基础施工不便的路段
抛石防护		可用于经常浸水且水深较大的路基边坡或坡脚,以及挡土墙、护坡的基础防护
排桩防护		可用于局部冲刷深度过大的河湾或宽浅型河流的防护
导流	丁坝	可用于宽浅型河段,保护河岸或路基不受水流直接冲蚀而产生破坏
	顺坝	可用于河床断面较窄、基础地质条件较差的河岸或沿河路基防护,以调整流水曲度和改善流态

护岸的设施,应在洪水期前后,检查其是否完整稳固,如出现损坏,应在台风和汛期前进行修复加固,以保证路基稳定。加固修理方法可根据实际情况,分为直接防护和间接防护。直接防护包括:植物防护、石砌防护、抛石与石笼等技术。间接防护包括:修筑导流构造物等各类护岸设施来改变水流方向,消除和减缓水流对堤岸的直接破坏,导流构造物主要是指堤坝,按其与河道的相对位置一般可分为丁坝、顺坝或格坝。

当护岸受到洪水冲刷或波浪漂浮物等冲击损坏时,应采用抛石加固。石料需坚硬,每块尺寸(边长或直径)不得小于30cm。其方法是堆成1:1~1:2的坡度,抛石体厚度应不小于石块尺寸的2倍。

抛石防护。抛石防护适用于经常浸水且水深较大的路基边坡或坡脚以及挡土墙、护坡的基础防护,如图2-1-17所示。

石笼防护。石笼防护适用于水流流速较大且没有较大颗粒的耐冲石块进行坡脚和河岸防护。石笼是用铁丝编织成的框架,内填石料,如图2-1-18所示。

图2-1-17　抛石防护

图2-1-18　石笼防护

土工模袋护岸是近几年来出现的一项新技术。土工模袋就像一个中间带有许多节点的超大型塑料纺织袋,其规格可按工程要求加工。施工时,将模袋平铺于岸坡上,从袋口连续灌注流动性良好的混凝土,充满混凝土的模袋紧贴在岸坡上,形成一个稳固的大面积混凝土壁,起到护岸的作用。这项技术的特点是施工速度快、简便、经济,而且可省去养管工作,尤其适用于冲刷严重的沿河路堤。土工模袋护岸如图 2-1-19、图 2-1-20 所示。

图 2-1-19　土工模袋护岸

图 2-1-20　生态土工模袋护岸

丁坝又称"挑流坝",是与河岸正交或斜交伸入河道中的河道整治建筑物,坝的一端与堤岸相接呈"丁"字形,因此俗称丁坝。长丁坝又称为控导型丁坝,一般坝顶不过水,其作用是使主流远离堤岸,既防止坡岸冲刷,又改变河道流势。丁坝群防护边坡坡脚如图 2-1-21 所示。

导流堤是用于改变水流流向或调整流量分配的水工建筑物,减少水流对边坡的冲刷破坏。导流堤采用铁丝石笼和排桩对坡脚进行防护,如图 2-1-22 所示。

图 2-1-21　丁坝群防护

图 2-1-22　导流堤、排桩防护

四、清除大塌方或一段内较集中塌方

路堤边坡如有塌方,应自上而下先挖成台阶,再分层填土夯实,夯实后宽度要稍超出原来坡面,以便最后整修切平,不能在边坡上贴土修补,如图 2-1-23 所示。另外,应保护好边坡上的长草。

(一)塌方中滑坡防治工程措施

(1)排水。滑坡体以上及以外的地表水,应拦截引离,可采用截水沟、明沟、渗沟等排水构造物;地下水可采用支撑渗沟、边坡渗沟及截水渗沟等措施。

(2)减重。在滑坡体后缘挖除一定数量的滑体，以减少滑体的下滑力，减重的弃土应尽量堆填于滑坡前缘，以稳定滑坡，并注意整平、排水及防渗。

(3)支挡措施。根据滑坡性质，可采用干砌石垛、重力式防护挡土墙、锚杆及加筋土挡土墙等构造物进行处理。抗滑桩如图 2-1-24 所示，锚索框架梁防治滑坡如图 2-1-25 所示。

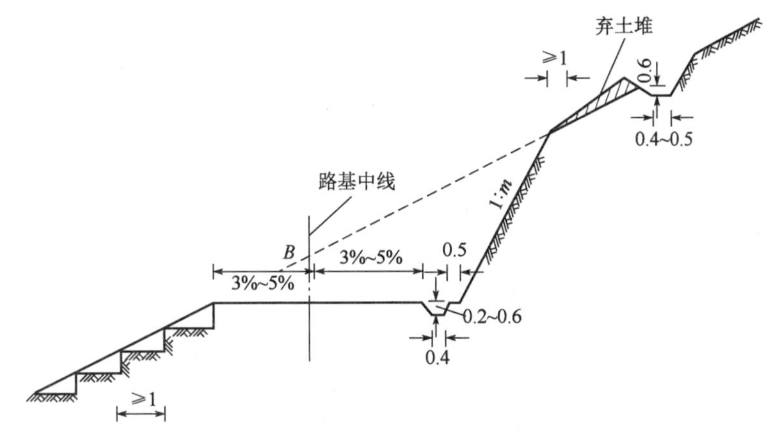

图 2-1-23　边坡疏松土挖台阶(尺寸单位：m)

图 2-1-24　抗滑桩

图 2-1-25　锚索框架梁防治滑坡

(二)塌方中崩塌防治工程措施

(1)遮挡。即遮挡斜坡上部的崩塌落石。此措施常用于中小型崩塌或人工边坡崩塌的防治，通常在修建明洞、棚洞等工程时采用，在铁路工程中较为常用。

(2)拦截。对于仅在雨季才有坠石、剥落和小型崩塌的地段，可在坡脚或半坡上设置拦截构筑物，如设置落石平台和落石槽以停积崩塌物质；修建挡石墙以拦坠石；利用废钢轨、钢钎及钢丝等编制钢轨或钢钎栅栏来拦截落石。这些措施也常用于铁路工程中。

(3)支挡。在岩石突出或不稳定的大孤石下面，修建支柱、支挡墙或用废钢轨支撑。

(4)护墙、护坡。在易风化剥落的边坡地段修建护墙，对缓坡进行水泥护坡等。一般边坡均可采用。

(5)镶补勾缝。对坡体中的裂隙、缝、空洞，可用片石填补空洞，用水泥砂浆等勾缝以防止裂隙、缝、洞的进一步发展。

(6)刷坡。在危石、孤石突出的山嘴以及坡体风化破碎的地段,采用刷坡来放缓边坡。

(7)排水。水的参与加大了发生崩塌的可能性,所以要在可能发生崩塌的地段上方修建截水沟,防止地表水流入崩塌区内。崩塌地段地表岩石的节理、裂隙可用黏土或水泥砂浆填封,防止地表水下渗。

五、挡土墙养护

(一)挡土墙病害原因分析

挡土墙产生破坏的原因大致有以下几个方面:基础埋置过浅。墙后排水不良。墙背填土和地基土的含水率增加,从而加大了土体的湿密度,降低了抗剪强度和地基承载力,并产生附加的静水压力、土体的膨胀和冻胀压力。设计、施工方面存在问题。如断面过小,设计参数选择不当,砌石挤浆不够密实,回填土不符合要求,压实不足等,都会造成墙身剪切破坏、外凸变形、勾缝脱落、石块松动等病害。养护不及时。当病害发生初期,若不认真检查,很难及时发现,也就不能及时进行养护、修补;或者发现后,未能准确找出真正病害原因,而采用不正确的处治方法,贻误时机,导致严重病害的产生,如勾缝脱落、表面破损等,若能及时给予维修,将避免更严重的病害发生。挡土墙病害如图 2-1-26、图 2-1-27 所示。

图 2-1-26　挡土墙膨胀变形

图 2-1-27　挡土墙开裂损坏

(二)挡土墙养护维修

(1)挡土墙出现表观损坏时,可结合日常养护进行处治。

(2)挡土墙维修加固措施可参照表 2-1-2 选用。

挡土墙病害处治措施　　表 2-1-2

挡土墙类型	处治措施	
	局部损坏(含墙身开裂、滑移、墙身鼓肚、承载力不足等)	结构失稳(含整体失稳、倾覆、倒塌、严重开裂等)
重力式挡土墙	支撑墙、锚固、加大截面	支撑墙、抗滑桩加固、拆除重建
悬臂式、扶壁式挡土墙	加大截面、支撑墙	支撑墙、抗滑桩加固、拆除重建
锚定板、加筋土挡土墙	支撑墙、锚固	支撑墙、抗滑桩加固、拆除重建
桩板式挡土墙	锚固	抗滑桩加固
锚杆挡土墙	锚固	抗滑桩加固

(3)发生倾覆、坍塌等结构失效情况时,应查明原因,及时进行加固或拆除重建。

(4)挡土墙基础尺寸或地基承载力不满足要求时,宜采用加大截面法、注浆加固法、截排水加固法等措施。

(5)挡土墙基础嵌固段外侧岩土体的水平抗力不满足要求时,可采用增设锚杆、抗滑桩以及注浆加固等措施。

(6)挡土墙的泄水孔堵塞时,应及时疏通;无法疏通时,应选择适当位置增设泄水孔,或在挡土墙背后增设排水设施。

(7)采用锚固法加固时,挡土墙应符合下列规定:

①应合理确定新增锚杆的位置及预应力值,使挡土墙和加固构件受力合理。

②进行新增锚杆预应力设计时,应考虑原支护体系锚杆锚固力值;新增锚杆锁定预应力值宜与既有锚杆预应力值一致,以利于新旧锚杆共同发挥锚固作用。

③锚杆外锚固部分与原支护结构间应设传力构件;当已有挡土墙挡板不满足加固锚杆的传力时,可设格构梁、肋或增厚挡板;格构梁应设置伸缩缝,设置间距为 10 ~ 25m,缝宽 2 ~ 3cm,并填塞沥青麻筋、沥青木板或其他新材料。

④钻孔时应合理选择钻孔机具,维持挡土墙整体稳定,并采取措施减少钻孔对原挡土墙的扰动。

⑤在锚固条件较差的岩土层中,锚固法注浆宜采用分层多次高压注浆。锚固法加固挡土墙如图 2-1-28 所示。

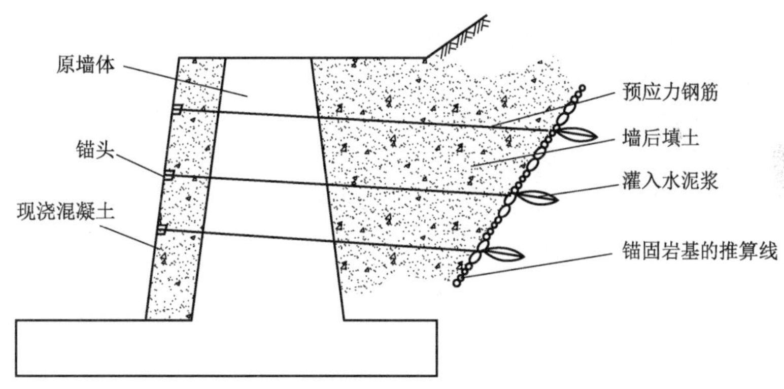

图 2-1-28　锚固法加固挡土墙

(8)采用加大截面法加固挡土墙时,应符合下列规定:

①应考虑墙身加大截面后对地基基础的不利影响;为土质地基时,加大截面部分基础宜采用钢筋混凝土板式基础。

②加固后的支护结构应按复合结构进行整体计算。

③新增墙体应采用分段跳槽的实施方案,稳定性较高的部位应优先施工,必要时可采用削方减载等措施,保证施工安全。

④挡土墙或基础采用钢筋混凝土时,加大截面部分浇筑混凝土前,应采取凿毛、植入连接钢筋等措施,保证新、旧混凝土结合为整体。植筋锚固长度宜为(10 ~ 20)d(d 为钢筋直径)。

⑤挡土墙为砌体材料时,应先剔除原结构表面疏松部分,对不饱满的灰缝进行处理,加固

部位采取设水平齿槽或锚筋等措施,保证新加混凝土与挡土墙结合为整体。

(9)支撑墙加固法。在挡土墙外侧,每隔一定的距离修建支撑墙,以加强破损处断面并增加全墙的稳定性。支撑墙的基础埋深、尺寸和间距应通过计算确定。施工时原挡土墙要洗刷干净,除掉不良灰缝,必要时加设连接短钢条,变形裂缝处要压住砂浆。支撑墙加固法如图2-1-29所示。

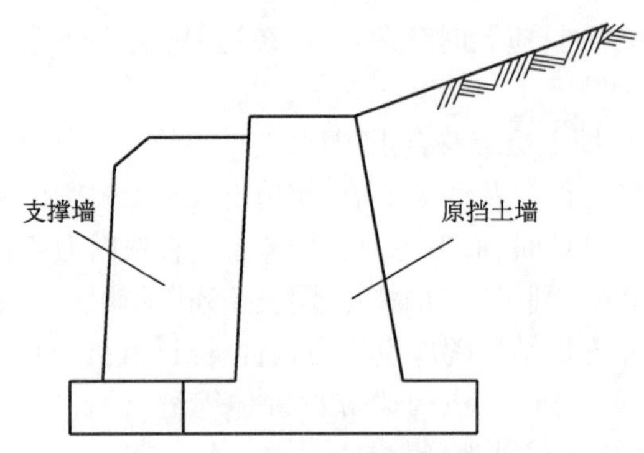

图2-1-29 支撑墙加固法

原挡土墙损坏严重,采用以上加固方法不能达到设计强度要求时,应考虑将损坏部分拆除重建。为防止不均匀沉降,新旧挡土墙之间应设置沉降缝,应注意新旧挡土墙接头协调。

路肩墙或路堤墙基础埋置深度不足或基础受冲刷时,可在趾前增设浆砌片石基础墙,抛填和码砌片石防止冲刷,如图2-1-30所示。护基施工时要注意与前后河岸、结构物衔接圆顺。基础墙应有适当坡度,不要阻流太多,以免增加局部冲刷。

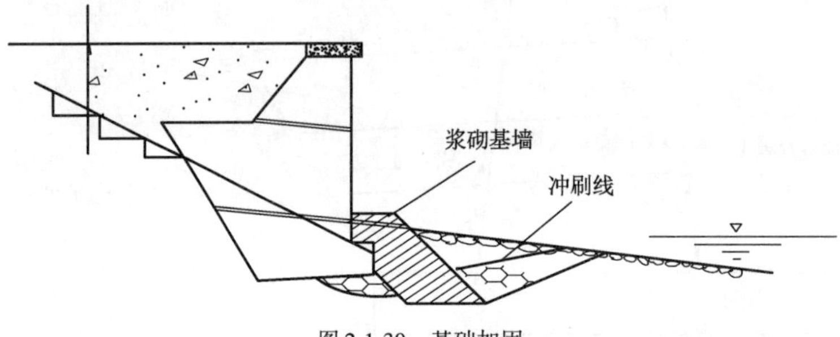

图2-1-30 基础加固

对滑动、下沉破坏的修复,若地基处治工程复杂,可采用干砌块石或码砌石笼进行加固。挡土墙与边坡连接处易被雨水冲成沟槽或缺口,应及时填补夯实,恢复原状。

六、路基锚固结构维修保养

(一)锚固

(1)锚固分为预应力锚固和非预应力锚固,适用于岩层、稳定土层或可提供足够锚固力的构筑层的边坡加固治理。

(2)预应力锚固在土层中应用时,应进行特殊工艺处理以提供足够锚固力。

(3)预应力锚索(杆)宜采用易于调整预应力值的精轧螺纹钢筋、无黏结钢绞线等;非预应力锚杆宜采用 HRB400 钢筋,钢筋直径宜为 16～32mm。

(4)锚索(杆)锚固段应穿过已有滑裂面或潜在滑裂面不小于2m,且满足边坡稳定性验算要求。

(5)锚固法施工应符合下列规定:

①钻孔清孔宜采用高压空气反循环工艺,严禁使用泥浆循环清孔。

②锚索(杆)长度应符合设计要求,以保证锚固段和张拉段有足够的长度。

③锚索(杆)安装应沿杆身每隔 1.5m 设置对中定位支架,以保证钢筋有足够的混凝土保护层厚度。

④锚索(杆)张拉待锚固砂浆强度达到设计强度的 80% 后方可进行。锚杆正式张拉前应采用0.10～0.20 倍的轴向拉力设计值(N_t)进行预张拉。

⑤锚杆预应力施加时应分级张拉,并进行位移观测,做好记录。锚杆张拉至(1.05～1.10)N_t 时,对岩层、砂土层保持 10min,对黏土层保持 15min,然后卸荷至锁定荷载设计值进行锁定。锚杆张拉荷载的分级和位移观测时间应符合表 2-1-3 的规定。

锚杆张拉荷载分级和位移观测时间　　表 2-1-3

荷载分级	位移观测时间(min)		加荷速率(kN/min)
	岩层、砂土层	黏土层	
(0.10～0.20)N_t	2	2	不大于 10
0.50N_t	5	5	
0.75N_t	5	5	
1.00N_t	5	10	不大于 50
(1.05～1.10)N_t	10	15	

(二)既有锚固结构维修保养

锚固结构发生严重应力松弛时,宜采用预应力锚索(杆)二次补张拉或新增锚索(杆)补强法进行维修加固;发生锚固结构断裂或内锚固端失效滑移时,应在邻近位置增设新的锚固结构。

第三节　排水设施保养维修

一、地下排水设施的作用和清理维护方法

为了防止地下水引起路基土壤过分潮湿,保持路基的强度与稳定,必须将地下水加以汇集、排除。地下排水设施主要有明沟、暗沟、渗沟、渗水井等。

(一)明沟的作用

明沟一般适用于地下水不深(1～2m)或地层稳定能进行较深明挖的地方,它可以拦

截、疏导地下水和降低其水位,又可兼排地面水。常用断面形式有梯形和矩形两种。矩形断面挖成直立的槽式,并加以支撑。明沟深度要按地下水位高低视情况而定,如图2-1-31所示。

图2-1-31　边沟(明沟)

(二)暗沟的作用

当路线经过地区,路基范围内出现泉水,而路线不能绕避时,在填方路基填筑之前或在挖方路基挖成之后,沿着泉眼方向挖出沟槽,同时根据泉水流量多少,铺筑暗沟,用暗沟将泉水引入边沟,流出路基范围以外,使水不致在土中扩散,危害路基。

暗沟的构造一般都很简单(图2-1-32),常用块、片石干砌,为防止泥土淤塞,在其周围用碎石、砾石做成反滤层、沟顶用黏土填筑夯实,黏土层下为双层反铺草皮,以免地下水下渗和黏土颗粒挤入反滤层内。平砌式暗沟断面如图2-1-33所示。

图2-1-32　暗沟

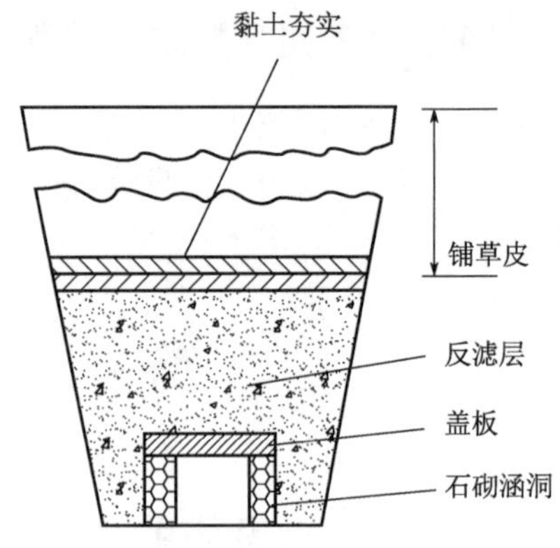

图2-1-33　平砌式暗沟断面

反滤层的颗粒直径由上而下,由外而里,逐渐增大,一般上面和外层铺砂,中间铺碎砾石,下面和内层铺碎块石层,厚度不小于10cm,相邻层间颗粒粒径之差常不大于4～6倍。暗沟沟底纵坡一般不少于1%,出口处沟底应高出排水层20cm以上,以免出现倒灌现象。暗沟的埋设深度应不小于当地的冰冻深度,以确保全年均可使用。

(三)渗沟的作用

渗沟是常见的一种地下排水设施,用它来隔断、汇集、排除或者拦截流向路基的地下水,降低地下水位效果良好,如图2-1-34所示。

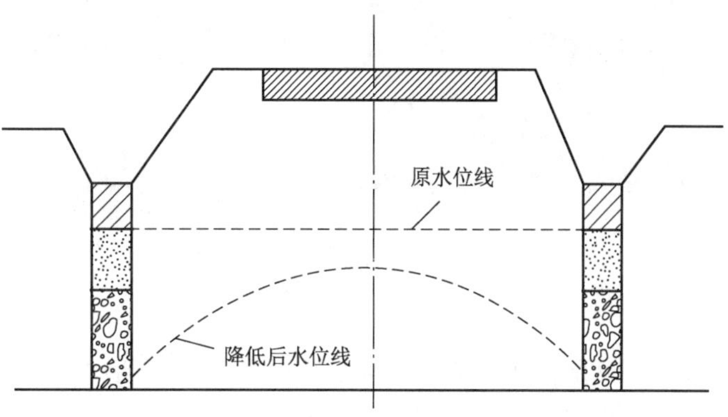

图2-1-34　渗沟

渗沟是由碎石、砾石、反滤层和黏土、草皮封闭层组成。封闭层用反铺双层草皮或其他材料,其上面是夯实的黏土层,厚度不大于50cm。反滤层用来汇集水流并防止泥土或砂石颗粒材料挤掺入相邻层内而影响汇水、排水作用。相邻两层间,颗粒的粒径差约4~6倍,以防淤塞。渗沟的槽宽度按深度而定:在1.25m以内深度时,底宽可采用0.5m;深度在1.5~2m时,底宽0.6~0.8m;深度在3~4m时,底的宽度应扩大到1.0m以上。渗沟按构造形成可分为盲沟、有管渗沟、洞式渗沟三种。

1.盲沟

盲沟一般设在流量不大、水路不长地段,有纵向、横向盲沟两种;横向盲沟一般与路线方向成一定斜角。排水层采用颗粒较大的坚硬大块碎石填充,并须保证具有通过全部排水量的孔隙度。盲沟的渗水部位填料深度,应在地下水位线以下0.3m,盲沟的纵向坡度通常采用1%~5%。纵向盲沟施工见图2-1-35,横向盲沟施工如图2-1-36所示,开槽波纹管上填多孔混凝土纵向盲沟如图2-1-37所示。

图2-1-35　纵向盲沟施工

图2-1-36　横向盲沟施工

图 2-1-37　开槽波纹管上填多孔混凝土纵向盲沟

2. 有管渗沟

有管渗沟与盲沟相似,只是将泄水部分由排水管代替,可设在地下水源较大的地段。当渗沟较长时,应横向设多道泄水道,以利迅速将水引离路基,水管的纵坡不少于 5%。水管一般由陶瓷、混凝土、石棉、水泥或塑料、铸铁等材料制成。直径大小取决于地下水的流量,有冰冻时,应采用直径稍大的水管。水管的集水部分应有孔眼、缝隙或间隙保证地下水向管内渗入。

3. 洞式渗沟

洞式渗沟是在地下水流较大的地段采用,也可以代替盲沟,在结构上实际相当于盲沟和暗沟的结合,也类似有管渗沟。

渗沟(盲沟、有管渗沟、洞式渗沟)如发现沟口长草,堵塞,应及时清除和冲洗。如碎(砾)石层失去作用,则应翻修,剔除较小颗粒砂石,补充大颗粒碎(砾)石,以保持空隙,便利排水;如渗沟位置设置不当,应考虑另建。

(四)渗水井

当路线处于平原或戈壁地区,停滞于路基附近的水无处可流,而当地又具有渗水性土层,并且地下水流背离路基或垂直向下往深层流失时,可以修筑同水井形式相同的渗水井,将路基边沟中的水引到离路中线 10m 以外处,并汇集于渗水井内,从而使路基稳定,如图 2-1-38 所示。

图 2-1-38　渗水井

在路基范围内配合渗沟修筑渗水井时,井口面积的大小,取决于路基水的流量,一般可采用直径约为0.7m的圆形或边长约为0.6m、1.0m的正方形构造。在修水井时除四周所留进水口部分外,沿井口周围用黏土筑堤围墙,顶上也用黏土夯实或加水泥混凝土盖,严防水井淤塞。下部为排水结构,必须穿过不透土层,深入到渗水层,才能使水排出,井内填充料用大块片石或卵石,在上层不透水土层内填砂或砾石。

二、整段开挖边沟、截水沟的施工技术

(一)边沟的施工技术

边沟设置在挖方路基的路肩外侧或低路堤的坡脚外侧,一般与路中心线平行。用于汇集和排除路面、边坡范围内以及流向路基的少量地面水。断面形式有梯形、矩形、三角形或碟形。高速公路及一级公路采用三角形和碟形,条件受限时用矩形,上面盖混凝土梳形盖板。二级及二级以下公路的土质边沟用梯形,石质边沟用矩形。浆砌片石边沟施工如图2-1-39所示。

图2-1-39　浆砌片石边沟施工

(1)挖方地段和填土高度小于边沟深度的填方地段均应设置边沟;路堤靠山一侧的坡脚应设置不渗水的边沟。

(2)为了防止边沟水流漫溢或冲刷,在平原区和重丘山岭区,边沟应分段设置出水口,多雨地区梯形边沟每段长度不宜超过300m,三角形边沟不宜超过200m。

(3)平曲线处边沟施工时,沟底纵坡应与曲线前后沟底纵坡平顺衔接,不允许曲线内侧有积水或外溢现象发生。

(4)认真做好边沟加固。

土质地段当沟底纵坡大于3%时,应采取加固措施。采用干砌片石对边沟进行铺砌时,应选用有平整面的片石,各砌缝要用小石块嵌紧。采用浆砌片石铺砌时,砌缝砂浆应饱满,沟身不漏水。沟底采用抹面时,抹面应平整压光。

(二)截水沟的施工技术

截水沟设置在路堑坡顶外缘或路堤坡脚外缘。作用是单边拦截路基一侧或两侧较大坡面面积的汇水并予以排除。截水沟施工如图 2-1-40 所示。

图 2-1-40　截水沟施工

截水沟的位置。截水沟是指为拦截山坡上流向路基的水,在路堑坡顶以外设置的水沟。在无弃土堆的情况下,截水沟的边缘离开挖方路基坡顶的距离视土质而定,以不影响边坡稳定为原则。如系一般土质至少应离开 5m,黄土地区不应小于 10m 并应进行防渗加固。

截水沟挖出的土,可在路堑与截水沟之间修成土台并进行夯实,台顶应筑成 2% 倾向截水沟的横坡。

路基上方有弃土堆时,截水沟应离开弃土堆坡脚 1 ~ 5m,弃土堆坡脚离开路基挖方坡顶不应小于 10m,弃土堆顶部应设 2% 倾向截水沟的横坡。

三、预防和维修排水设施损害的技术

路基排水系统的具体养护要求有:

(1)对边沟、截水沟、排水沟、跌水、急流槽等排水设施,在春融前特别是汛期来临前,应进行全面检查疏浚。雨中必须上路巡查,及时排除堵塞、疏导水流,保持水流通畅,防止水流集中而冲坏路基。暴雨后应进行重点检查,如有冲刷、损坏,须及时修理加固,如有堵塞应立即清理。

(2)对明沟、盲沟、渗沟、渗水井及防水隔离层等排水设施,如发现渗沟、盲沟出水口长草、堵塞,应进行清除和冲洗。

(3)对有管渗沟应经常检查疏浚,以保证管内水流通畅;如发现反滤层淤塞失效,则应翻修,并剔除其中较小颗粒的砂石,以保证孔隙,便于排水。

(4)土质边沟,应经常保持设计断面满足排水需要;沟底纵坡应不小于 0.5% ,平原地区、排水困难地段,纵坡不宜小于 0.2% 。

第二章

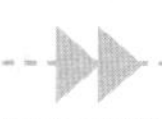

路面养护

(1)能检查沥青路面平整度。
(2)能检查水泥混凝土路面平整度。
(3)能维修沥青路面损坏。
(4)能维修水泥混凝土路面损坏。

第一节　沥青路面养护

一、沥青路面初期养护

按技术品质和使用情况,常用的沥青路面可分为热拌沥青混合料路面、沥青贯入式路面、沥青表面处治路面等三种类型。

(一)沥青路面初期养护的要求

(1)在沥青路面修建初期,加强巡路检查,掌握路面情况,及时排除有损路面的各种不良因素,预防路面松散、裂缝、沉陷及拥包等各种病害的产生和发展。

(2)通过对沥青路面的初期保养和维护,保持和提高路面的平整度和抗滑性能,保证路面横坡适度、线形顺直、清扫整洁、排水良好,确保沥青路面安全,舒适、畅通的使用性能。

(3)保证新建沥青路面的强度和刚度形成,确保路面的耐久性。

(4)严格预防因路面损害或养护施工不当对沿线环境的污染,确保路面的使用质量和抗灾能力。

(二)沥青路面初期养护的方法

1. 热拌沥青混合料路面的初期养护

(1)摊铺、压实后的热拌沥青混合料路面,待摊铺层自然冷却,混合料表面温度低于50℃

后方可开放交通。

(2)纵横向的施工接缝是沥青路面的薄弱环节，应加强初期养护，随时用 3m 直尺查找暴露出来的轻微不平，铲高补低，经拉毛后，用混合料垫平、压实。

2. 沥青贯入式路面的初期养护

(1)路面竣工后，开放交通时，行驶车辆限速在 15km/h 以下，根据表面成型情况，逐步提高到 20km/h。

(2)设专人指挥交通或设置临时路标，按先两边、后中间控制车辆易辙行驶，达到全面压实。

(3)应随时将行车驱散的嵌缝料回扫、扫匀、压实，以形成平整密实的上封层。当路面泛油后，要及时补撒与施工最后一层矿料相同的嵌缝料，同时控制行车碾压。

3. 沥青表面处治路面的初期养护

(1)层铺法施工的沥青表面处治路面的初期养护与贯入式路面的要求基本相同。

(2)拌和法施工的沥青表面处治路面的初期养护与热拌沥青混合料的要求基本相同。

二、沥青路面沉陷、车辙、脱皮、啃边等病害修补

(一)沉陷的修补

季节性冰冻地区，春融时路基或路面基层含水率过大，强度急剧降低，在行车作用下造成路基湿软弹簧、路面破裂、冒出泥浆等现象，称为翻浆。路基土质不良、公路经过湿地，或路基坡脚存有积水的路段容易出现翻浆病害，盐渍土和沼泽地是翻浆病害的重灾区。路基翻浆的过程大致为：秋季(聚水)—冬季(冻结)—春融(含水率增加)—强度降低—行车荷载翻浆；非春融的雨季，如果路面密水性差，导致降水浸入路基，造成路基或路面基层含水率过大，也可能造成翻浆。沉陷和翻浆如图 2-2-1 所示。

a)沉陷

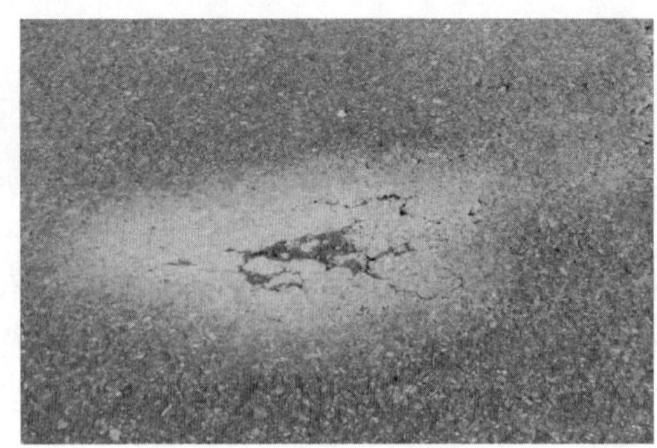

b)翻浆

图 2-2-1　沉陷和翻浆

翻浆的修补方法如下：

(1)因路基冻胀使路面局部或大面积隆起影响行车时，应将胀起的沥青路面刨平，待春融后按翻浆处理的方法予以处治。

(2)因冬季基层中的水结冰引起冻胀,春融季节化冻而引起的翻浆可采用以下方法处治:

①在有翻浆迹象的地方用人工或机械将2~5cm直径的钢钎打入(钻入)路面以下,穿透冻层(一般1.3m以上),然后灌入砂砾,使化冻的水迅速渗入冻层以下。

②局部发生翻浆的路段,可以采用打石灰梅花桩或水泥砂砾桩的办法予以改善。

③加深边沟,并在翻浆路段两侧路肩上交错开挖宽为30~40cm的横沟,间距为3~5m,沟底纵坡不小于3%,沟深应根据解冻情况,逐渐加深,直至路面基层以下。横沟的外口应高于边沟的沟底。如路面翻浆严重,除挖横沟外,还应顺路面边缘设置纵向小盲沟。交通量较小的路段也可挖成明沟。待翻浆停止后,应将明沟填平恢复原状。

(3)因基层水稳定性不良或含水率过大造成的翻浆,应挖去面层及基层全部松软的部分,将基层材料晒干,并适当增加新的硬粒料,分层填补并压实。

(4)低气温施工的石灰土基层,发生上层翻浆,应挖除到坚硬处,另换新料修补基层和重铺面层;或根据条件,采取短期封闭交通的办法防止翻浆蔓延扩大。

(5)由于面层成型不好,雨水、雪水下渗引起基层表面轻度发软或冻胀而形成轻微翻浆,可于春融季节及水分蒸发后,维修平整,促使成型。

(二)车辙的修补

车辙是路面受到行车荷载的反复作用,在纵向上不断发生微小变形,这种变形再经过不断叠加、累积而形成的深度在1.5cm以上的压痕,主要表现为在轮迹内形成凹陷,而在轮迹两侧产生隆起的凸起,是沥青混凝土路面的主要病害形式之一,如图2-2-2所示。

图2-2-2　沥青路面车辙

1.车辙类型

根据车辙产生原因的不同对车辙病害类型进行了划分,主要分为以下四种:结构型车辙、失稳型车辙、磨耗型车辙和压密型车辙。

(1)结构型车辙

由于荷载作用超出了路面的承受力,会造成沥青面层以下的包括路基在内的结构发生永久性变形,这种现象叫作结构型车辙。这种车辙现象的特点是:宽度大,两侧无明显的隆起现象,呈V字形横断面,如图2-2-3所示。

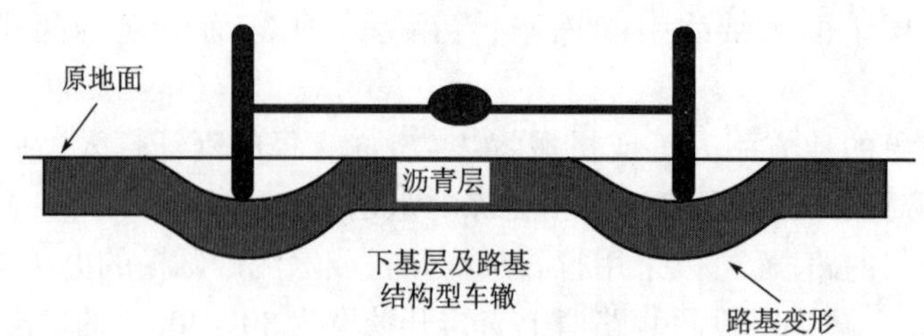

图 2-2-3　结构型车辙

(2)失稳型车辙

另外还有一种车辙叫作沥青混合料的流动型或失稳型车辙,即在高温条件影响下,车轮反复作用,使荷载能力超出沥青混合料的稳定极限所导致的现象。这种车辙主要取决于沥青混合料的流动特性,一般发生在上坡路段和交叉口附近,因为这段路面的车速慢、轮胎接地发生的横向应力较大,对主要行驶双轮车的路段,车辙断面呈 W 形,对行驶宽幅单轮车的路段,车辙成非对称形状,如图 2-2-4 所示。

图 2-2-4　失稳型车辙

(3)磨耗型车辙

磨耗型车辙发生的比较少,由于我国的基层基本上都是半刚性基层,而车辙基本上都属于沥青混合料的流动型车辙。目前,针对这一车辙只能通过采用新材料和改造再生材料来处治和防止磨耗型车辙现象的产生。

(4)压密型车辙

由于沥青面层的压密性而造成的,有些公路在施工压实方面没有使路面形成充分的压实度,并且过分地追求平整度,待降低温度后碾压,都会造成压实度不足,致使通车后的第一个高温季节混合料继续压密,在交通车辆的反复碾压作用下,空隙率不断减小,形成车辙。这种车辙特点明显,两侧无隆起、有下凹、呈 V 字形或 W 形,且属于施工不当造成的非正常情况下的车辙现象。主要表现为车辙的形成在初期发展很快,在车道线附近车轮作用次数较少的部位变形不大。

2. 车辙修补

(1)路面在高温季节因沥青层软化后受车辆的作用产生侧向位移而形成的车辙,若面层仅有轻微变形,可通过控制行车碾压使路面恢复平整。

(2)车道表面因磨损过度而产生的车辙,应将出现车辙的路面开凿成槽。槽深应根据破损情况而定,但至少不得小于原路面沥青混合料中主骨料粒径的 1 ~2 倍。在槽底及槽壁均匀喷洒或涂刷一层黏结沥青,再将沥青混合料填入槽内,摊平碾压。在高速公路及一级公路上可采用沥青玛𤧛脂碎石混合料(SMA)、SBS 改性沥青混合料或聚乙烯改性沥青混合料来修补车辙。

(3)路面受横向推挤形成的横向波形车辙，如果已经稳定，可将凸出的部分削除，在波谷部分喷洒或涂刷黏结沥青并填补沥青混合料，找平、压实。

(4)因面层与基层间有不稳定的夹层而形成的车辙，应将面层挖除，清除夹层后，重做面层。

(5)由于基层强度不足，水稳性能不好，使基层局部下沉而造成的车辙，应先处治基层，再做面层。

(三)脱皮的修补

1. 脱皮的主要原因

沥青路面上层和下层，或旧路罩面层与原路面的表面层呈块状或片状脱落，称为脱皮。其产生原因主要有五个方面，一是面层与基层之间黏结不紧，在行车的水平剪力作用和不利的自然因素影响下，面层会被推移，引起脱皮；二是因矿料含土，粉料过多或潮湿，施工中碾压过度，矿料被压碎，形成阻碍油料渗透的隔离层，破坏了嵌缝料和主层矿料之间的黏结；三是主层矿料级配不好，粒径偏细，颗粒重叠，嵌挤不紧，油料分布不均匀，在主层矿料间存在着黏结不良的隔层面；四是沥青稠度偏大，泛油后，未能及时撒料养护，在气温下降时，油的黏度加大，被车轮将结合不紧的层次粘起；五是层铺法施工时，上下层间的浮土，或因潮湿而形成隔层，表面容易被行车推移或粘走。路面脱皮病害如图 2-2-5 所示。

图 2-2-5　路面脱皮

2. 脱皮的修补方法

(1)由于沥青面层与上封层之间黏结不好，或初期养护不良引起的脱皮，应清除已脱落和已松动的部分，再重新做上封层，所做封层的沥青用量及矿料粒径规格应视封层的厚度而定。

(2)如沥青面层层间产生脱皮，应将脱落及松动部分清除，在下层沥青面上涂刷黏结沥青并重做沥青层。

(3)面层与基层之间因黏结不良而产生的脱皮，应先清除掉脱落、松动的面层，分析黏结不良的原因，处理后，重做面层。

(四)啃边的修补

1. 啃边的主要原因

沥青路面产生啃边主要是由于路面与路肩过渡不平稳、铺设路面时对边缘压实度不够、路基宽度不够等原因造成。路面啃边病害如图 2-2-6 所示。

图 2-2-6　路面啃边

2. 啃边的修补方法

(1)因基层松软、沉陷而形成的啃边,应先对路面边缘基层局部加强后再恢复面层。

(2)应加强路肩的养护工作,保持路肩稳定;随时注意填补路肩上的车辙、坑洼或沟槽;经常保持路肩与路面衔接平顺,并保持路肩应有的横坡,以利排水。

(3)为防止路面啃边,一般可采取以下措施:一是用砂石、碎砖(瓦)、工业废渣等改善、加固路肩或设硬路肩,使路肩平整、坚实;二是在路面边缘增设路缘石,或将路面基层加宽到其面层宽度外 20 ~ 25cm 处;三是在平交道口或曲线半径较小的路面内侧适当加宽路面。

三、更换整段路缘石

(一)路缘石更换工艺

路缘石更换主要有交通导改、定位放线、原路缘石清理等 9 个工序,其流程见图 2-2-7。

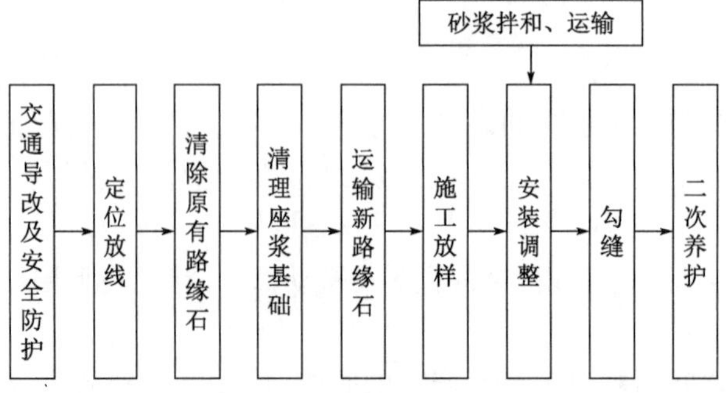

图 2-2-7　更换路缘石工艺流程

(二)安全防护

在每个施工段的两头设置标志标牌,中间设置交通锥(或者拉警戒线),安全协管员站在防撞消能桶后进行疏导,限速指示牌放在过渡区起点,限速解除牌放在缓冲区末端。

(三)测量放样

路缘石安装前,应校核道路中线,对于破损长度长的路段(破损长度大于 20m),测设路缘石安装边桩和高程控制桩,直线段桩距为 10m、曲线段不大于 5m、路口为 1 ~ 5m。按照设计高程进行控制测量。对于破损长度短的地段(破损长度小于 20m),采用在原路缘石上挂小线,按照高程接顺原路缘石的方法控制高程。

(四)路缘石运输

(1)路缘石的运输,要求厂方对路缘石块与块、层与层之间安设夹板,并且进行四角包装,确保路缘石的完好。

(2)路缘石出厂时必须检验合格。运到施工现场后,材料质检员按要求进行查收检验,及时抽样送检和见证取样,并有质量合格证。

(3)第一次运输,由加工厂用叉车装车,汽车运到现场存放并设安全提示标识。

(4)安装前,使用小型叉车运到安装地点间隔码放,随使用随运输。安装后,剩余的路缘石及时运到指定地点,并用绿网苫盖、设安全提示标识。

路缘石运输和转运如图 2-2-8 所示。

a)路缘石运输

b)路缘石转运

图 2-2-8　路缘石运输和转运

(5)异形路缘石加工前,应根据设计图纸上标注的各路口圆弧半径数值与现场实际进行比对,如有误差及时通知设计人员进行修改、复核,统一归纳编号后提供给生产厂家,厂家据此加工。

(五)路缘石安装

(1)旧路缘石拆除,路缘石随拆随装车进行外弃。路缘石现场堆放如图 2-2-9 所示。

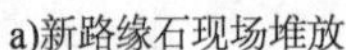
a)新路缘石现场堆放

b)旧路缘石现场堆放

图 2-2-9　路缘石现场堆放

(2)砂浆垫层和勾缝砂浆严格按试验室给的配比进行拌和,勾缝砂浆采用细砂,1∶5 水泥砂浆卧底,严格控制配比。

(3)统一采用坐浆法施工,垫层砂浆厚 2cm,不允许污染路缘石和路面。人工按放线位置安装路缘石。安装前,基础要先清理干净,并保持湿润。安装时,先用线绳控制路缘石的直顺度,再用水平尺进行检查,安装合格后及时采用 C15 混凝土进行后背浇筑和水泥砂浆勾缝。路缘石砌筑应平顺,相邻路缘石缝用 8mm 厚铁板或塑料板控制,相邻路缘石的缝隙应均匀一致,路缘石与路面无缝隙、不漏水。

路缘石更换施工如图 2-2-10 所示。

图 2-2-10　路缘石更换施工

(4)路缘石缝宽为 8 ~ 10mm,应采用凹缝处理。

(5)事先计算好每段路口路缘石块数。砌筑时,若路段短,则由一侧路口切点安砌到另一侧路口切点;若路段长,则由中间向两端铺砌与路口异形路缘石接顺;路口路缘石按等高线坡化控制。

(6)路口、隔离带端部等曲线段路缘石,宜按设计弧形加工预制,单块长度宜为 50cm,尽量不使用小标准块进行拼接。

(7)路缘石安装后检验,必须再挂线,调整路缘石至顺直、圆滑、平整,对路缘石进行平面及高程检测,每 20m 检测一点,当平面及高程超过标准时应进行调整。

(8)路缘石安装完毕后,及时对有污染的场地和路面进行清理。

(9)已完工的路缘石用塑料薄膜苫盖,进行成品保护,防止损害及表面污染。

(六)异形路缘石施工

(1)异形路缘石应根据现场实际半径、弧长等数据进行加工,并单独包装和标识。

(2)异形路缘石到场后,不可随意堆放,每组异形路缘石按照路口编号就近存放,以免出现用错、混用的情况。

(3)砌筑异形路缘石前,要先对圆弧进行放线,在地面放出标准尺寸圆弧,然后按照大样图先进行预装,与放出的圆弧线进行比较,满足圆弧后方可进行正式砌筑,如果不满足圆弧要求,应先用打磨机等机械对路缘石进行二次加工,满足圆弧后方可使用。

(4)异形路缘石砌筑应从一侧开始,顺序砌筑,外观应圆顺。异形路缘石安装如图2-2-11所示。

a)异形路缘石正确安装

b)异形路缘石错误安装

图2-2-11　异形路缘石安装

(七)施工注意事项

(1)路缘石出厂前,进行检查验收,满足质量标准后方可使用。

(2)测量放线。

①先校核道路中线并重新钉立边桩,在直线部分桩距为10m,在弯道上及路口圆弧处为1～5m。

②按新钉桩放线,在直线部分可用小线放线,在曲线部分应划线。在刨槽后安装前再复核一次,并应测出道牙顶面高程、做好标志。

③安砌钉桩挂线后,把路缘石沿基础一侧依次排好,砂浆拌好后匀铺在基础上,虚厚约2cm,按放线位置安砌路缘石,砌完的路缘石顶面应平整,线条直顺,弯道圆滑。

(3)道牙的养护期不得少于3天,在此期间内应严防碰撞。

四、沥青路面平整度检查

平整度是路面施工质量与服务水平的重要指标之一。路面平整度是以几何平面为基准,表现为路面纵向和横向的凹凸程度,即实际路面表面对设计的几何平面的偏离程度(不平整度指标)。平整度测定一般划分为断面类及反应类两大类。断面类平整度测定实际上是测定路面表面凹凸情况的,是直接沿行驶车辆的轮迹量测路面表面的高程,得到路表纵断面,通过数学分析后采用综合统计量作为平整度指标,常用3m直尺法或者连续式平整度仪;反应类平整度测定系统是在车上安装由传感器和显示器组成的仪器,累积计量车辆以一定速度驶经不平整路表面时悬挂系统的竖向位移量,测定路面凹凸引起车辆振动的颠簸情况,常用车载式颠簸累积仪。

(一)3m直尺法

1.目的与适用范围

(1)本方法规定用3m直尺测定直尺基准面距离路表面的最大间隙表示路基路面的平整度,以mm计。

(2)本方法适用于测定压实成型的路面各层表面的平整度,以评定路面的施工质量,也可用于路基表面成型后的施工平整度检测。

2.仪具与材料技术要求

(1)3m直尺:硬木或铝合金钢等材料制成,基准面应平直,长3m。

(2)楔形塞尺:硬木或金属制的三角形塞尺,有手柄。塞尺的长度与高度之比不小于10,宽度不大于15mm,边部有高度标记,刻度读数分辨率小于或等于0.2mm。

(3)其他:皮尺或钢尺、粉笔等。

3m直尺和塞尺如图2-2-12所示。

a)3m直尺

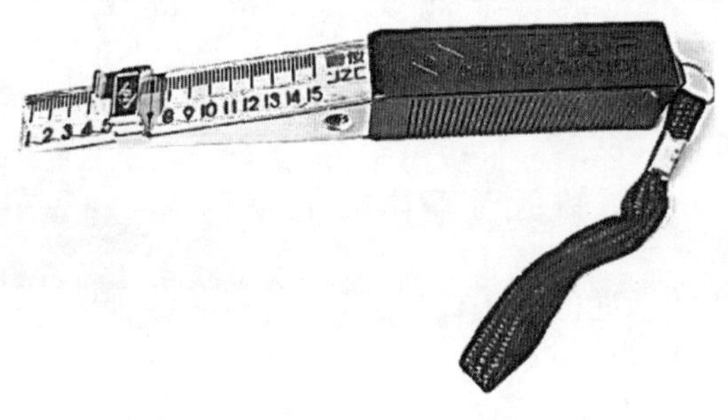

b)塞尺

图2-2-12　3m直尺和塞尺

3.方法与步骤

(1)准备工作。

按有关规范规定选择测试路段,在测试路段选择测试地点。当为沥青路面施工过程中质量检测时,测试地点应选在接缝处,以单杆测定评定;除高速公路以外,可用于其他等级公路路基路面工程质量检查验收或进行路况评定,每200m测2处,每处连续测量10尺。除特殊需要外,应以行车道一侧车轮轮迹(距车道线0.8~1.0m)作为连续测定的标准位置。对旧路已形成车辙的路面,应取车辙中间位置为测定位置,用粉笔在路面上做好标记,并清扫路面测定位置处的污物。

(2)测试步骤。

在施工过程中检测时,根据需要确定的方向,将3m直尺摆在测试地点的路面上;目测3m

直尺的底面与路面之间的间隙情况，确定最大间隙的位置；用有高度标线的塞尺塞进间隙处，量测其最大间隙的高度（mm）准确至0.2mm；施工结束后检测时，按现行《公路工程质量检验评定标准　第一册　土建工程》（JTG F80/1）规定的频率进行检测。

4. 计算

单杆检测路面的平整度计算，以3m直尺与路面的最大间隙为测定结果。连续测定10尺时，判断每个测定值是否合格，根据要求计算合格百分率，并计算10个最大间隙的平均值。

5. 报告

单杆检测时应随时记录测试位置及检测结果。连续测定10尺时，应报告平均值、不合格尺数、合格率。

（二）连续式平整度仪

1. 目的与适用范围

（1）本方法规定用连续式平整度仪量测路面的不平整度的标准差 σ，以表示路面的平整度，以mm计。

（2）适用于测定路表面的平整度，评定路面的施工质量和使用质量，但不适用于在已有较多坑槽、破损严重的路面上测定。

2. 仪具与材料技术要求

（1）连续式平整度仪（图2-2-13）。除特殊情况外，连续式平整度仪的标准长度为3m，其质量应符合仪器标准的要求，中间为一个3m长的机架，机架可缩短或折叠，前后各有4个行走轮，前后两组轮的轴间距离为3m。标准差测量传感器安装在机架中间，可以是能起落的测定轮，或非接触式位移传感器，如激光或超声位移测量传感器。其他辅助机构有，蓄电池电源，距离传感器，与数据采集、处理、存储、输出部分配套的采集控制箱及计算机、打印机等。测定间距为10cm，每一计算区间的长度为100m，并输出一次结果。可记录测试长度（m）、曲线振幅大于某一定值（如3mm、5mm、8mm、10mm等）的次数、曲线振幅的单向（凸起或凹下）累计值及以3m机架为基准的中点路面偏差曲线图，计算打印。机架装有牵引钩及手拉柄，可用人力或汽车牵引。

图2-2-13　连续式平整度仪

(2)牵引车,可以是小面包车,也可以是其他小型牵引汽车。

(3)皮尺或测绳。

3. 方法与步骤

(1)准备工作。

选择测试路段,同3m直尺法。当为施工过程中质量检测需要时,测试地点根据需要决定;当为路面工程质量检查验收或进行路况评定需要时,通常以行车道一侧车轮轮迹带作为连续测定的标准位置。对旧路已形成车辙的路面,取一侧车辙中间位置为测定位置。当以内侧轮迹带(IWP)或外侧轮迹带(OWP)作为测定位置时,测定位置距车道标线80~100cm。清扫路面测定位置处的杂物。检查仪器,检测箱各部分应完好、灵敏,并将各连接线接妥,安装记录设备。

(2)测试步骤。

将连续式平整度测定仪置于测试路段路面起点上。在牵引汽车的后部,将平整度的挂钩挂上后,放下测定轮,启动检测器及记录仪,随即起动汽车,沿道路纵向行驶,横向位置保持稳定,并检查平整度检测仪表上测定数字显示、打印、记录的情况。牵引平整度仪的速度应均匀,宜为5km/h,最大不得超过12km/h。测试路段较短时,亦可用人力拖拉平整度仪测定路面的平整度,但拖拉时应保持匀速前进。

4. 计算

(1)连续式平整度测定仪测定后,可按每10cm间距采集的位移值自动计算:每100m计算区间的平整度标准差(mm),还可记录测试长度(m)、曲线振幅大于某一定值(3mm、5mm、8mm、10mm等)的次数、曲线振幅的单向(凸起或凹下)累计值及以3m机架为基准的中点路面偏差曲线图,并打印输出。

(2)每一计算区间的路面平整度以该区间测定结果的标准差表示。

(3)计算一个评定路段内各区间平整度标准差的平均值、标准差、变异系数。

5. 报告

试验应列表报告每一个评定路段内各测定区间的平整度标准差,各评定路段平整度的平均值、标准差、变异系数以及不合格区间数。

第二节　水泥混凝土路面养护

中级养护工需要检查水泥混凝土路面的使用状况,能识别病害,及时开展日常养护工作,修补各种破损,保持路面处于良好的技术状况。在实际工作中,对于水泥混凝土路面出现的各类病害,首先应分析其产生的原因,再有针对性地进行修补和养护。

一、水泥混凝土路面的常见病害分级情况

根据现行《公路技术状况评定标准》(JTG 5210)所规定的评价方法,将水泥路面损坏分为11类20种:破碎板、坑洞、板角断裂、露骨、拱起、边角剥落、错台、唧泥、裂缝、修补、接缝料损

坏。其中裂缝、板角断裂、边角剥落分为轻、中、重三级，破碎板、错台、接缝料损坏分轻、重两级，坑洞、拱起、露骨、唧泥和修补不分级。损坏根据严重程度分不同等级，如表 2-2-1 所示。

水泥混凝土路面损坏分类及分级表　　表 2-2-1

类型	损坏名称	分级标准
1	裂缝	轻：主要裂缝宽度小于 3mm，一般为未贯通裂缝
2		中：主要裂缝宽度在 3 ~ 10mm 之间
3		重：主要裂缝宽度大于 10mm
4	板角断裂	轻：主要裂缝宽度小于 3mm
5		中：主要裂缝宽度在 3 ~ 10mm 之间
6		重：主要裂缝宽度大于 10mm
7	边角剥落	轻：板边上的碎裂和脱落
8		中：板边上的碎裂和脱落，接缝附近水泥混凝土有开裂
9		重：板边上的碎裂和脱落，接缝附近水泥混凝土多处开裂，开裂深度超过接缝槽底部
10	破碎板	轻：板块被裂缝分为 3 块及以上，破碎板未发生松动和沉陷
11		重：板块被裂缝分为 3 块及以上，破碎板有松动、沉陷和唧泥等现象
12	错台	轻：接缝两侧高差在 5 ~ 10mm 之间
13		重：接缝两侧高差大于 10mm
14	接缝料损坏	轻：填料老化、不密水，尚未剥落脱空，未被砂、石、土等填塞
15		重：三分之一以上接缝出现空缝或被砂、石、土填塞
16	坑洞	不分轻重程度
17	拱起	不分轻重程度
18	露骨	不分轻重程度
19	唧泥	不分轻重程度
20	修补	不分轻重程度

水泥混凝土路面的局部损坏，如不及时有效地加以修补，往往会引起损坏的迅速发展。造成路面损坏的原因是多方面的，损坏的类型也是多种多样的，因此对路面局部板块的损坏进行修补时，必须首先查明原因，然后针对其原因采取相应的技术措施加以处理。

二、裂缝、板角断裂、露骨、坑洞等病害成因分析及修补工艺

(一)裂缝

1. 原因分析

裂缝的产生是重复荷载应力、翘曲应力及收缩应力等综合作用的结果。原因有很多：水的浸入及过大的竖向位移的重复作用，使基层受到侵蚀产生脱空；土基和基层强度不够，基础较弱，或冬季施工中冻土大块过多；接缝拉开后丧失传荷能力，在板的周边产生过大的荷载应力；

水泥质量差、不稳定,粗细集料质量差,搅拌不匀,甚至搅拌不到;施工操作不当,养生不到位,养生时间不足。

2. 修补方法

根据水泥混凝土路面板的裂缝情况,可以采取以下维修方法予以处理。

(1)对于缝宽小于3mm的轻微裂缝,可采取扩缝灌浆。

①顺着裂缝扩宽成1.5~2.0cm的沟槽,槽深不超过板厚的2/3。

②清除混凝土碎屑、吹净,填入0.3~0.6cm的清洁石屑。

③将灌缝材料按规定的配比拌和均匀后,灌入扩缝内。

④待灌缝材料固化达到通车强度后,即可开放交通。

(2)对于贯穿全板的大于3mm、小于15mm的中等裂缝,可采用条带罩面法进行维修。

①先用锯缝机在裂缝两侧切缝,切缝方向平行于缩缝,距裂缝的距离不小于15cm。

②凿除两条横缝内的混凝土,深为7cm。

③沿裂缝两侧每50cm打一对耙钉孔,孔大小较耙钉直径大2~4mm,其间打一对耙钉槽。

④耙钉宜采用除锈后的螺纹钢筋,孔内填满砂浆,方可将耙钉插入安装孔内。

⑤缝内壁应凿毛并清除干净,随即浇筑快硬混凝土,振捣密实并抹平,喷洒养护剂,锯缝后灌注填缝料。

(3)对宽度大于15mm的严重裂缝可采用全深度补块,即集料嵌锁法、刨挖法和设置传力杆法。

①集料嵌锁法。在修补的水泥混凝土路面位置上,平行于缩缝画线,沿画线位置进行全深度切割。在保留板块边部,沿内侧4cm位置,锯5cm深的缝。全深锯口和半深锯口之间的4cm宽条混凝土垂直面应凿成毛面。处理基层时,基层强度应符合规范要求,并应整平基层;若基层强度低于规范要求时,应予以补强,并严格整平;若基层全部损坏或松软,应重新做基层。混凝土摊铺应在混凝土拌和后30~40min内卸到补块区内,并振捣密实。浇筑的混凝土面层应与相邻路面的横断面吻合,其表面平整度应符合规范要求。做接缝时,应将板中间的各缩缝锯切到1/4板厚处,并将接缝材料填入缩缝内。待混凝土达到通车强度后,即可开放交通。

②刨挖法。刨挖法也称倒T形法。应在相邻板块横边的下方暗挖15cm×15cm的一块面积用于荷载传递。

③设置传力杆法。处理基层后,应修复、安设传力杆和拉杆,安装时,应在板厚1/2处钻出较传力杆直径大2~4mm的孔,孔中心距30cm。横向施工缝传力杆直径为25mm,长度为45cm,嵌入相邻保留板内深度22.5cm。传力杆与拉杆宜用环氧砂浆牢牢地固定在规定位置,摊铺混凝土前,其光圆传力杆的伸出端应涂少许润滑油。新补板块与沥青路肩相接时,应和现有路肩齐平。传力杆若安装倾斜或松动失效时,应予以更换。

(二)板角断裂

1. 原因分析

(1)角隅处易产生唧泥,形成脱空,导致角隅应力增大产生断裂。

(2)基础在行车荷载与水的综合作用下,逐步产生塑性变形累积,使角隅应力逐渐递增,导致断裂。

(3)胀缝往往位于端模板处,拆模时易损坏,而在下一相邻板浇捣时,因已浇板块强度有限,极易受伤,造成隐患,此处角隅易断裂。

2. 修补方法

(1)按破裂面的大小和深度,确定切割范围。

(2)切开边缝,凿除破损部分,凿成规则的垂直面。注意不能切断钢筋,若钢筋难以全部保留,至少应保留 20 ~ 30cm 的钢筋头,且长短交错。

(3)检查原滑动传力杆,如有缺陷,应进行修理或更换新杆。

(4)和原有路面板的接缝面,如为缩缝,应用塑料薄膜隔开或涂上沥青,以防止新旧混凝土黏结在一起。如为胀缝,应设置接缝板。

(三)板边的修补

(1)对水泥混凝土面板边轻度剥落修补时,应先将剥落的表面清理干净,并用沥青混合料或接缝料修补平整。

(2)当板边严重剥落时,可采用条带罩面进行补缝。

(3)当板边全部破碎时,可采用全深度补块。

(四)露骨

1. 原因分析

主要是由于混凝土表面灰浆不足,洒水提浆造成混凝土路面表层强度不足引起的。

2. 修补方法

露骨处治应根据公路等级和表面破损程度,采取不同的材料和施工方法进行,对局部板块的表面起皮应进行罩面。

(1)一般公路水泥混凝土面板表面起皮(剥落、露骨)宜采用改性沥青稀浆封层加以处治。

(2)高速公路水泥混凝土面板表面起皮(剥落、露骨)宜采用改性沥青稀浆封层或沥青混凝土罩面加以处治。

(3)较大面积的水泥混凝土面板表面起皮(剥落、露骨)宜采用改性沥青稀浆封层及沥青混凝土罩面加以处治。

(五)坑洞

1. 原因分析

(1)施工质量差,混凝土材料中夹带朽木、纸张和泥等物。

(2)某些车辆的金属硬轮或掉落硬物的撞击。

2. 修补方法

应将坑洞修凿成正方形或长方形的直壁坑槽,并注意以下几点:

(1)避免形成新的裂缝。

(2)防止影响好的路面和损坏部分的继续扩大。

(3)把坑洞内的尘土及混凝土碎块清除干净，待干燥后，用硬毛刷涂刷一层沥青，然后用沥青砂或沥青混凝土填补夯平。当填补的坑洞较深时，可先在坑洞下面填一层夯实碎石，其高程较原路面低 1.5 ~2cm，最后在上层同样用沥青砂或沥青混凝土填平。

(六)接缝碎裂和填缝料损坏

1. 原因分析

(1)混凝土常见的接缝分为横缝和纵缝。横缝又分为胀缝和缩缝两种。胀缝的宽度随气温而变化，当气温上升时缝中的填料被挤出；气温下降时性能较差的填缝料不能恢复，使缝中形成空隙，泥沙、石屑等杂物侵入，成为板块伸胀时的障碍；雨雪水沿此空隙渗入，损坏基层和接缝；加之填缝料的老化，也会造成像胀缝一样的后患；施工、养护不规范，切缝不及时或未达规定深度，也是造成接缝破损的原因之一。

(2)填缝料损坏主要是由于填料脆裂、老化、挤出与板边脱离造成，填缝料质量差、外面板施工时黏结面未处理好、缝壁不洁或潮湿等也会加速填缝料损坏。

2. 修补方法

(1)清缝。

用小扁凿凿除或用清缝机清除旧填缝料和其他杂物，露出缝壁，用吹尘器吹净缝内尘土。

(2)填缝。

①接缝板。首先将地板胶或建筑热沥青等涂刷在缝壁上，然后将接缝板嵌压入缝内。对接缝板接头及接缝板与传力杆之间的间隙，须用沥青或其他填缝材料填实抹平。

②填缝料。按其施工时的温度可分为加热式填缝料和常温式填缝料两类。加热式填缝料主要有聚氯乙烯胶泥、沥青橡胶类等，使用时将填缝料加热至灌入温度，装进填缝机进行填灌，并用铁钩来回钩动以增加填缝料和缝壁的黏结，使之填灌饱满；常温式填缝料主要有聚氨酯焦油类、聚氨酯类和聚氨酯沥青等，填灌方法与加热式填缝料相同，但无须加热。

桥涵养护

(1)能检查桥梁外观存在的缺陷病害,检查桥梁结构的完整性和功能的完备性。

(2)能对桥梁混凝土缺陷进行修补,对钢结构桥梁及桥梁构件除锈防腐。

第一节　桥梁经常性检查

一、经常性检查的频率

养护检查等级为Ⅰ级的桥梁,经常性检查每月不应少于1次;养护检查等级为Ⅱ级的桥梁,经常性检查每两个月不应少于1次;养护检查等级为Ⅲ级的桥梁,经常性检查每季度不应少于1次;在汛期、台风、冰冻等自然灾害频发期,应提高经常性检查频率;养护检查等级为Ⅱ、Ⅲ级的桥梁,在定期检查中发现存在4类构件时,加固处治前应提高经常性检查频率;对支座的经常性检查每季度不应少于1次。

二、经常性检查的方法

经常性检查宜抵近桥梁结构,以目测结合辅助工具进行。应现场填写"桥梁经常性检查记录表",经常性检查中发现桥梁重要部件缺损严重,应及时上报。

经常性检查的内容:

(1)桥梁结构有无异常的变形和振动以及其他异常状况。

(2)外观是否整洁,构件表面是否完好,有无损坏、开裂、剥落、起皮、锈迹等。

(3)混凝土主梁裂缝是否有发展,箱梁内是否有积水。钢结构主梁抽查焊缝有无开裂,螺栓有无松动或缺失。

(4)斜拉索、吊杆(索)、系杆等索结构锚固区的密封设施是否完好,有无积水或渗水痕迹,密封材料等有无老化和开裂;主缆最低点是否渗水;索鞍是否有异常的位移、卡死、辊轴歪斜以及构件锈蚀,破损;鞍座混凝土是否开裂;鞍室是否渗水、积水。

(5)支座是否有明显缺陷,使用功能是否正常。

(6)桥面铺装是否存在病害。

(7)伸缩缝是否堵塞、卡死,连接部件有无松动、脱落、局部破损。

(8)人行道、缘石有无破损、剥落、裂缝、缺损和松动。

(9)栏杆、护栏有无破损、缺失、锈蚀、移动或错位。

(10)排水设施有无堵塞和破损。

(11)墩台有无明显的倾斜、损伤、开裂,是否因车、船或漂流物撞击而受损;基础有无冲刷、损坏、悬空;墩台与基础是否受到生物腐蚀。

(12)翼墙(侧墙、耳墙)、锥坡、护坡、调治构造物有无缺损、开裂、沉降和塌陷。

(13)悬索桥锚碇是否存在渗水、积水。

(14)交通信号、标志、标线、照明设施以及桥梁其他附属设施是否完好、正常工作。

(15)永久观测点及标志点是否完好。

桥梁常见的缺陷病害如图 2-3-1 ~ 图 2-3-12 所示。

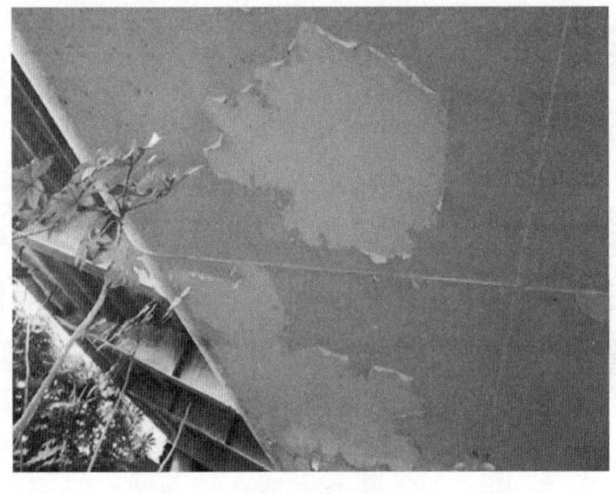

图 2-3-1　涂层脱离

图 2-3-2　桥面纵向开裂

图 2-3-3　支座挤压变形

图 2-3-4　伸缩缝堵塞

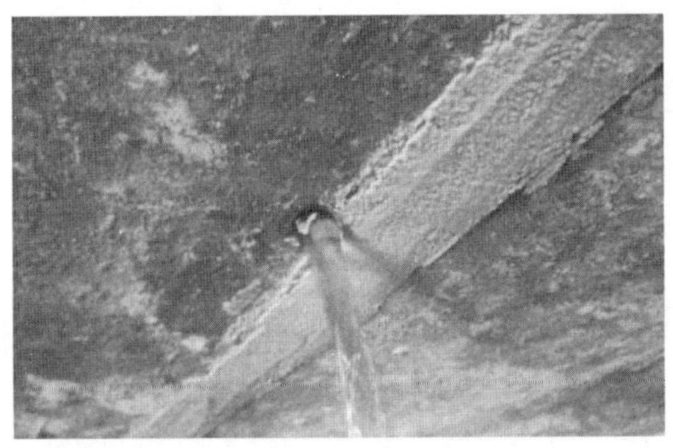
图 2-3-5　空心板梁空腔积水

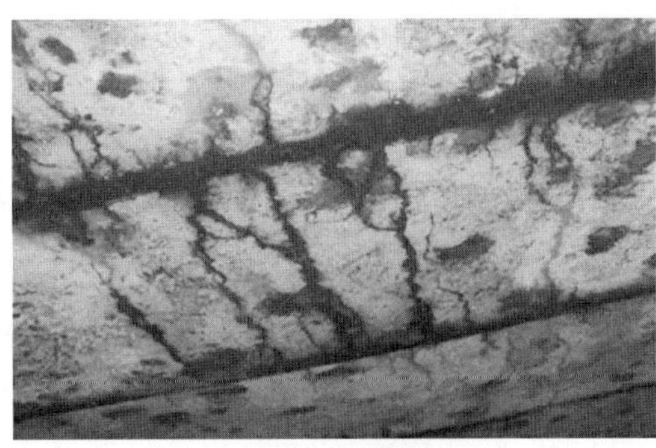
图 2-3-6　梁体裂缝渗水

图 2-3-7　吊杆防护罩脱落

图 2-3-8　锚碇渗水

图 2-3-9　泄水口堵塞、水箅子缺失

图 2-3-10　标线磨损

图 2-3-11　台前护坡坍塌

图 2-3-12　锥坡破损

第二节　桥梁修复养护

一、钢结构除锈防腐

本节工作范围主要为各类钢结构及构件表面锈蚀的处理和防腐涂装的修复,涉及构件包括钢箱梁内外表面、体外预应力索、支座及弹簧钢阻尼设备、伸缩缝钢构件、防撞护栏等。

(一)钢结构防腐涂装施工环境应符合以下要求

(1)环境相对湿度不大于85%。
(2)喷涂时表面的温度应在5~38℃之间,并且钢材表面温度大于露点温度3℃。
(3)在有雨、雾、雪、大风和较大灰尘的条件下,禁止户外施工。
(4)超过上述条件不允许施工,必要时应采取其他必要措施。
(5)-5~5℃施工时采用低温固化产品或采用增温等其他措施。
(6)钢材表面温度应不小于空气露点温度+3℃。

(二)施工准备

1. 施工材料

(1)涂料应符合现行《公路桥梁钢结构防腐涂装技术条件》(JT/T 722)等相关标准的技术要求。
(2)脱脂棉布、丙酮、汽油等清洗用品。
(3)稀释剂、固化剂等应符合相关标准的技术要求。

2. 施工设备

(1)刮刀、钢丝刷、砂轮、刷子、辊筒等工具。
(2)其他辅助工具。

3. 施工过程

(1)表面清理
①对钢构件的铁锈等进行清理,使其露出金属光泽,如图2-3-13、图2-3-14所示;
②对钢构件的表面使用棉纱、纱布擦拭,使其表面无油污、尘土等杂物;
③表面处理完成后,4h内开始涂装施工,如表面有返锈现象,应重新除锈后施工。
(2)涂料配制
按照材料用量和使用方法,配制底漆、中间漆和面漆,并充分搅拌。
(3)底漆涂装
①按照材料用量和使用方法均匀涂刷底漆于钢构件表面;
②涂膜干燥后,使用饮用水或清洁剂清除涂层上的泥尘、油污等污染物;

③如底漆太光滑影响中间漆的黏结强度,可对底漆进行打磨处理;
④底漆干膜厚度应符合设计要求。

图 2-3-13　砂轮机打磨除锈

图 2-3-14　抛丸除锈

(4)中间漆涂装
①按照材料用量和使用方法均匀涂刷中间漆于钢构件表面;
②涂膜干燥后,使用饮用水或清洁剂清除涂层上的泥尘、油污等污染物;
③如中间漆太光滑影响面漆的黏结强度,可对中间漆进行打磨处理;
④中间漆干膜厚度应符合设计要求。
(5)面漆涂装
①按照材料用量和使用方法均匀涂刷面漆于钢构件表面;
②面漆干膜厚度应符合设计要求。
钢结构表面局部涂刷、钢桥喷涂如图 2-3-15、图 2-3-16 所示。

图 2-3-15　表面局部涂刷

图 2-3-16　钢桥喷涂

4. 钢构件除锈防腐的检验

钢构件除锈防腐检验应符合表 2-3-1 的规定。

钢构件除锈防腐检验项目　表 2-3-1

项次	检验项目		规定值或允许偏差	检验方法
1	施工材料		性能及技术参数均应符合设计和相关规范的要求	查看质保书或对施工材料进行检验
2	外观鉴定		光洁完整,无气泡、针孔、凹陷、麻点、流挂等现象,表面漆膜颜色均匀一致	目测观察
3	实测项目	除锈清洁度	符合设计要求	比照板:全数检查
4		总干膜厚度	符合设计要求或防腐涂层体系要求	测厚仪:按设计频率或每 $10m^2$ 测 5 处,每处测 3 个点,取其平均值

二、混凝土构件缺陷修补

混凝土桥梁结构构件表面缺陷修补,包括混凝土主梁、桥墩(辅助墩、过渡墩)、承台等的蜂窝、麻面、空洞、颜色不均、破损、露筋等缺陷的修补。

(一)遵循的原则

(1)对于重要部位的表面缺陷,必须全部进行处理。

(2)对于一般部位的蜂窝、麻面、气泡、表面不平整等表面缺陷,深度在 5mm 以内,且混凝土缺陷面积率(缺陷发生面积与缺陷所在构件的平面面积的比值)在 0.5% 以内的可以不处理。

(二)材料具体要求

1. 加固用混凝土

(1)用混凝土进行缺陷修补,应采用比原结构强度指标高一级的混凝土,水泥应采用 42.5MPa以上强度等级,水灰比应取小值。

(2)对易浇筑密实且构件厚度不小于 100mm 者,可采用一般配合比,但粗集料直径不宜大于 15mm;在较薄断面和不易浇筑处,粗集料粒径不应大于 10mm。

(3)当施工条件受限时可采用自密实混凝土。

2. 加固用水泥砂浆

(1)喷浆修补法所用水泥砂浆应采用水灰比小、加入大剂量速凝剂的硅酸盐类水泥,但其强度不得低于 32.5MPa;也可采用具有快凝、早强、高强性能的专用喷射水泥。

(2)砂子应采用无风化的山砂或河砂,其细度模数应在 2.7 ~ 3.7 之间,其中直径小于 0.075mm的细砂含量应低于 20% 。

3. 加固用聚合物水泥砂浆

加固用聚合物水泥砂浆的性能必须符合表 2-3-2 的规定。

聚合物水泥注浆料的性能指标　　表 2-3-2

性能项目		性能指标
浆体性能	劈裂抗拉强度(MPa)	≥5
	抗压强度(MPa)	≥40
	抗折强度(MPa)	≥10
注浆料与混凝土的正拉黏结强度(MPa)		≥2.5,且为混凝土破坏

4. 改性环氧砂浆(混凝土)

(1)采用改性环氧砂浆(混凝土)修补混凝土表面缺陷时,改性环氧基液的安全性能指标应符合相关标准、规范的有关规定。

(2)改性环氧砂浆施工温度宜为20℃ ±5℃,高温或寒冷季节应采取有效措施控制施工温度。

(三)修补材料的使用原则

(1)修补材料在使用前应经过试验确定色泽与原混凝土(砂浆)相似。

(2)对于较为严重的表面缺陷,应优先考虑聚合物水泥混凝土(砂浆)、改性环氧混凝土(砂浆)等改进型修补材料,慎用常规混凝土(砂浆)。

混凝土缺陷修补用材料适用条件见表 2-3-3。

混凝土缺陷修补用材料适用条件　　表 2-3-3

序号	材料种类	适用条件
1	混凝土	适用于混凝土构件表面蜂窝、空洞以及较大范围破损等缺陷的修补施工
2	水泥砂浆	适用于桥梁构件表面出现深度较浅、小面积缺陷的修补
3	聚合物水泥砂浆	适用于混凝土桥梁表面的风化、剥落、漏筋及小面积的破损等缺陷的修补
4	改性环氧砂浆	施工温度宜为20℃ ±5℃,不得高于60℃

(四)表面缺陷的修补方案

(1)磨削法,对混凝土麻面等表面凹凸不平的地方用砂轮机进行磨削处理;

(2)凿除法,通常与填补法配合,将蜂窝缺陷处凿成陡坡,以便于填补(图 2-3-17);

(3)填补法,采用修补材料对表面缺陷处进行填补,通常用于蜂窝麻面、气泡等(图 2-3-18);

(4)灌浆法,主要用于微裂缝、冷缝等缺陷的修补,与一般结构性裂缝相似。

图 2-3-17　凿除法

图 2-3-18　填补法

(五)施工工艺要点

采用不同材料修补混凝土表层缺陷需注意的施工工艺要点如表2-3-4所示。

采用不同修补材料的施工工艺要点　　表2-3-4

材料种类	施工工艺要点
混凝土	在修补前应对混凝土表面的蜂窝、空洞进行处理、凿毛,对已经生锈的钢筋进行除锈,并使旧混凝土表面保持湿润、清洁
水泥砂浆	1. 喷砂前应准备充足的砂子和水泥; 2. 喷射水泥砂浆前应对旧混凝土表面进行凿毛,并将表面清理干净,喷浆前1h,应洒水以保持受喷面充分湿润; 3. 当修补要求设置钢筋网时,钢筋间距不应小于80mm,并应有效固定; 4. 如需安装模板,应安装牢固,避免喷射作业的冲击力使模板脱落; 5. 用作输料管的软管,不应采用长度小于15m的管道;喷浆的压力应控制在0.25~0.45MPa;喷头与喷面的距离为0.8~1.2m,喷头与受喷面应保持垂直; 6. 分层喷射时,应在第一层没有完全凝固时开始喷射第二层,每层的间歇时间以2~3h为宜;若上层已凝固,应采用铁刷子将层间松料刷除,然后再继续喷射施工; 7. 喷射完工后应及时进行表面处理,采取遮阴和保湿等养护措施
聚合物水泥砂浆	1. 施工前应清除混凝土表面待修补部分的浮尘、油垢及铁锈,将混凝土表面凿毛; 2. 在涂抹聚合物砂浆前2h,用水冲洗待修补部位的混凝土表面,使混凝土表面处于充分湿润状态,但表面不能有明水; 3. 应采用机械拌和,在修补施工前应将拌好的聚合物水泥砂浆放置5min后略加搅拌即可使用,搅拌好的物料应在1h内用完; 4. 人工修补时,首层应压紧、压实,若修补厚度大于20mm时,宜分层压涂,各层施工应间隔3~4h(图2-3-19)
改性环氧砂浆(混凝土)	涂改性环氧基液的施工工艺要求如下: 1. 涂刷时应薄而均匀,涂刷基液厚度不应超过1mm; 2. 应注意保护已涂刷基液的混凝土表面,防止杂物、灰尘洒落; 3. 涂刷基液后,应间隔30~60min,待基液中的气泡排出后,再涂抹环氧砂浆或浇筑环氧混凝土。 采用改性环氧砂浆修补时的施工工艺要求如下: 1. 平面涂抹时应均匀,每层厚度不应超过10~15mm,底层厚底应在5~10mm; 2. 斜、立面涂抹时,每层涂抹厚度5~10mm,如层厚过大应分层涂抹; 3. 仰面涂抹时应采用黏度较大的基液涂刷底层,涂刷应均匀,防止基液往下脱落;每层厚度应控制在3~5mm,当厚度超过5mm时,应分层涂抹

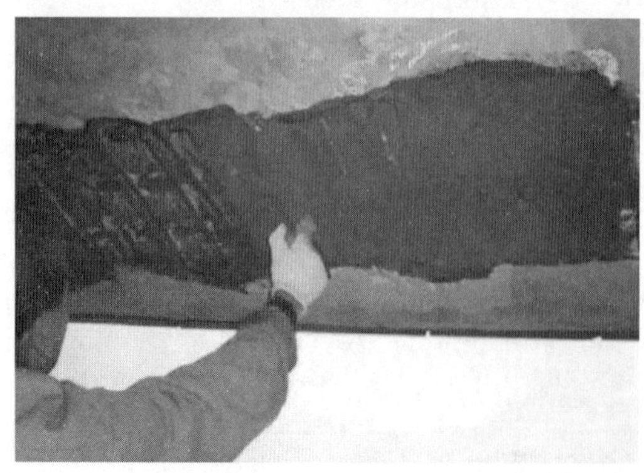

图2-3-19　高强聚合物水泥砂浆修复

（六）缺陷修补完成后的要求

混凝土表面缺陷修补完成后，表观质量和平整度应符合《公路桥梁加固施工技术规范》（JTG/T J23—2008）中4.7节的相关规定。

第四章

交通工程及沿线设施养护

技能目标

(1)能检查管理站、服务区等管理服务设施损坏,能检查照明、监控等机电设施损坏。

(2)能维修交通安全设施损坏,能保洁服务区、停车区等管理服务设施;能保洁照明、监控等机电设施。

(3)能用简单工具对交通安全设施、服务设施和管理设施等影响道路安全运营和服务水平的损坏进行维修。

第一节　交通标志

交通标志应保持板面清晰、完整、视认性良好,检查标志板面是否被遮蔽,板面和金属构件是否有缺损、支撑件是否有歪斜。交通标志板面损伤时,如遇板面平整干净、不影响反光膜使用效果前提下,鼓励采用各种交通标志底板再利用工艺,先将旧标志板残胶祛除,再重新粘贴工厂制作好的反光膜。贴膜方法有手工和机器两种,现场通常选用手工法,要求底膜的粘贴要在专用贴膜机上完成。如遇板面金属损伤则需要更换整块面板,重新安装标志方法应符合现行国家标准《道路交通标志板及支撑件》(GB/T 23827)的规定。交通标志扶正、维修如图2-4-1、图2-4-2所示。

图2-4-1　交通标志扶正

图2-4-2　交通标志维修

第二节　交通标线及突起路标

一、交通标线

检查标线是否磨损严重或是脱落,如磨损和脱落影响辨认性能时,应重新喷刷或修复(图2-4-3)。

图2-4-3　交通标线增补

二、突起路标

检查突起路标有无严重缺损以及明显褪色,及时增补和修复突起路标(图2-4-4)(注:在有凝雪天气地区,铲雪时突起路标易被铲除,可选择性使用)。

图2-4-4　增补突起路标

第三节　视线诱导设施养护

一、轮廓标检查

1. 检查轮廓标逆反射系数

轮廓标上具有逆反射体或逆反射材料，在夜间车灯的照射下，能清晰显示出道路边缘轮廓，对车辆进行安全引导。轮廓标逆反射性能应满足国家标准《轮廓标》（GB/T 24970—2020）。

2. 检查轮廓标变形损坏

柱式轮廓标要检查柱体是否垂直水平面，检查轮廓标反光矩形色块是否有缺损，检查标柱是否有倾斜或松动。附着式轮廓标应检查其与附着物（护栏槽内、缆索护栏、隧道壁、挡墙、桥墩、混凝土护栏等）是否连接牢固，高度是否一致。

二、轮廓标维修

1. 更换反光色块

反光色块有剥落或缺损时，应及时补贴。

2. 修复变形损坏轮廓标

如轮廓标标柱有变形和损坏，应及时修复（图 2-4-5）。

图 2-4-5　轮廓标修复

第四节　护栏设施

一、护栏部件完好性检查

1. 波形梁钢护栏

检查波形梁护栏搭接是否平顺、垫圈是否备齐、螺栓是否紧固、护栏构件是否完整。

2. 缆索护栏

检查缆索护栏索端锚具、托架、索夹螺栓等是否固定牢固，检查钢构件表面是否有剥落、漏镀及划痕等缺陷。

3. 水泥混凝土护栏

检查混凝土护栏外观是否光滑、平整、色泽均匀一致，是否出现漏石、蜂窝、麻面、脱皮、掉角等现象。混凝土护栏表面的蜂窝、麻面、裂缝、脱皮等缺陷面积不得超过该面面积的0.5%；深度不得超过10mm；混凝土护栏块件的损边、掉角长度每处不得超过20mm。

二、护栏维修

1. 护栏板、立柱、柱帽、防阻块(托架)除锈喷漆

应及时对护栏板、立柱、柱帽、防阻块(托架)进行除锈喷漆工作。

2. 增补缺损螺栓

当遇护栏上螺栓松弛或缺损时，应及时拧紧松弛螺栓和增补缺损螺栓。

3. 水泥护栏维修

混凝土护栏表面出现不影响结构强度的蜂窝、麻面、裂缝、脱皮等缺陷时，可以对其进行修补。水泥护栏修补应符合现行行业标准《公路桥涵施工技术规范》(JTG/T 3650)的规定，修补时注意采用同配合比水泥砂浆进行修复，或者采用颜色一致的修补材料进行修补(图2-4-6、图2-4-7)。

图2-4-6　波形护栏除锈喷漆

图2-4-7　混凝土护栏修补加固

第五节　防 眩 设 施

一、防眩设施检查

1. 检查防眩设施的高度

为了使防眩设施的高度能与道路横断面比例协调,不使防眩设施受冲击后倒伏到车行道上,以及减少驾驶的压迫感,防眩设施的高度不宜超过2m。防眩设施具体高度要求应符合设计文件规定。

2. 检查防眩设施的数量

防眩板的数量、间距,植物防眩的种植及树木高度、树径和株距应符合设计文件规定。各种防眩方式之间应衔接平顺,不得有突变和漏光现象。

二、防眩设施修补

1. 增补、调整防眩板

当出现防眩板破坏、缺损时,应及时进行增补、调整(图2-4-8)。增补、调整施工要求应符合设计文件规定,增补、调整后宜在晚间实地目测检查。

图2-4-8　修补防眩板

2. 增补、调整防眩网

当出现防眩网破坏、缺损时,应及时进行增补、调整(图2-4-9)。增补、调整施工要求应符合设计文件规定,增补、调整后宜在晚间实地目测检查。

图 2-4-9　增补防眩网

第六节　隔离栅栏和防落网

一、隔离栅栏和防落网检查

1. 检查隔离栅栏锈蚀情况

检查隔离栅栏锈蚀面积大小，判断其是否影响整体设计强度。

2. 检查防落网锈蚀情况

检查防落物网锈蚀面积大小，判断其是否影响整体设计强度。

二、隔离栅栏和防落网养护

1. 隔离栅栏维修

隔离栅所用各种材料除设计文件另行规定外，均应符合现行国家标准《隔离栅》(GB/T 26941)。所有钢构件应进行防腐处理，如遇防腐层局部破坏，导致隔离栅栏生锈，但不影响结构强度情况下，可对隔离栅栏进行除锈喷漆处理。将隔离栅栏表面清洁干净，去除表面的尘土、污垢和老漆。检查隔离栅栏表面是否有损坏，如有需要应修复，确保表面平整(图 2-4-10)。遮盖周围区域，以防止喷漆污染其他物体。根据涂刷漆料的要求，进行适当层数的涂刷，确保涂层充分附着。

2. 防落网喷漆除锈

对局部锈蚀的防落网应先用砂纸打磨、除锈(图 2-4-11)，刷底漆之后再喷面漆 3 遍，防落网油漆为双面喷涂。

图 2-4-10 隔离栅栏维修

图 2-4-11 防落物网修补

第七节 里程碑和百米桩

1. 里程碑和百米桩维修

里程碑和百米桩如有破损、安装不稳固、损边、掉角长度超过 15mm,需要对其进行修补、修复处理(图 2-4-12)。如遇正面有遮挡视线的障碍物,则需要清除遮挡物,如遇褪色、模糊,则需进行刷新(图 2-4-13)。

图 2-4-12 百米桩修补

图 2-4-13 里程碑刷新

2. 里程碑和百米桩增设

里程碑和百米桩出现缺失,则需进行增设,增设时需要按设计文件规定,并与原路段里程碑和百米桩材质一致。

第八节　服务区、停车区和客运汽车停靠站

一、服务设施检查

1. 检查设施和设备完好、齐全

服务设施养护范围包括服务区、停车区和客运汽车停靠站及其房屋建筑、停车场、公共厕所、加油站和维修站等配套设施，以及服务区域的污水、垃圾处理等附属设施。应检查各项设施及设备是否完好齐全。

2. 检查设施环境整洁及服务功能、使用功能

检查服务区、停车区的加油、停车、如厕等基本公共服务功能是否正常运转，公共区域的清洁消毒、通风换气是否开展，厕所管理是否按规定要求做到清洁。

3. 检查设施安全

定期开展服务区、停车区和客运汽车停靠站及其房屋建筑、停车场、公共厕所、加油站和维修站等配套设施的安全性及安全隐患检查，并建立定期检查、定期修缮制度。

二、服务设施维护

1. 服务设施保洁

服务设施保洁包括室内外的保洁，为保持服务设施养护范围内环境整洁(图 2-4-14)。

2. 服务设施渗漏水维修

服务设施房屋各组成部分如出现渗漏水、局部损坏和污染，应及时修复(图 2-4-15)。

图 2-4-14　服务区清洁

图 2-4-15　服务区漏水修复

第九节 管理设施

一、机电设施

1. 检查各类设施及其设备、部件、软件和工作环境

检查监控、通信、收费、供配电、照明、监测系统、通风和消防系统等机电设施及管理中心、管理站、养护工区或养护道班等管理养护设施。

2. 日常清洁及维护

建立机电设施日常清洁及维护、预防性维护、经常性维护和定期维护制度,对各类设施及其设备、部件、软件和工作环境进行检测、保养和维修,各类设施及其设备、部件、软件的维护周期应根据维护内容及其技术特征确定。

二、监控系统

监控系统包括车辆检测、气象检测、闭路电视监视和可变信息标志等公路设备,环境检测、报警和诱导等隧道内设备,以及监控中心软件和硬件设备等。监控系统维护应保持各类检测器和监视系统等数据采集准备、传输可靠,可变标志等设备发布信息准确、及时,监控中心各类设备工作正常,应用软件运行稳定。

三、通信系统

1. 检查通信供电设备使用状况

检查光纤数字传输、数字程控交换等系统级通信电源、通信管道和光电缆线路设备,确保数据传输和程控系统安全、通畅。

2. 紧急电话与广播系统维护

紧急电话和广播系统功能异常时,需要对其进行维修、维护。

四、收费系统

1. 收费设施各类设备工作状况检查

收费系统包括收费车道、收费站或收费中心设备及软件、内部有线对讲及紧急报警系统、闭路电视监视、计算机网络、车牌自动识别、电子不停车收费、计重收费及超限检测等系统。检查各类收费设备是否能正常工作。

2. 收费车道设备及软件维护

收费车道设备及软件出现故障时,应及时进行修复。

五、照明设施

应保持各类照明设施运行安全、稳定、可靠,系统照度、均匀度和控制功能等指标满足使用要求,当路面平均照度衰减至规定值的70%时,应更换光源。

第三部分

三级/高级工

第一章 路基养护

技能目标

(1)能够进行特殊路基病害检查和养护。

(2)能够进行路基较严重病害的修复养护。

(3)能够进行路基既有防护及支挡结构物较严重病害处治。

第一节　特殊路基养护与病害处治

一、一般规定

特殊路基包括软土路基、膨胀土路基、湿陷性黄土路基、盐渍土路基、岩溶区路基、冻土路基、雪害地段路基、风沙及沙漠地区路基、涎流冰地段路基等。

(1)应加强特殊路基日常养护,切实做好防排水、防护与支挡设施的维护与清理,并及时进行修补及增设,保证各项设施功能完好。

(2)特殊路基维修加固宜先进行试验段施工,验证方案可行性,确定质量控制标准,并应加强特殊路基加固后的检测与评估。

(3)对病害隐患较大的特殊路基路段,应进行路基长期监测,建立预警机制并做出相应的预案。

(4)采空区路基出现沉陷等病害时,应探明采空区的位置、规模,设置安全警示标志,与当地政府和地矿部门共同协商处治方案。

二、膨胀土路基养护

作为一种特殊路基,膨胀土路基具有吸水膨胀、失水收缩、反复变形、浸水承载力衰减、干缩裂隙发育等特性,其产生的变形对高等级公路路基以及边坡工程危害巨大。

(一)膨胀土的工程性质

1. 胀缩性

建于膨胀土上面的建筑物或路面,会由于膨胀土吸水后体积的膨胀而产生隆起,当失去水分后膨胀土体积收缩,则会造成土体开裂并会使建筑物下沉。膨胀土的胀缩性与其他黏土有很大的不同,对其进行多次重复干缩湿胀后,其土体间的有效凝聚力以及强度都会大大减小。膨胀土的胀缩特性也是裂缝产生原因之一。

2. 崩解性

浸水后,膨胀土的体积会产生膨胀,在无侧限压力下则会吸水湿化。对于不同类型的膨胀土,其崩解性也不一样,强膨胀土浸入水后,会在短时间内完全崩解;而弱膨胀土需经过较长的时间才能逐步崩解,而且崩解不充分。

3. 裂隙性

垂直裂隙、水平裂隙以及斜交裂隙是膨胀土中裂隙的主要类型。裂隙破坏了土体的完整性,膨胀土路基边坡的破坏也大都与裂隙有关,且滑动面的形成主要受裂隙软弱结构面控制。

4. 超固结性

膨胀土往往具有超固结性,天然空隙小,干密度大,初始结构强度高。土体超固结应力由于膨胀土路基的开挖而释放,边坡与路基面出现卸荷后膨胀,在坡脚形成应力集中区和塑性区,使边坡产生破坏。

5. 风化特性

路基开挖后,膨胀土极易产生风化破坏作用,并会很快产生碎裂、剥落和泥化等现象,破坏土体结构并降低其强度。按其风化程度,一般将膨胀土划分为强、中、弱。

(二)膨胀土地区路基病害的主要类型

1. 裂缝

土体的失水收缩会导致膨胀土路基出现反射裂缝。在整个路幅内,土基含水率的变化引起不均匀的胀缩而产生横向的波浪变形。另外,如果路基填土的密实度未达到要求,那么由于环境的干湿交替变化,路肩沿路线方向会产生纵向开裂。

2. 翻浆冒泥

气温的交替变化,会导致路基上部出现反复热胀冷缩。在水的作用下,路基土吸水膨胀,强度迅速降低,在车辆荷载的作用下,路基和面层之间形成的泥浆被挤压上翻,出现行车翻浆冒泥的现象。在雨季,路面渗水后常会出现沿路面裂缝、伸缩缝溅浆冒泥的破坏。

3. 坍肩和溜坍

在施工碾压时,由于操作不当使路堤外边缘受力不均匀,土体无法达到规定的压实度,路基强度则满足不了要求。在多雨的季节，水渗入路基，在荷载作用下产生滑坍，随时间推移由路边缘向路面中心破坏。当表层风化、吸水过饱和，在行车荷载作用下，常出现沿坡面向下的塑流状路基塌移。

4. 搓板

在膨胀土地区，由于全路幅内路基吸水后含水率不均匀变化，当路基路面较宽时，会产生较大的横向变形。车辆行驶时就会产生剧烈颠簸震动，长时间会产生路面搓板。

5. 路基下沉

在多雨季节，水从裂缝渗入路基，膨胀土路基吸水后迅速膨胀，强度降低，土体发生崩解。在路基自重和车辆荷载的作用下，基床翻浆冒泥，路基下沉，并促使混凝土路面板块错台、断裂。当一部分软化土被挤出后，路基会产生沉陷，从而降低了路面的平整度，造成路面沉陷破坏。

(三)膨胀土路基养护

(1)膨胀土路基应注重防排水设施的日常养护和维修加固，防水保湿，消除膨胀土湿胀干缩的有害影响，并应符合下列规定：

①路基边沟出现积水、向路基渗透现象时，应适当加宽、加深。

②排水沟渠衬砌发生砂浆脱落、缺损时，应及时进行养护维修。

(2)当既有防排水设施不满足使用要求时，应增设防排水设施，并应符合下列规定：

①所有地面排水沟渠，特别是近路沟渠，均应铺砌和加固。

②膨胀土路堑应设截水沟。对于台阶式膨胀土高边坡，应在每一级平台内侧设截水沟。

③零填和低填方路段，当公路路界内地形低于路界外的地面时，应设置截水沟。

④地下水位较高的低路堤路段，若路堤底部未设置防渗隔离层和排水垫层，宜在路基两侧增设地下排水渗沟。

⑤土质潮湿或地下水发育的挖方路段，若边坡排水性能不良或缺乏排水设施，宜在边坡上增设支撑渗沟或仰斜式排水孔，边沟下应增设纵向排水渗沟，填挖交界处应增设横向排水渗沟。

⑥路堑坡顶之外 3 ~ 5m 范围的表层膨胀土若未进行处理或防渗措施失效时，应采取换填非膨胀土、铺设防渗土工膜等防渗封闭处理措施。

(3)膨胀土路基的边坡失稳、胀缩变形等病害处治措施应参照表 3-1-1 选用。

膨胀土路基病害处治措施　　表 3-1-1

病害类型	处治措施			
	换填改良	坡面封闭	坡面防护	支挡防护
边坡失稳	×	√	△	√
胀缩变形	√	△	√	×

注：√-推荐；△-可选；×-不可选。

(4)用于膨胀土路堑边坡稳定的挡土墙应根据边坡滑塌部位进行合理设置，并根据路堑边坡滑塌规模，可设一级或多级挡土墙。

(5)膨胀土路基病害处治施工应符合下列规定:

①膨胀土路基养护作业施工宜避开雨季作业。

②膨胀土路基处治路段较长时,养护作业宜分段施工,各道工序应紧密衔接,连续完成。边坡应按设计要求修整,并应及时进行防护施工。

③换填处治宜采用非膨胀性土、灰土或改良土,换土厚度应通过变形计算确定,中、弱膨胀土宜为1~1.5m,强膨胀土宜为2m。换填土应分层铺设、分层碾压,并加强防渗,改性处理。利用石灰、水泥或其他固化材料与膨胀土的物理化学作用来对膨胀土进行改性处理,以达到降低膨胀土膨胀潜势、增强强度和水稳性,称为化学固化。

④采用土工合成材料封闭、隔水时,应全断面铺设;采用土工织物对膨胀土路基进行包封时(图3-1-1),宜控制好搭接长度;边坡采用黏土包边时(图3-1-2),包边宽度不宜小于2m。

图3-1-1 膨胀土上铺设土工膜封闭

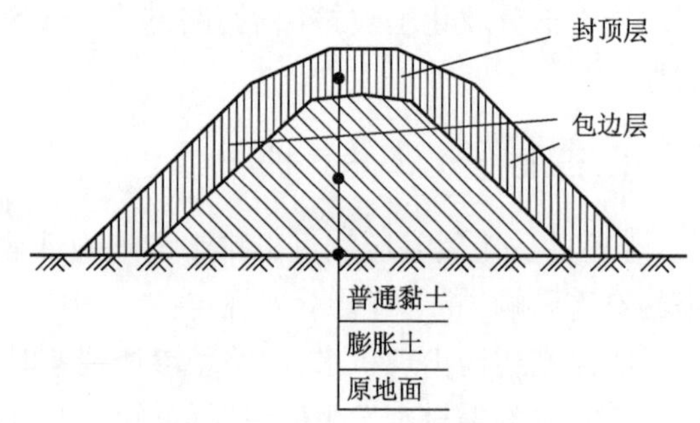

图3-1-2 膨胀土边坡采用黏土包边

⑤采用坡面防护处治时,高度大于10m的膨胀土边坡开挖宜采用台阶型。应加强边坡防排水,隔绝外部自由水的渗入。

⑥采用支挡结构物处治时,基坑应采取措施防止暴晒或浸水,基础埋深应在大气风化作用影响深度以下,基底应加强防渗处理。

三、湿陷性黄土路基养护

(一)湿陷性黄土的工程性质

黄土在我国分布较广,其湿陷性问题一直是困扰黄土地区公路工程建设的关键问题,黄土路基遇水后往往容易导致路基整体沉陷,直接影响路基的稳定性,极大降低公路建设项目行车舒适度。

黄土湿陷变形是一个受物理、化学和力学等多方面因素共同作用的复杂过程,且水环境的影响至关重要,水浸入黄土自身的特殊架空孔隙结构后,极大削弱黄土颗粒的联结强度,在自重应力和附加应力的共同作用下,黄土原有土体结构失稳而引发湿陷。

(二)湿陷性黄土路基养护一般规定

湿陷性黄土路基应加强防排水设施的日常养护与维修加固,并应符合下列规定:

(1)应加强冲沟地段上下游的衔接以及填挖交界处边沟出水口的加固。

(2)路堑顶出现裂缝和积水洼地时,应及时填平夯实。

(3)现有排水设施出现破损、渗漏、淤塞等病害时,应及时维修处理,排水设施接缝处应坚固不渗漏。

(三)增设防排水设施

当既有防排水设施不满足使用要求时,应增设防排水设施,并应符合下列规定:

(1)农田灌溉可能造成黄土地基湿陷时,可对路堤两侧坡脚外 5～10m 做表层加固防渗处理或设侧向防渗墙。

(2)湿陷性黄土路基防排水设施不完整或缺乏时,应根据需要增设防冲刷、防渗漏等措施拦截、排除地表水。地下排水构造物与地面排水沟渠必须采取防渗措施,路侧严禁积水。

(3)湿陷性黄土路基沉陷变形处治可选用夯实法、挤密桩法等方法。

(4)采用夯实法处理湿陷性黄土地基时,应符合下列规定:

①土的天然含水率宜低于塑限 1%～3%。

②在夯实过程中应加强夯沉量检测。

③强夯结束后 30d 左右,可采用静力触探或静载试验等方法测定地基承载力。

(5)采用挤密桩法处理湿陷性黄土地基时,应符合下列规定:

①挤密桩法可选用沉管、冲击成孔等方法。

②成孔应间隔分批进行,成孔后应及时夯填。当做局部处理时,应由外向里施工。

③若土层含水率过大,拔桩时应随拔随填。

(6)夯实法施工。

为减少路堤工后沉降,确保路堤的稳定性,对填土路基清除表土后,进行强夯处理并且碾压密实,压实度应满足规范要求。填筑过程中,每填筑 4m 高时,进行一次强夯处理。夯点间距采用正方形布置,每遍每点 8 击,强夯 3 遍,夯击后对上部振松的土层进行碾压。

动力夯实法一般可分为强夯法和重夯法。当要求消除 3～6m 厚度的湿陷性黄土时,宜采用强夯法;当要求消除 1～3m 厚度的湿陷性黄土时,宜采用重夯法。但在建筑物密集的地区和有精密仪表设备的房屋附近,或在其他浅基础构造物附近,应慎重采用或应采取行之有效的防振或隔振措施。

黄土路基采用羊角碾碾压施工可提高碾压质量,如图 3-1-3 所示。黄土路基强夯法施工,如图 3-1-4 所示。

图 3-1-3　黄土路基采用羊角碾碾压施工

图 3-1-4　黄土路基强夯法施工

(7)挤密桩法施工。

挤密桩法包括土、灰土挤密桩法和碎石挤密桩法等。

①土、灰土挤密桩法。用沉管、冲击、爆破等方法在地基中形成直径为28～70cm的桩孔,然后向孔内填夯素土或灰土成桩。土桩、灰土桩可以消除湿陷性黄土地基的沉陷性,并提高地基的承载力。

a.灰土挤密桩法的原理。灰土挤密桩的应用使得湿陷性黄土的承载力急剧增加,其主要是通过将钢管套管或是炸药爆炸扩孔的方法,在土中形成桩孔,然后回填灰土进入孔中,通过强夯法或者夯实法将周边的土挤压进去,以加强桩周围的密实性,消除黄土的湿陷性,特别是桩周围黄土的湿陷性。如果桩足够密集则可以完全消除黄土的湿陷性,由桩和黄土结合而成的基础,共同承受上部结构的荷载。

b.灰土挤密桩法的主要特点。灰土挤密桩成桩时为横向挤密,可同样达到所要求加密处理后的最大干密度指标,并可消除地基土的湿陷性,提高承载力,降低压缩性。

与换土垫层相比,灰土挤密桩无须大量开挖回填,可节省土方开挖和回填土方工程量,工期可缩短50%以上;处理深度较大,可达12～15m;可就地取材,应用廉价材料,降低工程造价;机具简单,施工方便,工效高。灰土挤密桩法适用于加固地下水位以上、天然含水率为12%～25%、厚度为5～15m的新填土、杂填土、湿陷性黄土以及含水率较大的软弱地基。当地基土含水率大于23%、饱和度大于0.65时,打管成孔质量不好,且易对邻近已回填的桩体造成破坏,拔管后容易缩颈,这种情况下不宜采用灰土挤密桩。

灰土强度较高,桩身强度大于周围地基土,可以分担较大部分荷载,使桩间土承受的应力减小,而到深度2～4m以下则与土桩地基相似。一般情况下,如果为了消除地基湿陷性或提高地基的承载力或水稳性,降低压缩性,宜选用灰土桩。桩基的深度取决于施工设备和施工工艺,一般深度为5～15m。灰土挤密桩及施工如图3-1-5、图3-1-6所示。

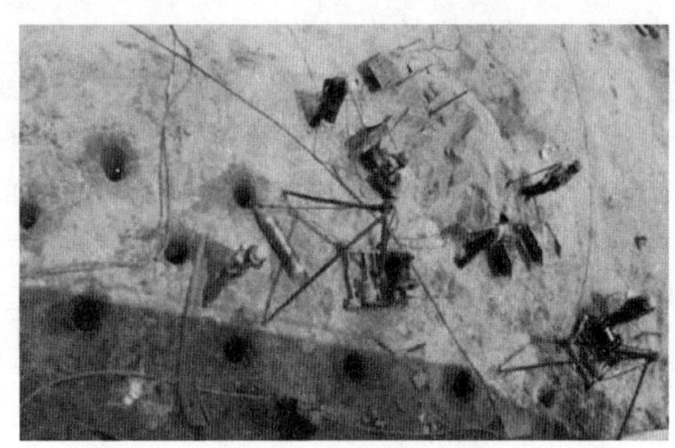

图3-1-5　灰土挤密桩成孔

图3-1-6　灰土挤密桩成型

②碎石挤密桩法。碎石挤密桩是以碎石为主要材料制成的地基加固桩,当前被广泛用于加固软土地基及消除土的液化,也有用于处理湿陷性黄土地基的工程实例。

四、岩溶区路基养护

(一)岩溶区路基的工程性质

我国碳酸盐岩分布面积为365万km^2,占国土面积的1/3,占全球岩溶分布面积的

19.24%，岩溶尤为发育的是广东、广西、云南等省。碳酸盐岩地区的地质灾害种类繁多，最为常见的主要是地面塌陷、裂缝、滑坡和崩塌，如图3-1-7、图3-1-8所示。在公路建设中，岩溶是导致碳酸盐岩地区发生地质灾害的主要原因。

图3-1-7　岩溶使路面塌陷

图3-1-8　岩溶路基产生裂缝后塌陷

（二）岩溶区路基养护一般规定

（1）岩溶区路基的冒水、塌陷等病害可选用充填法、注浆法、盖板跨越法、托底灌浆法等方法进行处治。

（2）岩溶区路基的冒水病害处治应符合下列要求：

①路堑边坡出现岩溶泉和冒水洞，宜采用排水沟将水截流至路基外。

②路基基底下有溶泉或壅水时，应采取排导措施保证路基不受浸害。

③路基上方出现溶泉或壅水时，应增设排水涵（管）。

④排水涵（管）出现渗漏、堵塞等病害时，应及时维修加固。

（三）岩溶区路基塌陷病害处治应符合的要求

（1）稳定路堑边坡上发生塌陷的干溶洞，洞内宜采用干砌片石填塞。

（2）出现路堤塌陷，当洞的体积不大、深度较浅时，宜进行回填夯实；当洞的体积较大或深度较深时，宜采用构造物跨越；溶洞连通且较小的岩溶发育区，可采用注浆或托底灌浆技术。

（四）岩溶塌陷路段安全警示要求

岩溶塌陷路段应增设安全警示标志。

（五）注浆法施工

1. 注浆设备要求

（1）制浆机型号和功率的选择要根据实际的搅拌和施工要求而定。

（2）注浆塞应与所采用的灌浆方法、注浆压力、注浆孔孔径、地质条件相适应，可选用挤压膨胀式橡胶注浆塞或液（气）压式胶囊注浆塞。

(3)由于注浆压力较高,需要注浆管路满足压力要求,一般要求注浆管线能承受1.5倍的注浆压力。

2. 材料选择

(1)注浆工程采用的水泥品种,应根据灌浆目的、地质条件和环境水的侵蚀作用等因素确定。可采用硅酸盐水泥、普通硅酸盐或复合硅酸盐水泥。

(2)注浆水泥应妥善保存,严格防潮并缩短存放时间,不应使用受潮结块的水泥。

(3)注浆用水应符合拌制混凝土用水的要求。

(4)根据注浆需要可加入粉煤灰、砂、水玻璃。

3. 施工设计

岩溶路基地段进行注浆加固处理,应贯彻“边探边灌,探灌结合”的原则,选取每段路基钻孔总数的50%作为先导勘探孔,进一步探明岩溶发育、分布情况,以确定合理的岩溶地基处理相关参数。

(1)浆液配置前,需确保原材料的品质,注浆过程使用的水需是清洁无杂质的,否则将直接影响注浆后的效果。一般水泥采取硅酸盐水泥,施工中的相关参数需在试验室提前确认好,避免现场浪费不必要的时间。对于浆液强度要求高的场所,可适当添加粉煤灰,提升整体强度,添加比例一般控制在30%以下。

(2)钻孔作业时,为了保证钻孔的质量,防止出现塌孔情况,可采取套管跟进措施,桩孔达到设计要求后立即清除孔内的沉渣,并对孔径进行复测,做好相关的记录。

(3)利用分段注浆方式,并根据实际施工条件调节注浆压力,同时注浆量也需要进行控制。注浆原则是先两侧后中间,充分保证现场的注浆效果。

五、冻土路基养护

(一)冻土路基的工程性质

在年平均气温低于0℃的条件下,地下形成一层能长期保持冻结状态的土,这种土叫作多年冻土。在我国的兴安岭和青藏高原的高寒地区分布有成片的多年冻土,天山、阿尔泰山及祁连山等地也有零星分布。低温地带的多年冻土往往含有大量水分或夹有冰层,并有一些不良的地质现象,导致路基产生病害。

(二)冻土路基的病害

冻土地区路基病害主要包括:

(1)路堑边坡坍塌。

(2)路基底发生不均匀沉陷。

(3)由于水分向路基上部集聚而引起的冻胀、翻浆。

(4)路基底的冰丘、冰锥往往使路基鼓胀,引起路基、路面的开裂与变形,而融解后,又发生不均匀沉陷。

因此,对多年冻土地区的路基养护,应采取“保护冻土”的原则。做到“宜填不宜挖”,尽量避免扰动冻土。

(三)冻土路基养护的一般规定

1. 多年冻土路基防排水设施的养护与维修加固

应符合下列规定:

(1)地下水发育的多年冻土路基,应保证路基边沟防渗措施有效。

(2)截水沟、挡水埝因冰冻厚度过大而不能满足挡水要求时,应及时进行清理、疏通,防止冰水溢出形成路面聚冰。

2. 多年冻土路基防排水设施的增设

应符合下列规定:

(1)位于冰锥、冻胀丘下方地段的路堤,应在其上方设截水沟,以截排涌出的水流。

(2)高含冰量的冻土地段不应修建排水沟、截水沟,宜修建挡水埝。挡水埝断面尺寸应通过计算确定,并采取防渗和保温措施,必要时应采取加固措施。

(3)多年冻土沼泽地段的路基应根据沼泽水源补给来源,在路堤一侧或两侧设置挡水埝。

3. 季节性冻土路基防排水设施的养护与维修加固

应符合下列规定:

(1)处于地下水水位较高地区的路基,宜增设降低地下水水位的措施。

(2)对于水源丰富地区,应在路堑坡顶增设截水沟,填筑拦水沟埂,阻止外界水流入路基及路面。

(3)应及时清理、维护路基排水设施,以保持排水沟畅通,将水迅速排出路基之外。

4. 季节性冻土路基防排水设施的增设

应符合下列规定:

(1)挖方边坡有地下水出露时,对潮湿的土质边坡可设置支撑渗沟,对集中的地下水出露处设置仰斜式排水孔。

(2)挖方路基宜采用宽浅型边沟,不宜采用带盖板的矩形边沟。采用暗埋式边沟时,暗沟或暗管应埋设于当地最大冻深以下不小于0.25m处。

(3)挖方路基及全冻路堤应设排水渗沟,渗沟应设于两侧边沟下或边沟外,不宜设在路肩范围以内。

(4)排水管、集水井、渗沟等排水设施应设置在当地最大冻深以下不小于0.25m处,出水口的基础应设置在冻胀线以下,渗沟等的出口应采取防冻保温措施。

5. 多年冻土区路基的冻胀、冻融翻浆、融沉、冰害等病害

可选用换填非冻胀性材料、设置保温层、埋设通风管(图3-1-9)、热棒降温、遮阳板护坡、保温护道等措施进行处治,并应加强排水。

图 3-1-9　多年冻土区的通风管路基

6. 季节性冻土路基的冻胀、软弹、变形、裂缝及翻浆病害

可采用换填非冻胀性材料、铺设保温层和防冻层等措施进行处治,并应加强排水。

7. 多年冻土地区病害处治

应符合下列规定:

(1)应采取措施保持路基及周围冻土处于冻结状态。

(2)对路基进行换填时,宜选用保温、隔水性能均较好的填料,严禁使用塑性指数大于 12、液限大于 32% 的细粒土和富含腐殖质的土及冻土。高含冰量的土不宜用于路基填料。

(3)当靠近基底部位有饱冰冻土层且发生融化时,宜设保温护道和护脚。

(4)挖方路基的土质边坡发生融沉时应进行加固,铺砌厚度应满足设计和保温要求;饱冰冻土、含土冰层地段路堑,可根据要求换填足够厚度且水稳性好的填料。

(5)挡水堰等构造物出现沉陷、开裂等病害时应采取加固措施。

多年冻土区的碎石路基如图 3-1-10 所示。

图 3-1-10　多年冻土区的碎石路基

8. 季节性冻土路基病害处治

应符合下列规定:

(1)填方路段路床填料宜优先选择矿渣、炉渣、粉煤灰、砂、砂砾石及碎石等抗冻性能较好的材料。路床或上路堤采用粉土、黏土填筑时,可按设计要求单独或混合使用石灰、水泥、土壤固化剂等进行稳定处理,填料的改善或处理应根据路基抗冻胀性能要求,结合填料性质经试验确定。

(2)挖方路段应将路床地基土挖除,换填深度应符合设计要求。施工时应分层开挖,一般宜从外侧向内侧挖掘,最后一层应从内向外挖掘。使用粗颗粒填料换填时,填料应均匀,小于0.075mm 的含量应不大于5%;采用石灰、水泥对填料进行改性处理时,应掺拌均匀,改性剂的剂量应符合设计要求或经试验确定。换填应分层填筑,压实度应达到规定要求。

第二节　路基修复养护

一、路肩病害修复养护

(一)路肩松软

现象:路肩松软(图3-1-11),一经车轮碾压,即下陷出车辙。边坡呈松散状态,稍触外力,边坡土下溜。

图3-1-11　路基松软

原因分析:填方路基碾压不到位,使路肩和边坡未达到要求的密实度。填方宽度不够,最后以松土贴坡。松土填垫路肩,又不经压实。路基填方属砂性土或松散粒料,所形成的边坡稳定性差。

危害:路肩松软会危及路面边缘结构的稳定性,路面易造成掰边损毁。路肩松软会使走在路肩上的机动车轮下陷,严重时会造成翻车。边坡松散易造成冲刷、风蚀,使路基变窄。路肩边坡松散,高填方路段,易发生滑坡。

治理方法:填方路堤分层碾压,两侧应分别有20~30cm 的超宽,最后路基修整时施以削坡,不得有贴坡现象,如有个别严重亏坡,应将原边坡挖成台阶,分层填补夯实。路肩的密实度应达到轻型击实的90%以上。路基填方如属砂性土或松散粒料,其边坡应予护砌或栽种草皮、灌木丛以保护,或加大边坡坡率,一般应大于1:2。路面完工后,所填补的路肩亏土,必须碾压或夯实,密实度应达到轻型击实的90%以上。采用石灰土或砾料石灰土稳定路肩,在路肩外侧,用块石或混凝土预制块铺砌护肩带,其最小宽度应大于200mm。铺条形草皮或全铺方块草皮进行边坡植被防护,前者用于一般路堤边坡,后者用于坡长8m以上的高填方边坡。采用片石、卵石或预制块铺砌在边坡表面,用以加固边坡。

(二)边坡过陡

现象:主要指填土路堤边坡坡度小于设计坡率,即土质边坡小于1∶1.5,如图3-1-12所示。

图3-1-12　边坡过陡

原因分析:受拆迁占地等因素影响,下层路基填筑宽度窄于路基下口设计宽度,而路基顶面又要满足路基总宽度,便形成了边坡小于设计坡度。

危害:不能保证边坡的稳定性;易于滑坡。

治理方法:要按照设计边坡坡度施工,使用坡度尺检查控制坡度,不小于设计规定。如无设计规定,一般不得小于1∶1.5。如受条件限制,边坡小于1∶1.5时,要护砌砖石护坡。边坡直立时要砌筑挡土墙。

(三)路肩积水

现象:即路肩横向反坡,或路肩与路面接茬处形成沟槽,造成积水。

原因分析:路肩碾压不实,与路面接茬处的路肩经右侧车轮反复走压下沉,形成沟槽。或虽经碾压,但未经修整,高低不平或路肩横向反坡。

危害:路肩下沉或反坡,会造成路面边缘部位积水,因渗水浸泡路基和路面结构,引发路面结构从路边开始逐步扩大沉陷和损毁范围。

治理方法:重视路肩工序的质量控制,按设计横坡进行碾压修整,使密实度不低于轻型击实的90%,横坡偏差不大于±1%。要求路肩不得有积水现象。如为防止路肩边坡冲刷,也可将路肩做成反坡,将雨水顺纵向汇集一处并通过水簸箕排出路外。

二、边坡病害处治措施

(一)挡土墙

(1)挡土墙可用于支承路基填土或山坡土体,防止填土或土体变形失稳。

(2)挡土墙主要类型及适用条件宜符合表3-1-2的规定。

挡土墙主要类型及适用条件　　表3-1-2

挡土墙类型	适用条件
重力式挡土墙	一般地区、浸水地区和地震地区的路肩、路堤与路堑边坡坡脚等支挡工程
锚杆挡土墙	墙高较大的岩石路堑地段,可采用肋柱式或板壁式单级墙或多级墙,每级墙高不宜大于8m,多级墙的上、下级墙体之间应设置宽度不小于2m的平台
桩板式挡土墙	表土及强风化层较薄的均质岩石地基,也可用于地震区的路堑、路堤支挡或滑坡等特殊地段的治理

(3)挡土墙施工应进行施工组织设计,加强基槽开挖、回填阶段的防排水,验算基槽开挖对边坡稳定性的影响,必要时应进行临时边坡加固。

(4)挡土墙基底开挖前应做好地面排水设施,开挖时应将基底表面风化、松软土石清除。

(5)路堑挡土墙采用分段跳槽开挖法,宜采用自上而下、分层开挖步骤。锚杆挡土墙应采用逆施工法,并及时砌筑墙身。

(6)应加强挡土墙排水设计,挡土墙墙背填料宜采用渗水性强的砂土、砂砾、碎(砾)石、粉煤灰等材料,不宜采用黏土作为填料,严禁采用淤泥、腐殖土、膨胀土。在季节性冻土地区,不得采用冻胀性材料做填料。

各种类型挡土墙如图3-1-13~图3-1-16所示。

图3-1-13　重力式挡土墙

图3-1-14　锚杆挡土墙施工

图3-1-15　锚杆挡土墙

图3-1-16　桩板式挡土墙

(二)钢筋混凝土抗滑桩

伴随我国公路修建里程和规模的逐年递增,公路开挖段的边坡路堑也随之增加,边坡所处的现场环境和地质环境的复杂性也在加大,对高边坡的支护质量要求越来越高。而抗滑桩技术以其抗滑能力强、施工简便、安全性高等优点,成为施工中加固滑坡的重要手段。

1. 钢筋混凝土抗滑桩一般规定

(1)钢筋混凝土抗滑桩适用于稳定边坡或滑坡、加固不稳定山体以及其他特殊路基。

(2)抗滑桩宜选择设置在滑坡厚度较薄、推力较小、锚固段地基强度较高的位置。

(3)抗滑桩宜与预应力锚索(杆)联合使用。对易发生局部塌方的破碎岩体段,宜设置挡土板。

(4)对已采用抗滑桩加固的边坡进行补桩时,其设计计算应考虑原抗滑桩有效抗力;桩排距宜不小于2倍桩截面宽度,桩的横向间距应根据边坡的地质,以及桩的结构、承载能力等技术条件和经济因素进行比较后确定。

(5)抗滑桩设计时应考虑滑坡沿既有滑面或潜在滑面滑动时作用在支护结构上的荷载,抗滑桩材料及构造要求应符合现行《公路路基设计规范》(JTG D30)的有关规定。

(6)抗滑桩施工应符合下列规定:

①抗滑桩施工应采取相应措施保障坡脚稳定,并做好场地排水。稳定性较差的边坡工程应避免雨季施工,必要时宜采取堆载反压等增强边坡稳定性的措施,防止变形加大。

②抗滑桩施工应分段间隔开挖,宜从边坡工程两端向主轴方向进行。

③滑坡区施工开挖的弃渣不得随意堆放,且施工时应减少对边坡的影响,以免引起新的滑坡。

④桩纵筋的接头不得设在土石分界处和滑动面处。

⑤桩间支挡结构及与桩相邻的挡土、排水设施等,均应按设计要求与抗滑桩正确连接,配套完成。

2. 抗滑桩加固原理

一直以来,抗滑桩是最有效的支挡抗滑结构体,以其独特的优势成为稳定边坡和加固滑坡的重要措施。应用原理是在滑动面(图3-1-17)之下的稳定地层内插入抗滑桩,形成一种抗力以平衡滑动体的推力,大幅度增加边坡的稳定性。一旦坡体发生下滑,抗滑桩(图3-1-18)就会形成阻抗,滑体就会在桩前形成稳定的状态。抗滑桩材料的选择,要按照滑体的薄厚、推力大小、防水需要以及工程作业条件等,进行钢筋混凝土桩、木桩、钢桩或者混凝土桩的选择。

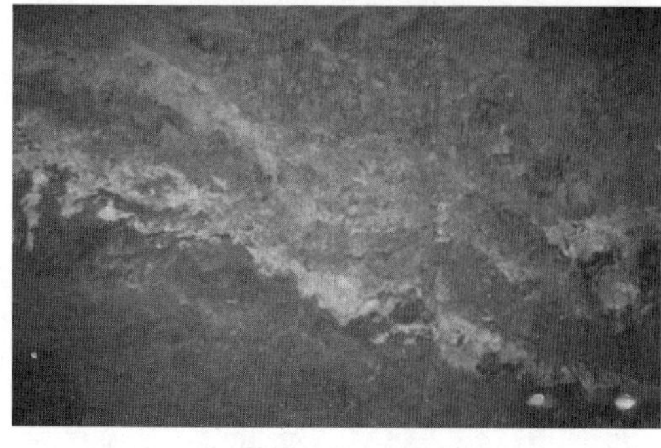

图3-1-17　边坡滑带

图3-1-18　边坡抗滑桩

3. 钢筋混凝土抗滑桩施工

(1)施工防排水设计

根据一级防护标准进行边坡的开挖防护,需要在抗滑桩施工前全部完成上一级的相关设施,包括坡顶截水沟以及边坡平台排水沟等,同时整理抗滑桩作业平台,向外引水要根据内侧高外侧低的趋势,然后建急流槽以及排水沟,将水排到边坡以外。

(2)施工方法

抗滑桩土方开挖基本是利用人工进行,并借助风钻、风镐等工具,以及针对硬质石方采取的浅孔爆破的方式。采用从上至下循序渐进地开挖施工,在混凝土护壁施工前必须对桩身进行垂直度、中心点以及净空尺寸的复核,让桩身质量得以保证;护壁混凝土的强度满足设计要求后,方可实施下一节桩身的作业,在顺序上可以从内到外。

施工工艺流程:①测量放样(图 3-1-19);②场地平整、截水和排水、清刷坡;③扒杆井架的安装、卷扬机安装、安设通风设备;④开挖桩身;⑤出渣;⑥护壁钢筋的绑扎、护壁模板安装、浇筑护壁混凝土(图 3-1-20);⑦安装桩身钢筋笼(图 3-1-21);⑧浇筑桩身混凝土(图 3-1-22);⑨进行冠梁施工。

图 3-1-19　抗滑桩定位放线

图 3-1-20　桩孔护壁

图 3-1-21　抗滑桩钢筋笼

图 3-1-22　混凝土浇筑

(3)桩孔开挖

①边坡开挖至桩顶的高程,基于井口场地一般不够平整,更多的是斜坡状况,大约将桩身挖掘到 1.5m 时,护壁就要及时开展,制作锁口钢筋同时安装模板,这个环节必须按照设计规定的锁口尺寸进行。接下来进行锁口混凝土的浇筑,锁口必须在地上 30cm。在锁口周围按照工程的需要设置排水沟,雨季施工必须搭建防雨棚,而且井下的排水和通风照明设备要一应俱全。

②提升拱架和卷扬机可作为工程的提升设备,更要设置防脱钩装置和防钢丝绳冲顶的限位装置。对于相对复杂的地质条件,为了安全性,可采用机械与人工结合的方式进行土方和软质石方的施工,利用浅眼爆破法进行硬质石方的施工。

③如果桩孔超过10m深的时候,人员操作施工必须2h进行轮换,同时安置井内的通风设备。为了预防坠物伤人,孔内施工必须设置钢筋密目网保护盖,确保施工人员的安全。

(4)钢筋混凝土护壁施工

护壁施工每掘进50cm就要进行,但特殊情况例外,比如针对那些极易坍塌的土质可以合理缩减进尺,而且不能在土石分界处或者滑动面进行护壁施工的分界。在安设护壁钢筋的时候预留的搭接长度必须超过钢筋直径的35倍,护壁模板的安装必须在验收合格后进行。

(5)桩体钢筋笼制作安装

如果遇到较长的抗滑桩,可以利用直螺纹套筒进行井下安装和钢筋连接,同时按照设计要求,同规格的截面接头数量要控制在钢筋总数量的50%以内。

(6)检测管安装

检测管采取4根直径50mm的钢管,进行梅花形布设,柱底与每根钢管的距离设定为20cm,并且比桩顶高100cm,同时做好保护工作,避免堵塞检测管,如果与配筋有矛盾,就要对检测管位置做合理调整。

(7)抗滑桩超挖处理

如果超挖现象发生,会有部分桩体在超挖线外侧,影响抗滑桩的施工和成孔,必须采取有效措施处理。

(三)削方减载

削方减载,包括放缓开挖边坡,是边坡治理的常见方法。对于潜在变形面滑动面为上陡下缓的推移式滑动边坡,在坡顶的减荷和在下部阻滑段的压脚具有极其明显的支护效果。这种方法在边坡的应急治理中常常采用。开挖时要尽量把邻近坡面的顺倾坡外的陡倾结构面切割的岩块清除,以免形成局部失稳。在采用该方法时,一定要采用合适的开挖坡率,避免形成新的高边坡,同时开挖坡面的形态要与周围的环境协调。削方减载示意图如图3-1-23所示,削方减载施工如图3-1-24所示。

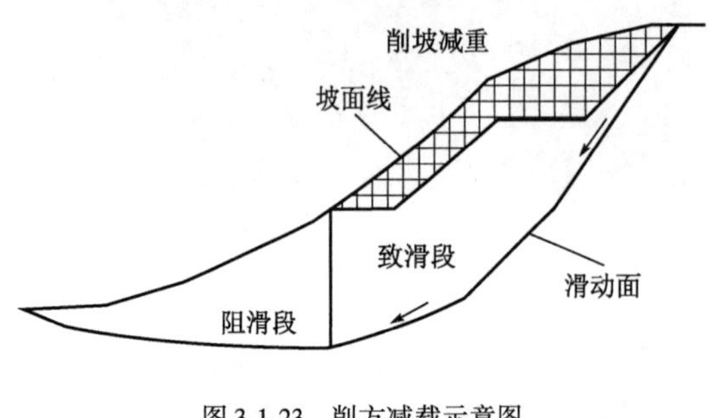

图3-1-23 削方减载示意图

图3-1-24 削方减载施工

(1)削方减载可用于地下水位较低的山区公路滑坡后缘减载,且不应引起次生病害的发生。

(2)削方应与邻近建筑物基础有一定的安全间距,不得危及邻近建筑物、管线和道路等的安全及正常使用。

(3)削方减载施工应做好工程防护及交通引导措施,减少对交通的干扰。

(4)削方减载后应根据实际需要设置防护工程。

(5)削方减载施工应符合下列规定:

①削方减载施工应根据现场情况,确定分段施工长度,做好临时排水措施,保证施工作业面不积水,并进行隔段施工。

②开挖应先上后下、先高后低、均匀减载。开挖后的坡面应及时进行防护及排水处理。开挖的土体应及时运出,不得对邻近边坡形成堆载或因临时堆载造成新的不稳定边坡。

③坡顶应设置截水沟,坡面应增设急流槽,坡脚宜设置护脚墙并设置排水沟。

(四)堆载反压

(1)堆载反压可用于软土地区路基护坡道,以及应急抢险时的滑坡前缘反压。

(2)堆载反压不应危及邻近建筑物、管线和道路等的安全及正常使用,不应对邻近的边坡带来不利影响。

(3)堆载反压施工应符合下列规定:

①应根据拟加固边坡的整体稳定性,验算确定堆载反压量。

②反压位置应设置在阻滑段。

③堆载反压加固材料宜就地取材、便于施工,不得阻塞滑坡前缘的地下排水通道。

④堆载反压体应设置在滑坡体前缘,以保证能提供有效的抗力;当进行软土地基护坡道堆载反压施工时,土体应堆填密实,密实度不宜低于90%。

三、拆除或重建较大边坡护坡

(一)边坡防护拆除施工措施

边坡防护拆除的顺序:拆除截水沟防护→拆除边坡防护→拆除平台沟和急流槽防护→拆除边坡防护→拆除边沟防护→拆除路肩防护。

路堑边坡防护拆除与路堑土石方开挖同时进行,开挖及拆除由上向下逐层进行,做到挖除一层土石方,拆除一层边坡防护,每层控制高为3m左右,此高度为挖掘机正常作业范围。

(1)在施工前详细复查深挖路堑地段的工程地质资料,包括土石界限、岩层风化厚度及破碎程度,岩层的构造特征等。根据设计横断面的边坡坡率、台阶宽度,精确计算路堑堑顶的开挖线。采用全站仪放样,根据现场坡口高程放出路堑坡口桩。

(2)根据坡口桩放出路堑开挖线,进行清表、清杂等。开挖中如发现有较大地质变化时,停止施工,重新进行工程地质补充勘探工作,并根据新的地质资料修正施工方案,报监理工程师批准后实施。因深挖路堑工程量大、施工环境复杂,技术要求高,施工难度大,是控制工程进度的关键,必须精心组织,科学施工。

(3)石方开挖。石方开挖根据岩石类别、风化程度和节理发育程度,确定开挖方法。对于风化碎落岩体,为保证施工中边坡的稳定和边坡防护的施工作业,采用阶梯式进行开挖,按照设计要求的高度设置平台,形成阶梯边坡。开挖时,边坡预留 2 ~ 3m,采用光面爆破或预裂爆破作业,人工刷坡。

(4)边坡防护拆除采用挖机拆除,把挖坡挖成向相反方向倾斜,挖掘机斗齿插入浆砌片石的接缝处,插入深度控制在 30 ~ 50cm,这样尽可能避免拆除后片石和土混在一起,然后用挖掘机铲斗把片石扒成一堆,再进行装车,装车后运输车辆负责把拆除后的片石运送到指定场地堆放,以便于下阶段再进行利用。

(二)重建较大边坡护坡时注意事项

较大边坡护坡重建时,为了确保其稳定,不产生超挖和欠挖,边坡采用光面爆破,节理裂隙较发育地段及某些特殊地段采用预裂爆破。深挖路堑的施工遵循分级开挖、分级防护、及时防护的原则,开挖一级防护一级,在下一级开挖时,上一级已经做好保护措施。边坡护坡重建施工如图 3-1-25、图 3-1-26 所示。

图 3-1-25　重建边坡注浆

图 3-1-26　重建较大边坡护坡

砌筑边坡防护时应注意:

(1)砂浆采用重量法控制计量,并采用机械拌和,砌筑采用坐浆分层并按规范砌筑。

(2)将较大块平整的片石人工加工凿平,用来砌筑护面墙的外路面,并加工好砌筑沉降缝的角石,角石加工平整,要有两个面相互垂直。

(3)护坡的沉降缝按设计图纸要求设置,砌筑沉降缝采用的角石应加工整齐,以保证沉降缝砌筑后垂直于水平面并且宽度上下一致。

(4)砌筑过程中和砌筑完工后 7 ~ 14d 内,随时对已砌筑砌体养生,以保持其表面湿润。

四、改善线型技术和方法

我国西部由于特殊的山区地貌,地形高低错落,沟壑纵横交错,使公路普遍具有"路窄、弯急、坡陡、沟深"的特点,建成的大量公路在地形地貌地质困难路段采用了极限技术指标,导致交通事故多发,70%以上重大恶性交通事故发生在山区公路。为了提高山区公路的行车安全,有必要改善危险路段的线形。急弯路如图 3-1-27、图 3-1-28 所示。

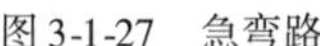

图3-1-27　急弯路

图3-1-28　连续急弯路

(一)平曲线超限的改善措施

1.长直线接超限小半径曲线

在同一地形的长直线路段上,许多驾驶员常常未注意或忽视其限速指令,不降低车速。为了提高驾驶员的注意力,限速措施应综合考虑,并加以改善。依据直线段长度,在长直线路段就应设置限速标志,宜结合设置其他减速标线、减速垫、间隔粗糙路面等,逐步控制车速,使车辆到达直线端部时能以较安全的车速通过超限小半径曲线,在进入弯道前根据曲线半径确定是否设置“向左(右)急弯”警告标志。在曲线部分应设置线形诱导标或轮廓标,根据视距和路面情况可设置中心实线或实体隔离,根据需要可设置禁止超车标志和其他标志,根据路侧危险程度可在弯道外侧设置防撞护栏。急弯路警告标志如图3-1-29、图3-1-30所示。

图3-1-29　带警示灯的警告标志

图3-1-30　常见的急弯警告标志

2.单个超限小半径曲线

在平曲线的半径不能显著增加的情况下,行车安全条件可以在用地界限范围内,通过修正曲线的外形来改善。在平面受约束的条件下,曲线内侧加宽遇到困难时,可以采取曲线内外同时加宽的方法,以合适的方法选择缓和曲线与圆曲线的参数,以便最大限度地利用现有的用地界限,改善弯道行车条件。在小半径曲线上,按行车方向将行车道分开是提高交通安全的好方法。这可以通过建筑分隔带或窄的方向岛来实现。在表示公路急转弯、小半径曲线上转弯方向可以用附加指向牌,在指向牌上用反光涂料画上宽20~25cm的黑白条带。在视距不足的急弯曲线上,为了预告驾驶员对向来车情况,可设置凸面镜。若驾驶员从镜中确认未见到有对面来车,则可利用对方的车道穿行曲线。

3. 连续超限小半径曲线

在进入连续超限弯道之前须设置“连续弯路”警告标志,可以辅以辅助标志说明前方连续弯路的长度,在弯道起点可设置限速标志。弯道段应结合平曲线情况设置视线诱导设施。根据视距和路基路面情况,可设置中心实线或物理分隔设施。根据需要可设置禁止超车标志和其他标志。根据路侧危险程度在弯道外侧可设置护栏。将边沟的排水与行车安全保障结合起来做成暗沟。根据弯道长度、曲率半径等,一些标志须重复设置。

(二)纵坡超限的改善措施

1. 坡长超限的改善

坡长超限的纵坡,并且在车流的组成中货车与车队占较大比例的情况下,应当考虑修建爬坡车道,使货车与小车分开行驶。为了爬坡车道的有效性,必须在路面上用黄色实线分画出一个上坡行驶的车道。

2. 坡度超限的改善

山区二级公路的坡度超限,则必为陡坡。在下陡坡路段起点前须设置“下陡坡”警告标志,如果坡长较长或超限,须设置避险车道,并应在避险车道起点前设置“避险车道”标志和至少两处避险车道预告标志。根据坡道长度、坡度情况,可重复设置下陡坡标志。上陡坡路段应在起点前设置“上陡坡”警告标志。如果设置了爬坡车道,应在爬坡车道起点前设置“大型车靠右”标志和预告标志。“下陡坡”警告标志如图 3-1-31 所示,“避险车道”标志如图 3-1-32 所示。

图 3-1-31 “下陡坡”警告标志

图 3-1-32 “避险车道”标志

3. 连续纵坡的改善

当出现连续陡坡时,应在不大于规定的坡长处设置缓坡段,给予调剂缓和。缓坡段的纵坡应不大于 3%,长度应小于 100m。连续纵坡路段可在起点前适当位置设置“连续下陡坡”标志,根据情况可在标志上标明连续下坡长度。如果设置了避险车道,应在避险车道起点前设置“避险车道”标志和至少两处避险车道预告标志。根据需要可设置限速标志、禁止超车标线、减速设施和线形诱导标,根据路侧危险程度可设置护栏。

(三)超限路段视觉改善

超限路段的危险性往往是潜在的,驾驶员是不易觉察的,这是导致事故频发的重要原因。因此改善超限路段视觉环境是安全保障的重要内容。设置标志标线进行视觉诱导,设置护栏增加行车安全感,仅仅是改善行车视觉环境的一个方面,是远不够的。还需要结合超限路段的地形、地貌、绿化特征进行行车景观设计,修剪、处置弯道内侧树木,使弯道内侧通视,以期通过合理的绿化、边沟养护、边坡处理等改善视觉环境,减少交通事故。

五、挡土墙养护

在治理滑坡等地质灾害时,挡土墙常常作为优先选择的一种支挡措施。我国山地众多,在城市和山区均修建了大量的挡土墙,这些挡土墙大多因为年久失修或缺少规范设计,导致了大量的人员伤亡和财产损失。修复和加固已经存在失稳现象的挡土墙,常采用的方法有修建抗滑桩、锚杆锚索加固、岩石喷锚支护或边坡绿化等方式。

(一)采用抗滑桩加固挡土墙

采用抗滑桩加固挡土墙时,应符合下列规定:

(1)抗滑桩宜设置在挡土墙的外侧。

(2)抗滑桩加固锚杆挡土墙宜设于肋柱中间。

(3)抗滑桩加固桩板式挡土墙宜设于桩的中间,等距布置,且新增抗滑桩与原有桩中心距不宜小于二者桩径较大者的2倍。

(4)抗滑桩宜紧贴挡土墙现浇,或在抗滑桩与挡土墙面之间增设传力构件。

(5)抗滑桩护壁设计时应考虑挡土墙传来的土压力作用。

(6)边坡稳定性较差时,抗滑桩施工应间隔开挖、及时浇筑混凝土,并应防止抗滑桩施工对原支护结构安全造成不利影响。

(二)挡土墙拆除重建施工

挡土墙拆除重建施工应符合下列规定:

(1)挡土墙应分段拆除,拆除时应采取措施保证墙后填土的稳定。

(2)应处理好新旧墙的结合,保证新墙与原挡土墙结合成为整体。

(3)墙背回填时,应恢复原排水设施。

(三)进行挡土墙的加高和接长

1.挡土墙加高

挡土墙常因高度不够发生土体冒顶等现象,因此,除了做好土体稳定加固外,还需要加高挡土墙。加高的办法有如下几种:

旧墙顶上加高(图3-1-33)。当墙顶较宽,加高高度在1.5m以下时,可以在墙顶直接加高,但必须核对竣工图及计算参数,并进行薄弱断面和基底稳定性的验算,施工时需除掉墙顶灰砂和松石,注意接缝处质量。

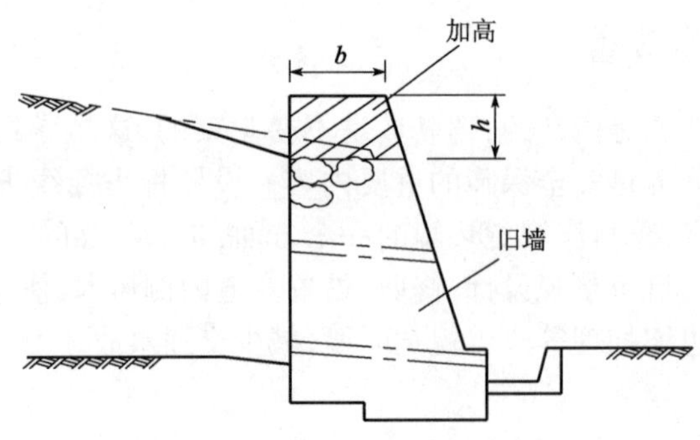

图 3-1-33 挡土墙加高

挖除墙背填土在墙背加厚加高(图 3-1-34)。此法可从基底做起,并应加做墙后排水,部分改变墙后回填料性质,优点是不占用边沟路肩,外观较整齐,加高同时加厚,工作较为彻底。

墙面加厚加高(图 3-1-35)。当限界较宽,挖掉墙背填土不安全时,可采用此法。

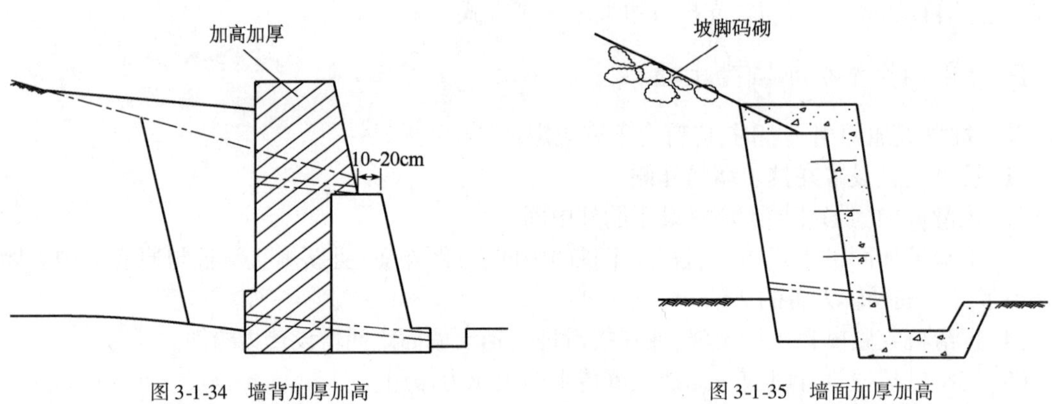

图 3-1-34 墙背加厚加高

图 3-1-35 墙面加厚加高

2. 挡土墙加长

当挡土墙长度不足或两端衔接不良,不能充分发挥挡土墙作用,致使墙的两端仍有滑塌等病害发生,或在洪水中衔接处路基被冲毁时,应根据需要向两端或一端适当延长。接长部分应与线路相协调,并尽量与原墙形式相同。挡土墙和路基或其他构造物衔接不良处均应在维修中加以改善,如路肩墙两端没有锥坡时应加做锥坡。接长挡土墙,应与原路线或挡土墙协调,新旧墙或基础应留沉降缝,防止不均匀沉陷;开挖基坑时,不要破坏原墙身、基础的稳定。

(四)挡土墙的拆除和施工技术工艺

1. 挡土墙的拆除

挡土墙的拆除工艺应结合实际的材料、环境因素、施工机械等方面进行考虑,争取材料的再利用和保护环境,降低经济成本。

2. 钢筋混凝土挡土墙施工

(1)工艺流程

施工步骤:测量放线→钢筋绑扎→模板安装→混凝土浇筑→模板拆除→混凝土养护。

(2)施工方法

模板施工:考虑到挡墙的高度较大,拟采用180mm厚木夹板作为模板,加设对拉螺栓。纵横向的模板支撑采用双角钢,通过对拉螺栓收紧;另外,为了保证壁厚准确,在挡墙内设置若干钢筋限位,防止墙壁收窄。为了确保模板安装及施工安全,沿挡墙每边设两道斜拉杆,以加强其整体性。钢筋混凝土挡土墙施工如图3-1-36所示。

图3-1-36　钢筋混凝土挡土墙施工

钢筋施工:按照设计图纸要求抽料,制作钢筋,成品运输到现场附近后,由人力通过脚手架传递到位绑扎,先固定竖向钢筋,再安装箍筋等。

混凝土施工:浇筑混凝土时采用混凝土泵车,利用导管将混凝土导入模板中,振捣密实,侧模2d后即可拆除,并用塑料薄膜包裹养护。

(3)质量保证措施

模板应具有必要的强度、刚度和稳定性,且板面平整,接缝严密不漏浆。

重复使用的模板应始终保持其表面平整、形状准确,不漏浆,有足够的强度、刚度等,任何翘曲、隆起或破损的模板,在重复使用之前必须进行修整,直至符合要求后才可以使用。

浇筑混凝土前,模板应涂刷隔离剂,隔离剂应采用同一品种,以利保持混凝土表面色泽一致,但容易黏结在混凝土上或使混凝土变色的油料不得使用。

模板安装完毕,应保持位置正确,不论在浇筑混凝土之前还是在灌注时,当发现模板有超过允许偏差变形值的可能时,应及时停工,进行纠正。

浇筑混凝土前,会同驻工地监理工程师对支架、模板、钢筋和预埋件等进行检查和验收。

混凝土浇筑前,应将模板内的杂物和钢筋上的油污清除干净,模板内不得有积水,如有缝隙或孔洞,应予以嵌塞,经驻工地监理工程师检查认可后,方能浇筑混凝土。

自高处向模板内倾卸混凝土时,为防混凝土离析,应符合下列规定:从高处直接倾卸时,其自由倾落高度不宜超过2m,对钢筋密集的混凝土结构不宜超过0.6m。

3. 浆砌片石挡土墙的施工

(1)选料:石料要经过挑选,质地均匀,无裂缝,其抗压强度符合规范规定,厚度不小于15cm。

(2)砂浆拌制:砌筑砂浆采用带磅秤计量装置的机械拌和,并采用小推车运输。拌和时严格控制水灰比和配合比,并做到随拌随用。

图3-1-37　浆砌片石挡土墙施工

(3)砌筑:砌筑前先用木杆及细铁丝按设计坡度挂线,并进行复核,无误后才可砌筑。采用坐浆法砌筑,分层分段进行,每层厚30~50cm,分段点设在沉降缝或伸缩缝的位置。分层砌筑时,先砌角石,然后砌边石和面石,然后填腹石。面石进行加工达到粗料石标准,浆砌时长短相间并与腹石咬紧,上下层竖缝错开,距离应不小于8cm,砂浆灰缝宽度应不大于4cm,也不小于1cm。浆砌片石挡土墙施工如图3-1-37所示。

(4)勾缝及沉降缝处理:勾缝前先清理缝槽,并用水冲洗润湿,然后用 M10 水泥砂浆进行勾缝。灰缝采用凹缝形式,并做到深浅一致。浆砌片石沉降缝上下贯通,并用沥青麻絮填塞密实。

4. 挡土墙施工注意事项

挡土墙施工应与设计要求相配合。除按一般施工规范中规定执行外,还应注意以下事项:

施工前应做好地面排水和安全生产的准备工作。浸水挡土墙宜在枯水季节施工。在松软地层、坍方或坡积层地段,基坑不宜全段开挖,以免在挡土墙砌筑过程中发生坍滑,而宜采用跳槽开挖的方法。

基坑开挖后,若发现地基与设计情况有出入,应按实际情况调整设计;若发现岩基有裂缝,应以水泥砂浆或小石子混凝土灌注饱满;若基底岩层有外露的软弱夹层,宜于墙趾前,对该层做封面防护,以防风化剥落后,基础折裂而致墙身外倾。

挡土墙的底部、顶部和墙面外层,宜选用较整齐的大块石砌筑。干砌挡土墙砌筑时,宜采用"丁""顺""嵌""楔"等办法,使块(片)石间嵌挤紧密,墙身稳定。墙址部分的基坑,在基础施工完后应及时回填夯实,并做成 5% 外倾斜坡,以免积水下渗,影响墙身的稳定。

浆砌挡土墙应错缝砌筑,须待砂浆强度达到 70% 以上时,方可回填墙背填料。墙背填料应符合设计要求,避免采用膨胀性和高塑性土壤,并做到分层填筑,分层夯实。不允许向着墙背斜坡填筑,夯实时应注意勿使墙身受较大冲击影响。墙后地面横坡陡于 1:5 时,应先处理填方基底(铲除草皮、开挖台阶等)再填土,以免填方顺原地面滑动。

墙顶设有护墙、护坡时,应采取措施,防止护墙、护坡沿着土体表面下滑。如在护墙、护坡背后设耳墙,或做粗糙面,使其与土体密贴;或在护墙、护坡与挡土墙顶接触处设变坡平台。必要时应根据计算加大墙身截面。

浆砌挡土墙的墙顶,可用 M5 砂浆抹平,厚 2cm;或顶层用较大块石料砌筑,而后勾平缝。干砌挡土墙墙顶 50cm 厚度内,用 M2.5 砂浆砌筑,以利稳定。

南方多雨及冰冻地区,在挖方路段设置上挡土墙时,应考虑到雨季、冻融季土体含水率的增加,使填料内摩擦角降低较多,对挡土墙的稳定性影响很大。设计、施工时均应注意到这一点。

六、浸水路基养护

浸水路基是指被设计水位浸淹的沿河路基、河滩路堤以及穿越池塘等地段的路堤。沿河路基是指公路走向与河流基本平行,且受设计水位浸淹的路基;河滩路堤是指公路走向与河流基本垂直,且横跨河滩的路堤。池塘路堤一般只是受静水浸泡,水位涨落缓慢,除填料抗剪强度因浸水有所降低外,受其他因素如流速、动水压力等影响甚微。沿河及河滩路基则不同,除受水浸淹使土体抗剪强度降低外,还受水流冲刷和水位涨落时路基内形成的渗透动水压力以及管涌等因素的影响。

河滩及沿河路基病害处治:

(一)河滩及沿河路基的特点

填方边坡和坡脚容易受到水流的冲刷和淘刷。有时还会遇到软弱的地基,处理不当,则会造成路基沉陷。路堤填料受水浸后强度下降。水位骤然降落,使路堤受到附加的渗透动力压力,以致降低了路堤边坡的稳定性。

(二)河滩及沿河路基病害处治

(1)河滩路堤两侧水位差过大,会使路堤土体内及基底土内产生渗透现象,当渗透水流足以使土粒移动时,就有一部分土粒被水流带走,这种冲移现象逐渐扩大,就产生管涌现象。管涌发展的结果将导致路堤坍塌破坏。

管涌现象与渗透水流的比降、土的颗粒组成及其不均匀系数有关。土的不均匀系数越大,管涌现象就越容易发生。

管涌防治措施。放缓下游一侧边坡,以延长渗水流的通路,减小水流坡降,因而可以保持边坡土粒的稳定;或在下游边坡的水下部分设滤水趾,并设反滤层,可以防止路堤中的细小颗粒被渗透水流带走。

若路堤土体渗透性小,而基底土层的渗透性大,则渗透水流就会通过基底土层渗出,也可能产生管涌现象。在路堤下游坡脚以外的基底土层上,铺设滤水护坦或在上游铺设黏土隔渗层及在坡脚或基底下设置隔渗墙、止水幕等,都可以延长渗透水流的通路,降低渗透水头的压力。

(2)防止路基沉落,保证路基强度。应根据设计要求,严格掌握填料规格。严格掌握填土的含水率和密实度,保证施工质量。对湿陷性或软弱基底,应尽可能在事前进行处理。对可能发生沉落的路堤,经过分析研究,可预留适当的沉落量。

七、路基锚固结构修复

(1)新增锚固结构应符合下列规定:

①锚索(杆)应结合原支护体系中的锚索(杆)间距错开布置,且应合理布置内锚固段位置,必要时改变锚索(杆)的倾角。

②锚索(杆)锚固段应穿过已有滑裂面或潜在滑裂面不小于2m且满足边坡稳定性要求。

(2)锚固结构发生锚头严重锈蚀、封锚混凝土破坏时,应及时进行锚头防腐处理,修复封锚混凝土。

(3)发生地梁、框架脱空、开裂时,宜采用浅层注浆法、加大截面法、新增框架结构或预应力锚索(杆)进行维修加固。

第三节　排水设施保养维修

一、损坏严重排水设施的修复技术

公路沿线的排水设施在投入使用了几年之后,一般会出现一些破坏现象,像砌石边沟、排水沟、截水沟出现砌石局部开裂、塌陷、勾缝处砂浆脱落,水泥砂浆罩面大部分开裂损坏等等。还有一些严重的破坏现象,如砌石边沟两侧出现墙体严重的侧倾及开裂现象,导致路缘石外侧与边沟之间形成大的空隙,如果不及时处理,很容易引起路面塌陷,导致交通事故的发生。浆砌片石边沟损坏如图3-1-38所示,截水沟淤塞如图3-1-39所示。

图3-1-38　浆砌片石边沟损坏

图3-1-39　截水沟淤塞

处置方法如下:在侧倾的混凝土边沟墙体与路基形成的空隙内,将土方挖除一定宽度,填入素混凝土捣固密实,与原边沟墙体构成整体,增强抵抗水平冻胀力的能力,同时在混凝土中将原有的排水管设置好,保持排水通畅。防止侧倾的混凝土深边沟倾倒,在距边沟顶面一定位置增加钢筋混凝土支撑梁,以提高混凝土深边沟的抗变形能力。如果水沟墙体整体位移过大,直接拆除倾斜水沟墙体,重新砌筑,但必须加大墙体尺寸,保持稳定。

二、盲沟的工作原理和翻修技术

(一)盲沟的定义和作用

盲沟一般设在流量不大,水路不长地段。相对于地面排水的明沟而言,盲沟又称暗沟,具有隐蔽工程的含义。从盲沟的构造特点出发,由于沟内分层填以大小不同的颗粒材料,利用渗水材料透水性将地下水汇集于沟内,并沿沟排泄至指定地点,此种构造相对于管道流水而言,习惯上称之为盲沟。

盲沟有纵向、横向盲沟两种;横向盲沟一般与路线方向成一定斜角。排水层采用颗粒较大的坚硬大块碎石填充,并须保证具有通过全部排水量的孔隙度。盲沟的渗水部位填料深度,应在地下水位线以下0.3m,盲沟的纵向坡度,通常采用1%～5%。

盲沟的作用:①排除路基下的地表和地下渗水;②截断路基两侧地表水防止渗到路基。

(二)盲沟的工作原理

图3-1-40为一侧边沟下面所设的盲沟,用以拦截流向路基的层间水,防止路基边坡滑坍和毛细水上升危及路基的强度与稳定性。图3-1-41是路基两侧边沟下面均设盲沟,用以降低地下水位,防止毛细水上升至路基工作区范围内,形成水分积聚而造成冻胀和翻浆,或土基过湿而降低强度等。

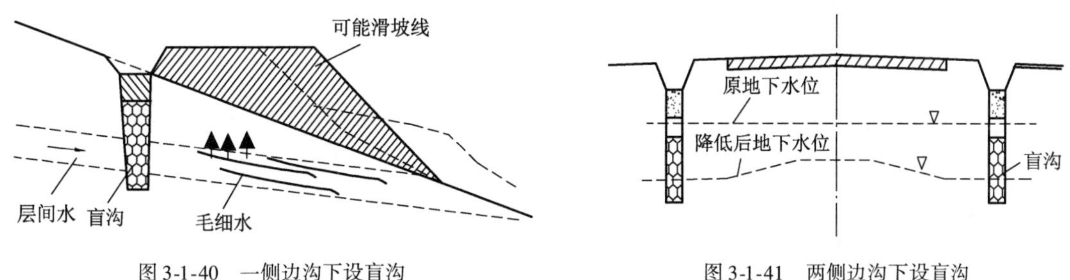

图 3-1-40　一侧边沟下设盲沟　　　　图 3-1-41　两侧边沟下设盲沟

图 3-1-42 是设在路基挖方与填方交界处的横向盲沟，用以拦截和排除路堑下面层间水或小股泉水，保持路堤填土不受水害。

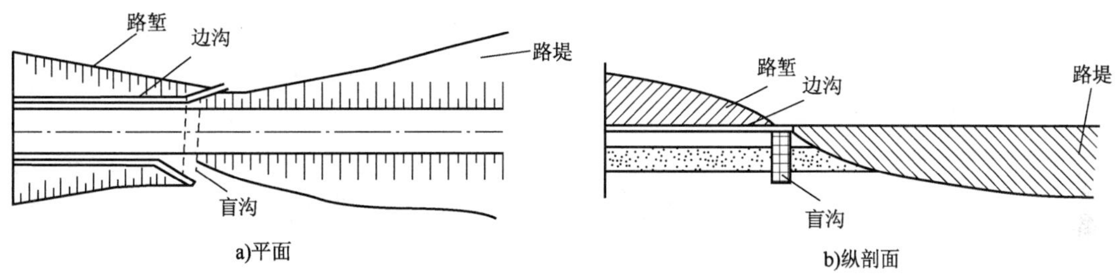

图 3-1-42　挖填交界处横向盲沟

以上所述的盲沟，沟槽内全部填满颗粒材料，可以理解为简易盲沟，其构造比较简单，横断面呈矩形，也可做成上宽下窄的梯形，沟壁倾斜度约 1∶0.2，底宽 b 与深度 h 大致为 1∶3，深 1.0～1.5m，则底宽 0.3～0.5m。盲沟的底部中间填以粒径较大（3～5cm）的碎石，其空隙较大，水可在空隙中流动。粗粒碎石两侧和上部，按一定比例分层（层厚约 10cm）填以较细粒径的粒料，逐层粒径比例大致按 6 倍递减。盲沟顶部和底面，一般设有厚 30cm 以上的不透水层，或顶部设有双层反铺草皮。

简易盲沟的排水能力较小，不宜过长，沟底具有 1%～2% 的纵坡，出水口底面高程应高出沟外最高水位 20cm，以防水流倒渗。寒冷地区的盲沟，应做防冻保温处理或将盲沟设在冻结深度以下。

（三）盲沟的施工技术要点

（1）当地下水位较高，潜水层埋藏不深时，可采用盲沟（或排水沟）截留地下水及降低地下水位，沟底宜埋入不透水层内。沟壁最下一排渗水孔（或裂缝）的底部宜高出沟底至少 20cm。盲沟（或排水沟）设在路基旁侧时，宜沿路线方向布置，设在低洼地带或天然沟谷处时，宜顺山坡的沟谷走向布置。

（2）盲沟（或排水沟）采用混凝土浇筑或浆砌片石砌筑时，应在沟壁与含水地层接触面的高度处设置一排或多排向沟中倾斜的渗水孔，沟壁外侧应填以粗粒透水材料或土工合成材料作反滤层。沿沟槽每隔 10～15m 或当沟槽通过软硬岩层分界处时，应设置伸缩缝或沉降缝。

路面养护

技能目标

(1)路面养护高级工应能够分析沥青路面常见病害的产生原因,掌握沥青路面翻浆、松散、龟裂、波浪病害修补工艺,水泥路面沉陷、拱起、严重破碎板、错台、唧泥病害产生原因和分级情况及修补工艺。

(2)熟悉路面状况调查、评定的内容和方法,能进行相关测量仪器、施工机械的使用和养护。例如,某国道作为地区重要的交通干道,与高速公路、一级公路及其他各类公路相连,道路上有大量的轿车、货车、非机动车运行,目前该路沥青路面表面陆续出现裂缝、坑槽和车辙等病害,需要对路面进行专项维修。

(3)高级工的主要工作任务是,能根据《公路沥青路面养护技术规范》(JTG 5142—2019)、《公路技术状况评定标准》(JTG 5210—2018)等相关规范的要求对沥青路面病害情况进行调查分析,对沥青路面翻浆、松散、龟裂、波浪病害进行修补,对水泥路面沉陷、拱起、严重破碎板、错台、唧泥病害进行修补。

第一节　沥青路面养护

一、常见病害分类及原因

(一)常见病害分类

《公路技术状况评定标准》(JTG 5210—2018)将沥青路面损坏分为龟裂、块状裂缝、纵向裂缝、横向裂缝、坑槽、松散、沉陷、车辙、波浪拥包、泛油、修补共 11 类、21 种损坏。其中,龟裂分为轻、中、重三种类型;块状裂缝、纵向裂缝、横向裂缝、坑槽、松散、沉陷、车辙、波浪拥包这 8 种损坏分为轻、重两种类型;泛油、修补不分轻重。各种损坏类型及权重参见表 3-2-1。

沥青路面损坏类型和权重　　表 3-2-1

类型 i	损坏名称	损坏程度	权重 w_i	计量单位
1	龟裂	轻	0.6	面积 m^2
2		中	0.8	
3		重	1.0	
4	块状裂缝	轻	0.6	面积 m^2
5		重	0.8	
6	纵向裂缝	轻	0.6	长度 m (影响宽度:0.2m)
7		重	1.0	
8	横向裂缝	轻	0.6	长度 m (影响宽度:0.2m)
9		重	1.0	
10	坑槽	轻	0.8	面积 m^2
11		重	1.0	
12	松散	轻	0.6	面积 m^2
13		重	1.0	
14	沉陷	轻	0.6	面积 m^2
15		重	1.0	
16	车辙	轻	0.6	长度 m (影响宽度:0.4m)
17		重	1.0	
18	波浪拥包	轻	0.6	面积 m^2
19		重	1.0	
20	泛油		0.2	面积 m^2
21	修补		0.1	面积 m^2

(二)常见病害原因

1.泛油

油石比过大是形成泛油的主要原因。这是因为在施工中未能严格控制用油量,用油偏多,施工中矿料用量不足,油石比偏大;施工中片面追求路面光润,不适当采用沥青罩面,或使用过量透层油、黏层油。低温施工,为便于操作和封住面层加大用油量,造成来年泛油。施工时采用层铺法,在路面成型时,未严格控制行车速度,使嵌缝料散失,相对增大了油石比。矿料规格,质量不符合要求,矿料强度不够,施工碾压过度,矿料被压碎,或矿料含土量过大,在表处层下形成隔层,也易引起泛油(图 3-2-1)。

图 3-2-1　沥青路面泛油

2. 裂缝、网裂、龟裂

裂缝、网裂、龟裂多在低温季节出现,随气温继续下降而逐渐扩大。轻微的裂缝、网裂,当气温上升,油料未老化的能自行愈合。

(1)由于温度变化,冬季冰冻产生的冻胀,导致路基和基层裂缝,使面层出现网裂和龟裂。

(2)在水文条件不利的情况下,路面基层和土基的水稳定性差,含水率逐渐增加,强度降低,面层出现网裂,并逐渐扩大为龟裂;尤其是在春融季节更为严重,可能出现翻浆,使面层大面积损坏。

(3)土基和基层不密实,路面整体强度不够,会引起不规则的网裂和龟裂。

(4)沥青质量差或材料老化变质,黏结力降低,延性差,也会引起裂缝和龟裂。

3. 坑槽

(1)路面出现小块松散,或严重裂缝等病害,未能及时修补。

(2)基层强度不够,稳定性不好,面层裂缝局部渗水基层湿软。

(3)路面尚未成型,受到机动车紧急制动等外力冲击而遭到破坏。

(4)混合料拌和不够,沥青用量少,在行车作用下主集料散失等。

路面坑槽如图 3-2-2 所示。

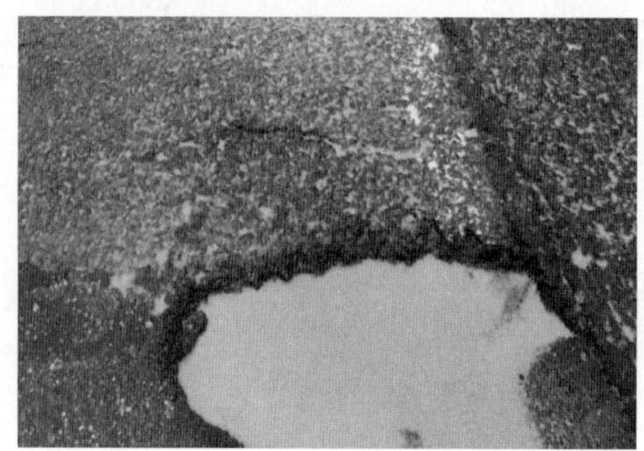

图 3-2-2 路面坑槽

4. 拥包

(1)用油量过大。层铺法施工时,在起点重叠洒油,洒油车停放处漏油或洒油过多;拌和法施工时,用油量大,或矿料少,造成油石比过大;油桶、油车漏油或操作不慎将沥青流失到已铺好的路面上。

(2)沥青的稠度小,针入度大。

(3)两层次之间有杂物、尘土阻隔不能紧密连接,在车轮水平力的作用下被推移。

(4)基层湿度过大,与油层黏结不良,天热时水分汽化,气体膨胀,在行车推移作用下,形成拥包。

(5)矿料偏细。

5. 翻浆

(1)地下水位高,土基含水率过大,基层结构不密实,水稳定性差,基层湿软,强度逐步降低,由于冰冻和春融的影响,在行车作用下造成翻浆。

(2)基层强度不够,如石灰剂量偏小、拌和不均匀、碾压不密实、含水率偏大等,尤其是晚秋施工,石灰土不成型,面层未密封而透水严重,使基层过湿,在春融时期造成翻浆。

(3)在中湿或潮湿路段,由于设计施工不当,或因利用公路边沟作为排灌渠道,或因山丘区有地下潜流等,都会造成基层强度不断下降,形成翻浆。

(4)在砂石路面上加铺沥青面层后,路基中的水分就不易被蒸发出去,从而使路基中的含水率逐渐升高,最终导致路基中含水率过大,形成翻浆。

6. 松散

(1)晚秋施工,沥青路面未来得及返油成型,即进入冬季。

(2)表处层油石比偏小,或由于油料老化而降低了黏结力。

(3)矿料质量差、风化松软、含土过多、潮湿,或因采用未经处理的酸性矿料与沥青黏结不良。

(4)由于底层土基的松软变形,引起面层的松散。

(5)局部松散,一般由于沥青洒布不匀,个别地点沥青用量不足甚至露白而形成。

二、沥青路面翻浆、松散、龟裂、波浪等病害修补

(一)翻浆的修补

季节性冰冻地区,春融时路基或路面基层含水率过大,强度急剧降低,在行车作用下造成路基湿软弹簧、路面破裂、冒出泥浆等的现象,称为翻浆。路基土质不良、公路经过湿地,或路基坡脚存有积水的路段容易出现翻浆病害,盐渍土和沼泽地是翻浆病害的重灾区。路基翻浆的过程大致为:秋季(聚水)-冬季(冻结)-春融(含水率增加)-强度降低-行车荷载翻浆;非春融的雨季,如果路面密水性差,导致降水浸入路基,造成路基或路面基层含水率过大,也可能造成翻浆(图3-2-3)。

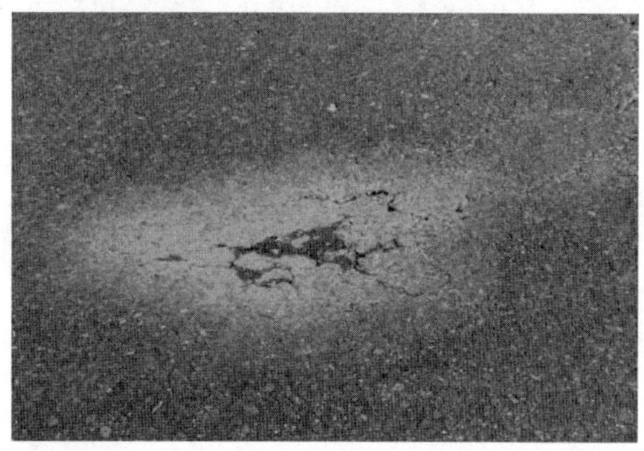

图3-2-3 路面翻浆

翻浆的修补方法如下:

(1)因路基冻胀使路面局部或大面积隆起影响行车时,应将胀起的沥青路面刨平,待春融后按翻浆处理的方法予以处治。

(2)因冬季基层中的水结冰引起冻胀,春融季节化冻而引起的翻浆可采用以下方法之一予以处治:

①在有翻浆迹象的地方用人工或机械将直径2~5cm的钢钎打入(钻入)路面以下,穿透冻层(一般1.3m以上),然后灌入砂砾,使化冻的水迅速渗入冻层以下。

②局部发生翻浆的路段,可以采用打石灰梅花桩或水泥砂砾桩的办法予以改善。

③加深边沟,并在翻浆路段两侧路肩上交错开挖宽为30~40cm的横沟,间距为3~5m,沟底纵坡不小于3%,沟深应根据解冻情况,逐渐加深,直至路面基层以下。横沟的外口应高于边沟的沟底。如路面翻浆严重,除挖横沟外,还应顺路面边缘设置纵向小盲沟。交通量较小的路段也可挖成明沟。待翻浆停止后,应将明沟填平恢复原状。

(3)因基层水稳定性不良或含水率过大造成的翻浆,应挖去面层及基层全部松软的部分。将基层材料晒干,并适当增加新的硬粒料,分层填补并压实。

(4)低气温施工的石灰土基层,发生上层翻浆,应挖除到坚硬处,另换新料修补基层和重铺面层;或根据条件,采取短期封闭交通的办法防止翻浆蔓延扩大。

(5)由于面层成型不好,雨水、雪水下渗引起基层表面轻度发软或冻胀而形成轻微翻浆,可于春融季节及水分蒸发后,维修平整,促使成型。

(二)松散的修补

松散是沥青路面常见病害之一,常表现为面层中的集料颗粒脱落,粗细集料散失起砂,路面磨损,路表粗糙,表层剥落,见图3-2-4。如不及时治理,会从路表面向下形成坑槽。松散可能出现在整个路面表面,也可能在局部区域出现,一般轮迹带比较严重。其形成原因主要有7个方面,分别是沥青混合料中沥青偏少,油石比偏低,沥青与集料间黏结性差;低气温施工,压实度小,沥青面层内部空隙率过大;集料含泥量超标,集料颗粒被粉尘包裹,使沥青膜不能黏结在集料颗粒上;拌和时温度过高,导致沥青老化;基层松软引起面层龟裂松散;误选择了酸性集料,与沥青黏附性差;水分逐渐渗入沥青与集料的界面,降低了沥青黏附性和黏结力。

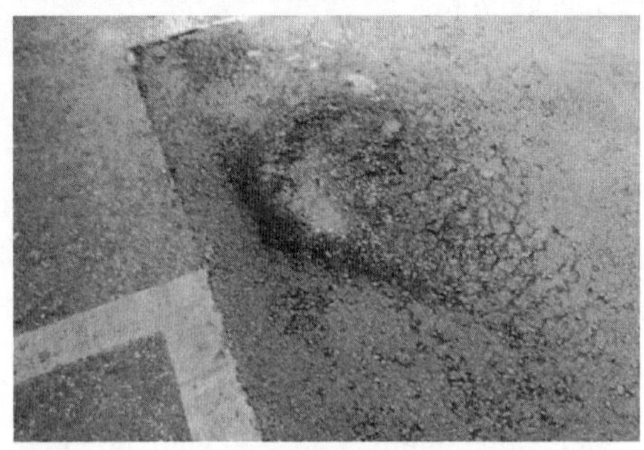

图3-2-4　路面松散

松散的修补方法如下:

(1)对大面积的麻面、松散路段,可在气温上升(10℃以上)后,清扫干净,重作喷油封层,喷布沥青0.8~1.0kg/m^2后,撒3~5(8)mm石屑或粗砂(5~8m^3/1000m^2),用轻型压路机压实。

(2)由于油温过高,黏结料老化而造成的松散,应将松散部分全部挖除后,重铺面层。

(3)由于基层或土基松软变形而引起的松散,先处理基层或土基的病害,后重作路面。

(4)因沥青与酸性石料间黏附性差而造成路面松散的,应将松散部分全部挖除后,重作面层。重作面层的矿料不应再使用酸性石料。在缺乏碱性石料的地区,应在沥青中掺入抗剥离剂、增黏剂或使用干燥的生石灰、消石灰、水泥等表面活性物质作为填料的一部分,或采用石灰浆处理粗集料等抗剥离措施,以提高沥青与矿料的黏附力,并增加混合料的水稳性。

(三)龟裂的修补

路面表面产生的缝宽3mm以上、块度0.5m以内、面积$1m^2$以上,形似龟背花纹的块状不规则裂缝称为龟裂。龟裂通常是在重载车辆的反复碾压下,由于路面整体强度不足、基层湿软、稳定性不良等原因,导致其变形和挠度过大,使沥青路面的柔性不够及由于路面材料的疲劳而形成的一种裂缝,故有时也将此类裂缝称为疲劳裂缝,见图3-2-5。龟裂可能是全面性的,也可能是局部性的,且大多数发生在行车道上。在龟裂形成初期,裂缝轻微对沥青路面的服务水平影响不大,但随着路面不断有水渗入,造成底面层及路面基层强度的减弱,便会加速龟裂面积的扩大以及裂缝的扩展,导致形成坑槽破损。

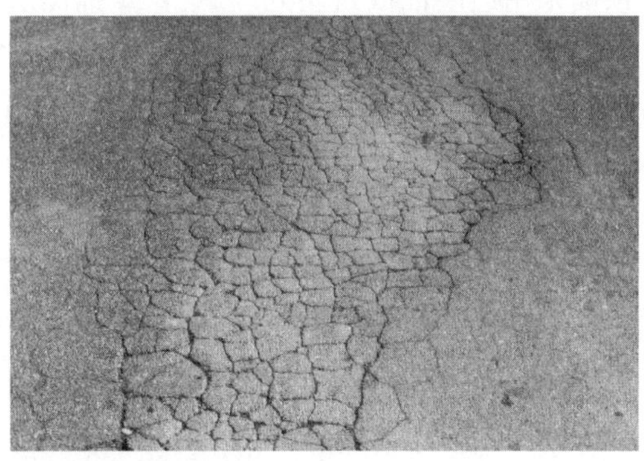

图3-2-5　路面龟裂

龟裂的修补方法如下:

(1)对于因非基层强度不足引起的路面龟裂,先用路面铣刨机铣刨病害部位的面层,再采用与原面层材料相同的沥青混凝土铺筑即可。

(2)对于因基层强度不足引起的路面龟裂或有翻浆现象的严重龟裂、块裂,先用铣刨机铣刨病害部位的面层和基层;然后用同原基层材料回填,按规范压实、养生,如果底基层强度不足出现“弹簧”,还需要对底基层进行处理,如有可能,在基层顶面加铺一层玻纤格栅,以提高整体强度;最后摊铺与原面层材料相同的沥青混凝土面层。

(四)拥包的修补

路面出现的局部隆起称为拥包(图3-2-6),其产生原因一般有4个方面:一是施工质量导致路面上下层黏结不好;二是沥青混合料摊铺不匀,局部细料集中;三是基层或下面层未经压实,强度不足,发生变形位移;四是坡或平整度较差路段,沥青面层混合料易在行车作用下向低处聚积。

图 3-2-6　路面拥包

拥包的修补方法如下：

(1)因面层沥青用量过多或细料集中而产生较严重拥包,或路面连续多次出现拥包且面积较大,但路面基层仍属稳定,则应用机械或人工将拥包全部除去,并低于路表面约 10mm。扫尽碎屑、杂物及粉尘后,用热沥青混合料重作面层。

(2)因面层与基层层间结合不良而被推移变形造成的拥包,应将拥包区域面层挖除,对基层顶面采用透层油或封层处理后,再重铺面层。

(3)因基层原因引起的严重拥包,应把拥包连同面层挖除,处理基层,并待基层稳定密实后,再重作面层。

(五)波浪的修补

路表面出现轻微、连续的接近等距离的起伏状,形似洗衣搓板,称为波浪或搓板(图 3-2-7)。一般由面层碾压操作不当、基层局部强度不足、面层与基层存在不稳定夹层等原因造成。

图 3-2-7　路面波浪

波浪的修补方法如下：

(1)属于面层原因形成的,当波浪(搓板)的波峰与波谷高差起伏较大时,应顺行车方向将凸出部分铣刨削平,并低于路表面约 10mm,在削除部分喷洒热沥青,再匀撒一层粒径不大于 10mm 的矿料,扫匀、找平、压实。当出现严重的、大面积的波浪,应将面层全部挖除,重铺面层。

(2)因面层与基层之间存在不稳定的夹层而使面层形成波浪的,应挖除面层,清除不稳定的夹层后,喷洒黏结沥青,重铺面层。

(3)因基层局部强度不足,或稳定性差等原因造成的波浪,应先对基层进行处治,再重作面层。

三、沥青路面修补材料质量与特性判别

(一)沥青路面修补材料质量要求

一般来说,在对公路进行维修之初,就必须要提前采取合理有效的材料检测和质量监管措施,对养护材料的质量进行深入、系统的化验和研究,以确保材料满足公路养护工作对材料的质量要求。对路面易出现的破损问题进行全面系统分析,选择合适材料,以确保公路在养护维修工作中避免由于材料的问题影响维修质量。

(1)按施工计划和施工方法要求,组织各种材料进场,不同品种、不同规格的材料分别堆放,并准备好防雨覆盖设施,特别是防止水泥受潮变质。

(2)对工程主要材料,按现行《公路工程沥青及沥青混合料试验规程》《公路工程集料试验规程》进行室内试验,及时出具试验报告,坚持做到用数据说话。

(3)对养护中使用的材料,订货前要取得供货厂家的产品合格证书及试验报告,进行采样试验,验证其质量可靠性。

影响养护材料质量的问题通常有三个:一是养护材料在使用之前就出现了变质现象,从而造成材料原有作用和性质的丧失;二是材料在使用之前存在漏检、缺检的现象,造成养护工程质量隐患;三是对进场材料保管不到位,如处理路基过程中,水泥材料受潮变质,摊铺过程中沥青混合料没有及时摊铺等。

(二)裂缝修补材料

1. 传统型修补材料

养护技术规范中推荐的传统裂缝修补材料,包括(改性)沥青、(改性)乳化沥青、橡胶沥青和沥青玛𤧛脂等,材料来源广泛、使用方便,但是修补效果普遍很差,目前一般不再推荐作为裂缝修补材料使用。

2. 加热型修补材料

加热型密封胶通常特指橡胶沥青密封胶,是目前最常用的裂缝修补材料。

国内外高等级沥青混凝土路面普遍采用加热型密封胶进行裂缝修补,也可以用于水泥混凝土路面的填缝。

3. 常温型修补材料

常温型修补材料指在常温下由若干种组成材料通过化学反应从液态转变为固态的裂缝修补材料。常温型密封胶主要包括聚氨酯、聚硫、有机硅三类材料。

4. 贴缝型修补材料

贴缝带又称压缝带或填缝带。通过外力挤压带状材料封闭裂缝,可分为自黏式和热黏式两种类型,主要原料由橡胶沥青和纤维材料构成。

第二节　水泥混凝土路面修补材料

一、裂缝修补材料

裂缝修补材料根据其功能可分为补强材料和密封材料。当水泥混凝土路面由于裂缝造成了强度不足时,应选用补强材料。当水泥混凝土路面仅出现贯穿裂缝,而板面强度仍能满足使用要求时,应选用密封修补材料,将裂缝封闭。

用于水泥混凝土路面裂缝修补的高模量补强材料宜选用经过改性的环氧树脂类材料或经乳化反应过的环氧树脂乳液,其主要技术要求应符合表 3-2-2 的规定。

补强材料技术要求　　表 3-2-2

性能	技术要求
灌入稠度(s)	<20
拉伸强度(MPa)	≥5
黏结强度(MPa)	≥3
断裂伸长率(%)	2~5

用于水泥混凝土路面裂缝修补的密封材料宜选用聚氨酯类灌浆材料。用于水泥混凝土路面修补的密封材料技术要求应符合表 3-2-3 的规定。

密封材料技术要求　　表 3-2-3

性能	技术要求
灌入稠度(s)	<20
拉伸强度(MPa)	≥4
黏结强度(MPa)	≥4
断裂伸长率(%)	≥50

二、接缝材料

用于水泥混凝土路面修补的接缝材料,应符合现行《公路水泥混凝土路面接缝材料》(JT/T 203)规定。水泥混凝土路面修补用接缝材料的性能测试方法可按现行《公路水泥混凝土路面接缝材料》(JT/T 203)推荐的方法进行。

用于水泥混凝土路面接缝修补的接缝板应具有一定的压缩性及弹性,当混凝土板高温膨胀时不被挤出;当混凝土板低温收缩时,能与混凝土板缝壁连接,不被拉断,不产生缝;耐久性好、复原率高在混凝土路面施工时不变形,且具有较高的耐腐蚀性。

接缝板的品种主要有杉木板、泡沫橡胶板、泡沫树脂板和纤维板。其技术要求应符合表 3-2-4的规定。

接缝板的厚度误差范围不应大于 ±5%,长度与宽度误差范围不应大于 ±2%。

木类板应挖除板上的树节,并用原质木材修补。该类材料不宜在高等级公路上使用。

接缝板的技术要求　　表 3-2-4

试验项目	接缝板种类			备注
	木类	泡沫类	纤维类	
压缩应力(MPa)	5.0～20.0	0.2～0.6	2.0～10.0	
复原率(%)	>55	>90	>65	吸水后不应小于不吸水的90%
挤出量(mm)	<5.5	<5.0	<4.0	
弯曲荷载(N)	100～400	0～50	5～40	

三、板块修补材料

用于水泥混凝土路面板块修补的材料,宜采用性能稳定的早强混凝土、聚合物乳液细粒式混凝土、钢纤维水泥混凝土。应满足下列技术要求:24h 内达到原板块设计强度的 70% 以上,48h 内达到原板块设计度;混凝土 7d 内无收缩,28d 的收缩率 <0.02%;新旧混凝土结合处的剪切强度应达到混凝土整体剪切强度的 55%;修补用混凝土的后期强度发展规律应与普通混凝土一致;修补后的混凝土耐磨性必须达到原有未损坏混凝土的耐磨性,且应具有抗冻、耐腐蚀、抗渗等耐久性能;修补用混凝土初凝时间宜大于 2h;修补后的混凝土表面颜色应与旧混凝土基本一致。

四、板下封堵灌浆材料

板底脱空灌浆材料,宜选择流动性高,具有一定微膨胀能力的水泥砂浆或水泥浆。主要技术性能应满足如下要求:

(1)具有自流淌密实性。

(2)早期具有一定微膨胀性能,砂浆 14d,水养护膨胀率大于 0.02%。

(3)凝结时间适中,初凝时间不早于 2h,终凝时间不超过 3.5h。

(4)早强高,12h 抗压强度应达到 3.5MPa。

板下封堵灌浆材料一般宜采用水泥砂浆,也可采用水泥浆。板下封堵用水泥砂浆由水泥、砂、外掺剂和水混拌而成。

第三节　水泥混凝土路面病害的修补

一、水泥混凝土路面病害专项处治

水泥混凝土路面的局部损坏,如不及时、有效地加以修补,往往会引起损坏的迅速发展。造成路面损坏的原因是多方面的,损坏的类型也是多种多样的,因此对路面局部板块的损坏进行修补时,必须先查明原因,然后针对其原因采取相应的技术措施加以处理。

(一)沉陷

原因分析:

(1)基层湿软、水稳定性不足。

(2)板底出现空隙以及路基下有墓穴、坑洞。

修补方法:

(1)顶升施工。

先在混凝土板上钻孔,然后用压缩空气或千斤顶把板直接顶起,或用横梁和螺旋或液压千斤顶将板间接顶起至预定高度,然后往孔中压注填料(干砂、低强度等级水泥砂浆或石灰砂浆)直至密实,最后用混凝土封死孔口。

(2)沥青灌注施工法。其操作方法如下:

用凿岩机在路面上凿孔,孔的大小与灌注嘴大小一致。灌浆孔的布设应根据路面板的大小、下沉量、裂缝状况以及灌浆机械类型、灌浆压力大小而定。

①灌浆孔凿好后,掏出孔中的混凝土碎屑,用空压机的小钢管插入孔中,将砂、泥、混凝土碎屑从管周喷出,使路面板下和基层之间形成畅通的空间,并保持干燥。

②将加热熔化的沥青用沥青洒布车以 200 ~ 400kPa 的压力注满孔内,并用木楔堵塞。当沥青温度下降后,拔出木楔,用水泥砂浆或沥青砂浆填塞,即可开放交通。

(3)水泥灌浆施工法。

①其灌浆孔的排列布设与沥青灌注施工法基本相同。

②灌浆机械可采用压力灌浆机或压浆泵,应先从沉陷量大的地方开始,逐步由大到小,由近到远,直到路面板达到预定的高度为止。

③灌浆完毕,用木楔堵孔,养护 3d 后开放交通。

(二)拱起

原因分析:

(1)胀缝被砂、石等阻塞,使板伸胀受阻。

(2)设置的胀缝传力杆水平、垂直方向偏差大,使板伸胀受阻。

(3)长胀缝面板,在小弯道、陡坡处或厚度较薄时,易发生纵向失稳,引起拱起。

(4)在旧沥青路面上铺筑混凝土板易发生拱起。

修补方法:

(1)当板端拱起但路面板完好时,可用切割机具缓慢将拱起板块两侧的 1 ~ 2 道横缝切宽、切深,待应力释放后切除拱起端,将板块恢复原位;清缝并灌填接缝材料。

(2)当板端拱起板块已经发生破损或断裂时,应根据其破损情况分别按前述裂缝修补的方法予以处理。

(3)若拱起板两端因硬物夹入发生拱起时,应将硬物及缝内杂物、灰尘清除干净,使板块恢复原位,并灌填填缝料。

(4)胀缝间因传力杆在施工时设置不当,使板受热时不能自由伸长而发生拱起时,应重新设置胀缝。

(三)错台

原因分析:

(1)车辆荷载的作用,使得接缝处板块不均匀下沉。

(2)在春夏秋冬不同的温度和湿度作用下,水泥混凝土板在接缝处产生翘曲现象。

(3)施工中操作不良,如横缝处未设置传力杆,基础强度不够或材料质量差等。

修补方法:

错台的修补方法有磨平法和填补法两种,可根据错台的轻重程度选定。

(1)对高差小于或等于10mm的轻微错台,可采用机械磨平法进行处理。

(2)对高差大于10mm的严重错台,可采用沥青砂或水泥混凝土进行处理。

①沥青砂填补的基本要求。

a.在用沥青砂填补前应清除路面上的杂物和灰尘,并喷洒一层热沥青或乳化沥青,沥青用量为0.4~0.6kg/m^2。

b.修补面纵坡应控制在1%以内。

c.沥青填补后,宜用轮胎压路机碾压,初期应控制车速。

②水泥混凝土错台修补的基本要求。

a.应将错台下沉板凿除2~3cm深,修补长度满足要求。

b.应清除凿除面上的杂物、灰尘。

c.浇筑细石混凝土,待强度达到通车强度后,即可开放交通。

(四)唧泥

原因分析:

(1)填缝料损坏,雨水沿接缝渗入基层,在行车荷载及相邻板块之间的抽吸作用下,使细料向后方板块移动、堆积,产生唧泥。

(2)基础不均匀沉陷。

(3)基层抗冲刷能力差,基层表面采用砂或石屑等松散细集料做整平层。

(4)路面排水不良。

修补方法:

水泥混凝土面板出现唧泥病害时,可采用压浆处理,并及时灌缝,其灌缝应满足接缝维修的要求。

(1)路面和路肩应保持设计的横坡,宜铺设硬路肩。

(2)路面裂缝、接缝及路面与硬路肩接缝应进行密封。

(3)地面排水设施。应设置纵向积水管和横向出水管,并满足下列要求:

①在水泥路面的外侧挖一条宽为15~25cm的纵沟,横沟与纵沟的交角应在45°~90°之间,横沟间距为30m。

②积水管一般采用 ϕ7.5cm 多孔塑料管,出水管为无孔塑料管。

③纵向多孔管应包一层渗透性较强的土工织物。

④积水管和出水管放入沟槽时,底部应平顺,横向出水管的坡度应大于或等于纵向排水坡度,出水管的管段应延伸到排水沟内,并设端墙;出水管的外围应填放粗砂等渗滤集料,并振动压实。

(4)地下排水设施。盲沟设置应满足下列要求:

①在沿水泥路面外侧挖纵向沟时,沟底应低于面板 10cm,在水泥混凝土路面接缝处挖横向沟。

②沟槽底面及外侧铺油毡隔离层,沿水泥路面交界处及盲沟顶部铺设土工布过滤层。

③盲沟内宜填碎(砾)石过滤材料。

④盲沟上应用相同材料恢复路面。

(五)板块脱空

原因分析:

(1)结构层自身的原因。路基的不均匀沉降和混凝土面板下基层不稳定,都可能形成面板下脱空。

(2)荷载的反复作用。调查资料表明,主车道比超车道面板脱空多,重车道比轻车道面板脱空多。由此可知,荷载的反复作用是面板脱空的重要因素。

(3)接缝材料的老化。劣质灌缝材料使雨水下渗形成动水压力。混凝土面板与基层间有渗水存在,使基层软化,强度降低。在荷载作用后,渗水向四周压强小的地方流动,形成冲刷,进一步加大层间空隙。

(4)基层高程控制不严。面板施工时厚薄不均,在荷载作用下,基层失去均匀支撑而断板,减弱了板间的约束力,使面板竖向位移加大。

修补方法:

水泥混凝土面板和基层之间由于出现空隙而导致路面脱空的,可采用沥青灌浆法、水泥灌浆法等方法进行板下封堵。

(1)沥青灌浆法。

①按要求钻好灌浆孔后,通过压缩空气将孔中的混凝土碎屑、杂物清除干净,并保持干燥。

②沥青的加热熔化温度为 180℃。沥青压满后,应拔出喷嘴,用木楔堵塞。待温度下降后,拔出木楔,用水泥砂浆填塞后,即可开放交通。

(2)水泥灌浆法。

①按要求钻好灌浆孔后,通过压缩空气将孔中的混凝土碎屑、杂物清除干净,并保持干燥。

②灌浆机械可用压力灌浆机或压力泵灌浆。灌浆作业应先从沉陷量大的灌浆孔开始,逐步由大到小。当相邻孔或接缝中冒浆时,可停止泵送水泥浆;每灌完一孔用木楔堵孔;待砂浆的抗压强度达到 3MPa 时,用水泥砂浆堵孔,即可开放交通。

二、水泥混凝土路面的修复养护

(一)水泥混凝土路面整板翻修

旧水泥混凝土面板产生严重沉陷、碎裂、断角等损坏时,可对整块面板进行翻修处治。

1. 旧路面板凿除、清运

用液压镐(图3-2-8)凿除旧水泥混凝土路面板,并及时清运混凝土碎块。凿除时不得造成相邻板块破损并尽可能保留原有拉杆,若有损坏应予恢复。

图3-2-8　液压镐

2. 基层处治

清除基层损坏部分,视基层损坏程度采取不同处治方法。

(1)基层损坏厚度小于80mm,基底整平压实后,可直接浇筑面层修补混凝土。

(2)基层损坏厚度大于80mm,且坑洼不平,基底整平压实后,可采用C20快硬混凝土进行补强,补强混凝土顶面高程应与旧路面基层顶面高程相同。

(3)宜在混凝土路面板接缝处的基层上,涂刷一道宽200mm的沥青带。

3. 混凝土铺筑

混凝土混合料应在搅拌后立即运至施工现场,人工摊铺。宜用插入式振捣器振捣,振动梁刮平提浆(图3-2-9),人工抹平,按原路面纹理对混凝土表面进行拉毛或刻纹。

a)插入式振捣器

b)振动梁

图3-2-9　路面波浪

4. 养生

混凝土板表面纹理处理后,宜喷洒养生剂进行养生,养生剂应洒布均匀。

5. 切缝、清缝、填缝

混凝土达到切缝强度后,用切割机切缝,切缝深度宜为板块的1/4厚度,清缝后灌入填缝料。

6. 开放交通

混凝土强度达到20MPa后开放交通。

(二)部分路段修复

水泥混凝土路面局部路段损坏,一般是由于设计、施工、材料、工艺、交通量、超载、养护不当等因素造成,严重影响行车安全。对水泥混凝土路面损坏路段,必须进行彻底修复。

1. 修复前的准备工作

(1)对损坏路段进行详细、全面的调查,分析原因,并制订科学的修复措施。

(2)编制施工组织设计。包括修复的资金、人员、机械、材料、施工工艺、计划进度等。

2. 修复施工

(1)旧混凝土破碎。

人工用风镐进行混凝土板块破碎,尽量使其破碎成为约30cm×30cm的正方形小块,以利旧板利用。采用配备液压镐的混凝土破碎机进行混凝土板块破碎,破碎时液压镐落点间距为40cm。清除混凝土碎块,运至指定地点堆放,并加以利用,防止环境污染。

(2)处治基层。

对基层强度尚好、损坏又不严重的基层,应整平基层,采用轻型压路机(图3-2-10)压实。对压不到的死角部分可用冲击夯(图3-2-11)等机具压实。基层强度不足,且损坏较为严重时,可采用水稳性较好的材料,如水泥稳定碎石或石灰粉煤灰稳定碎石等结构层进行补强。其材料技术标准、施工工艺符合现行《公路路面基层施工技术细则》(JTG/T F20)的有关规定。

图3-2-10　路面压实机

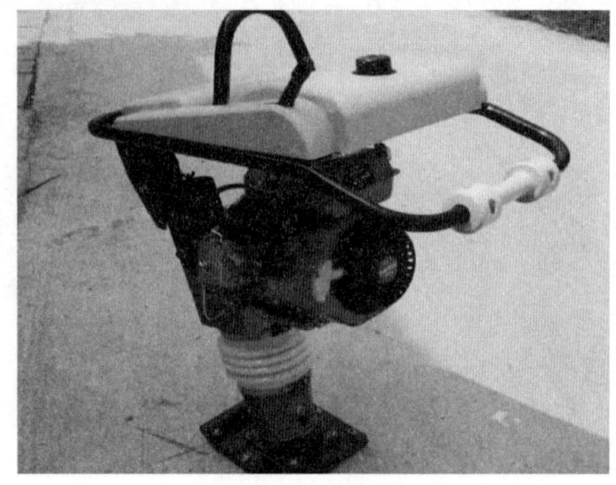

图3-2-11　冲击夯

(3)部分路段排水系统。

局部路段修复时,应设置纵、横向排水系统,排水系统设置应按照相关规范执行。

(4)混凝土施工前准备工作。

应在路面基层上作沥青下封层,沥青用量为 $1.0kg/m^2$。

(5)新老水泥混凝土板交界处设传力杆。

在新旧路面板交界处,在旧面板 1/2 板厚处,每隔 30cm 钻一直径 28mm、深 22.5cm 的水平孔,用压缩空气清除孔内混凝土碎屑,向孔内灌入高强砂浆。在旧混凝土板侧向涂刷沥青,将直径 25mm、长 45cm 的光圆钢筋,插入老混凝土面板中。对损坏的拉杆要修复,可在原拉杆位置附近,打直径 18mm、深 35cm 拉杆孔,用压缩空气清孔,灌高强砂浆,将直径 14mm、长 70cm 的螺纹钢筋插入老混凝土面板中 35cm。

(6)水泥混凝土路面的材料要求、施工工艺,应按公路水泥混凝土路面有关施工规范执行。

(7)混凝土板达到设计强度后,方可开放交通。

3. 旧水泥混凝土路面再生利用

旧水泥混凝土路面由于达到使用寿命或由于其他原因发生大面积严重破坏,不再满足使用要求,且损坏严重、无法直接加铺时,可以采用再生利用,旧水泥混凝土路面板材料再生利用技术可划分为集料场再生与现场处治再生利用两类

(1)旧水泥混凝土路面集料场再生。

将旧水泥混凝土路面板破碎,用破碎料作为再生水泥混凝土的集料,用于路面或基层、底基层,适用于即使采取大量技术措施也难以得到稳定的旧水泥混凝土路面情况。集料场再生技术主要包括以下三方面。

①路面板清除。

破碎和清除破损路面板,并集中运往中心料厂进行加工处理。路面破碎机一般为履带式柴油打桩机(图 3-2-12)。在路面上往返行驶若干次,将路面破碎成边长为 60cm 左右的碎块后送往破碎机进行破碎加工。对路面破碎机往返行驶若干次仍无法破碎的零星大块,需采用反铲挖掘机(图 3-2-13)破碎。为方便运输,常用装载机和履带式挖掘机装载碎块。

图 3-2-12　履带式柴油打桩机

图 3-2-13　反铲式挖掘机

②集料加工。

破碎处理、剔除钢筋、筛分,生产再生集料。集料加工通常在施工现场附近设置的机动破碎厂进行。破碎厂由1台初颚式破碎机、1台二级破碎机和1个筛分厂组成。由于冲击式破碎机会产生大量的粉尘,在混凝土再生中很少使用。

③再生集料使用。

在路面重建中使用再生集料,可部分或全部用于再生集料混凝土、路面基层或垫层。

旧水泥混凝土板块强度达到石料二级标准时,可作为再生混凝土集料使用。旧水泥混凝土板块强度达到三级标准可作为基层集料。水泥混凝土路面损坏状况属差级时,应将混凝土板破碎作为底基层使用。

(2)旧水泥混凝土路面现场处治再利用技术。

采用不同的破碎工艺在原地将旧水泥混凝土板破碎成不同粒度的碎块,然后在其上加铺新的路面结构层。通过对旧水泥混凝土路面进行破碎,减少甚至消除水泥混凝土板块原来裂缝向路面表面的反射。破碎工艺的过程就是将水泥混凝土板块破碎成较小的碎片或颗粒,这些碎片或颗粒因为尺寸减小,相对于车辆荷载来说是更加均匀的结构层,在压实后进行加铺就能有效控制反射裂缝的产生。

旧水泥混凝土路面经过处理后,可在其上直接加铺沥青混凝土(应设找平层或设应力吸收层)或水泥混凝土结构层,或设无机结合料稳定碎石或沥青碎石基层再加铺沥青层。

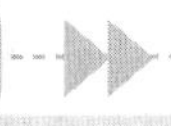

第三章

桥涵养护

技能目标

(1)能检查桥梁桥面系病害,包括桥梁上部结构和下部结构的损失,并能对桥梁病害范围、损伤程度进行准确描述及判定。

(2)根据相关规范要求,能对混凝土桥梁出现的裂缝采取技术措施进行有效封缝,能掌握对中小跨径桥梁支座进行更换技术。

第一节　桥梁定期检查

一、桥梁定期检查的频率

养护检查等级为Ⅰ级的桥梁,定期检查周期不得超过1年;养护检查等级为Ⅱ、Ⅲ级的桥梁,定期检查周期不得超过3年。

二、桥梁定期检查的方法

定期检查内容虽然包括某些日常巡查和经常检查的内容,但应比日常巡查和经常检查的内容更全面、更深入、更详细。须接近桥梁各部件检查,更有利于发现病害,并应符合下列规定:

(1)现场校核桥梁基本数据,填写或补充完善“桥梁基本状况卡片”。

(2)现场填写“桥梁定期检查记录表”,记录各部件缺损状况并绘制主要病害分布图。

(3)对桥梁永久观测点进行复核,对桥面高程及线形、变位等检测指标进行量测。

三、桥梁定期检查的内容

1. 桥面系的检查

(1)桥面铺装层纵,横坡是否顺适,有无严重的龟裂、纵横裂缝,有无坑槽、拥包、拱起剥落、错台、磨光、泛油、变形脱皮、露骨、接缝料损坏、桥头跳车等现象。

(2)伸缩缝是否有异常变形、破损、脱落、漏水、失效,锚固区有无缺陷,是否存在明显的跳车。

(3)人行道有无缺失、破损等。

(4)栏杆、护栏有无缺失、破损等。

(5)防排水系统是否顺畅,泄水管、引水槽有无明显缺陷,桥头排水沟功能是否完好。

(6)桥上交通信号、标志、标线、照明设施是否损坏、失效。

桥面系检查内容如图 3-3-1 ~ 图 3-3-22 所示。

图 3-3-1 沥青铺装层车辙

图 3-3-2 沥青混凝土铺装层隆起

图 3-3-3 沥青混凝土铺装层推移

图 3-3-4 桥面铺装层泛油

图 3-3-5 桥头跳车

图 3-3-6 水泥混凝土铺装层横向裂缝

图 3-3-7　水泥混凝土铺装层板角断裂

图 3-3-8　水泥混凝土铺装层破碎板

图 3-3-9　水泥混凝土铺装层接缝两侧错台

图 3-3-10　水泥混凝土铺装层桥面拱起

图 3-3-11　伸缩缝橡胶条脱落

图 3-3-12　伸缩缝橡胶条破漏

图 3-3-13　伸缩缝型钢断裂

图 3-3-14　伸缩缝型钢互相顶死

图 3-3-15　防撞墙竖向开裂

图 3-3-16　防撞墙竖向高差示意

图 3-3-17　护栏底座锈胀露筋

图 3-3-18　桥面金属扶手锈蚀

图 3-3-19　桥下引水管损坏

图 3-3-20　桥下泄水管未伸出梁体,雨水侵蚀梁体

图 3-3-21　跨路孔标志板面残缺

图 3-3-22　标志位置设置不合理

2. 混凝土梁桥上部结构检查

(1)混凝土构件有无开裂及裂缝是否超限,有无渗水、蜂窝、麻面、剥落、掉角、空洞,孔洞、露筋及钢筋锈蚀。

(2)主梁跨中、支点及变截面处,悬臂端牛腿或中间铰部位,刚构的固结处和桁架的节点部位,混凝土是否开裂、缺损,钢筋有无锈蚀。

(3)预应力钢束锚固区段混凝土有无开裂,沿预应力筋的混凝土表面有无纵向裂缝。

(4)桥面线形及结构变位情况。

(5)混凝土碳化深度、钢筋锈蚀检测。

(6)主梁有无积水、渗水,箱梁通风是否良好。

(7)组合梁的桥面板与梁的结合部位及预制桥面板之间的接头处混凝土有无开裂、渗水。

(8)装配式梁桥的横向连接构件是否开裂,连接钢板的焊缝有无锈蚀、断裂。

3. 钢桥上部结构检查

(1)构件涂层劣化情况。

(2)构件锈蚀、裂缝、变形、局部损伤。

(3)焊缝开裂或脱开。

(4)铆钉和螺栓松动,脱落或断裂。

(5)结构的跨中挠度、结构变位情况。

(6)钢箱梁内部湿度是否符合要求,除湿设施是否工作正常。

(7)钢-混凝土组合梁桥和混合梁桥的检测,除应混凝土梁桥检测相关要求外,尚应包括下列内容:

①桥面板与梁的结合部位有无纵向滑移、开裂。

②预制桥面板之间的接头处混凝土有无开裂、压溃、渗水、错位。

③混凝土梁段与钢梁段结合处构造功能是否正常,接合面有无脱开、渗漏、错位、承压钢板变形等。

钢桥上部结构检查见图3-3-23～图3-3-32。

图3-3-23　铰缝析白

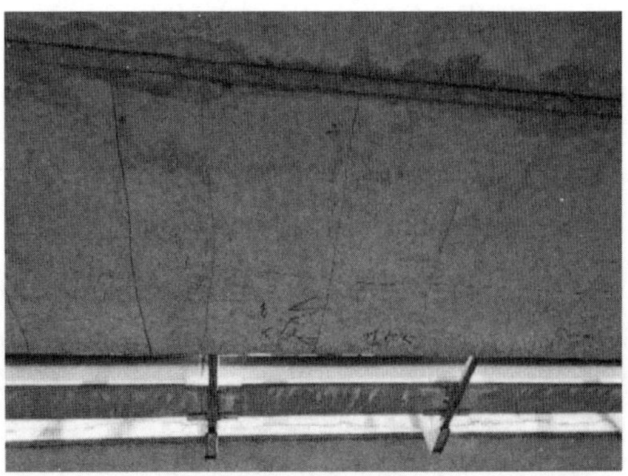

图3-3-24　底板横向裂缝

图 3-3-25　底板纵向裂缝

图 3-3-26　腹板竖向裂缝

图 3-3-27　腹板斜向裂缝

图 3-3-28　封锚混凝土开裂

图 3-3-29　螺栓脱落、缺失

图 3-3-30　疲劳裂缝

图 3-3-31　钢箱梁锈斑

图 3-3-32　拼装误差

4. 拱桥上部结构检查

(1)主拱圈是否变形、开裂、渗水,拱脚是否发生位移。

(2)圬工拱桥拱圈的灰缝有无松散、剥离或脱落,砌块有无风化,断裂、压碎、局部掉块,脱落;钢筋混凝土拱桥的拱圈(片)表观及材质状况检测按混凝土梁桥检测实施;钢-混凝土组合拱桥及钢拱桥的钢结构检测钢桥检测实施。

(3)行车道板、横梁、纵梁及拱上立柱(墙)、盖梁、垫梁的混凝土有无开裂、剥落、露筋和锈蚀。空腹拱的腹拱圈有无较大的变形、开裂、错位,立墙或立柱有无倾斜,开裂。

(4)拱的侧墙与主拱圈间有无脱落,侧墙有无鼓凸变形、开裂,实腹拱拱上填料有无沉陷,排水是否正常。

(5)拱桥的横向联结有无变位、开裂、松动、脱落,断裂、钢筋外露、锈蚀等,连接部钢板有无锈蚀、断裂。

(6)双曲拱桥拱波与拱肋结合处是否开裂、脱开,拱波之间砂浆有无松散、脱落,拱波是否开裂、渗水等。

(7)劲性骨架的拱桥,混凝土是否沿骨架出现纵向或横向裂缝。

(8)吊杆索力有无异常变化。吊杆防护套有无开裂、鼓包、破损,必要时可打开防护套,检查吊杆钢丝涂膜有无劣化,钢丝有无锈蚀、断丝。钢套管有无锈蚀、损坏,内部有无积水;吊杆导管端密封减振设施和其他减振装置有无病害及异常等。

(9)逐个检查吊杆锚头及周围锚固区的情况,锚具是否渗水、锈蚀,是否有锈水流出的痕迹,锚固区是否开裂。必要时可打开锚具后盖抽查锚杯内是否积水、潮湿,防锈油是否结块、乳化失效,锚杯是否锈蚀。锚头是否锈蚀,锻头或夹片是否异常,锚头螺母位置有无异常。

(10)拱桥系杆外部涂层是否劣化,系杆有无松动,锚头、防护罩、钢箱有无锈蚀,损坏。预应力混凝土系杆的检测应按混凝土梁检测实施。

(11)钢管混凝土拱桥钢管内混凝土密实度检测,检查频率宜为1次/(3~6)年。

拱桥上部结构检查见图3-3-33~图3-3-40。

图3-3-33　防护罩内部积水

图3-3-34　吊杆保护罩内部黄油老化失效

图 3-3-35 拱脚混凝土裂缝

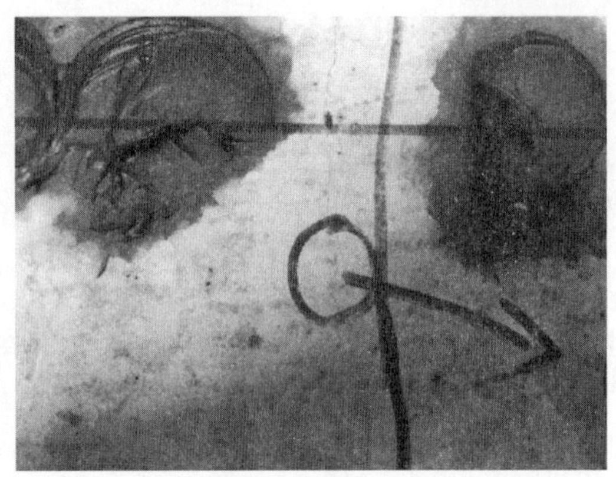

图 3-3-36 系梁竖向裂缝

图 3-3-37 横梁底面纵向裂缝

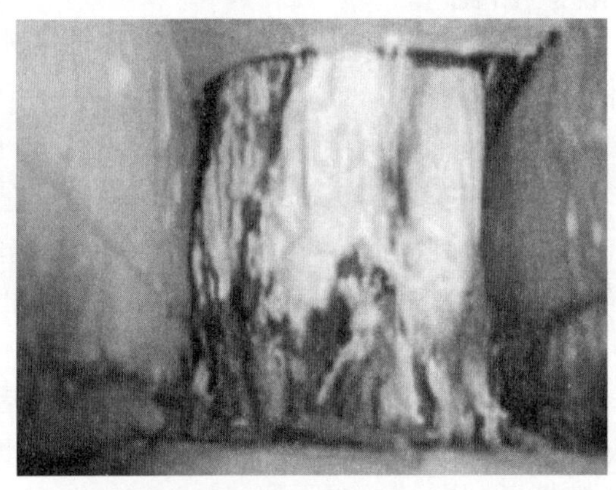

图 3-3-38 吊索钢丝破坏、锈蚀

图 3-3-39 锚头锈蚀

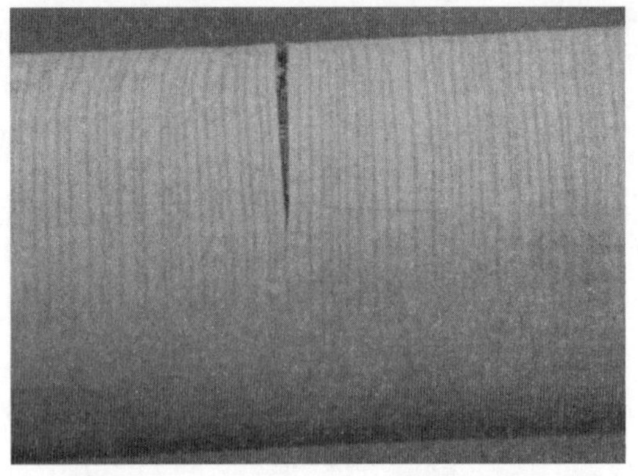

图 3-3-40 PE 护套老化破损

5. 斜拉桥上部结构检查

(1)桥塔有无异常变位,锚固区是否有开裂、水渍,有无渗水现象。混凝土结构有无缺损、裂缝、剥落、露筋、钢筋锈蚀;钢结构涂装是否粉化、脱落、起泡、开裂;钢结构是否锈蚀、变形、裂缝;螺栓是否缺失、损坏、松动;钢与混凝土连接是否完好。

(2)拉索索力有无异常变化,观测斜拉索线形有无异常。

(3)斜拉索防护套有无开裂、鼓包、破损、老化变质,必要时可以打开防护套,检查斜拉索的钢丝涂层劣化、破损、锈蚀及断丝情况。

(4)逐个检查锚具及周围锚固区的情况,锚具是否渗水、锈蚀,是否有锈水流出的痕迹,锚固区是否开裂。必要时可打开锚具后盖抽查锚杯内是否积水、潮湿,防锈油是否结块、乳化失效,锚杯是否锈蚀。锚头是否锈蚀、开裂,镦头或夹片是否异常,锚头螺母位置有无异常。

(5)主梁的检测,除应按混凝土梁桥或钢桥检测实施外,还应检查梁体拉索锚固区域的混凝土结构是否开裂、渗水,钢结构是否有裂纹、锈蚀、渗水。

(6)钢护筒是否脱漆、锈蚀,钢护筒内有无积水,钢护筒与斜拉索密封是否可靠,橡胶圈是否老化或严重磨损,橡胶圈固定装置有无损坏,阻尼器有无异常变形、松动、漏油、螺栓缺失、结构脱漆、锈蚀、裂缝。

(7)桥梁构件气动外形是否发生改变;气动措施和风障是否完好;钢主梁检修车轨道、桥面风障、护栏栏杆的形状及位置是否发生改变。

斜拉桥上部结构检查如图3-3-41～图3-3-46所示。

图3-3-41　索塔侧面竖向裂缝

图3-3-42　阻尼减震器脱落

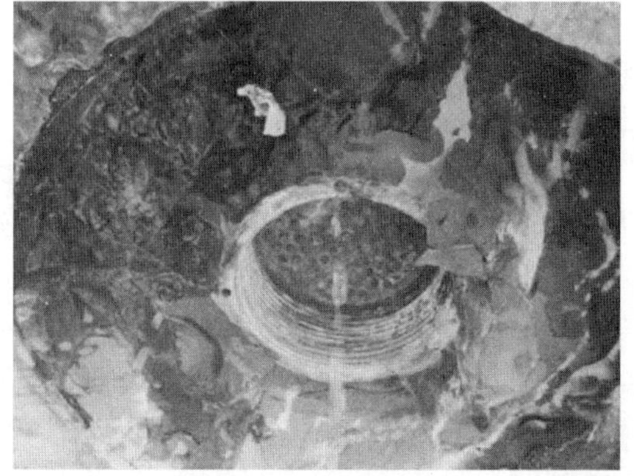

图3-3-43　锚头渗水

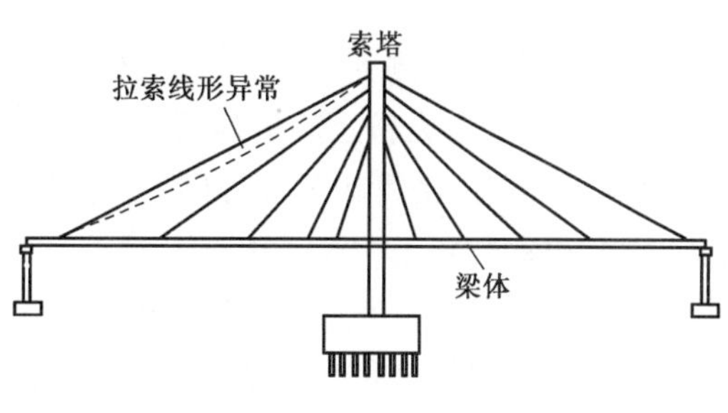

图3-3-44　拉索垂度增加示意

图 3-3-45　PE 护套破损

图 3-3-46　斜拉索内部钢丝锈蚀

6. 悬索桥上部结构检查

(1)桥塔有无异常变位,混凝土结构有无缺损、裂缝、剥落、露筋、钢筋锈蚀。钢结构涂装是否粉化、脱落、起泡、开裂,钢结构是否锈蚀,变形、裂缝;螺栓是否缺失、损坏、松动;钢与混凝土连接是否完好。

(2)主缆线形是否有变化;主缆防护有无老化、开裂、脱落、刮伤、磨损;主缆是否渗水,缠丝有无损伤、锈蚀,必要时可以打开涂层和缠丝,检查索股钢丝涂膜有无劣化,钢丝有无锈蚀、断丝。锚头防锈漆是否粉化、脱落、开裂,抽查锚头防锈油是否干硬、失效,锚头是否锈蚀、开裂,镦头或夹片是否异常,锚头螺母位置有无异常。

(3)吊索索力有无异常变化;吊索防护套有无裂缝、鼓包、破损,必要时可以打开防护套,检查吊索钢丝涂膜有无劣化,钢丝有无锈蚀、断丝。钢套管有无锈蚀、损坏,内部有无积水;吊索导管端密封减振设施和其他减振装置有无病害及异常等。

(4)逐个检查吊索锚头及周围锚固区的情况,锚具是否渗水、锈蚀,是否有锈水流出的痕迹,锚固区是否开裂。必要时可打开锚具后盖抽查锚杯内是否积水、潮湿,防锈油是否结块、乳化失效,锚杯是否锈蚀。锚头是否锈蚀、开裂,镦头或夹片是否异常,锚头螺母位置有无异常。

(5)索夹螺栓有无缺失、损伤、松动;索夹有无错位、滑移;索夹面漆有无起皮脱落,密封填料有无老化、开裂;索夹外观有无裂缝及锈蚀;测试索夹螺栓紧固力。

(6)加劲梁的检测,应按混凝土梁桥或钢桥检测内容实施。

(7)主索鞍、散索鞍上座板与下座板有无相对位移、卡死、辊轴歪斜,鞍座螺杆、锚栓有无松动现象。鞍座内密封状况是否良好。索鞍有无锈蚀、裂缝,索鞍涂装有无粉化、裂缝、起泡、脱落,主缆和索鞍有无相对滑移。

(8)锚碇外观有无明显病害,如裂缝、空洞等;锚碇有无沉降、扭转及水平位移。锚室顶板、侧墙表面状况是否完好。锚室内有无渗漏水,是否积水,温湿度是否符合要求;除湿设备运行是否正常。

(9)索股锚杆涂层是否完好,有无锈蚀、裂纹病害。

(10)桥梁构件气动外形是否发生改变;气动措施和风障是否完好;钢主梁检修车轨道、桥面风障、护栏、栏杆的形状及位置是否发生改变。

悬索桥上部结构检查如图3-3-47和图3-3-48所示。

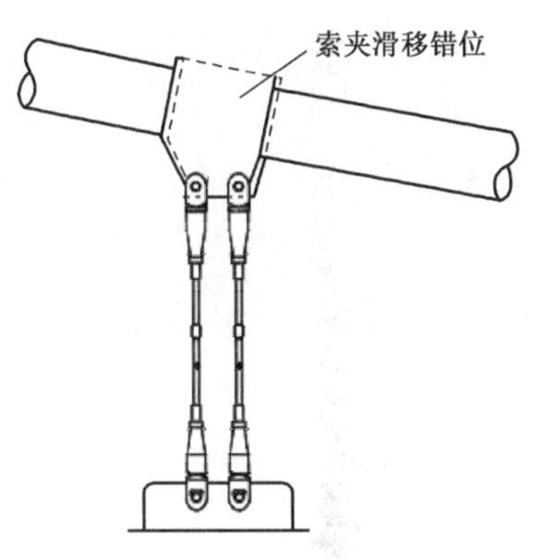

图3-3-47　索夹滑移错位示意

图3-3-48　锚室内渗水

7. 支座检查

(1)支座是否缺失,组件是否完整、清洁,有无断裂、错位、脱空。

(2)活动支座实际位移量、转角量是否正常,固定支座的锚销是否完好。

(3)橡胶支座是否老化、开裂,有无位置串动、脱空,有无过大的剪切变形或压缩变形,各夹层钢板之间的橡胶层外凸是否均匀。

(4)四氟滑板支座是否脏污、老化,聚四氟乙烯板是否磨损、是否与支座脱离、是否倒置。

(5)盆式橡胶支座的固定螺栓是否剪断,螺母是否松动,钢盆外露部分是否锈蚀,防尘罩是否完好,抗震装置是否完好。

(6)组合式钢支座是否干涩、锈蚀,固定支座的锚栓是否紧固,销板或销钉是否完好,钢支座部件是否出现磨损、开裂。

(7)摆柱支座各组件相对位置是否准确,混凝土摆柱的柱体有无破损、开裂、露筋,钢筋及钢板有无锈蚀。活动支座滑动面是否平整。

(8)辊轴支座的辊轴是否出现爬动、歪斜。摇轴支座是否倾斜。辊轴是否有裂纹、切口或偏移。

(9)球型支座地脚螺栓有无剪断、螺纹有无锈死,支座防尘密封裙有无破损,支座相对位移是否均匀,支座钢组件有无锈蚀。

(10)支承垫石是否开裂、破损。

(11)简易支座的油毡是否老化、破裂或失效。

(12)支座螺纹、螺帽是否松动,锚螺杆有无剪切变形,上下座板(盆)的锈蚀状况。

(13)支座封闭材料是否老化、开裂、脱落。

(14)斜拉桥、悬索桥的纵向和横向限位支座的检测。

支座检查如图3-3-49~图3-3-60所示。

图 3-3-49　支座环向开裂

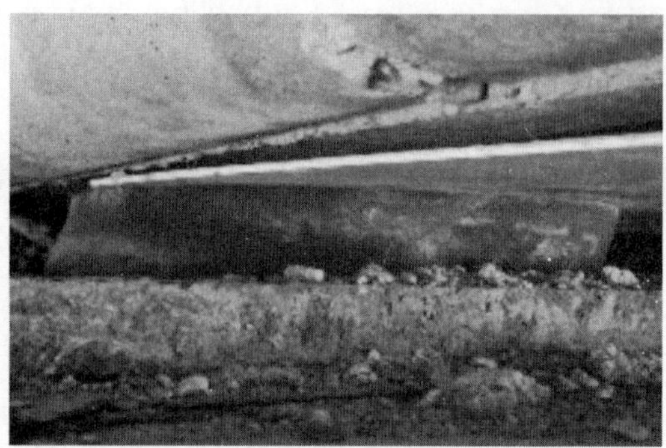
图 3-3-50　支座横向剪切变形

图 3-3-51　支座压溃

图 3-3-52　支座偏位

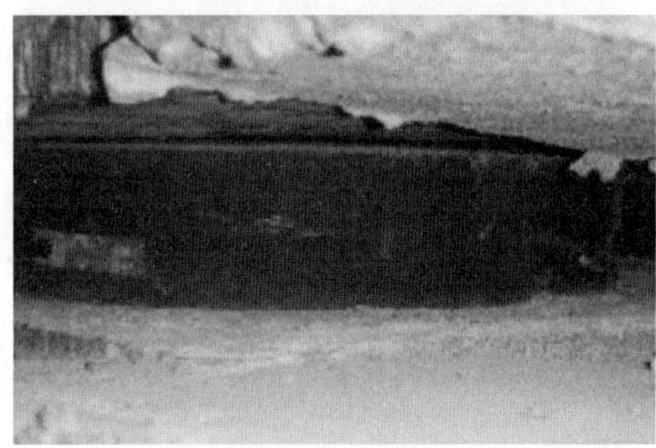
图 3-3-53　支座局部脱空

图 3-3-54　垫石开裂

图 3-3-55　支座倒置

图 3-3-56　支座临时连接件未拆除

图 3-3-57　支座位移超限

图 3-3-58　钢盆内橡胶挤出

图 3-3-59　支座钢盆开裂

图 3-3-60　下垫石混凝土空鼓

8. 下部结构

(1)墩身、台身及基础变位情况。

(2)混凝土墩身、台身、盖梁、台帽及系梁有无开裂、蜂窝、麻面、剥落、露筋、空洞、孔洞、钢筋锈蚀等。

(3)墩台顶面是否清洁,有无杂物堆积,伸缩缝处是否漏水。

(4)圬工砌体墩身、台身有无砌块破损、剥落、松动、变形、灰缝脱落,砌体泄水孔是否堵塞。

(5)桥台翼墙、侧墙、耳墙有无破损、裂缝、位移、鼓肚、砌体松动,台背填土有无沉降或挤压隆起,排水是否畅通。

(6)基础是否发生冲刷或淘空现象,地基有无侵蚀。水位涨落、干湿交替变化处基础有无冲刷磨损、颈缩、露筋,有无开裂,是否受到腐蚀。

(7)锥坡、护坡有无缺陷、冲刷。

下部结构检查如图 3-3-61 ~ 图 3-3-76 所示。

图 3-3-61　台帽渗水

图 3-3-62　盖梁表面水迹

图 3-3-63　耳墙混凝土开裂

图 3-3-64　台前护坡坍塌

图 3-3-65　护坡下沉

图 3-3-66　锥坡破损

图 3-3-67　桥台前墙横向裂缝

图 3-3-68　桥台侧墙裂缝

图 3-3-69　桥台背墙开裂

图 3-3-70　立柱顶部竖向裂缝

图 3-3-71　立柱水平环向裂缝

图 3-3-72　盖梁竖向裂缝

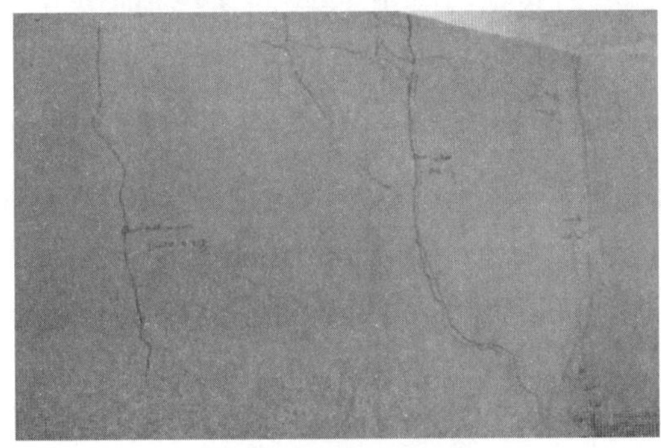
图 3-3-73　桥墩系梁裂缝

图 3-3-74　抗震挡块挤压开裂

图 3-3-75　桩基冲刷侵蚀

图 3-3-76　桩基冲蚀露筋

9. 附属设施检查

(1)养护检修设施是否完好。

(2)减振、阻尼装置是否完好。

(3)墩台防撞设施是否完备。

(4)桥上避雷装置是否完好。

(5)桥上航空灯、航道灯是否完好,能否保证正常照明。桥面照明及结构物内供养护检修的照明系统是否完好。

(6)防抛网、声屏障是否完好。

(7)结构监测系统仪器设备工作是否正常。

(8)除湿设备工作是否正常。

10. 河床及调治物的检查

(1)桥位段河床有无明显冲淤或漂流物堵塞现象,有无冲刷及变迁状况。河底铺砌是否完好。

(2)调治构造物是否完好,功能是否适用。

第二节 桥梁修补养护

一、混凝土构件裂缝修补

本节工作范围主要为各类混凝土构件的裂缝修补,包括混凝土主梁、桥墩(辅助墩、过渡墩)、承台等的裂缝修补。

(一)混凝土构件裂缝的修补遵循原则

(1)对于索塔和主梁,当裂缝宽度大于0.1mm时,应进行修补。

(2)对于桥墩和桥台,当裂缝宽度大于0.15mm时,应进行修补;若裂缝宽度位于0.1~0.15mm之间,则应判断是否为结构性裂缝,若是,则同样应进行修补。

(二)混凝土构件裂缝的修补指标

1. 灌缝用修补胶的安全性能指标

混凝土桥梁裂缝注射或压力灌注用修补胶的安全性能指标必须符合表3-3-1规定。

裂缝修补胶的安全性能指标　　表3-3-1

性能项目		性能指标
胶体性能	抗拉强度(MPa)	≥20
	抗拉弹性模量(MPa)	≥1500
	抗压强度(MPa)	≥50
	抗弯强度(MPa)	≥30,且不得呈脆性破坏
钢-钢拉伸抗剪强度标准值(MPa)		≥10
不挥发物含量(固体含量)(%)		≥99
可灌注性		在产品说明书规定的压力下,能注入宽度为0.1mm

2. 修补用聚合物水泥注浆料的安全性能指标

桥梁混凝土裂缝修补用聚合物水泥注浆料的安全性能指标必须符合表3-3-2规定。

裂缝修补用聚合物水泥注浆料的安全性能指标　　表3-3-2

性能项目		性能指标
浆体性能	劈裂抗拉强度(MPa)	≥5
	抗压强度(MPa)	≥40
	抗折强度(MPa)	≥10
注浆料与混凝土的正拉黏结强度(MPa)		≥2.5,且为混凝土破坏

3. 混凝土裂缝修补用的改性水泥基注浆料要求

混凝土裂缝修补用的改性水泥基注浆料进场时,应对其品种、型号、出厂日期及出厂检验报告等进行检查。其工艺性能应满足表3-3-3要求。

混凝土裂缝用注浆料工艺性能要求　　表3-3-3

检验项目		注浆料性能指标	
		改性环氧类	改性水泥基类
密度(g/cm^3)		>1.0	—
初始黏度(mPa·s)		≤1500	—
流动度(自流)	初始值(mm)	—	≥380
	30min保留率(%)	—	≥90
竖向膨胀率	3h(%)	—	≥0.10
	24h与3h之差值(%)	—	0.02~0.20
23℃下7d无约束线性收缩率(%)		≤0.10	—
泌水率(%)		—	0
25℃测定的可操作时间(min)		≥60	≥90

(三)混凝土裂缝修补的方法

(1)裂缝表面封闭法适用于宽度小于0.15mm的裂缝处理。

(2)自动低压渗注法适用于数量较多、宽度在0.1~1.5mm间的裂缝处理。

(3)压力注浆法适用于较深、宽度≥0.15mm的裂缝处理。

(四)混凝土裂缝修补的施工方案

1. 施工前裂缝调查及标注。

对裂缝进行全面的调查,现场核实裂缝数量、长度、宽度等,并对裂缝编号,做好记录,绘制裂缝分布图。裂缝缝口应进行表面处理,使工作面平顺、干燥、无油污,处理范围沿裂缝走向宽30~50mm。

2. 混凝土裂缝修补表面处理工艺

采用表面封闭法处理裂缝时,应在缝口表面处理后,用裂缝修补材料涂刷或用改性环氧胶泥适当加压刮抹,混凝土裂缝修补表面处理工艺如表 3-3-4 所示。封闭前应复查裂缝两侧原构件表面打磨的质量是否合格。若已合格,应采用工业丙酮擦拭一遍。

混凝土裂缝修补表面处理工艺 表 3-3-4

序号	施工步骤	工艺要点
1	清理混凝土表面	使沿裂缝走向约 30 ~ 50mm 范围露出坚实平整的混凝土表面,清除表面浮尘,表面清理范围以裂缝位置拓宽不少于 10 ~ 25mm 为原则
2	杂物清理	除去裸露钢筋表面的锈迹及油污;清除裂缝内的灰尘等杂物

3. 自动低压渗注法施工作业程序

自动低压渗注法施工作业程序如表 3-3-5 所示。注浆嘴沿裂缝走向布置,间距视裂缝宽度一般为 200 ~ 400mm。

自动低压渗注法施工作业程序工艺 表 3-3-5

序号	施工步骤	工艺要点
1	裂缝表面处理	应复查裂缝两侧原构件表面打磨的质量是否合格。若已合格,应采用工业丙酮擦拭一遍
2	注浆嘴安装	沿裂缝中心,按设定间距粘贴固定注浆嘴
3	封闭裂缝外口	注浆嘴以外的裂缝外口和贯通裂缝的对面外口都用腻子封闭
4	安插渗注器	封贴料硬化后,在同一条裂缝上的每个注入嘴拧插上充了液剂的渗注器,同时进行渗注
5	持续渗注	缝隙渗注直到器内容积不再减缩,说明裂缝已填满,或是液剂已固化,可停止渗注
6	竣工清理	黏结剂达到固化时间,即可铲除注入嘴座,清除封贴材料

4. 压力注浆法的施工作业程序

压力注浆法的施工作业程序如表 3-3-6 所示,压力注浆修补裂缝应根据浆液流动性选择注浆压力,一般为 0.1 ~ 0.4MPa。注浆嘴沿裂缝走向布置,间距视裂缝宽度一般为 200 ~ 400mm。竖向、斜向压浆注胶应自下而上进行。

压力注浆法施工作业程序工艺 表 3-3-6

序号	施工步骤	工艺要点
1	裂缝表面处理	应复查裂缝两侧原构件表面打磨的质量是否合格。若已合格,应采用工业丙酮擦拭一遍
2	埋设粘贴注浆嘴	沿裂缝中心,按设定间距粘贴固定注浆嘴
3	密封裂缝	胶泥抹压平整,防止产生气泡漏浆
4	封闭后密闭效果检查	进行压气试漏,检查密闭效果。试漏需待封缝胶泥或砂浆有一定强度时进行。检查发现漏气处,应予修补密封至不漏为止
5	压力灌浆	压力灌浆自下而上进行,最后一个注胶嘴冒胶后,保持恒压继续压灌,当进胶速度小于 0.1L/min 时,再继续灌注 5min 后停止压胶
6	效果检查	注浆结束,应检查补强效果和质量,发现缺陷应及时补救

5. 对检修成果的质量验收应遵循原则

(1)对于施工过程的检查可采用目视观测、检查施工记录等方法进行。

(2)对于施工成果的检查,应在胶(浆)液固化时间达到7d时立即进行。

(3)建议采用目视外观检查及超声波法进行灌注质量检查。灌缝处理见图3-3-77。

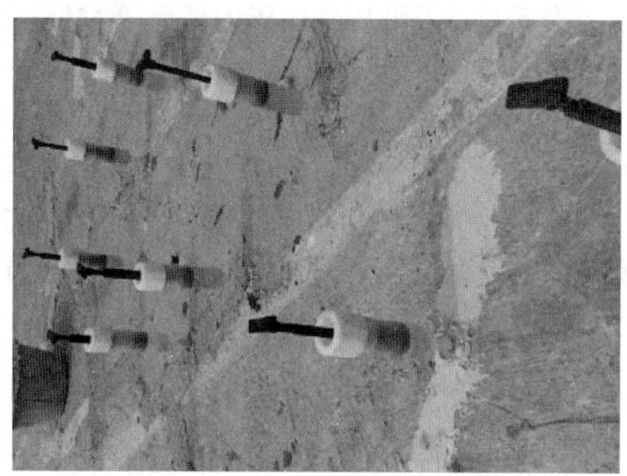

图3-3-77　灌缝处理

(4)目视外观检查需针对裂缝表面封闭情况(图3-3-78)进行,可以根据事先准备的裂缝分布图进行抽样目测,抽样数必须达到裂缝总数的10%,并不少于5条裂缝。目视裂缝封闭率不应低于95%。

(5)采用超声波探测时,其测定的浆体饱满度不应小于90%。检查数量:抽测裂缝总数的10%,且不少于5条裂缝。检验方法:按现行中国工程建设标准化协会标准《超声法检测混凝土缺陷技术规程》(CECS 21:2000)的规定执行。

裂缝处理后效果见图3-3-79。

图3-3-78　表面封缝处理

图3-3-79　裂缝处理后

二、支座更换

(一)施工要求

1. 设备要求

(1)顶升控制系统应配备位移传感器或百分表,其配备的位移传感器或百分表的分辨率应不低于0.01mm,并应在使用前全数进行标定,示值误差不得超过2%;应有自锁功能,位移显示及控制精度不应大于1.0mm;应有顶推力报警,垂直油缸超压预警,位移超限报警等提示功能。

(2)顶升千斤顶及油压表或压力传感器在使用前必须逐个进行标定和保压试验,其示值误差不得超过2%;油压表应采用0.4级标准油压表,分辨率不得低于0.1MPa;保压试验的试验压力应维持在千斤顶公称量程的70%,保压时间不低于120s。

(3)梁体顶升安全监控系统用的位移传感器、应变传感器应在使用前全数进行计量标定,示值误差不低于1%;位移传感器分辨率应不低于0.01mm,且其最大量程应满足顶升高度要求;应变传感器标距不低于250mm,示值分辨率不低于1με。

2. 材料要求

(1)橡胶支座的更换可采用天然橡胶支座和氯丁橡胶支座,宜采用氯丁橡胶支座。

(2)如有下垫石钢板,应采用热镀锌钢板,上垫石钢板可采用304镜面不锈钢板或热镀锌钢板,滑动支座上钢板应采用304镜面不锈钢板。

(3)水泥基灌浆料、结构胶、底胶及修补胶应符合GB 50367、JTG/T J22及GB/T 50448的要求,主要技术要求应符合表3-3-7~表3-3-9的规定。

水泥基灌浆材料的技术要求 表3-3-7

项次	类别		Ⅰ类	Ⅱ类	Ⅲ类	Ⅳ类
1	最大骨料粒径mm			≤4.75		>4.75且≤25
2	截锥流动度(mm)	初始值	—	≥340	≥290	≥650
3		30min	—	≥310	≥260	≥550
4	流锥流动度(mm)	初始值	≤35	—	—	
		30min	≤50	—	—	—
5	竖向膨胀度(%)	3h	0.1~3.5			
		24h与3h膨胀度之差	0.02~0.50			
6	抗压强度(MPa)	1d	≥15		≥20	
7		3d	≥30		≥40	
8		28d	≥50		≥60	
9	氯离子含量(%)				<0.1	
10	泌水率(%)				0	

粘贴钢板用胶粘剂的技术要求 表3-3-8

项次	性能项目		性能要求	
			A级胶	B级胶
1	胶体性能	抗拉强度(MPa)	≥30	≥25
2		抗拉弹性模量(MPa)	≥3500(3000)	
3		抗弯强度(MPa)	≥45	≥35
4			不得呈脆性破坏	
5		抗压强度(MPa)	≥65	
6		伸长率(%)	≥1.3	≥1.0

续上表

项次	性能项目		性能要求	
			A 级胶	B 级胶
7	黏结能力	钢-钢拉伸抗剪强度标准值(MPa)	≥15	≥12
8		钢-钢不均匀扯离强度(kN/m)	≥16	≥12
9		钢-钢黏结抗拉强度(MPa)	≥33	≥27
10		与混凝土的正拉黏结强度(MPa)	≥2.5,且为混凝土内聚破坏	
11	不挥发物含量(固体含量)(%)		≥99	

底胶及修补胶的技术要求　表 3-3-9

项次	性能项目		性能要求	
			A 级胶	B 级胶
1	底胶	钢-钢拉伸抗剪强度标准值(MPa)	≥14	≥10
2		与混凝土的正拉黏结强度(MPa)	≥2.5,且为混凝土内聚破坏	
3		不挥发物含量(%)	≥99	
4		混合后初黏度(MPa · s)	≤600	
5	修补胶	胶体的抗拉强度(MPa)	≥30	
6		胶体的抗弯强度(MPa)	≥40,且不得呈脆裂破坏	
7		与混凝土的正拉黏结强度(MPa)	≥2.5,且为混凝土内聚破坏	

(4)结构胶技术要求应符合 JTG/T J22 中 A 级胶的规定。

3. 环境要求

支座更换施工作业宜在天气晴朗、温度 5℃以上的条件下进行。

(二)施工工序

1. 清理修补

应对现场复查发现的病害进行修复,清理台帽或盖梁顶面沉积的土石块及混凝土块,伸缩缝内沉积的垃圾和杂物;对露出的钢筋进行除锈,并修补覆盖梁体破损;修补关键部位的裂缝,尤其是梁底和墩台顶面受力区附近的裂缝;如墩顶的平面空间局促,顶升时可能出现劈裂现象,应对立柱进行加固补强,可采用碳纤维片材加固或钢抱箍加固;清理修补作业完成后,应将千斤顶布设位置对应的立柱或盖梁顶面及梁底面处理平整。

2. 顶升支架施工

(1)应复核梁底千斤顶布置位置处的空间条件,如空间满足千斤顶布置条件,可直接进行下一步安装千斤顶工作;若梁底净高空间不足,可通过切割、凿除盖梁保护层增加梁底净高空间,切割及凿除工作完成后,应在墩、台帽顶部浇筑自流平砂浆、环氧砂浆或结构胶找平工作面。

（2）若立柱顶面的平面空间局促，无法直接放置千斤顶，宜通过在桥梁的立柱上部设置钢抱箍为千斤顶提供额外的支撑面。

（3）若盖梁顶面空间局促，无法直接放置千斤顶，宜通过在盖梁侧面设置牛腿为千斤顶提供额外支撑面。

3. 安装千斤顶

（1）顶升千斤顶的布置应考虑梁体受力安全及支座更换的操作空间。在横桥向，千斤顶应布置于中板的铰缝处或边梁的外侧腹板处；在纵桥向，千斤顶的轴线距台帽或盖梁边缘不小于10cm。

（2）盖梁两侧的顶升千斤顶应对称布置，定位偏差不应大于5mm，尽量减小梁体的不平衡偏心受力。

（3）千斤顶安装前应使用结构胶对千斤顶、临时支撑位置处的梁底及墩台顶面进行调平。

（4）安装千斤顶时，千斤顶的顶部、底部与梁体接触面应根据局部承压承载力验算结果配置钢垫板，钢垫板厚度不应小于10mm，且应进行纵、横坡调平处理，控制整体平整度在±1mm以内。

（5）千斤顶的底部和顶部的钢垫板的垂直度偏差应控制在1%以内。

（6）千斤顶安装应保证其轴向垂直，轴线的竖直偏差不应大于5°。

（7）千斤顶的布置方案应严格按照设计方案确定，同时需要考虑施工作业方便。

（8）千斤顶安装完成后，应检查所有千斤顶是否正常工作、控制阀及油管接头是否漏油、千斤顶顶升和回落是否平稳同步、顶升支架安装是否牢固、影响顶升的设施是否已全部拆除。

（9）对纵、横坡较大桥梁及弯桥、斜桥，应增设防止梁体纵向滑移和横向偏位的装置，且防止纵向滑移和横向偏位的装置应进行强度、刚度、稳定性验算。

4. 预顶升

（1）预顶升应在顶升设备、梁体顶升安全监控系统等安装调试正常后进行。

（2）预顶升应分为两步进行：①应控制顶升力至支座计算反力的50%左右，持荷5～10min以检查顶升设备的安全性，无任何异常后将梁体回落到原来位置；②应将梁体顶升至脱离原支座1～2mm，检查所有支座与梁体脱开情况，同时测定梁体总重及各支座反力，检测后应将梁体回落到原来位置，此阶段停放时间应不大于5min。

5. 正式顶升

在满足上述要求的基础上，正式顶升按支座更换方案中确定的作业程序进行分级顶升（图3-3-80～图3-3-82），顶升采用位移和压力双控，以顶升位移控制为主，顶升力控制为辅，应满足以下要求：

（1）顶升过程监控：①应在梁体1/2跨等主要控制截面布置应力应变传感器和位移传感器等监测传感器；②应对梁体中轴线位置观测点，实时监控梁体轴线位移和变位状态；③应通过梁体顶升安全监控系统实时监控顶升速度和顶升高度，随时调整顶升速度和顶升力，使梁体顶升同步安全进行；④当监控结果出现结构应力、变形、裂缝等异常时，应暂停施工，待问题解决后方可继续施工。

图 3-3-80　桥台支撑同步顶升梁体

图 3-3-81　支架支撑同步顶升梁体

图 3-3-82　抱箍支撑顶升

(2)顶升位移:①板式支座:在最大强迫位移内,应以脱开支座或满足更换操作空间为限,按设计要求为准,宜控制在 3 ~ 5mm;②盆式支座:更换或遇其他特殊情况需增加顶升位移时,宜控制在 5mm,不得超过计算强迫位移的允许值。

(3)顶升力:应以计算顶升力分级控制,不宜超过计算的允许值。

(4)顶升速度:应缓慢平稳,每 1mm 的顶升时间应控制在 2 ~ 4min,全部高程测量数据从开始顶升至预定行程结束的全部数据应连续。

(5)顶升过程中,横桥向每排高差不超过 0.5mm,顺桥向高差不超过 2mm,如发现超限,应立即停止顶升,待查明并排除原因之后方可继续顶升。

(6)在梁体顶升的高度满足支座更换高度后,应在原支座周围选择合适位置架设临时支承,将梁体回落到临时支承上,临时支撑的布置应保证梁体落点安全和支座更换的可操作空间。

(7)临时支撑宜使用自锁千斤顶,且应进行必要的强度、稳定性验算,保证足够的安全系数。

(8)在顶升过程中,应派专人对梁端位置处的铰缝、桥面铺装进行观测,如有开裂现象应立即停止顶升,必要时可采取人工调节顶升量、降低加压速率、缓慢减压或缓慢松顶等应急措施,由设计人员现场查看后再决定后继处治措施。

6. 更换支座

该施工要点应满足以下要求:

(1)原支座拆除前应提前放样确定原支座位置,可在原支座的周围做标记确定支座的位置,或在盖梁顶面标示若干固定点,测量其到支座边缘的距离,通过计算确定新支座的位置。

(2)若原有支座出现明显偏位,应根据梁底预埋钢板位置重新确定新支座的安装位置。

(3)应采取有效措施取出支座,取出支座过程中应避免伤及梁体及接触千斤顶和监测设备。

(4)若原支座在顶升高度范围内无法取出,应采取凿除原支座下垫石等措施进行处理,不应擅自进行二次顶升。

(5)若梁底有预埋钢板,但无倾斜、不平整、变形等缺陷,应对预埋钢板进行打磨、除锈、清洗、防腐处理后方可继续使用;若预埋钢板有倾斜、不平整、变形等缺陷,应对预埋钢板拆除并重新安装。

(6)若无须更换垫石,应对垫石修复后方可继续使用;应测量放样确定垫石所需修复的尺寸及高度,并使用结构胶修复缺陷,处理后的垫石顶面高程和平整度应满足实测项目中的要求。

(7)如需更换垫石,应满足以下要求:①垫石凿除前,应提前放样确定垫石的位置,宜通过支座中心的位置反算,测定垫石边缘位置;②凿除垫石时,应避免伤及梁底、墩台;③垫石的凿除,宜使用电风镐进行,若梁底净空不足、垫石强度过高,使用风镐凿除困难,宜使用取芯机水平打孔并配合风镐凿除;④新垫石应采用水泥基灌浆料或结构胶立模浇筑,模板位置准确并固定牢固；⑤新垫石浇筑前，应按要求预埋钢筋网片，钢筋网片宜与盖梁内的竖向钢筋固结，钢筋网片的钢筋间距、钢筋直径等应满足设计要求；⑥若设置有下垫石钢板，下垫石钢板应与垫石的顶面密贴、无空隙；⑦垫石浇筑完成后，应覆盖养护，避免直接洒水养护，冬季施工应有防冻措施；⑧垫石模板拆除时应避免伤及垫石的边角，不应暴力拆模；⑨新浇筑的垫石顶面平整度及高程应符合实测项目中的要求；⑩新浇筑的垫石强度及尺寸应符合设计要求，垫石强度不宜低于 C35，垫石四周尺寸应大于支座四周尺寸不少于 25mm。支座垫石更换凿除如图 3-3-83 所示。

图 3-3-83　支座垫石更换凿除

（8）板式支座应符合以下要求：①按要求放置新支座，新支座宜水平塞入，就位后的新支座的中心线应与垫石中心线重合；②支座上垫石钢板与梁底之间的结构胶应密实饱满，并适当挤出多余胶体，挤出胶体应及时铲除；③若梁底坡度较大，上钢板难以直接使用结构胶调平时，宜预先塞入楔形块进行辅助调平，待结构胶凝固后拆除楔形块，继而使用结构胶修补填塞密实；④新支座的位置应与标记的原支座位置重合，若有偏差应符合实测要求；⑤滑动支座的四氟板油槽内、不锈钢板的表面不应有砂粒等杂物，且不得有划痕，并均匀涂抹硅脂油；⑥对于桥台、过渡墩更换滑动支座时，应在上钢板底面焊接或粘贴一块厚度不小于 2mm 的 304 镜面不锈钢板，应沿上钢板的四周满焊；⑦当支座安装时温度与设计要求不同时，应通过计算设置顺桥向的支座预偏量；⑧安装后的板式支座应满足实测项目中的要求。

（9）盆式支座应符合以下要求：①支座组装时，其底面与顶面的钢垫板与混凝土的接触面应密贴、无空隙；②支座与预埋钢板之间采用焊接连接时，应采用 E502 号焊条，且焊接时应分段点焊，并应对支座采取必要的降温措施，防止钢板发生变形、翘曲、不平整现象；③支座与预埋钢板之间采用连接螺栓连接时，螺栓位置应正确、安装牢固，其外露螺杆的高度不应大于螺母的厚度，且不应有倾斜偏压现象，安装结束后，定位连接板应全部拆除；④支座的四氟板与不锈钢板不得有划痕，且四氟板的油槽内应刮满硅脂润滑剂，不得漏刮；⑤钢垫板与支座间应平整密贴、无空隙；⑥橡胶块应密封在钢盆内，保持紧密密贴、无空隙；⑦支座的四角宜预先塞入楔形块进行辅助调平；待结构胶凝固后拆除楔形块，继而使用结构胶修补填塞密实；⑧安装后的盆式支座应满足实测项目中的要求。盆式支座更换如图3-3-84所示。

图3-3-84　盆式支座更换

7.落梁

(1)新支座更换完成并检查无误后，将梁体按顶升时的方式同步回落，逐步撤除临时支撑；落梁时应采取与顶升相同的保障监控措施，确保梁体均匀同步回落。

(2)落梁宜采用二次落梁法：第一次落梁时，回缩千斤顶使梁底下降至支座即将受力变形时为止，千斤顶进入自锁状态，以挤出上钢板与梁体间的多余结构胶；挤胶后应及时检查胶体密实度，保证上钢板与梁底密贴、无空隙；待结构胶强度达到设计强度后(不宜小于12h)，进行第二次落梁，回缩千斤顶，至千斤顶完全退出支撑工作；落梁完成后，应详细检查垫石及支座位置是否准确，确认各个部件之间压紧密贴、无空隙。

(3)落梁后，复测各顶升处梁底高程，保证支座更换完成后梁底高程与顶升前的差值符合设计及实测项目中的要求。

(4)梁体复位后，检查支座和垫石无异常情况(连续观察不小于12h)，方可拆除顶升设备及临时支承。

(5)作业完成后，及时清运施工垃圾。

8.清理防护

上下垫石应及时涂刷防护涂料及防护油漆，以提高更换支座的耐久性及美观度，并清理梁底、墩台。

9.异常情况处理

在桥梁顶升过程中若出现涉及结构安全等的异常情况，包括实际顶升力和理论顶升力偏差较大，应立即中止顶升作业并回缩顶升千斤顶将梁体落回原位，及时上报，待完全查明并排除异常原因之后方可继续进行桥梁顶升工作。

(三)验收

1. 施工检验

(1)支座装卸、运输和存储过程中应保证各部件及油漆表面不受损坏、划碰,不应与酸、碱油类有机溶剂等影响支座质量的腐蚀物质接触,并应防晒防潮防尘,保持清洁。

(2)工程施工质量应符合本标准及相关专业验收规范的规定。

(3)工程施工应按设计文件、现行施工规范及批准的技术方案进行。

(4)监理工程师应按相关规范对涉及结构安全的材料和现场检测项目,进行平行检测、见证取样检测,并确认合格。实测项目应符合表3-3-10的规定。

桥梁支座更换施工作业实测项目　　表3-3-10

<table>
<tr><th>项次</th><th colspan="3">检查项目</th><th>规定值或允许偏差</th><th>检查方法和频率</th></tr>
<tr><td>1</td><td colspan="3">支座垫石强度(MPa)</td><td>符合设计要求</td><td>按JTG F80/1附录D或附录F规定检查</td></tr>
<tr><td>2</td><td colspan="3">轴线偏位(mm)</td><td>5</td><td>钢尺:每支座</td></tr>
<tr><td>3</td><td colspan="3">断面尺寸(mm)</td><td>5</td><td>钢尺:每支座</td></tr>
<tr><td>4</td><td colspan="3">顶面四角高差(mm)</td><td>1</td><td>数显水平尺、塞尺:每支座</td></tr>
<tr><td rowspan="6">5</td><td rowspan="6">板式支座</td><td colspan="2">支座顺桥向偏位(mm)</td><td>6</td><td>钢尺:每支座</td></tr>
<tr><td colspan="2">支座横桥向偏位(mm)</td><td>2</td><td>钢尺:每支座</td></tr>
<tr><td rowspan="2">四角高差(mm)</td><td>承载力≤500kN</td><td>1</td><td>钢尺:每支座</td></tr>
<tr><td>承载力>500kN</td><td>2</td><td>钢尺:每支座</td></tr>
<tr><td colspan="2">梁体复位后与顶升前的绝对高程偏差(mm)</td><td>0.5</td><td>监控设备:全数检查</td></tr>
<tr><td colspan="2">支座上下各部件纵轴线</td><td>对正</td><td>钢尺:每支座</td></tr>
<tr><td rowspan="4">6</td><td rowspan="4">盆式支座</td><td colspan="2">支座中心横桥向位置(mm)</td><td>3</td><td>钢尺:每支座</td></tr>
<tr><td colspan="2">支座中心纵桥向位置(mm)</td><td>3</td><td>钢尺:每支座</td></tr>
<tr><td colspan="2">上、下钢板四周距离高差(mm)</td><td>2</td><td>钢尺:每支座</td></tr>
<tr><td colspan="2">梁体复位后与顶升前的绝对高程偏差(mm)</td><td>0.5</td><td>监控设备:全数检查</td></tr>
</table>

2. 外观质量检验要求

(1)新支座的规格与位置应正确无误,无支座漏放、垃圾未清理等现象。

(2)支座上、下表面应平整、密贴、无空隙,支座与垫石无异常。

(3)支座应受力均匀,无偏压、裂纹、脱空、不均匀外鼓和初始剪切变形现象。

(4)支座垫石无裂缝、空洞等缺陷,垫石模板应拆除。

(5)墩台顶面和梁底支承面无局部承压损坏现象,梁体无新增裂纹或其他损坏现象;如出现新增裂纹或损伤现象,应查清原因并修复。

(6)原有的预埋钢板应除锈处理,表面露出光泽,并进行防腐处理。

第四章

隧道养护

技能目标

(1)掌握隧道日常巡查知识,能独立进行隧道日常巡查。

(2)掌握隧道日常养护基础知识和施工工艺措施。

(3)采用目视方式检查隧道洞口、洞门、衬砌、路面是否处于正常工作状态,是否妨碍交通安全。

(4)对隧道路面、衬砌、内装饰、排水设施、交安标志及附属设施等进行清洁;能清理影响行车安全的小型异物。

第一节　隧道日常巡查

一、一般要求

(1)日常巡查频率宜不少于1次/d,雨季、冰冻季节和极端天气,应增加日常巡查的频率。隧道日常巡查可与路段日常巡查一起进行。

(2)日常巡查中,发现路面有妨碍通行的障碍物或其他异常情况时,应视情况予以清除或报告,并做好记录。不能及时清除,且影响行车安全的,应设置警示标志并及时报告,必要时采取临时交通管制的措施。

(3)巡查记录方式可以文字记录为主,并以照相或摄像手段为辅助。

(4)巡查记录应按照隧道管理单位制定的规范格式填写,定期归档保存。电子、影像资料与巡查记录内容对应编号和命名,同步归档保存。

二、巡查内容

(1)隧道洞口边仰坡是否存在边坡开裂、滑动、落石等现象。

边仰坡开裂。边仰坡区域发生裂缝,包含张裂缝、剪裂缝。从形状判断,张裂缝前期为细长口子,剪裂缝为小裂纹。隧道洞口边坡垮塌泥石流见图3-4-1。

图 3-4-1　隧道洞口边坡垮塌泥石流

(2)隧道洞门结构是否存在大范围开裂、砌体断裂、脱落等现象。

(3)隧道衬砌是否存在大范围开裂、明显变形、衬砌掉块等现象,见图 3-4-2。

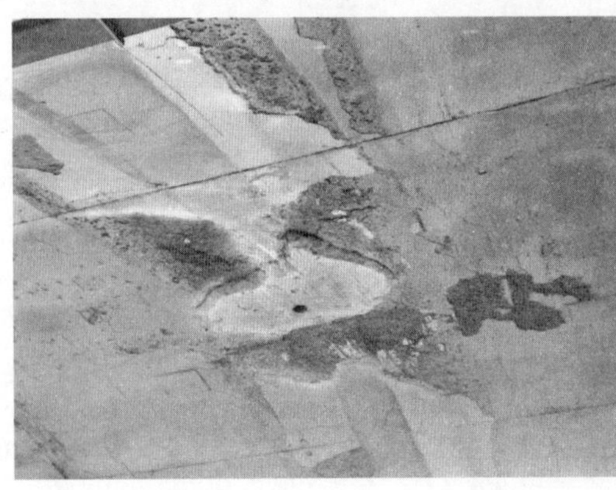

图 3-4-2　隧道衬砌开裂、变形

(4)是否存在地下水大规模涌流、喷射,路面出现涌泥沙或大面积严重积水等威胁交通安全的现象,见图 3-4-3。

图 3-4-3　隧道渗漏水、涌水

(5)隧道路面是否存在散落物、严重降起、错台、断裂等现象,见图3-4-4。

图3-4-4　隧道仰拱隆起、错台

(6)隧道洞顶预埋件和吊件是否存在新裂、变形或脱落等现象。

第二节　隧道清洁

一、清洁频率

隧道清洁频率见表3-4-1和表3-4-2。

高速公路、一级公路隧道清洁频率表　　表3-4-1

清洁项目	养护等级		
	一级	二级	三级
路面	1次/d	2次/周	1次/旬
内装饰、检修道、横通道、标志、标线、轮廓标	1次/月	1次/2月	1次/季度
排水设施	1次/季度	1次/半年	1次/半年
顶板	1次/半年	1次/年	1次/2年
斜井	1次/半年	1次/年	1次/2年
侧墙、洞门	1次/2月	1次/季度	1次/半年

二级及以下公路隧道清洁频率表　　表3-4-2

清洁项目	养护等级		
	一级	二级	三级
路面	1次/周	1次/半月	1次/月
侧墙、洞门、内装饰、检修道、横通道、标志、标线、轮廓标	1次/季度	1次/半年	1次/年
排水设施	1次/半年	1次/年	1次/年
顶板	1次/年	1次/2年	1次/3年
斜井	1次/年	1次/2年	1次/3年

二、清洁维护要求

工作内容包括扫除隧道内垃圾、清除结构脏污、清理疏通排水设施,保持结构物外观的干净整洁。

(1)路面清洁

应保持干净、整洁,两侧边沟不应有残留垃圾等物品。

一级隧道、二级隧道宜以机械清扫为主,以人工作业为辅。清扫时应防止产生扬尘。

(2)侧墙、洞门、内装饰、检修道、横通道、标志、标线、轮廓标顶板清洁

墙体和装饰层应保持干净、整洁,无污垢、污染、油污和痕迹。

顶板、内装饰和侧墙的清洁宜以机械作业为主,以人工作业为辅。

墙体和装饰层清洁时,应注意保护隧道内机电设施的安全并避免损伤顶板和内装。

采用湿法清洁时,应防止路面积水和结冰,并应注意保护隧道内机电设施的安全,防止水渗入设施内,并宜选用中性清洁剂;采用干法清洁时,应避免损伤顶板、吊顶、内装饰和侧墙,以及隧道内机电设施。

清洁时应采取必要的降尘措施;隧道内没有顶板和内装饰时,应根据需要对洞壁混凝土进行清洁;对无其他附属设施的挡土墙墙面、立柱等可直接用水冲洗,应严格遵守清扫机械操作规程,在保证清扫质量的同时,避免挡土墙上方敞开段灯具进水。

湿法清洁:结合污染情况添加必要清洁剂,采用高压清洗车、清洗机或者手工方式,对相关部位进行清洗。

干法清洁:采用扫地机、吸尘器、机械刷辊或手工方式,对相关部位清洁。

(3)排水设施清洁

对横截沟、排水沟进行清理和疏通,保持无淤积,排水通畅。

在汛前、汛中和汛后以及极端降水天气后,应对排水设施进行检查和清理疏通。

汛期及冰冻季节应增加排水沟的清洁频率;对于纵坡较小的隧道或隧道的洞口区段,应增加清理和疏通的频率;对于窨井和沉沙池,应将其底部沉积物清除干净;横截沟、排水沟内不应留有大块硬物,积泥厚度不应大于2.0cm;隧道截水沟/排水沟应完好、畅通、有效。进水口无法正常汇水应查明原因后,采取针对性措施,必要时对进水口周边路面或引道进行系统改造;隧道进水篦子等应完好、畅通,整洁美观。

雨季前应全面检查、疏通,出现堵塞、残缺破损应及时疏通或维修更换。

非机动车道与检修道、横通道及逃生通道等辅助通道应定期清除杂物和积水。

隧道排水沟堵塞时,可采用高压水冲洗、机械清理等方式进行疏通。

第五章 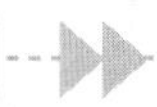

交通工程及沿线设施养护

技能目标

(1)能检测交通标志高度、位置、逆反射系数,并能对其进行养护。

(2)能检测交通标线及突起路标并进行养护。

(3)能检测护栏设施并进行简单养护。

(4)能对绿化简单维护。

第一节　交通标志养护

一、交通标志检测

(一)交通标志高度检测

交通标志高度是指标志板下缘至路面的垂直距离,如图 3-5-1 所示,常用全站仪、经纬仪或尺子进行量取,每块板测两个点,取其平均值,单位为 mm。

图 3-5-1　交通标志高度示意图

标志的高度不应侵入道路的净空限界,设置在不同位置、不同类型的交通标志的高度有不同要求。通常,交通标志的设置高度应满足以下要求:

(1)安装在路肩上的标志,其下缘距路面的高度为 1.8 ~ 2.5m,在特殊的情况下,如在视线上受到阻碍时,可以适当增加。标志板外缘距路侧实线或路肩边缘不应小于 30cm。

(2)在道路有路缘、排水沟或人行道时,或有可能泊车、步行时,标志下缘到人行道或路肩的最小高度为 2.1m。

(3)当 2 块或 2 块以上的标志在同一根标志杆上设置时,最下方标志的下缘距地面的高度可以比单块标志设置高度减少 0.3m。

图 3-5-2　激光测距仪

（4）安装在道路中央分隔带的标志，下缘距地面的高度最小为 2m。

（5）安装在导流岛、分隔带、绿化带等非行人通行地点的标志，其下缘距地面的高度最小为 1m。

（6）在高速公路上，路侧标志下缘距离行车道的最小高度为 2m。

除了采用以上方式测量交通标志高度，还可采用激光测距仪对交通标志高度进行测量。激光测距仪是利用调制激光的某个参数对目标的距离进行准确测定的仪器，如图 3-5-2 所示。

测量开始时，点击机器操作面板上的红色 READ 按钮，机器会射出一道激光，对准需要测量的物体，在屏幕上就会显示当前距离的数据；测量交通标志高度时，可以使用勾股定理，通过测量出斜边距离和水平距离，或通过测量出两条斜边和水平距离，从而计算出垂直距离；据测出的距离，多次点击左边中间的矩形按钮，比如点击 7 次可以通过斜边和水平距离完成勾股测量，最后计算的数据可以在显示屏中显示。

（二）交通标志横向位置检测

交通标志横向位置检测可以通过以下几种方法进行：

（1）利用激光雷达测量交通标志的位置，通过与参考线的比对判断交通标志是否偏位。这种方法需要设置一条参考线，然后利用激光雷达扫描路面上的交通标志位置，将其与参考线的位置进行比较，判断交通标志是否偏位。

（2）利用摄像头拍摄交通标志图像，通过图像处理算法计算交通标志位置，再与参考线比对判断交通标志是否偏位。

（3）通过尺量进行检测，在纵断面上，标线横向偏位必须保证线路所要求的高程。

（三）交通标志反光膜逆反射系数检测

逆反射系数是检测各种逆反射材料最重要的技术指标，是检验该道路标志牌的反光性能是否能达到有效的安全标准，现以市面上常见的手持测试设备 AR-SMD-2001 型逆反射系数测量仪测量停车标志的逆反射系数为例，说明测试反光膜逆反射系数的正确方式，AR-SMD-2001 型逆反射系数测量仪如图 3-5-3 所示。

用电源线将电池与仪器主机连接好，打开电池电源开关。这时仪器面板开始显示工作。

（1）调零：用黑色遮光罩盖住镜头，此时仪器显示应为 000。如果不是，旋转调零旋钮调整零点满意为止。

（2）校准：仪器备有一套高强级、工程级标准样板，当需要测试哪种颜色、哪种类型的反光膜时，首先用标准板按给定的数据校准。校准满意后，方可测量。

（3）选取测试点，测试取点应该尽可能平均分布在标志牌上面，而不应该集中在标志牌的某个部位，如图 3-5-4 所示，测试结果取平均数，这样才能体现整块牌子的反光性能。

（4）测量时，仪器一定要垂直放在被测材料平面上。数据稳定后，按下数据采样保持按钮，数据被采集。

图 3-5-3　AR-SMD-2001 型逆反射系数测量仪

图 3-5-4　测试点选取样例

(5)数据记录后,一定要将采样按钮回零方可关机,或进行第二次测量。

需要注意的是:测试应该保持方向一致性,以免因方向不一致导致的逆反射系数测试结果偏差;测试点应避开铆钉位、气泡位、接缝、涂鸦,或者其他有明显破损现象的位置;路牌通常要比人员身高高出不少,所以测量时可以用梯子或者延长杆等辅助器具。如果是超高的跨车道路牌,可使用工程车等设备。

二、交通标志养护

(一)交通标志板制作

(1)道路交通标志的图形应遵循 GB 57682—2022 的规定按比例放大制作。道路交通标志的制作图例见 GB 57682—2022 的附录 E。

(2)结合版面文字或图形排列,安装在支撑结构上的标志板可留不大于 10cm 的缝隙,见图 3-5-5,但应注意缝隙不宜留在文字、图案等上,并应避免逆光环境下影响视认。也可采取其他便于运输、安装但不影响标志视认的措施。

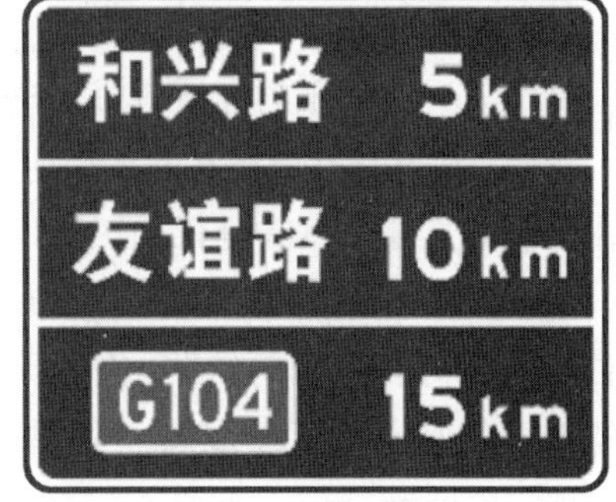

图 3-5-5　标志板缝隙示意

注:中间两条白色横线为留有的缝隙,不是白色边框。

(3)标志结构设计基本风速应采用当地空旷平坦地面上离地 10m 高,重现期为 50 年 10min 平均最大风速值,并不应小于 22m/s。

(4)标志底板及支撑结构宜选用轻型材料,并因地制宜采用经济、适用的材料和结构。标志板和立柱的连接可根据板面大小、连接方式选用多种方法。连接部件应保证安装方便、连接牢固、板面平整。

(二)交通标志板安装

1. 基础施工

(1)基础应依据设计位置放样,严格控制与公路中线的距离、开挖尺寸及基底高程。

(2)基底应整平夯实,密实度达到设计要求。

(3)以上工序经监理验收合格后,进行支模、绑扎钢筋、浇筑混凝土。模板、钢筋及混凝土的技术参数和施工工艺应符合设计及 JTG/T F50—2011 要求。

(4)设置在桥涵、隧道等构造物上的标志基础预埋件,如图 3-5-6 所示,在安装标志架之前应逐一与设计图纸核定无误后方可安装。

(5)法兰盘定位:放置法兰盘时,基础纵横轴线与法兰盘纵横轴线应两两重合。用水平尺检测法兰盘安放水平并固定牢靠后再进行混凝土浇筑。混凝土浇筑完成后,对法兰盘水平情况再进行一次检测、调整。

(6)对于平曲线路段,应调整预埋法兰盘的方向,使其纵向中心线与该处法线方向垂直,常见法兰盘如图 3-5-7 所示。

图 3-5-6　安装在桥梁上的标志

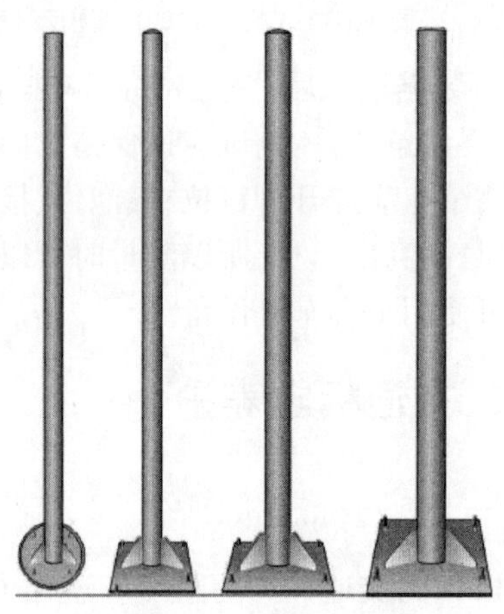

图 3-5-7　常见法兰盘

(7)基础钢筋净保护层厚度不小于 40mm;混凝土施工采用机械拌和、运输,插入式振动棒振捣作业。混凝土的浇筑应分层进行并一次成型,每 30cm 为一层用振动棒振捣密实。

(8)基础混凝土浇筑完成后应及时覆盖、洒水养生,并尽快测定基项与路面的相对高差,计算标志立柱长度并进行加工。地脚螺栓外露部分应妥善保护。

(9)拆模后应对混凝土暴露面进行适当修整,并按季节及天气情况采取措施进行养生。对蜂窝、麻面、掉角等缺陷,应凿除松弱层,用钢丝刷清理干净,用压力水冲洗、润湿,再用较高强度的水泥砂浆或混凝土填塞捣实、覆盖养生;用环氧树脂等胶凝材料修补时,应先行验证。

2. 现场安装

(1)标志牌、标志架安装前,施工技术人员应对标志牌的图案、尺寸、材料进行再次检查确认。同时对标志立柱的规格、尺寸及焊接、防腐处理的质量进行检查。

(2)安装悬臂、门架标志横梁时应预拱,预拱度按跨径大小调整。标志安装应先进行钢结构安装,再进行标志牌安装。具备整体吊装条件的可先进行标志架拼装、标志牌安装,再进行整体吊装,图 3-5-8 为门架式标志。

图 3-5-8　门架式标志

(3)标志架安装应校正立柱垂直度,必要时可在上下法兰间支垫钢板,最后用水泥砂浆对上法兰与基础之间的缝隙进行封闭,保证安装牢固可靠。

(4)柱式标志不应侵入公路建筑限界以内,标志内侧边缘铅垂线距路面或土路肩边缘不得小于25cm。悬臂、门架式标志下缘距路面的高差,至少按该道路规定的净空高度设置,允许偏差均为(0, +100)mm。同时检测路面最不利处悬臂、门架式标志牌下缘距路面的净空高度,要求在净空限界外0~10cm。

(5)标志板安装后应平整,夜间在车灯照射下,标志板底色和字符应清晰明亮,颜色均匀,不得出现明暗不均现象,影响对标志的认读。

(6)标志的位置、数量及安装角度应符合设计要求。

3. 安装质量检查

(1)基础检查。

①基坑检查。

基坑尺寸不小于设计值,允许偏差±30mm。持力层承载力应满足设计要求。基础埋深应符合设计,并满足标志抗倾稳定性的要求。

②钢筋检查。

钢筋应平直、无弯折,表面应洁净,无油渍、漆皮、鳞锈。钢筋位置允许偏差见表3-5-1。

钢筋位置允许偏差检查表　　表3-5-1

检查项目		允许偏差
受力钢筋间距(mm)		±10
钢筋骨架尺寸	长(mm)	±10
	宽、高(mm)	±5
保护层厚度(mm)		0~10

③模板检查。

应防止模板移位和凸出,并对其平面位置、顶部高程、节点联系及纵横向稳定性进行检查。模板安装检查表见表3-5-2。

模板安装允许偏差检查表　　表 3-5-2

项目	允许偏差
模板高程(mm)	±10
模板内部尺寸(mm)	±20
相邻两板表面高低差(mm)	2
表面平整度(mm)	5
预埋件中心线位置(mm)	3

④混凝土检查。

混凝土表面应密实、平整。如有蜂窝、麻面,其面积不超过结构同侧面积的 0.5%。裂缝宽度不得大于设计规定;基础混凝土尺寸及强度检查应依据 JTG F80/1—2017 执行。

(2)标志架安装检验。

标志架各部位联结螺栓松紧程度基本一致,基础法兰每螺栓应安装两个螺母。立柱竖直度应由相互垂直的两个方向,用垂线、直尺或经纬仪测量,允许偏差 ±3mm/m。

(3)标志牌安装检验。

标志板与道路法线方向的夹角,若设计无规定时按如下规定布设。

①禁令和指示标志,应使板面沿行车法线方向顺时针转 0°～45°。

②指路和警告标志,应使板面沿行车法线方向顺时针转 0°～10°。

(4)大型标志柱、梁的焊接部分应符合钢结构焊接规范的质量要求,无裂缝、未熔合、夹渣等缺陷。

(5)标志板面应平整完好,无起皱、开裂、缺损或凹凸变形,标志板面任意一处面积为 500mm×500mm 表面上,不得存在总面积大于 $10mm^2$的气泡。

(6)外观鉴定。

①标志板面焊点处不应有凹坑及凸起。

②标志金属构件镀层应均匀、颜色一致,不允许有流挂、滴瘤或多余结块,镀件表面应无漏镀、露铁等缺陷。

第二节　交通标线及突起路标养护

一、路面标线

(一)检测路面标线抗滑系数

1. 试验仪器

水平板试验机如图 3-5-9 所示,包括标线样品、水、温度计、卡尺、砂纸、毛刷、无尘布、计时器、干燥灯。

图 3-5-9　水平板试验机

2. 试验步骤

(1)试验前准备工作。

①将水平板试验机的表面进行清洁,并将试验机放置于水平地面上。

②按照试验样品中心线的长度,调整水平板试验机的夹持距离,并将夹持头调整至试验样品的中心线上。

③使用湿度计测试试验室内的湿度,确保湿度在 40%~60% 之间。

④将试验样品的表面用卡尺测量其厚度,并记录在试验记录表中。

⑤用无尘布清洁试验样品表面,消除试验样品表面的灰尘和杂质。

(2)样品制备。

①将试验样品切成 5cm × 10cm 大小的小块。

②用砂纸把试验样品表面打磨至光滑。

③用毛刷清洁试验样品表面,消除试验样品表面的灰尘和杂质。

④将试验样品放置于干燥灯下,将其表面干燥,确保试验样品表面没有水分。

3. 试验方法

(1)将试验样品固定在试验机夹持头上。

(2)钟表计时器清零,调整试验机仪器,使其运行速度为 1m/min,直接测量试验样品表面的抗滑性能数据。

(3)将水斗启动,以 1m/s 的速度将水均匀地滴在试验样品表面上。

(4)当水在试验样品表面停留 30s 后,用试验机的滑动计量仪记录试验样品表面的滑动距离。

(5)每个样品测试三次,可以计算出其平均值。

(6)对比不同样品的抗滑性能数据,进行分析和判定。

4. 数据记录

(1)每个样品测试三次,测试结束后,将其抗滑性能数据记录在试验记录表中。

(2)试验样品名称:例如"针对市区道路使用的普通白色标线"。

(3)滴水量:例如"300mL"。

(4)抗滑性能数据:例如"试验结果为1.2m"。

(5)备注:例如"试验测试温度为25℃"。

(6)连续的试验样品抗滑性能数据需成组记录在一张试验记录表内,比较分析时容易对比数据的差异。

5. 试验结果的判定

试验结果的量化数据应为试验样品表面的滑动距离,通过该参数反映试验样品在潮湿的环境下抗滑性能的强弱程度。在标线抗滑值试验中,试验样品的滑动距离越小,表示其抗滑性能越好,反之则抗滑性能越差。连续的试验样品抗滑性能数据需成组记录在一张试验记录表内,比较分析时容易对比数据的差异。

除了采用以上方式测量路面标线的抗滑系数,还可用横向力系数测定仪测定路面标线的抗滑系数。横向力系数测定仪在现场高速公路抗滑性能检测中较为常用,通过在测试车底盘设置偏转轮(偏转角度20°),偏转轮上施加一定荷载,在测试车带动下前进时,偏转轮受到横向滑动阻力,此时可通过传感器测出横向力大小,将其与偏转轮所受竖向荷载相比即可得到横向力系数SFC,一般而言,横向力系数越大,表明路面标线抗滑性能越好。

(二)检测路面标线逆反射系数

1. 测量仪器

测量路面标线逆反射系数的仪器为逆反射标线测量仪,如图3-5-10所示,该仪器主要由测量值显示屏、显示开关、调零旋钮、校准旋钮、测量开关、仪器提手、功能转换开关、充电器孔等组成。逆反射标线测量仪如图3-5-10所示。

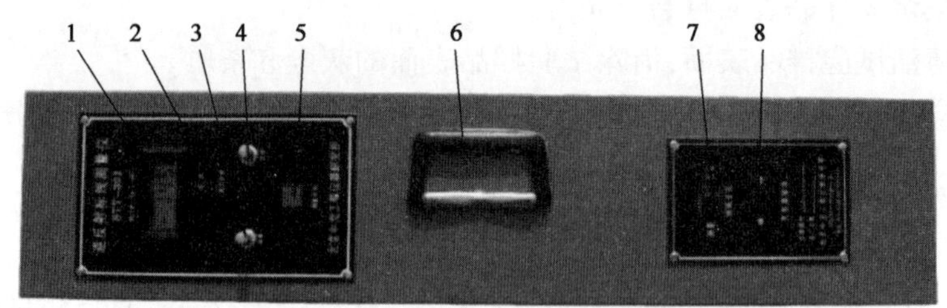

图3-5-10 逆反射标线测量仪

1-测量值显示屏;2-显示开关;3-调零旋钮;4-校准旋钮;5-测量开关;6-仪器提手;7-功能转换开关;8-充电器孔

2. 测量原理

逆反射标线测量仪的测量原理是模拟汽车在夜间公路上行驶时,汽车前照灯照射路面上用逆反材料制作的标线,经其反射后,被坐在汽车驾驶室里的驾驶员所观察而构成,其光路示意图如图3-5-11所示。

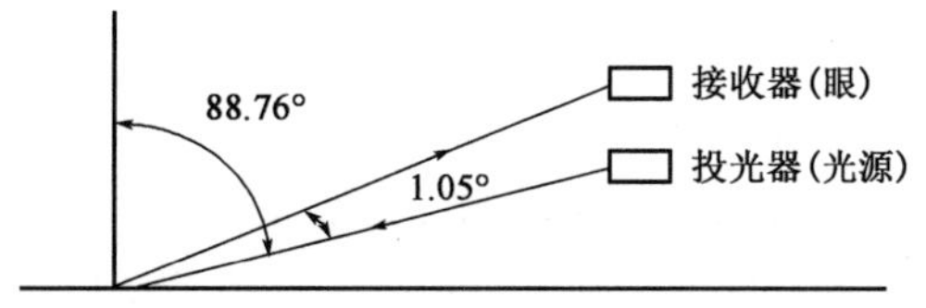

图 3-5-11　逆反射标线测量仪光路示意图

前照灯的光轴与路面法线(参考轴)之间的夹角称为入射角(β),规定为 88.76°;前照灯的光轴与逆反光线之间的夹角为观测角(α),规定为 1.05°。光源、光学系统按入射角 β 投向标线,被测标线的尺寸为 300mm×60mm。从标线反射的光线按 1.05°的观测角(α)反射至装有 $V(\lambda)$滤光器内被探测收集,并被处理后在测量值显示器 1 显示,即为标线逆反射系数(R')的测量值。

3. 测量步骤

(1)电源充电。

在使用标线测量仪测量路面标线前,首先要为仪器中的电池充电。充电前先将显示开关置于“关”的位置,将功能转换开关置于充电位置,将充电器插头插入充电器孔内,然后将充电器的输入导线插头插入市电(交流 220V)电源上,充电器上亮起的指示灯含义为:红灯亮表示正在充电,绿灯亮表示电已充满。

(2)仪器调零。

当充电完成后,将功能转换开关置于测量位置,随后将显示开关拨到“开”的位置,这时显示器有数字显示。仪器调零前,先将仪器底部开口(300mm×60mm)对准放在黑色调零板上,并按下测量开关,这时在测量值显示屏上显示值应为 0;如果不为 0,则转动调零旋钮直至使显示值为 0,此时表示调零完毕。

(3)仪器校准。

调零以后,将黑色调零板去掉,按行车箭头方向(校准板上有标记)换上校准板,此时测量值显示屏上的显示值应为校准板给定的值;如果与给定值不相符,则转动校准旋钮直至使显示值为校准板给定值,此时表示校谁完毕。

(4)标线测量。

仪器调零和校准完成后,即可进行测量,测量时应将仪器按行车方向平放在被测标线上,按下测量开关,预热 1min,在测值显示屏显示稳定数值,即为被测标线的逆反射系数值(R'),记录数据后及时关闭测量开关。所有测量完毕后,将显示开关置于“关”的位置,并同时将功能转换开关置于中间位置。

(三)路面标线施划

路面标线施划工程应根据不同的路段要求采用风力净路机、高压无气下涂剂(底油)喷涂机、自行式热熔标线机等机械进行施工。具体施工流程如下:

1. 清扫路面

首先对路面进行基础处理,对路面杂物进行清除。若路面杂物难以用常规方法清除时,则用钢刷型路面清除机予以硬性清除,再用风力净路机吹净路面杂物,最终达到符合标线要求的路面清洁标准。

2. 施工放样

在施工段范围内,根据施工图纸及技术要求,测量放线,以便于施工标准控制。完成放样后,进行初检。初检合格,再请监理工程师进行验收。验收合格后方可进行下道工序。

3. 喷涂下涂剂(底油)

根据监理工程师试验同意的下涂剂种类及喷涂方法,用高压无气喷涂机按操作规程实施下涂剂喷划,如图 3-5-12 所示。

图 3-5-12　喷涂底油

4. 最后工序施工

用自行式热熔标线机或手扶式热熔标线机等设备按规定的操作规程施工。

5. 放置警告标志

严防汽车及行人碾压已施工标线,如图 3-5-13 所示。

图 3-5-13　路面标线施划放置警告标志

二、突起路标

(一)检测突起路标逆反射系数

采用 XH-101 型逆反射标志测量仪测量突起路标逆反射系数的步骤如下。

(1)打开仪器电源开关(仪器面板处),如图3-5-14所示。这时表头数字为“000”,表明仪器内部电源已经接通,如果指示不是“000”,请用调零旋钮调整为“000”。

图3-5-14　XH-101型逆反射标志测量仪

(2)打开仪器光门开关(仪器中间位置,旋钮拉出与机箱约30mm处,切勿硬拉)并同时校准,本仪器随带一块标准校正板,上面已注明校准数据。将仪器底部测量口放在标准板上面,(标准板有方向性,箭头指向行车方向)按下测量旋钮(仪器面板上的红色按钮)。这时仪器将有数据显示。如果不是给定的校准值,调整校准旋钮,直到表头数据显示为标定值。

(3)如果校准零点有变化,再校准一下,直到显示正确为止。

(4)校准调零操作完成后,将旋钮锁定。这时即可测量。

(5)测量时,仪器放置在标线上并与行车方向一致,按照反光标线测量技术要求,选取五个点。将每个点的测量结果记录,最后取算术平均值,即是突起路标的逆反射系数。

(二)更换突起路标

(1)准备工具和材料:电锤、钻头(22mm)、盘尺、批刀、小胶桶、粉笔、发电机、手电钻、搅胶器、螺丝刀、扳手、手套、新的突起路标,图3-5-15为带钉突起路标。

图3-5-15　带钉突起路标

(2)放置警示标志:在更换突起路标之前,需要在附近放置警示标志,提醒过往的行人和车辆注意安全。

(3)拆除旧的突起路标:使用螺丝刀和扳手,将旧的突起路标从路面上拆除。在拆除过程中,需要注意不要损坏路面或者其他的交通设施。

(4)清理基座:使用清洁剂和工具,将基座清理干净,以便新的突起路标能够牢固地安装在基座上。

(5)按照图纸用尺子确定安装位置,保证各位置纵向在一条直线上,同时横向左右对齐,安装距离以设计要求为准。

(6)用直径为ϕ22mm的电锤钻孔,孔的深度比道钉的钉脚长10mm。钻完孔后把钻出的覆灰吹干净。

(7)用搅胶器在小胶桶内按设计比例搅拌胶水。

(8)用批刀蘸40～50g胶,放入所钻的孔内及突起路标所要求安装的位置上,把突起路标放上去,用力压并左右转动两下,使突起路标和路面黏结紧密,图3-5-16为安装好的突起路标。

(9)突起路标安装后,把路标周围溢出的胶,用批刀刮干净,并把路面清理干净。

图 3-5-16　安装好的突起路标

(10)检查和测试:在安装完成后,需要检查新的突起路标是否牢固、位置是否正确。此外,还需要进行测试,确保其能够正常工作并且不会对行人和车辆造成危害。

第三节　护栏设施养护

一、护栏检测

(一)护栏涂层厚度检测

对于波形护栏防腐涂层厚度检测,可以使用 LS223 防腐涂层测厚仪,如图 3-5-17 所示,只有唯一的按键。仪器有两种开机方式,第一种是探头触发开机,第二种是短按电源键开机。

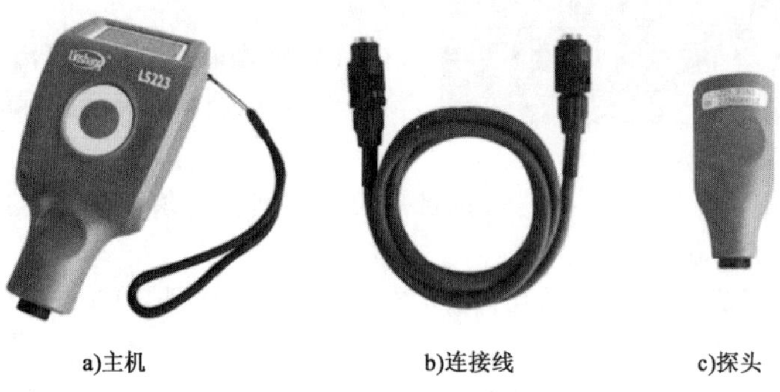

a)主机　　b)连接线　　c)探头

图 3-5-17　LS223 防腐涂层测厚仪

仪器测量护栏图层厚度操作步骤如下:

(1)开机,探头触发开机或短按电源键开机。开机之后屏幕上显示的数据是最近的一次测试数据。

(2)调零,在未涂镀的同一种工件表面进行调零,手指捏住仪器的凹槽位置,将探头垂直按压在未涂镀护栏表面,短按仪器上的按键,根据提示将仪器离开未涂镀护栏 15cm 以上,屏幕上显示数字为零表示调零完毕。

(3)零点确认,用一张 100μm ± 3μm 标准片来验证调零后测试数据的准确性,测试数据在偏差范围之内表示调零成功。

(4)测试护栏的涂层厚度,将探头垂直按压在测试材料表面,屏幕上立即显示测试结果,屏幕左下角显示“auto”表示现在用的是自动测量模式。

(二)护栏埋深检测

护栏埋深检测采用的仪器是冲击弹性波检测仪或超声导波检测仪器,冲击弹性波检测仪应满足现行《钢质护栏立柱埋深冲击弹性波检测仪》(GB/T 24967)的有关规定。具体检测步骤如下。

1. 安装激发与接收装置

冲击弹性波法宜采用端发侧收方式,超声导波法宜采用侧发侧收方式。端面安装时,应拆除柱帽,除去端面焊渣、锈渍、锁层等浮渣,打磨平整。激发与接收装置应与加载点保持在同一测线上,同时避开立柱的螺孔和焊缝的轴向位置,加载点与检测面应充分、紧密接触。

2. 连接仪器设备

电源及检测系统应处于正常状态。安装无误后,开机预热。

3. 设置检测参数

根据立柱现场实际情况,合理设置激励荷载、激励频率、采样时长、增益等参数。

4. 激发与接收信号

操纵信号激发装置产生激励信号,利用接收传感器对反射回波进行拾取。

5. 数据采集与分析

通过采集与分析装置对接收到的信号进行采集、存储、分析、处理,记录检测信号波形,提取信号特征。每根立柱的有效波形数量不少于 5 个,且有较好的一致性。

6. 数据处理

(1)接收传感器到立柱底端长度 L_1 按公式(3-5-1)计算。冲击弹性波法的典型测试波形示意图见图 3-5-18,超声导波法的典型测试波形示意图见图 3-5-19。

$$L_1 = t \times \frac{C}{2} \tag{3-5-1}$$

式中:L_1——接收传感器到立柱底端长度(m);

C——立柱标称波速(m/s);

t——反射波与入射首波波峰间的时间差(s)。

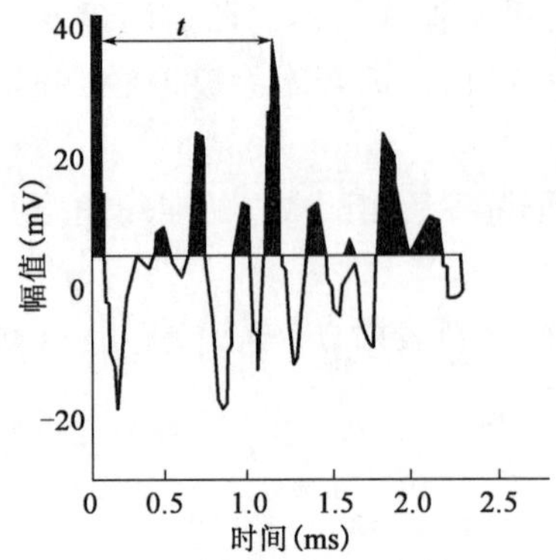

图 3-5-18　冲击弹性波法波形示意图

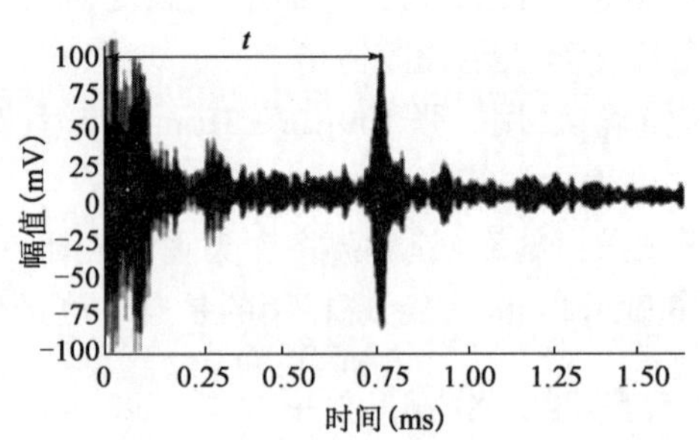

图 3-5-19　超声导波法波形示意图

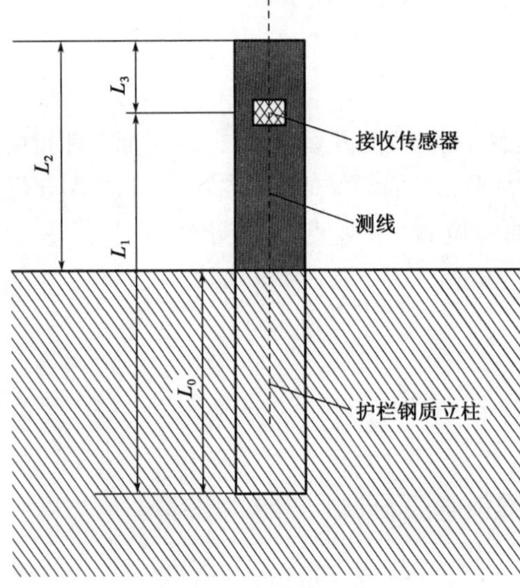

图 3-5-20　立柱埋置深度计算示意图

(2)立柱埋置深度计算见图 3-5-20。

(3)立柱埋置深度 L_0 按公式(3-5-2)计算。立柱顶端到地表面长度 L_2 及接收传感器至立柱顶端长度 L_3 通过钢卷尺测量得出,准确至 0.01m。

$$L_0 = L_1 - L_2 + L_3 \tag{3-5-2}$$

式中:L_0——立柱埋置深度(m);

L_1——接收传感器到立柱底端长度(m);

L_2——立柱顶端到地表面长度(m);

L_3——接收传感器至立柱顶端长度(m)。

(4)单根立柱长度数据中大于 2 倍标准差的单个检测值应予以舍弃,其余检测值的平均值作为检测结果,准确至 0.01m。

(三)护栏高度检测

护栏高度的检测可以采取以下方法:

(1)使用测量仪器,比如激光测距仪或者量角器进行测量。如果护栏是直立的,可以直接使用激光测距仪或者直尺进行测量。如果护栏是内、外围倾斜的,则可以使用量角器测量其倾斜角度,并用直尺测出量角器与倾斜侧的距离,然后计算出高度。

(2)使用手动工具,比如测量尺进行测量。如果护栏高度适中,可以使用测量尺直接测量其高度并记录下测量结果。对于较高的护栏,可以使用长尺或梯子等工具进行测量。

二、护栏维修

(一)护栏板安装

护栏板安装的工艺流程如下:

1. 立柱放样

(1)立柱应根据设计图进行放样,并以桥梁、通道、涵洞、中央分隔带开口、立交、平交等为控制点,进行测距定位。

(2)立柱放样时可利用调整段调节间距,并利用分配方法处理间距零头数。

(3)立柱放样后,应调查每根立柱位置的地基状态。如遇地下通信管线、泄水管等,或涵洞顶部埋土深度不足时,应调整某些立柱的位置,改变立柱固定方式。

2. 立柱安装

(1)立柱安装应与设计图相符,并与道路线形相协调。

(2)立柱应牢固地埋入土中,且达到设计深度,并与路面垂直,如图3-5-21所示。

(3)在一般路段,立柱可采用打入法施工,施工时应精确定位。当打入过深时,不得将立柱部分拔出加以矫正,须将其全部拔出,待基础压实后再重新打入。

(4)无法采用打入法施工时,可采用开挖法埋设立柱。埋设立柱时,回填土应采用良好的材料并分层夯实(每层厚度不超出15cm),回填土的压实度不应小于相邻原状土。岩石中的柱坑应用粒料回填并夯实。

(5)立柱可采用钻孔法进行安装。立柱定位后应用与路基相同的材料回填,并分层夯填密实。

(6)铺有路面的路段设置立柱时,柱坑从路基至面层下5cm采用与路基相同的材料回填并分层夯实,余下部分采用与路面相同的材料回填并压实。

(7)立柱安装就位后,其水平方向和竖直方向应形成平顺的线形,如图3-5-22所示。

图3-5-21　立柱安装

图3-5-22　立柱安装就位

(8)护栏渐变段及端部的立柱,应按设计规定的坐标进行安装。

3. 护栏板安装

(1)护栏板通过拼接螺栓相互拼接,并由连接螺栓固定于立柱或横梁上。

(2)波形梁的连接螺栓及拼接螺栓不宜过早拧紧,以便在安装过程中可利用波形梁的长圆孔及时进行调整,使其形成平顺的线形,避免局部凹凸。

(3)护栏板顶面应与道路竖曲线相协调。当护栏的线形满足要求时,方可最后拧紧螺栓。

4. 横隔梁、防阻块及端头安装

(1)对设有横隔梁的高速公路护栏板,需在立柱准确定位后再安装横隔梁。在护栏板安装前,横隔梁与立柱间的连接螺栓不应过早拧紧,当横隔梁与波形梁准确就位后,方可最后拧紧螺栓。

(2)防阻块通过连接螺栓固定于波形梁与立柱之间。在拧紧连接螺栓前应调整防阻块使其准确就位。

(3)中央分隔带开口处的端头梁应与分隔带标准段的护栏连接。路侧护栏开口处应安装端头梁并进行锚固,如图3-5-23所示。端头锚固主要包括钢丝绳锚固件及混凝土基础。在端部基础混凝土达到设计强度的50%以后,方可拧紧螺栓或固定缆索。

(二)缆索护栏维修

缆索护栏是柔性护栏的主要代表形式,如图3-5-24所示,它是一种以数根施加初张力的缆索固定于立柱上而组成的结构,它主要依靠缆索的拉应力来抵抗车辆的碰撞,吸收碰撞能量。

图3-5-23　波形护栏端头

图3-5-24　缆索护栏

缆索护栏的维修主要包括以下步骤:

(1)检查:首先需要对缆索护栏进行全面的检查,查看是否有断裂、松动或者锈蚀的情况。

(2)清洁:如果发现有污垢或者锈蚀,需要用适当的清洁剂进行清洁,然后用清水冲洗干净。

(3)修补:如果发现有断裂或者松动,需要进行修补。对于断裂的缆索,可以使用连接锚具将断裂的缆索重新连接起来使用。对于松动的缆索,需要重新拧紧或者更换螺栓。

(4)更换:对于无法修复的缆索,需要进行更换。在更换时,需要注意选择与原缆索规格和型号相同的缆索,以保证护栏的整体效果和使用安全。

(5)保养:在平时的使用过程中,需要定期对缆索护栏进行保养,保持其良好的使用状态和外观。

(三)水泥护栏涂刷

(1)在喷漆过程中,应注意围栏漆表面的均匀度、光洁度等,做到漆表面均匀,有亮度,如图3-5-25所示。

(2)构件表面不应有误涂、漏涂,涂层不应有脱皮。涂层应均匀,无明显皱皮、流坠、气泡等现象。

(3)涂层厚度及涂装遍数应符合设计要求,刷(喷)底漆、面漆和保护漆,面漆颜色与业主商定(面漆颜色与施工合同一致)。

(4)对涂料的混合、搅拌要领,以及上一道与下一道涂装间隔等事项,由技术员依照油漆厂家提供的产品说明书、检验报告指导施工。

(5)涂刷工具,应选用适合该涂料特性的工具。如改用其他涂料,则应把全套工具彻底洗净。

图 3-5-25　水泥护栏

第四节　绿　　化

一、树木修剪

(一)剪枝

(1)对于乔木,可根据其种类和生长状态,采取合适的剪枝方法:深剪,即将老化和生长过盛的部位剪除,以促进新枝的长出;轻剪,即对侧枝进行局部修剪,以增加主干的立体感和直线感;裁剪,即对枝条进行深度修剪,修剪出造型,营造良好的观赏效果。如图 3-5-26 所示。

(2)对于灌木,可根据其特点和生长状态,采取轻剪、深剪、修眼、裁剪等方法,以保持其良好的形态和生长状态,如图 3-5-27 所示。

图 3-5-26　乔木剪枝

图 3-5-27　灌木剪枝

(二)修整

对于返青期生长快速的绿化植物,可采取修整的方法,即通过修剪枝条、修剪根系、托枝等方式,使植物保持健康生长,并避免植物在风雨等恶劣环境下的倒伏。

(三)清扫

修剪后的枝条和叶子必须及时清扫干净,避免其对交通的影响,并保证路面整洁。

二、树木涂白

1. 准备工作

(1)剔除树干周围的草木及杂物。

图 3-5-28　树木涂白

(2)用清水清洗树干表面,除尽树干表面的脏污。

2. 涂刷第一遍

(1)树干先从树底开始,由下往上,均匀地涂抹涂白剂。

(2)涂抹时,用刷子横着涂,下、上、左、右各36°角方向换向交错涂抹。

(3)涂刷过程中,必要时可将涂白剂搅拌均匀,以保证涂刷效果,如图 3-5-28 所示。

3. 第一遍干燥处理

第一遍涂白剂涂刷完后,需等待至少 8h 让其自然干燥,达到耐水和耐光的效果。

4. 涂刷第二遍

(1)把涂刷工具先清洗干净。

(2)树干表面涂抹第二次涂白剂,与第一次不同的是,涂刷方向应互相垂直。

(3)涂刷过程中重点注意树的树皮皱褶、养殖痕迹等凹凸不平或特殊部位,因其更易出现脱皮、老化、开裂等现象。

5. 完成涂刷过程

涂刷完成后,将施工现场彻底清理干净,不得有涂料或废料留下,保持环境整洁干净。

第四部分

二级/技师

第一章

路基养护

技能目标

(1)能够进行路基技术状况评定。

(2)能够进行路基重度病害的维修养护作业。

(3)能够进行路基局部改善作业。

(4)能够进行路基既有防护及支挡结构物重度病害处治。

(5)能够组织实施应急养护作业。

第一节　路基技术状况评定

一、一般规定

(1)应每年组织一次公路网级路基技术状况指数(SCI)调查与评定。

(2)根据路基日常巡查记录和病害定点监测结果,宜每季度或半年组织一次用于指导日常养护的路基技术状况指数 SCI 评价。

(3)对于雪害、风沙、涎流冰等特殊路基病害,应根据实际情况做好调查记录。调查结果可不参与路基技术状况评定,但可作为养护计划的安排依据。

(4)公路路基技术状况应用 SCI 及其分项指标表示,SCI 及其分项指标的值域为[0,100]。

(5)公路路基技术状况应分为“优、良、中、次、差”五个等级。路基技术状况等级划分标准应符合表 4-1-1 的规定。

公路路基技术状况等级划分标准　　表 4-1-1

评价指标	评定等级				
	优	良	中	次	差
SCI	≥90	≥80,<90	≥70,<80	≥60,<70	<60
VSCI、ESCI、SSCI、RSCI、DSCI	≥90	≥80,<90	≥70,<80	≥60,<70	<60

二、路基病害扣分标准

应根据路基病害调查结果,按表4-1-2的规定进行扣分。

路基病害扣分标准 表4-1-2

<table>
<tr><th>序号</th><th>分项</th><th>病害名称</th><th>扣分标准</th><th>备注</th></tr>
<tr><td>1</td><td rowspan="3">路肩</td><td>路肩或路缘石缺损</td><td>5</td><td rowspan="3">每20m为一处,不足20m按一处计</td></tr>
<tr><td>2</td><td>阻挡路面排水</td><td>10</td></tr>
<tr><td>3</td><td>路肩不洁</td><td>2</td></tr>
<tr><td>4</td><td rowspan="4">路堤与路床</td><td>杂物堆积</td><td>5</td><td rowspan="4">每20m为一处,不足20m按一处计</td></tr>
<tr><td>5</td><td>不均匀沉降</td><td>20</td></tr>
<tr><td>6</td><td>*开裂滑移</td><td>50</td></tr>
<tr><td>7</td><td>冻胀翻浆</td><td>20</td></tr>
<tr><td>8</td><td rowspan="4">边坡</td><td>坡面冲刷</td><td>5</td><td rowspan="2">每20m为一处,不足20m按一处计,当边坡高度超过20m时,扣分加倍。当岩质边坡或黄土路基边坡出现局部碎落崩塌后,坡面形成坑洞、缺陷等,但不影响路基边坡整体稳定和通行安全的,可不扣分</td></tr>
<tr><td>9</td><td>碎落崩塌</td><td>20</td></tr>
<tr><td>10</td><td>*局部坍塌</td><td>50</td><td>有滑塌或有明显安全隐患的计为一处,当边坡高度超过20m时,扣分加倍</td></tr>
<tr><td>11</td><td>*滑坡</td><td>100</td><td>—</td></tr>
<tr><td>12</td><td rowspan="5">既有防护及支挡结构物</td><td>表观破损</td><td>10</td><td>每20m为一处,不足20m按一处计</td></tr>
<tr><td>13</td><td rowspan="2">排(泄)水孔淤塞</td><td rowspan="2">20</td><td rowspan="2">以构造物伸缩缝(含沉降缝)为自然段落,30%及以上排水孔出现排水不畅计为一处</td></tr>
<tr><td>14</td></tr>
<tr><td rowspan="2">15</td><td>局部损坏</td><td>20</td><td>每20m为一处,不足20m按一处计</td></tr>
<tr><td>*结构失稳</td><td>100</td><td>按既有防护及支挡结构物单独评价</td></tr>
<tr><td>16</td><td rowspan="3">排水设施</td><td>排水设施堵塞(含涵洞)</td><td>5</td><td rowspan="2">每20m为一处,不足20m按一处计,独立涵洞计为一处</td></tr>
<tr><td>17</td><td>排水设施损坏(不含涵洞)</td><td>10</td></tr>
<tr><td>18</td><td>排水设施不完善</td><td>0</td><td>—</td></tr>
</table>

注:1.按照表中每种病害的单项扣分,扣完100分为止。
2.若路基结构物缺少分项,不扣分。
3.表中的长度是指沿路线方向的长度,“每20m为一处,不足20m按一处计”是指若某种病害在一处计量单元中存在若干不连续的现象,统一按一处计。
4.同一位置同时存在两种及两种以上病害时,按各自病害分项分别扣分。
5.对于标“*”的病害,应根据实际情况进行分析判断。该病害影响正常通行或威胁交通安全时,该评定单元的路基技术状况指数SCI按0分计。
6.病害为排水设施不完善,在进行路基技术状况评定时不扣分,仅作为安排路基养护计划的规定。

三、技术状况评定

(1)路基技术状况评定应以1000m长度路段为一个基本单元,不足1000m的按一个基本单元计,与路基病害调查的基本单元划分相一致。

(2)路基技术状况指数(SCI)应按式(4-1-1)计算。

$$SCI = VSCI \times w_V + ESCI \times w_E + SSCI \times w_S + RSCI \times w_R + DSCI \times w_D \quad (4\text{-}1\text{-}1)$$

式中:VSCI——路肩技术状况指数;

ESCI——路堤与路床技术状况指数;

SSCI——边坡技术状况指数;

RSCI——既有防护及支挡结构物技术状况指数;

DSCI——排水设施技术状况指数;

w_V——VSCI 在 SCI 中的权重,取值为 0.1;

w_E——ESCI 在 SCI 中的权重,取值为 0.2;

w_S——SSCI 在 SCI 中的权重,取值为 0.25;

w_R——RSCI 在 SCI 中的权重,取值为 0.25;

w_D——DSCI 在 SCI 中的权重,取值为 0.2。

(3)路肩技术状况指数(VSCI)应按式(4-1-2)计算。

$$VSCI = 100 - \sum (GD_{iV} \times w_{iV}) \quad (4\text{-}1\text{-}2)$$

式中:GD_{iV}——第 i 类路肩病害的总扣分,按表 4-1-2 的规定执行;

w_{iV}——第 i 类路肩病害的权重,按表 4-1-3 的规定取值。

路肩病害权重　　表 4-1-3

病害名称	路肩或路缘石缺损	阻挡路面排水	路肩不洁
权重	0.4	0.4	0.2

(4)路堤与路床技术状况指数(ESCI)应按式(4-1-3)计算。

$$ESCI = 100 - \sum (GD_{iE} \times w_{iE}) \quad (4\text{-}1\text{-}3)$$

式中:GD_{iE}——第 i 类路堤与路床病害的总扣分,按表 4-1-2 的规定执行;

w_{iE}——第 i 类路堤与路床病害的权重,按表 4-1-4 取值。

路堤与路床病害权重　　表 4-1-4

病害名称	杂物堆积	不均匀沉降	开裂滑移	冻胀翻浆
权重	0.2	0.3	0.3	0.2

(5)边坡技术状况指数(SSCI)应按式(4-1-4)计算。

$$SSCI = 100 - \sum (GD_{iS} \times w_{iS}) \quad (4\text{-}1\text{-}4)$$

式中:GD_{iS}——第 i 类边坡病害的总扣分,按表 4-1-2 的规定执行;

w_{iS}——第 i 类边坡病害的权重,按表 4-1-5 取值。

边坡病害权重　　表 4-1-5

病害名称	坡面冲刷	碎落崩塌	局部坍塌	滑坡
权重	0.2	0.25	0.25	0.3

(6)既有防护及支挡结构物技术状况指数(RSCI)应按式(4-1-5)计算。

$$RSCI = 100 - \sum (GD_{iR} \times w_{iR}) \quad (4\text{-}1\text{-}5)$$

式中:GD_{iR}——第 i 类既有防护及支挡结构物病害的总扣分,按表 4-1-2 的规定执行;

w_{iR}——第 i 类既有防护及支挡结构物病害的权重,按表 4-1-6 取值。

既有防护及支挡结构物病害权重 表 4-1-6

病害名称	表观破损	排(泄)水孔淤塞	局部损坏	结构失稳
权重	0.1	0.2	0.3	0.4

(7)排水设施技术状况指数(DSCI)应按式(4-1-6)计算。

$$DSCI = 100 - \sum(GD_{iD} \times w_{iD}) \tag{4-1-6}$$

式中:GD_{iD}——第 i 类排水设施病害的总扣分,按表 4-1-2 的规定执行;

w_{iD}——第 i 类排水设施病害的权重,按表 4-1-7 取值。

排水设施病害权重 表 4-1-7

病害名称	排水设施不完善	排水设施堵塞	排水设施损坏
权重	0	0.5	0.5

(8)高速公路、一级公路应按上、下行方向分别计算 SCI;二级及二级以下公路应按上、下行方向分别计算 SCI,并以较低 SCI 作为该评定单元的评定结果;分离式路基应按两条独立路线分别计算 SCI。

四、评定结果应用

(1)应根据公路网级 SCI 的评定结果,编制公路网级路基养护规划与年度计划。

(2)应根据 SCI 各分项指标的评价结果,制定具体路段的路基养护对策、日常养护生产计划和养护工程计划。

(3)路基养护对策应根据路基技术状况评定结果、养护工作对象与内容,以及病害处治类型,按表 4-1-8 进行选择。对于路基某一养护工作对象与内容,存在两个或两个以上对策可供选择时,应根据实际情况选择其一。

路基养护对策 表 4-1-8

养护工作对象与内容		日常养护		养护工程			
		日常保养	日常维修	预防养护	修复养护	应急养护	
						抢通保通	应急修复
路肩	路肩清扫	√	—	—	—	—	—
	路肩整修	√	√	—	√	—	—
	路缘石维修	√	√	—	√	—	—
路堤与路床	沉降处治	—	—	√	√	√	√
	开裂滑移处治	—	—	√	√	√	√
	冻胀翻浆处治	—	√	—	√	—	—
	桥头跳车处治	—	—	√	√	—	—
边坡	坡面防护	√	√	√	√	—	—
	碎落崩塌处治	√	√	√	√	—	—
	局部坍塌处治	—	√	√	√	√	—
	滑坡处治	—	—	—	√	√	√

续上表

养护工作对象与内容		日常养护		养护工程			
		日常保养	日常维修	预防养护	修复养护	应急养护	
						抢通保通	应急修复
既有防护及支挡结构物	表观破损处治	—	√	—	√	—	—
	排(泄)水孔淤塞处治	√	√	—	√	—	—
	局部损坏修复	—	√	√	√	—	—
	结构失稳加固	—	—	—	√	—	√
排水设施	排水设施疏通	√	√		√	—	—
	排水设施修复	—	√	√	√	—	—
	排水设施增设	—	—	√	√	—	—

(4)对 SCI 为 0 的路段,应及时采取应急养护措施。实施应急养护时,应设置交通安全设施;需中断交通的,应合理采取分流措施。

第二节　路基应急养护

一、应急养护技术要求

(1)遵循快速反应、有效抢险、及时处治、保障安全的原则,制定路基应急抢险预案,建立应急抢险工作机制,合理配备应急抢险队伍、设备、物资等。

(2)对存在重大病害隐患的路基,应加强监测、及时预警,并增设相应的交通安全警示标志。

(3)对影响交通安全的突发性灾害路段,应启动应急预案,及时开展应急抢通、保通和抢修工作,安排灾后修复养护工程。

(4)实施应急养护时,应设置交通安全设施;需中断交通的,应合理采取分流措施。

(5)应急抢通、保通和抢修工程的先期临时方案,应与后期修复养护工程方案相结合。

二、既有防护工程养护要求

(1)坡面防护工程出现局部松动、脱落、损坏、隆起、裂缝等病害时,应按原防护形式及时修复。

(2)坡面防护工程出现大面积脱落、严重变形时,应及时拆除重建。

(3)植物防护工程出现缺损时,应及时补栽修复。

(4)当锚杆挂网喷浆防护工程出现破损、裂缝、掉块露筋时,应及时喷浆修补;出现局部脱落、坍塌、鼓胀时,应清理坡面,重新挂网喷浆处治。

(5)当主动式柔性防护网的锚钉出现锈蚀时,应进行防腐处理;网内出现落石汇集时,应及时清理;网出现破损时,应及时修补;对于被动式柔性防护网,当出现紧固部位锚栓松动或立网变形时,应及时更换或增设。

(6)冲刷防护工程受到洪水、波浪或流水冲击,坡脚发生局部破坏时,应及时采取抛压片石防护、石笼压盖等措施进行处治。

(7)冲刷防护工程发生冲毁时,应调查冲毁的原因,对既有构造物进行评估,根据既有构造物受损情况及时对其进行维修加固或重建。

三、路基加宽加高施工

(一)路基加宽

公路在经多年的通车后,路基沉降基本完成,路基加宽段由于新旧路基的不均匀沉降,必然产生以纵向裂缝为代表的裂缝,从而对公路产生破坏。为此,必须加强公路路基加宽的设计优化及施工质量,使沉降量减为最少,以保证公路的质量。

1. 路基加宽前的准备

旧路路基加宽,首先要对旧路的状况进行调查,并对原路基的病害进行处理。调查内容包括旧路路基的填筑材料、使用等情况和损坏等病害情况,分析病害的种类、规模、状态、原因等,并在施工前或施工期间,对不同类型的路基病害要进行彻底地处理。

旧路两侧一般为排水边沟和碎落台,排水边沟经长期的雨水侵蚀,其下部已基本变得相当软弱;碎落台由于绿化其底部实际也变为腐殖土。对于上述情况的地基必须做彻底清除,对于地下水丰富区域,须铺设透水性材料。加宽路基的基底压实度一般比规范要求高出1~2个百分点;施工时必须严格按设计要求进行,保证基底承载力,减少新老路基剪切变形。

2. 路基加宽的施工技术

1)台阶

由于原路基边坡坡率一般为1:1.5,必须将原边坡挖成台阶,台阶使新旧路基有效的交错结合,是衔接的重要组成部分,施工时必须引起足够的重视。台阶宽度应满足摊铺和压实设备操作的需要,以便于机械施工,一般不小于2.0m,如受环境限制可适当放窄,但宽度不得小于1m,并做成坡度为2%~4%的内倾斜坡。由于原来施工的忽视、现施工的挠动及其他原因,原路基边坡部分填土的压实度实际上一般都未达到设计要求。路基加宽如图4-1-1、图4-1-2所示。

图4-1-1　路基单侧加宽施工

图4-1-2　路基单侧加宽台阶

2)填筑材料

填筑材料经自重、路面和车辆等荷载的作用,老路基已经基本被压实,而新路基的填料虽经严格压实,仍会存在后期变形的情况。为此,填筑材料的选择将很大程度影响路基的有效沉降。所有填料宜与旧路堤相同或选用透水性较好的材料,相关单位应在综合考虑工程造价和施工实施的问题后,尽量使用碎石土或石渣等沉降量较少的材料进行填筑,并控制好填筑材料的液塑限、承载比(CBR)和击实试验等各项指标。

3)路基碾压

路基填筑前,须根据规范要求修建好试验段,必须严格控制填料的最佳含水量、松铺厚度、压实设备的类型、最佳组合方式、碾压遍数及碾压速度等,使填料各项指标达到最优状态,保证其压实度达到设计要求。对于加宽渐变部分,必须严格控制其碾压宽度,如旧路基挖台阶受限时,可通过铺设护道等方式满足其要求,使路基压实度满足要求。

在施工时分层碾压,控制每层的填筑厚度及压实度,提高压实标准。碾压应采用重型压路机(>20t)进行,双驱双振。碾压虚方厚度不得大于30cm,压实度必须达到新的压实标准,且重点应放在新老路基的结合部,每层压完后应平整光滑。

路基填筑时应控制路堤填筑速率。当填土速率较快时,地基强度来不及增长,易产生较大的剪切变形。在施工时按照慢速填土标准进行控制,控制标准为地面沉降率每昼夜不大于10mm,坡角水平位移速率每昼夜不大于5mm。

3. 补强措施及其他

1)铺设土工积物

土工格栅具有抗拉强度高、伸长率低,不易变形等特点,其全面与土体接,大大增加了与土体的摩擦,可有力约束土体的侧向位移。土工格栅网格与粗颗粒填料结合,其最优的镶嵌作用最大限度地提高了加宽路基的承载能力和稳定性。在加宽路段中铺设土工格栅,可以增强新旧路基的结合,增大结合部抗剪能力,防止新路基的沉降对老路基的破坏,从而达到稳定新旧路基不均匀沉降的效果。

土工格栅(图4-1-3)可根据路填土高度进行设置,当路基填筑高度小于1.5m时,可在底部进行设置3层;填土高度在1.5~8m(10m)时,在路基底部和顶部各设置3层;填土高度大于8m(10m)时,在路基底部和顶部各设置3层,中部平台设置3层,其中底部铺设在基底平整碾压后铺设1层,每2层填土铺设1层,上部铺设位置为上路床顶部和底部、下路床底部各1层。土工格栅铺设宽度根据加宽宽度进行,但新旧路基铺设宽度不应少于1.5m。可优先考虑使用钢塑双向土工格栅,其伸长率应小于4%,抗拉强度应大于45kN/m,锚固间距及搭接宽度与普通施工相同。

2)冲击夯实

路基的本体沉降主要与路基本身的压实度有很大关系,进行充分冲击,使其紧密结合,形成一个整体,使路基本体和地基的沉降都达到最小,以减小路基的沉降,减少或避免新老路基结合部纵向裂缝的产生。由此,可选择冲击碾压的方法,对路基进行补强。冲击碾压施工(图4-1-4)可提高加宽路基的压实度,使新旧路基更好地结合在一起形成一个整体,使路基本体沉降减到最小以使其沉降系数减小;冲击碾压也可避免结合部因碾压不足出现软弱的滑动层。

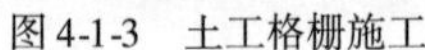
图 4-1-3 土工格栅施工

图 4-1-4 路基冲击夯实施工

在施工前选择有代表性的路段进行试验,对机械的行走速度、影响深度、沉降量、行走篇数等进行总结。采用 25t 冲击式压路机对深度为 1.0m(4 层)填方段路基冲碾补压 5 ~7 遍较为合适,补压效果较为明显;通过采用冲击式压路机对路基进行冲碾补压施工,使路基压实度得到提高,加速路基沉降,最大限度地缩短了路基自然沉降的时间,有效地减少了路基的沉降变形,对新老路基的结合起到了良好的作用。

3)跨年度施工

为降低加宽路基的沉降量,尽可能做到路基跨年度施工,使路基经历雨季;在路基完成后尽量开放交通,在路上采取一些措施,使车辆尽可能地在加宽处行驶,加大行车荷载作用,把沉降量降到最低程度。

(二)路基加高

(1)改建中加高路基(图 4-1-5、图 4-1-6),首先用铲运机将边坡的表层去掉,去掉边坡内有砂、碎石、砾石及其他与土的物理特性不符的材料。然后再分层填筑到要求的宽度和高度。

图 4-1-5 路基加高施工

图 4-1-6 路基加高后

(2)当路基加高的数值略大于路面的设计厚度时,将旧路面挖去,用其旧石料来加固路肩和用作路基上层的填料。

(3)如果路基内 0.5mm 以下的高塑性石灰石颗粒超过 20%~30% 时,最好掺进 20%~

25%的砂,并在路基全宽拌匀和压实。对于旧路路面的碎石材料,再加进一些本地的低活性黏结料(如粉煤灰、石灰、炉渣、水泥灰、天然沥青砂等),可作为路面的垫层。

(4)旧路槽恢复完之后必须整形,做成坡度不小于4%的双向横坡,然后再分层填筑,达到设计高程。为了确保压实度,使之与经过长期运营的旧路基相适应,每层填土的厚度应比现行《公路路基施工规范》(JTG/T 3610)中的规定小10%~20%。

四、特殊路基养护

(一)软土路基

1. 一般规定

(1)软土路基的不均匀沉降或开裂滑移处治措施可参照表4-1-9选用。

软土路基病害处治措施　　表4-1-9

病害类型	处治措施				
	换填改良	侧向限制	反压护道	注浆	复合地基
不均匀沉降	√	×	×	△	√
开裂滑移	×	△	△	×	√

注:√-推荐;△-可选;×-不推荐。

(2)软土路基病害处治施工应符合下列规定:

①换填改良时宜采用轻质填料,基底应铺反滤层或隔水层加土工布,用黏土封层包心填筑或间隔填筑轻质填料,侧面铺筑碎石或砂砾石渗沟排水。

②反压护道可根据路基隆起的情况,在路堤的一侧或两侧设置。其高度不宜超过路堤高度的1/2,其宽度应通过稳定计算确定。

2. 反压护道

当路堤下沉,两侧或路堤下坡一侧隆起时,可采取在路堤两侧或一侧填筑适当高度与宽度的土体的方法,一般护道高度不宜超过路堤高度的1/2。在护道重力的作用下,使路堤下的淤泥或泥炭向两侧(或单侧)被挤出,路堤隆起的趋势得以平衡,保证路堤稳定,如图4-1-7、图4-1-8所示。

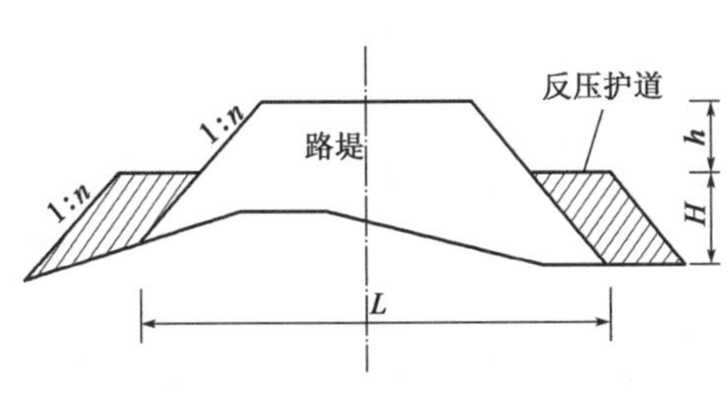

图4-1-7　反压护道示意图

图4-1-8　反压护道施工

采用反压护道时,无须特殊的机具设备和材料,其施工简易方便,但占地多,用土量大,后期沉降大,以后的养护工作量也大。

3. 复合地基

复合地基(图4-1-9、图4-1-10)是指天然地基在地基处理过程中部分土体得到增强,或被置换,或在天然地基中设置加筋材料,加固区是由基体(天然地基土体或被改良的天然地基土体)和增强体两部分组成的人工地基。在荷载作用下,基体和增强体共同承担荷载的作用。根据复合地基荷载传递机理将复合地基分成竖向增强体复合地基和水平向增强复合地基两类,又可把竖向增强体复合地基分成散体材料桩复合地基、柔性桩复合地基和刚性桩复合地基三类。

图4-1-9　挤密砂石桩复合地基

图4-1-10　水泥粉煤灰碎石桩复合地基

复合地基一般分为水泥土搅拌桩复合地基、高压喷射注浆桩复合地基、砂桩地基、振冲桩复合地基、土和灰土挤密桩复合地基、水泥粉煤灰碎石桩复合地基及夯实水泥土桩复合地基。一般情况下复合地基的处理方式参照地区土质情况设定。

(二)盐渍土路基

1. 盐渍土的特点及对路基的危害

当地表1m内含有容易溶解的盐类超过0.3%时,则该地表土为盐渍土(图4-1-11),土中易溶盐大多为氯化盐、硫酸盐、碳酸盐等。我国西北、东北等气候干旱地区及沿海平原地区分布着大面积的盐渍土,其含盐量通常是5%~20%,有的高达60%~70%。由于土中含有易溶盐,使得土的物理、力学性质发生变化,导致许多路基病害的产生。

(1)淋溶与湿陷。这类病害主要是由低矿化度的降雨或流动水体将土基中结晶的易溶盐晶体溶解,使土体中固相体积减小、孔隙比增大,从而在自重、流水或外荷载作用下形成土基局部雨沟、洞穴、沉陷或坍塌等病害,如图4-1-12所示。

(2)翻浆。这类病害主要是由于盐渍土中所含易溶盐晶体聚冰、脱水及吸湿潮化,使得土基饱水及承载能力下降,在外荷载反复作用下形成翻浆,使道路表面泥泞、湿滑,影响车辆正常运营,这类病害在氯盐渍土地区较为多见。

图 4-1-11　盐渍土路基

图 4-1-12　盐渍土路基淋溶与湿陷

(3)盐胀。这类病害主要是由于盐渍土中的盐分因结晶膨胀而造成的路面局部不平、鼓起、开裂。昼夜温度变化所引起的盐胀反复作用会造成路基边坡及路肩表层的疏松、多孔,致使道路易遭风蚀,易于陷车。盐胀主要发生在硫酸盐渍土中。

(4)腐蚀。这类病害主要是由于盐渍土中所含的易溶盐与道路工程中所使用的金属材料、非金属制品发生化学反应,致使这些材料或制品的工程性能发生劣化,最终导致道路的破坏。这类病害在道路工程中的表现为钢筋锈蚀、混凝土或黏土制成品粉化开裂、高等级路面结构层损坏。

2. 盐渍土路基养护的一般规定

(1)盐渍土路基应加强防排水设施的日常养护与维修加固,并应符合下列规定:

①路面横坡不满足要求或存在可能积水的坑洞及凹槽时,应及时修整。

②在地下水位较高、边沟积水严重或排水不畅地段,应加深两侧边沟或排水沟,以降低路基下的地下水位。

③盐渍土地区的地下排水管与地面排水沟渠的防渗措施失效时,应及时对其维修加固。

(2)当既有防排水设施不满足使用要求时,应增设防排水设施,并应符合下列规定:

①地面排水困难、地下水位较高或公路旁有农田排、灌水渠的路段,应在路基一侧或两侧设置排(截)水沟,排(截)水沟距路基坡脚应不小于 2m,且应低于地表 1.0m 以下。

②在自然排水困难的路段宜设蒸发池,蒸发池边缘与路基坡脚的距离宜大于 10m。

(3)盐渍土路基溶蚀、盐胀、冻胀、翻浆病害处治措施可选用换填改良法、增设护坡道或排碱沟、设置隔断层等方法。

(4)盐渍土路基病害处治施工应符合下列规定:

①采用换填改良法处治时,挖除路面结构后,可在一定深度范围内换填砾类土或砂。其中,高速公路、一级公路换填厚度不应小于 1.0m,二级、三级公路换填厚度不应小于 0.8m,并宜结合隔断层措施综合治理。

②采用增设护坡道法处治时,护坡道顶面应高出长期积水水位 0.5m 以上。

③采用设置隔断层法处治时,土工布或薄膜宜设置在路基边缘以下 0.8 ~ 1.5m 处,并应高出边沟流水水位 0.2m 以上,挖方路段应设在新铺路面垫层以下不少于 0.3m 处,并应对挖方路段边沟进行加深加宽,隔断层底面高程应高出边沟设计水面 0.2m 以上。

3. 盐渍土路基常见病害的处治措施

(1)秋末冬初季节或春融时期,由于雨水及融雪水较多,路基容易出现坍塌、溶陷,可采取下列防护及治理措施:

①加密排水沟,使沟底保持为坡度是 0.5%~1% 的纵坡;对于路基填土低、排水困难的路段,应加宽、加深边沟或在边沟外增设横向排水沟,其间距不宜大于 500m,沟底应有向外倾斜坡度为 2%~3% 的横坡,如图 4-1-13 所示。

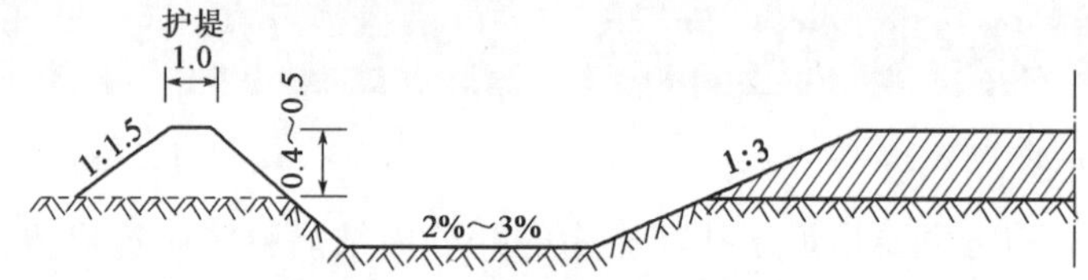

图 4-1-13　加大排水沟及护堤(尺寸单位:m)

②换填厚度为 30~50cm 的风积沙或矿料,保持正常通车。

③打石灰桩或砂桩,深度达冰冻线以下,梅花状排列。

(2)在盐湖地区用盐晶块修筑的路基表面,原来没有覆盖层或有而后失散的,应用砂土混合料进行覆盖和恢复;出现车辙、坑凹、泥泞时,应清除浮土,洒泼盐水湿润,再填补碎盐晶块整平夯实,仍用砂土混合料覆盖压实。

(3)边坡经雨水或雪融水冲蚀后出现的沟槽、溶洞、松散等,可采用盐壳平铺或铺黏土掺砂砾后拍紧,防止疏松。

(4)为防止边坡水土流失,在坡脚处增设每侧宽 1~2m 的护坡道。可结合当地的植物生长情况,在护坡道及边坡上种植耐盐性的树木或草本植物,以增强其稳定性。

护坡道(图 4-1-14)是为保护路基坡脚不受流水侵蚀,保证边坡稳定,而在路基坡脚与取土坑内侧坡顶之间预留的 1~2m 甚至 4m 以上宽度的平台。

图 4-1-14　护坡道

当路堤较高时,为保证边坡稳定,在取土坑与坡脚之间或边坡坡面上,沿纵向保留或筑成有一定宽度的平台,称为护坡道。其目的是加宽边坡横距,减缓边坡平均坡度,护坡道越宽,越有利于边坡稳定,但工程量也越大。根据实际情况,护坡道宽度至少为 1.0m,并随填土高度增加而增大。一般情况下,护坡道宽度 d 为:$h<3.0$m,$d=1.0$m;$h=3\sim6$m,$d=2$m;$h=6\sim12$m,

$d=2\sim4$m。

(5)在过盐边坡地区,对较高等级的道路,为防止路肩吹蚀、泥泞以及防止水分从路肩部分下渗而造成路面沉陷,路肩可考虑采用下列加固措施:

①在当地土内封闭路肩表层中掺入粗粒渗水材料。

②用沥青材料封闭路肩。

③就地取材,用15cm厚的盐壳加固。

对硫酸盐渍土路基,根据需要,采取将卵石、砾石、黏土或盐壳平铺在路堤边坡上等措施处治因边坡疏松、风蚀和人畜踩踏而造成的破坏。

(三)雪害地段路基

1. 一般规定

(1)雪害地段路基养护应保持防雪设施的完好,并增设必要的防雪设施,路基两侧各15~20m范围内宜清除障碍,以防止路堤积雪,减轻雪害对公路及交通的危害程度。

(2)风吹雪路段路基及防护工程设施病害处治应符合下列规定:

①应及时清除公路两侧距边坡坡脚不小于30m范围内的障碍物,并对地表进行整平,或根据条件设置防雪栅、防雪堤或挡雪墙等防雪设施。养护材料应堆放在路外的堆料台上,堆放高度不应高于路基高度;需堆放在路肩上时,应堆放在下风一侧,并使堆料顶部呈流线型。

②防雪栅被雪掩盖或倾倒时,应及时进行清理或维修加固。活动式防雪栅被埋住2/3~3/4高度时,应将其及时拔出并重新安放在迎风侧的雪堆顶部。若原路基未设置防雪栅或发生缺失时,应及时进行增补。

③轮廓标发生损坏或被雪掩埋时,应及时进行清理维护。

④及时检修导风板,保持其结构和功能完好。其中,下导风板应在雪季终止后进行检修,屋檐式导风板和防雪墙应在雪季前进行维修。

⑤防雪林带应指定专人养护管理,并控制林带的高度和透风度。

⑥存在雪阻时,应及时用人工、推土机或除雪机等机械清除路面积雪,尽快恢复交通。弃雪应抛掷于下风一侧,以免造成重复雪阻。

(3)雪崩路段路基及防护工程设施病害处治应符合下列规定:

①对雪崩生成区,应在雪季前和雪季后对防雪崩工程如水平台阶、稳雪栅栏等进行检查维修;对雪崩运动区,应保持防雪崩工程如土丘、楔、铅丝网等的完好;对雪崩运动区与堆积区,应保持防雪走廊、导雪槽或导雪堤等工程处治措施的功能完好。

②应经常整修水平台阶平面和坡面,并种草植树,保持其良好的稳雪能力;台阶平面宽度应保持在2m左右;导雪堤末端应保持有足够的堆雪场地,并在雪季到来前对其进行检查和清理。

③应保持防雪走廊上部沟槽中设置的各种防雪崩的辅助设施及山坡植被的完好。

④导雪槽宜从内向外略倾斜,槽下净空应满足有关规定,必须保持工程各部结构牢固完好。

⑤各种防治雪崩的工程措施都应注意保持原有植被和山体的稳定,避免人为的滑坡、泥石流与塌方。应注意加强对山坡上树木的管理和抚育。

(4)雪崩体崩落前,可采用下列措施减缓或阻止其发生崩落:

①在雪崩生成区的积雪上撒钠盐等,以促使雪融化后形成整体,增加雪体强度,减轻雪崩的危害。

②采取炮轰、人工爆破等措施降低雪檐、雪层的稳定性,使其上部失去支撑,造成小规模的"人工雪崩",以减轻雪崩的危害程度。

③采取导风板、防雪栅、防雪墙(堤)、防雪林等措施阻止风雪流向雪崩形成区。

④在可能危害公路的雪崩区,对其范围、类型、基本特征、雪崩面积、山坡坡度、岩石性质、植被情况、最大可能积雪量、冬季主风向、降雪及风吹雪规律等进行详细的调查并逐项记录。

⑤在雪崩发生后,及时清除路面积雪、恢复交通,同时将雪崩发生日期、时间、雪崩量、危害情况及各项防雪崩工程设施的使用效果等详细地记录在技术档案内,并将现场情况拍摄成照片、影像资料。

2. 雪害地段路基养护

公路上的雪害有积雪和雪崩两类。必须根据雪害发生、发展规律做好雪害防治,要保持防雪设施完好,增添必要的新设施和机具设备,以减少雪崩和积雪对公路及交通造成的危害。在雪崩发生后,应由人工或机械及时清除路面积雪,尽快恢复交通。

(1)风雪流与导风板。风雪流是穿过雪原的气流达到一定的速度后带动大量雪粒随风运行的现象。防风雪流设施的导风板有下导风板和屋檐式导风板。

①下导风板。设在公路上风侧路基边缘,先埋设立柱,在立柱上部钉以木板或涂以沥青的铁丝网,阻挡风雪流,以加大路基附近的贴地风速,使风雪流通过路基时不沉积,并吹走路上疏松的积雪。

②屋檐式导风板。在山区背风山坡路段设置,板面与山坡自然坡度一致,并有足够长度,使风雪流沿"屋檐"流通。

(2)防雪栅。防雪栅是一种防风雪流的设施,如图 4-1-15 所示。它是用木料或其他材料做成的,由立柱、栅栏板条和加固板条等组成,用以阻挡雪流移动的栅栏。按设置形式可分为固定式和移动式;按构造可分为透雪栅和不透雪栅。

(3)防雪墙、防雪堤、防雪网。

①防雪墙。设在公路上风侧的阻雪设施,可用木、石、土、树枝或雪块等筑成,其高度不小于 1.6m,与路基边缘的距离为其高度的 10 倍左右,使风雪流通过路基时无大量雪沉积。

②防雪堤。设在雪阻路段迎风口一侧,距离路基 15~20m,高度不低于 1.6m,边坡坡率为 1:1,长度与雪阻路段同长。

③防雪网(图 4-1-16)。防雪网结构是采用锚杆、锚绳、立柱和固定压板等固定方式将防雪网垂直安装在需要防护的路段,形成栅栏式的拦截吹雪的柔性防护系统。防雪网采用价格低廉、取材方便的聚乙烯高分子作为基料,采用紫外线吸收剂、光稳定剂和抗氧剂等对聚乙烯(PE)进行改性制备而成。

图 4-1-15　防雪栅

图 4-1-16　防雪网

(4)防雪林。防雪林带是防治风雪流的重要措施。防雪林带应栽植在雪季主导风向的上风侧,与同侧路基边缘距离应为防雪林高度的 10 倍左右。防雪林带宜选用不同树种组成具有一定宽度、高低错落的林带,以更好地起到阻雪、防雪的作用。

(5)防雪走廊(图 4-1-17)。在雪崩运动区和堆积区中,可在公路上修建形式与隧道明洞相似的构造物,称为防雪走廊,能使雪崩的雪从其顶上越过,也可防止风雪堆积。

(6)导雪槽、导雪堤。

①导雪槽。在公路上修筑的构造物,内侧与山坡连接,外侧以柱支撑,可使雪崩的雪从其顶上越过的工程设施,适用于防治靠近公路一侧上方的小雪崩。

②导雪堤(图 4-1-18)。为改变雪崩运动方向,使雪崩堆积到指定地点的防雪崩设施。导雪堤有土堤、浆砌石堤、铅丝笼石堤等结构形式。

图 4-1-17　防雪走廊

图 4-1-18　导雪堤

(7)人工雪崩。在发生大雪崩前,制造一些小规模的"人工雪崩"化整为零。可用炮轰或人工爆破以损坏雪檐、雪层的稳定性,也可在雪崩体坡面从两端用拉紧的绳索将下部的积雪刮去,使其上部失去支撑,造成小规模的"人工雪崩",以减轻雪崩对公路的危害。

(8)雪楔。雪楔是指在雪崩运动区下部和堆积区上部设置的楔状构造物群,其主要作用是分割、阻挡、滞留雪崩体。雪楔多采用三角形,有浆砌片石、轻轨木桩、装配式混凝土构件等形式;其高度应大于雪崩体峰面高度,呈梅花形布置。

(四)风沙及沙漠地区路基

1. 沙漠地区公路路基的主要病害

我国沙漠地区主要分布在北方干旱、半干旱地区。由于沙漠地区气候比较干燥、雨量稀少、风沙大,地表植被均较稀疏、低矮,容易形成的路基病害如下:

(1)路基及其设施被沙掩埋,称为沙埋。沙埋是沙漠公路的主要沙害。

(2)边坡或路肩风蚀。

2. 沙漠地区路基防护的特点

沙漠地区公路防沙的基本方针是"固、阻、疏、导,综合治理",在路基两侧形成完整的防护设施。防沙设施包括工程防沙和植物防沙两大类。图4-1-19为塔里木沙漠公路,是目前世界上在流动沙漠中修建的最长公路。

图4-1-19　塔里木沙漠公路

3. 沙漠地区路基防护的一般规定

(1)对于风沙及沙漠地区路基的沙埋和风蚀等病害,可选用植草护坡、设置植被保护带、碎石护坡、设置风力堤及挡沙墙等方法进行处治,并应符合下列规定:

①半湿润和半干旱沙漠地区,应以植物治沙为主、工程防沙或化学固沙为辅。植物治沙宜采用乔、灌、草相结合。

②干旱沙漠和荒漠地区,宜采用工程防沙或化学固沙与植物治沙相结合、先工程后植物的固沙方法。固沙植物以灌木和半灌木为主。

③极干旱沙漠地区,对流动性沙漠或沙源丰富的风沙流危害严重路段,应在路基和其两侧建立完善的综合防沙体系,设置阻沙、固沙、输沙相结合的以工程为主的综合防护体系;在以固定沙丘为主或以风沙流过境为主的路段,宜以输沙措施为主,并对局部零星沙丘进行治理;其他地区应根据其风沙流强度及沙害的具体情况设置防护体系。

④在干旱、极干旱沙漠和荒漠地区的丘间地下水位较高或有引水灌溉条件的地方,可采用植物治沙,营造防沙林带。

(2)对原有防沙设施应坚持经常性检查养护,发现防沙设施损坏或被掩埋应及时予以修缮、清理。在受风沙危害的路段，现有防沙设施不能满足要求时，应增设工程防护设施或在公路两侧培育天然植被保护带。

(3)风沙及沙漠地区路基病害处治施工应符合下列规定：

①采用植物固沙的路段，应坚持经常性养护。在风后、雨后应及时检查，发现损坏及时修补，及时清理被沙埋没的围栏，补栽草方格和撒播草籽等。

②草方格沙障发生腐烂破坏时，应根据沙丘部位和麦草的腐烂程度，进行重新修补扎设。草方格沙障以1m×1m和1m×2m的半隐蔽式方格为宜，一般用草量为6000kg/hm^2。

③利用各种草类、截枝条全面铺压或带状铺草、平铺杂草固沙施工时，应用草绳或枝条纵横固结，或者用沙粒压盖，防止风毁。

④采用阻沙栅栏进行阻沙时，栅栏应与主风向垂直，阻截风沙流，防止流沙埋压固沙带。由于沙粒在栅栏前越堆越高，会成为新的沙丘，要随时注意修复被埋压的栅栏。

⑤在受风沙危害的路段，公路两侧应划定天然植被保护带，其上风侧宽度不应少于500m，下风侧宽度不应少于200m。在此范围内应设立界桩，严禁樵采和放牧等一切有碍天然植被生长的活动，保护好原有的天然植被，并进行必要的培育，扩大植被面积。

(五)涎流冰地段路基

在寒冷地区，河水冻结可对桥梁浅桩产生冻拔，使小桥涵形成冰塞引起构造物冻裂，解冻时大量流冰对桥梁墩台产生巨大冲击，以至形成冰坝威胁桥梁安全；地下水或地面水漫溢到地面或冰面时，会逐层冻结而形成涎流冰。涎流冰可分为山坡涎流冰(图4-1-20)和河谷涎流冰(图4-1-21)，前者主要危害桥涵，后者主要危害公路路面。涎流冰覆盖道路，会造成行车道凸凹不平或形成冰块、冰槽等，严重影响行车的安全；若其堵塞桥孔则会挤压上部结构导致损坏。公路上的涎流冰面积一般为数平方米到数千平方米不等，有时可达数万平方米，其厚度一般为数厘米到数米。

图4-1-20　山坡涎流冰

图4-1-21　河谷涎流冰

1.一般规定

(1)涎流冰地段路基病害可选用聚冰坑(沟)、挡冰墙(堤)、冻结沟等工程措施进行处治，并应符合下列规定：

①挡冰墙(堤)应设在边沟外侧；当聚冰量大时，可在挡冰墙(堤)外侧设置聚冰坑(沟)。挡冰墙(堤)可采用浆砌片、块石砌筑，高度宜为1~2m。

②聚冰坑(沟)的底宽宜为1.5~3.0m。土质地段的聚冰坑(沟)可根据坡面渗水和土质情况,在边坡坡脚设置干砌片石矮墙。

③冻结沟应采用浆砌片石防护。

(2)涎流冰地段路基应加强排水设施的养护、保温处理及融冰水的清理,必要时应增设排水设施,并应符合下列规定:

①山坡涎流冰地段的路基应设置完善的排水系统,必要时可加宽、加深边沟,或设置挡冰墙(堤)、聚冰坑(沟)等设施。聚冰坑(沟)处应设置净空较高的涵洞排除融冰水。当山坡地下水量较大时,可设置渗沟、暗沟等地下排水设施。

②对于冲积扇或缓山坡上的涎流冰地段,可在路基边坡外设置聚冰沟,聚冰沟的下方宜设置挡冰堤。聚冰沟横断面应根据地形、地质、水量、聚冰量确定,沟深和底宽宜为0.8~1.2m,并做好聚冰沟与排水设施的衔接处理。挡冰堤高度宜为0.8~1.2m,堤顶宽度宜为0.6~1.0m,边坡坡率不宜陡于1∶1.5;采用干砌片石铺砌时,边坡坡率可陡至1∶0.5。

③采取排、挡、截等防治措施时,应保证自然排水系统的畅通。

(3)涎流冰地段路基病害处治施工应符合下列规定:

①涎流冰地段路基排水系统、挡冰墙(堤)等出现破损,或截水沟、排水沟淤堵时,应及时修复、清理疏通。

②出现涎流冰加重或原有处治措施失效的情况时,应及时采取措施进行增强处理。

③秋末冬初对需要保温的部位应采用人工堆放积雪、干草等增强保温措施,并可根据需要增设临时挡冰堤。

④地下排水设施应设在冻结深度以下,出水口高出地面不应小于0.5m,并应做好出水口的保温措施,或采用开挖纵坡大于10%的排水沟措施。

(4)特殊气候应加强冬季巡查,对临时出现的涎流冰,应及时进行人工刨除;对有可能威胁公路运营的涎流冰,应采取临时排水、排冰措施。

2. 治理涎流冰地段路基的措施

1)冰害防治措施

适当加大桩身,防治桥基冻拔。对于冰塞现象,除经常清除涵内冰冻外,必要时可适当加大孔径和涵底纵坡,或在上游建造聚冰池或冰坝等构造物。为避免气温突变导致解冻的流冰对桥梁墩台、桩的冲击,一般可在桥位上游设置破冰体,并可在冰面临近解冻前,在桥位下游对封冻冰面用人工或爆破方法开挖冰池及时疏导。冰池长度为河宽的1~2倍,宽度为河宽的1/3~1/4,且不小于最大桥跨。如水面宽度小于30m时,冰池长度宜增加到水面宽度的5倍,并在接近冰池下游开挖0.5m宽的横向冰沟。在情况危急时,应在下游将冰块凿开逐一送入冰层下冲走,在上游将流冰人工撬开或用炸药炸开并予以清除。

2)河谷涎流冰防护措施

(1)桥梁上游如有大片地形低洼的荒地,可用土坝截流。

(2)河床纵坡不大的河流,可于入冬初,在桥下游筑土坝,使桥梁上下游各约50m范围形成水池,水面结冰坚实后,在水池部位上游开挖人字形冰沟,以利于集中水源。同时挖开下游河床最深处的土坝,排尽池内存水,保持上下游进出口不被堵塞,使水在冰层下流动。

(3)于桥位上下游各 30 ~ 50m 的水道中部顺流开挖冰沟,用树枝柴草盖上,再加铺上或雪保温,并经常检修,保持冰沟不被冻塞,在解冻时将冰沟拆除。

3)山坡涎流冰的主要防治措施

(1)聚冰沟与聚冰坑。聚冰沟多用于拦截冲积扇沟口处的泉水涎流冰和地势较缓的山坡涎流冰;聚冰坑多用于水量较小、边坡不高的堑坡涎流冰,用以积聚涎流冰防止其上路。

(2)挡冰墙。挡冰墙适用于防治涌水量不大的山坡涎流冰和挖方边坡涎流冰(图 4-1-22),且可用以阻挡和积聚涎流冰,防止其上路。挡冰墙一般用浆砌片石、块石筑成,一般其底宽 60 ~ 120cm,顶宽 40 ~ 60cm。基础埋置深度按土质、积冰量及当地冰冻深度等情况确定,如图 4-1-23 所示。当积冰量较大时,可与聚冰坑配合使用。

图 4-1-22　边坡涎流冰

图 4-1-23　挡冰墙(拦水墙)

(3)挡冰堤。挡冰堤适用于防治在地势平坦地区、涌水量不大的山坡涎流冰和径流量不大的小型沟谷涎流冰。挡冰堤修筑在路基外,山坡地下水露头的下侧或沟谷内桥涵的上游,用以阻挡涎流冰,减小其漫延的范围,如图 4-1-24 所示。山坡上的涎流冰,可采用柴草、草皮或石砌的长堤予以拦截。在沟谷内一般采用干砌石堤,以利于秋夏排水。挡冰堤的长、宽、高和数量按当地的地形及涎流冰数量确定,基础埋置深度按当地土质和冰冻深度而定。

图 4-1-24　挡冰堤(尺寸单位:cm)

(4)设置地下排水设施。地下排水设施适用于一般寒冷和严寒地区,常用的有集水渗井、渗池、排水暗管和盲沟等。必要时可在其出口处设置保温措施或出口集水井。

(5)涎流冰清除。对流至路面的涎流冰要及时清除,撒布砂、炉渣、矿渣、石屑、碎石等防滑材料或氯化钙、氯化钠等盐类防冻剂,以防行车产生滑溜,并设置明显标志。当冰层在盐类物质和行车作用下变软时,应立即将冰层铲除,以防其在降温时重新冻结,冰层铲除后应重撒防滑材料。

第三节　自然灾害防治

一、公路铲冰除雪作业

高效快速的融冰除雪作业能在恶劣天气情况下快速恢复路面的抗滑性能,可有效降低冬季交通事故发生率,最大限度地发挥高速公路在冬季恶劣天气下的交通作用。实现道路下雪时不封路,为过往驾乘人员提供安全、快捷的交通保障,促进物流运输事业和社会经济的发展。

(一)融雪剂和机械设备的选用

融雪剂指可以降低冰雪融化温度的药剂,是一种化学品。当其撒布于道路表面的积雪上时,会迅速吸收空气中的水分子,形成溶液逐渐融化冰雪。随着冰雪融化后水分的越来越多,撒布在道路上的融雪剂也随之大量溶解,加之车辆行驶促进了融雪剂液体在路面上的流动,使道路上的积雪迅速融化成水。事实上,能溶于水的物质基本上都可以用作融雪,如醋酸、盐水等,只是某些物质的融雪效果与价格限制了其作为融雪剂使用。

由于高速公路呈带状分布,为提高融冰除雪作业的效率,一般采用以机械作业为主、人工作业为辅的融冰除雪作业方式,如图4-1-25、图4-1-26所示。我国关于道路冰雪控制的研究起步较晚,但也取得了一定的成绩,先后成功研制了梨式除雪机、除雪器以及多功能除雪铲等机械设备。鄂西高速公路常用的机械设备主要有固态融雪剂播撒车、液态融雪剂喷撒车、铲雪车、扫雪车等,而北方地区使用较多的平地机和吹雪车等机械设备使用得较少。一方面山区高速公路竖向曲线和平面曲线较多甚至多有交叉,且桥梁伸缩缝较多,不利于平地机开展作业;另一方面,南方的雪湿度比北方的大,落地堆积后易板结,且降雪量一般在3~6cm,积雪厚度相对较薄,不能充分发挥吹雪车的优势和效能。

图4-1-25　融雪剂洒布机作业

图4-1-26　机械铲冰除雪作业

(二)冬季融冰除雪养护技术

1.普降大雪天气道路融冰除雪

当冷空气或寒潮来袭,高海拔地区会气温骤降,形成明显的降雪与冰冻天气,导致路面抗滑性能降低,易出现车辆失控、连环追尾等交通事故。这种情况比较直观,容易判断,有利于养护管理方提前做出决策和预防性作业的实施。针对这种恶劣天气,根据天气预报,结合天气阴晴和气温的渐变情况,一般当气温接近0℃并出现降雪迹象时,应及时对道路全线撒布第一遍预防性融雪剂。后续根据降雪量和降雪持续时间确定是否撒布第二遍融雪剂,如果降雪量保持在3cm以下,降雪在4h内结束,则不用再撒布第二遍融雪剂;如果降雪量达到3cm以上,降雪持续4h以上,则需要及时补撒第二遍融雪剂,因为第一遍撒布的融雪剂逐渐被雪水稀释,融雪融冰效果降低,会出现融化后的雪水又结冰的现象。如果降雪一直持续,道路上出现降雪堆积现象时,则需要采取机械除雪与融雪剂化学除雪相结合的方式进行除雪防滑作业,即1~2辆铲雪车或扫雪车在前面作业,后方20~30m距离紧跟1辆融雪剂撒布车作业。铲雪和融雪剂撒布在同步作业时要注意,铲雪作业的周期应充分考虑融雪剂的剂量和效用产生时间,铲雪过于频繁或铲雪作业计划不周,会过早地将路面的融雪剂清除,造成浪费。

预防性撒布融雪剂的重要性。在降雪过程中高速公路几十公里甚至上百公里的路段会同时垫上积雪,而融雪剂撒布机械需要一点一点地移动作业,具有滞后性,如果等开始降雪再开始除雪作业,几十公里外的道路上可能已经出现交通事故。预防性撒布融雪剂是为了克服这一现象而采取的预防性措施。有效防冰策略的关键是在降雪结冰之前,或刚刚降雪之后路面结冰之前及时地在路面上预撒化学融雪剂,这样可以防止路面冻结。预防道路结冰是一项系统性的现代化策略,若预防措施采取得当,其效果会比采取其他方案更好,持续时间更长。

融雪剂撒布量的控制。根据多年实践总结的经验,一般情况下融雪剂撒布量控制在50~70g/m²,撒布车行进速度控制在40km/h。

2.冷晴天气长下坡路段融冰

当冷空气或寒潮退去,气温又随之回升,雨雪天气消失。但这种无雨无雪的冷晴天气却存在着道路结冰现象和巨大的安全隐患。南方山区高速公路冬季昼夜温差大,处于冷晴天气中时,白天温度较高,能达到5~8℃,但夜间温度仍会降至0℃以下,山区高速公路的长下坡路段会因货车刹车系统喷洒降温水产生薄冰,这也是山区高速公路特有的结冰现象。针对这种比较隐蔽的结冰现象,首先应密切关注天气预报;其次,在高速公路重点路段设置温度仪,同时增加高速公路高频次的夜间巡查,比如,每间隔1~2h巡查一次,通过实地调查来决策是否撒布融雪剂;最后,撒布范围仅限于会出现刹车降温水的长下坡路段,其他平坦路段和上坡路段的温度虽然也低于0℃,但路面干燥,故不撒布融雪剂。因刹车降温水的量与降雪量相比非常少,结合多年实践经验,每晚或连续2晚撒布一次融雪剂即足以阻止长下坡路段结冰现象。

3.以钢材为主材的桥梁融冰除雪

山区高速公路因地形限制,为了跨越沟壑峡谷,通常采用具有较大跨度的特殊结构桥梁,如斜拉桥、钢管拱桥、悬索桥等,这些特殊结构桥梁通常以钢材为主材,极易被氯盐类和复合类融雪剂腐蚀破坏。非氯植物基融雪剂初期融冰化雪效果较好,一般是喷上即融化,但随着冰雪融化后融雪剂被稀释会出现再次结冰的现象。当降雪量较小时,一般每4h喷洒一遍融雪剂,当降雪量较大时,应配备推雪车或扫雪车联合作业。针对位于长下纵坡的特殊结构桥梁,由于液体融雪剂具有流动性,融冰效果维持时间较短,一般每 3h 喷洒一遍。暴雪时,应根据具体情况适当增加次数和使用量。

(三)注意事项

融雪剂一般靠机械设备涡旋喷洒出,撒布半径较大,往往容易喷洒到中央分隔带绿化种植槽和路侧绿化带中,给植被和环境带来污染和破坏。所以,一般要在融雪剂撒布出口处增设挡隔板,以控制撒布半径。

南方降雪湿度比北方较大,积雪在车辆碾压作用下容易变成冰层。在上坡路段,如果融雪剂撒布量过少,融化后的雪水会出现再次结冰的现象,一些轻动力货车就会爬坡困难,导致后方车辆积压形成道路拥堵。而在桥梁路段,由于桥面下方空气流动快,往往形成风口,温度比路基段更低。

二、预防和治理风雪流对道路损害的技术

当风速大于雪粒的起动风速(4~5m/s)时,即能吹起积雪,并挟带雪粒,随风急速流动,形成风雪流。

风雪流的预防和防护:

(1)改善路基平面及纵、横断面或改善路及附近地形,如提高路基、放缓边坡;设置储雪场;整修内侧山坡,敞开路基以及在路基一定范围内清除有碍风雪流通过的障碍物等,这是一项治本的防雪措施,但要注意工程量和可能产生的其他病害。

(2)栽植防雪林带是一项有效的防雪措施。防雪林带应按规定位置栽植,可采用灌木—乔木—灌木结合林带或单一林带。防雪林的树种选择要因地制宜,一般有杨、榆、槐和落叶松等树种。如图 4-1-27 所示。

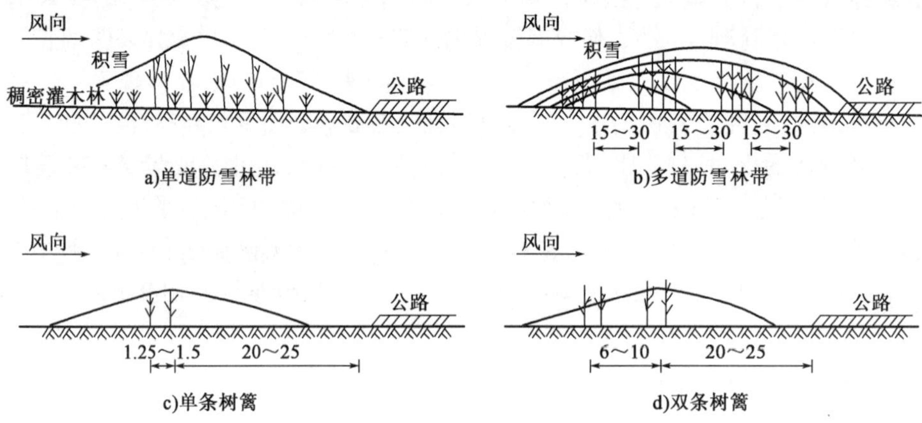

图 4-1-27　防雪树篱和林带(尺寸单位:m)

(3)设置防雪设备。防雪设备有防雪栅、防雪堤(墙)和导风板三种,因其费用较高,须按就地取材、因地制宜的原则,力求经济适用,并只宜在积雪较多而又无其他方法处理的地段采用。

三、预防和治理风沙对道路损害的技术

(一)公路沙害成因

风沙地区公路沙害类型主要有两种:路基和路面的风蚀以及路基、路面和桥涵的沙埋。风蚀包括吹蚀和磨蚀两种作用。众所周知,风沙地区自然特征是风大沙多,而修筑的路基又往往是就地取材的沙土,缺乏黏性,易松散,受到风力作用,沙粒很容易被风吹走,产生路基吹蚀。或因风沙流中的沙粒不断冲击路基、路面,发生磨蚀。倘若地表径流侵蚀路基而使之产生流痕或孔穴,风沙流可钻入孔内旋磨,以致将沙填路基的路肩部分或路面下土基掏空,造成塌陷。

路基风蚀主要集中表现在路基突起的迎风部位上。风蚀状况随路基形式与风信(风力、风速)的不同而异。路堤风蚀多发生在迎风路肩和边坡上部,特别是高路堤风蚀最为严重,常常形成上陡下缓、坎坷不平的风蚀坡面。一般风蚀量为十几厘米,最大可达数十厘米,整个路肩都可被风蚀殆尽。风蚀不仅增加了养护工程土方量,而且减小了路基宽度,严重影响行车安全。路堑风蚀以边坡和堑顶受侵蚀最为严重。当主导风向与线路平行时,两侧坡面常被风蚀成犁沟状,沟深可达20cm以上,线路与主导风向垂直时,堑顶形成浑圆状或不规则形状,迎风坡面常被风蚀成犬牙状,或成袋形涡穴。被风蚀的沙土塌落于堑内,堵塞公路。无论是哪种断面形式的路基,其风蚀程度都与风力大小、风沙流强度、填筑材料、坡面有无封闭以及封闭材料的性质等有关。

沙埋(图4-1-28、图4-1-29)是风沙地区公路的主要沙害形式。我国风沙地区面积大,通过沙区的公路干线和支线众多。我国在治沙工作上尽管做了努力,但部分公路仍存在沙埋的侵害。

图4-1-28　沙埋公路

图4-1-29　严重沙埋公路

(二)公路沙害防治技术

为了防止沙质路基遭风蚀,可用以下各种材料封固(以全铺为宜),对路基进行防护:柴草类防护,利用各种柴草、草皮在路基迎风面上或突出部位,进行平铺、层铺或迭铺;土类防护,用黏性土或天然矿质盐盖等覆盖路基土表面;砾卵石类防护,平铺砾卵石或栽砾卵石后填砂砾;

无机结合料防护,用水泥土、石灰土以及水玻璃加固土等封固;有机结合料防护,可以采用石油沥青土、煤沥青土等。

为防止道路被沙埋的危害,在道路两侧的一定范围内,必须采取各种工程防护措施,控制风蚀过程的发生和改变沙子移动与堆积的条件。按措施的作用与性质,可分固、阻、输(导)三种方法,应遵守下列规定。

1. 固沙

固沙一是采用各种材料作为覆盖物,将沙质表土与风的作用隔离;二是设置沙障,达到降低地表风速,减小风沙流的活动,可分别采取下列措施:覆盖物固沙,利用柴草、土类和砂砾石等材料覆盖于沙面上来隔离风对沙面的作用;沙障固化,用柴草、黏土、树枝等材料设置成沙障,以减小地表风速,削弱风的活动能力,并阻挡部分外来流沙,可因地制宜,选用下列沙障。

(1)草方格沙障:在流动沙丘上,将麦草等扎成 1 ~ 2m 见方的草方格(方格的一边必须与主风向垂直)。这种半隐蔽式沙障,防沙效果良好,如图 4-1-30、图 4-1-31 所示。

图 4-1-30　公路两旁草方格沙障

图 4-1-31　草方格沙障

(2)黏土沙障:用黏土碎块在沙丘上堆砌成小土埂。它不但设置简便、耐用,且固沙与保水性能较好。

(3)草把子沙障:将芦苇绑扎成束,铺设于流动沙丘上,将束径的二分之一埋入沙中,以增加地面的粗糙度来阻止沙丘的移动。

(4)树枝条高立式沙障:用树枝条或芦苇按行列式或格状插入沙内。其外露高度要在 1m 以上;达到削弱风沙活动能力,并阻挡部分路外流沙侵入。如图 4-1-32 所示。

2. 阻沙

阻沙可利用各种材料,在迎风路侧的适当距离和位置上,设置若干人工障碍物,以降低地面的风速,减弱风沙流的作用,使沙粒沉积在一定的范围内,减少和抑制沙丘前移,从而减轻或防止沙对公路的危害。阻沙工程可采取下列措施:

(1)高立式防沙栅栏:主要用灌木枝条、玉米、高粱或芦苇等高杆植物制作而成。一种形式是用这些植物杆,成行栽入沙内 30 ~ 50cm,外露 1m 以上形成防风篱笆;另一种形式是将植物杆编成 1.5m × 2.0m 的笆块,固定于桩上。

(2)挡沙墙(堤):是直接利用就地沙土或砂砾修筑的紧密不透风的挡沙结构。其高度一般为2～2.5m,两侧边坡坡率为1:1.5～1:2。采用就地沙土修筑挡沙墙(堤)时,用土或砂砾进行表面封固。如图4-1-33所示。

图4-1-32　高立式沙障

图4-1-33　挡沙墙

(3)为提高阻沙效果,可采取栅栏与挡沙墙(堤)相结合的形式。

3. 输(导)沙

输(导)沙借助人工构造物或人为改变地形,以加大地面风速,使道路两侧的防护范围内成为非堆积搬运地带,达到防沙目的。可采取下列措施:

(1)修筑路旁平整带。将路基两侧20～50m范围内的一切突出物整平,并用固沙材料封固。有取土坑的,可将坑修成弧形的浅槽(图4-1-34)。

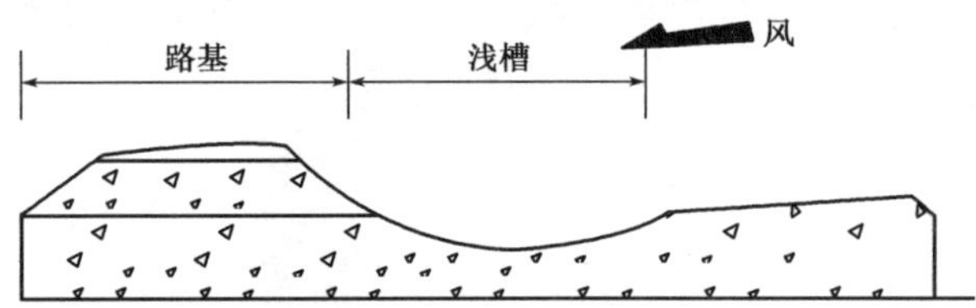

图4-1-34　设有浅槽的路基

(2)设下导风板(又称为聚风板)。下导风板由立柱、横撑木及栅板组成,其板面高度与下口高度之比以1:0.7为宜(图4-1-35)。下导风板主要适用于风向单一、沙丘分布稀疏、移动快的低矮沙丘、沙垄造成的局部严重沙害。阻沙设施距路基边缘的最近间距,应根据沙源数量、年风沙流量、风向与路线交角等因素进行综合考虑。一般阻沙设施距路基边缘的最小距离,不小于150m;多道防沙设施之间的距离,不应小于设施高度的15～20倍。

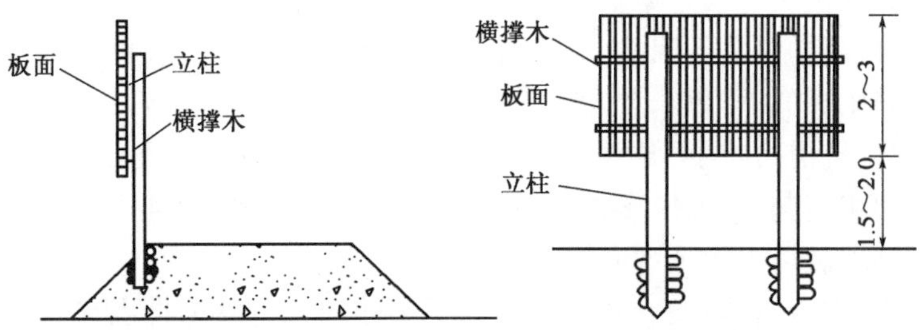

图4-1-35　直立式下导风栅板的结构和设置部位(尺寸单位:m)

(3)设有浅槽与风力堤的输沙法。在沙源较丰富的流动沙丘地区,为防治沙丘前移对路基造成的危害,在路基迎风侧设置浅槽与风力堤,借助浅槽特有的气流升力和与风力堤的综合作用,加大风速,达到道路的输沙目的(图4-1-36)。图中风力堤顶与路基同高;L/H 值控制在10~20的范围内,各变化点均应做成流线形。浅槽与风力堤采用固沙措施封固。

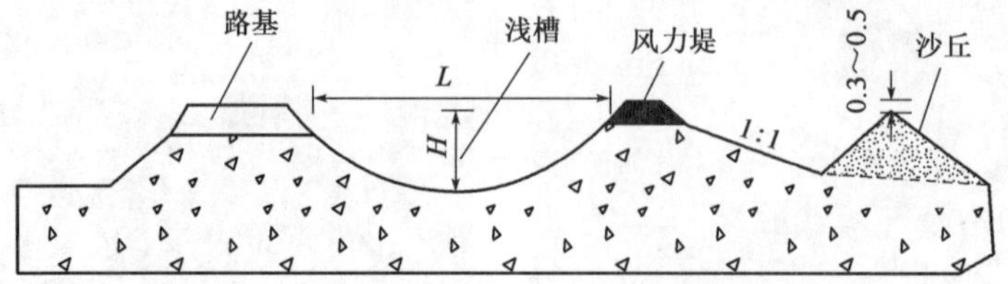

图4-1-36　设有浅槽与风力堤的路基输沙(尺寸单位:m)

四、水毁预防与抢通

公路工程建设里程长,沿线经过的水文地质条件复杂。在降雨量丰富、河道密布的区域,每年汛期公路路基水毁病害(图4-1-37)出现可能性较大。公路路基水毁问题复杂,水毁产生原因和灾害形式多样,需结合路基不同水毁类型和边坡稳定性情况,采取有针对性的修复措施。

图4-1-37　公路水毁

(一)水毁路基类型

沿河公路水毁的主要对象是路基,受灾部位主要是在临河一侧,其本质是雨水或汛期洪水对路基反复渗透、冲刷的结果。因此,水毁路基根据受灾机理的不同,可分为:①渗透作用引起的水毁。在连续降雨天气下,雨水渗入路基边坡岩土体内部(重度增大、抗剪强度参数减小),使边坡下滑力增加,抗滑力减小,导致边坡稳定性降低而损坏;②冲刷作用引起的水毁。水流的冲刷作用是由河水引起,其表现形式主要有冲蚀、携带泥沙等,例如沿河路基的下边坡和河流凹岸路基处的挡墙破坏大多是水流的冲刷作用导致的。

在实际情况中,水毁路基一般是由水的渗透作用和冲刷作用共同引起的,且两者是相互促进的。

(二)水毁预防

(1)公路塌方、滑坡的防治。对可能发生塌方、滑坡的路段,应采取下列措施进行防治:

①在坍、滑体上方,按其汇水面积及降雨情况,结合地形设置截水、排水沟,防止地表水和地下水流入坍、滑体。

②设置挡土墙(图4-1-38)或抗滑桩等,维持土体平衡。

图4-1-38　格宾挡土墙

③种植草皮、表面喷混凝土(水泥砂浆)、砌筑护坡或进行刷坡减轻土体,稳定边坡。

(2)沿河路基水毁的防治可采取设置丁坝、浸水挡土墙、抛石等防治措施。

(三)水毁抢通

(1)坚持先抢通保畅的原则。水毁发生后,应迅速启动防汛抢险预案和应急救援预案,抢修冲毁路面、疏通河道、加固堤坝。

(2)坚持保障过往行人行车安全通过的原则。因洪水冲击力大,路基掏空、塌方面积会持续扩大,公路通行安全不稳定。为了保障较窄路段的行车安全,应设置安全标志,并协同路政人员彻夜值班巡查,指挥车辆行驶,尽最大努力保障行人和通行车辆的安全。

(3)坚持防止水毁进一步扩大的原则。洪水水势减弱后,应安排机械设备对堤坝进行再加固,对沿线防洪堤进行再维护,并对水毁修复处进行夯实处理,以增加水毁修复处的牢固性,防止连续发生水毁时受灾面积的进一步扩展。

(4)坚持先急后缓、快速抢修的原则。水毁发生时,及时集中人、财、物力,调派机械设备抢修冲毁路面,疏通河道,加固堤坝,迅速进行抢修。在洪水得到有效疏导后,第一时间调运土方对冲刷严重的路基进行填筑,并动员所有抢险人员夜以继日、全力以赴尽早恢复道路畅通,为来往车辆提供正常通行条件。

(四)公路水毁路基修复技术

1.水毁路基修复步骤

在公路路基水毁路段,需快速修复以恢复交通。为了保证水毁路基修复效果,避免反复水毁,需严格遵循公路工程设计相关规范,坚持"先急后缓、先通后畅、修复与提高相结合"的原则。水毁路基的具体修复步骤如下。

(1)现场调查勘测。在确定水毁路基修复措施之前,应对水毁路基路段的地理位置、水文气象条件、地下水位、地质构造及成灾原因、发展趋势、破坏规模等进行详细的调查。同时,还要对各水毁路段开展钻探,并对路堤填料开展常规物理力学性能试验,为水毁路基的边坡稳定性分析提供依据。

(2)稳定性分析。根据地质勘察成果,选取有代表性的水毁路基边坡断面建立计算模型,利用数值模拟或极限平衡法分析边坡在不同工况下的安全系数变化规律,为水毁路基的边坡修复方案选择提供依据。

(3)修复方案比选。根据水毁路基的现场调查勘测资料和稳定性分析结果,选择合理的边坡修复方案,比如陡坡路堤,下边坡形成薄层填方,可选择支挡结构收坡,提高路基整体稳定性;例如滨河路段填方路基的坡脚伸入水中,需收回坡脚或采用坡面防护措施减少水流的冲刷作用。

2. 水毁路基常用修复措施

目前,公路水毁路基的修复主要是凭借工程经验来判断各种修复结构的可靠性、合理性和经济性,常用的修复技术主要分为防护和加固两类,其中防护技术主要有浆砌片石护坡、浆砌块石护坡、混凝土护坡等;加固技术包括重力式挡墙、加筋土挡土墙、新型格宾挡土墙等。

(1)浆砌片石护坡。当公路位于河床断面较宽阔且河道顺直的河段,河流流速小,边坡受水流冲刷较轻时,可采用浆砌片石护坡方案(图4-1-39)。

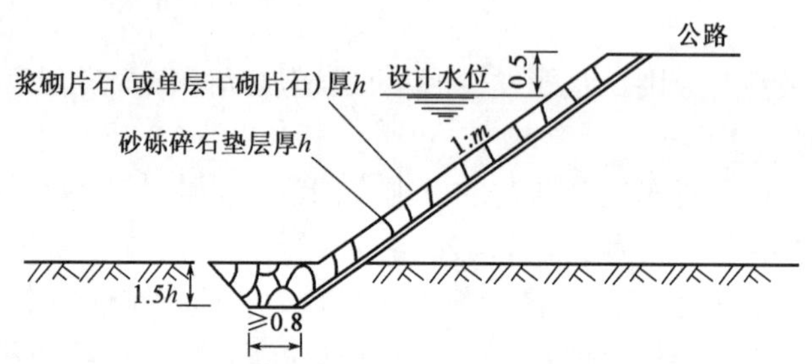

图4-1-39 水毁路基浆砌片石护坡方案(尺寸单位:m)

对路基边坡进行适当加固,提高坡面抗冲刷能力。浆砌片石护坡的基础应埋置在最大冲刷深度之下。如果有基岩出露,基础埋置在基岩上,并用水泥砂浆黏结。

(2)重力式挡墙。重力式挡土墙是水毁路基修复工程中最常用的支挡结构,其依靠其自身重力来抵抗外力作用,保证边坡稳定性。重力式挡土墙一般是用混凝土浇筑而成,施工方法简单、经济效果好,但其体积和重量较大,不宜修建在软弱岩土地。此外,重力式挡土墙砌筑后需要较长的养护时间,不宜用在需紧急恢复交通的地段。

(3)加筋土挡土墙。加筋土挡土墙由填料、拉筋、墙面板等组成,其利用拉筋与土颗粒间的摩擦作用来改善土体变形条件,实现稳定边坡的效果。加筋土挡土墙属于柔性结构物,能适应边坡小变形,且对地基承载力要求低,可用于软土地区。

(4)格宾挡土墙。格宾挡土墙是将碎石、块石等散体材料填充在格宾网箱内形成的一种柔性挡土墙,最早应用于河道坡岸防护,因性能优越,其在水毁路基修复中的应用也越来越多。格宾挡墙可用不同粗糙度、透水性能好的填料填充,以起到消能作用,且无需在墙体设置泄水孔,受水流影响小,不易发生破坏。此外,格宾网对填充散体材料有较好的约束作用,使得格宾挡土墙具有良好的抗冲刷能力。

五、突发事件处置

(1)当突发事件发生且达到应急预案响应启动条件时,应立即上报并启动应急预案,并立即采取控制危险源、控制和疏导交通、应急救援、防止发生次生和衍生事件等应急措施,如图4-1-40、图4-1-41所示。

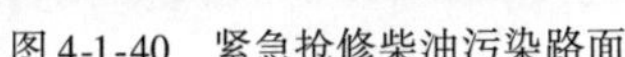

图4-1-40 紧急抢修柴油污染路面

图4-1-41 塌方抢修

(2)因突发事件造成公路损毁时,应及时开展应急检查和实施应急工程,并应符合下列规定。

①应急检查后应编制应急检查报告。

②应急工程应按照先抢通、后修复,先干线、后支线,先路基桥涵、后路面的原则,进行抢修和抢通。

③根据应急检查及评定结果,经应急加固可继续使用的结构物和设施,可采取应急加固措施进行抢修。

④抢修和抢通工程应加强施工监测,防止发生衍生灾害和次生灾害。

⑤保通路段应加强灾害监测和交通组织工作。

(3)公路突发事件应急预案应与地方和上级单位相关应急预案相衔接,内容应包括突发事件应急组织体系、预防与预警、应急处置和应急保障等,并应符合下列规定。

①公路养护管理单位应建立应急组织机构,明确相关职责。

②应加强基础设施监测、交通事件监控、风险管控和灾害防治等工作,适时收集国家有关部门的预报和预警信息,并应加强对各类预警信息的综合管理、分析和响应工作。

③突发事件得到控制后,应及时上报并终止应急响应。

④应加强应急队伍、装备物资、技术和资金等应急保障工作,定期检测和维护应急救援设备和设施。

⑤应定期组织应急演练和应急培训。如图4-1-42、图4-1-43所示。

⑥应急预案应根据实际需要和情势变化,适时修订。

图 4-1-42　公路突发事件应急演练

图 4-1-43　桥梁水毁加固演练

六、公路地质灾害抢通作业

1. 公路地质灾害

公路地质灾害是由地质运动与人类工程活动共同作用导致的公路及其周围地质环境条件发生变化而对公路的建设或者运营造成严重影响的灾害。主要类型包括崩塌、滑坡、泥石流、岩溶塌陷和采空区地面沉陷等。

公路地质灾害突发后,灾区公路会受到了各种不同程度的破坏,为了人民群众的生命和财产安全,需要迅速打通抢险救援的"生命线", 解决灾区公路应急运输问题,达到减灾救灾的目的。

2. 公路地质灾害应急反应系统

公路地质灾害应急反应系统与地质灾害的孕育到发生地质灾害的整个过程紧密联系,与防灾减灾中的"测、报、防、抗、救、援 "各个阶段也密切相关。因此,必须要形成统一的公路地质灾害应急管理系统。

完整的公路地质灾害应急反应系统应包括监测预警系统、快速反应系统、应急指挥系统、应急避难系统、信息发布系统、空间信息系统和宣传教育系统。在整个系统中,就应急抢通方面来说,快速反应系统与应急指挥系统是抢险救援的重中之重,对于能否科学合理、迅速有效地打通抢险救援的"生命线",其会发挥至关重要的作用。

3. 受损路基路面应急处置

在抢通受灾公路之前,应先评估抢通环境,如果风险过大,应采取必要的安全防护措施,以保证抢险人员和装备的安全。

抢通公路时,应充分利用履带式挖掘机或推土机适应各种复杂地形的优势,多点平行作业,加快抢通速度,再辅以装载机、平地机对粗通路段进一步整修。

在路基抢通过程中,对粗通后危险性较大的地段(例如挡墙基础部分脱空路段、边坡松散堆积体较高路段等),应派专人负责安全警戒,并设置安警示标志,加强交通管制。

4. 公路路基灾害抢通技术

抢通阶段的主要措施有:封闭裂缝;挖除障碍物;爆破清除阻塞体;堆积体上开挖便道;土

石填筑恢复路基;内侧拓宽通行;开渠泄洪;便道绕避;搭设便桥;轻质土路堤等。地质灾害抢修作业如图 4-1-44、图 4-1-45 所示。

图 4-1-44　边坡崩塌抢修作业

图 4-1-45　边坡滑坡抢修作业

5. 公路路基灾害保通技术

灾区公路经过紧急抢通后具备了初步通行能力,但抗灾能力脆弱,且大灾后往往较长时间内持续爆发次生灾害,极易使得公路再次中断。因此,应根据灾损评估成果,对可能再次中断交通或受地质灾害威胁较大的通行路段开展保通处治工作。对于处治工程规模较大、技术难度复杂的工点,应考虑采用永临结合的技术措施。

道路保通阶段的主要措施手段有:临时支挡;清危及坡面柔性防护;锚杆(索)加固;挡墙加固及修复;钢管桩加固;机械成孔抗滑桩支护;棚洞(图 4-1-46)及明洞(图 4-1-47)防护。

图 4-1-46　棚洞防护

图 4-1-47　明洞防护

第二章

路面养护

技能目标

(1)路面养护技师应熟悉路面养护施工组织、测量方法及材料要求。

(2)掌握沥青路面封层、罩面和翻修、补强、重铺、加宽的施工工艺。

(3)能根据现行《公路沥青路面施工技术规范》(JTG F40)、《公路沥青路面养护技术规范》(JTG 5142)等技术规范和路段实际情况,选择相应的养护方法组织养护施工。

(4)能进行路面技术状况检查,能进行路面技术状况评定。

(5)能组织实施路面封层、罩面作业,能组织实施补强重铺作业,能组织实施路面加宽作业。

第一节　路面技术状况评定

一、总体要求

公路技术状况用公路技术状况指数(MQI)和相应分项指标表示,MQI 和相应分项指标的值域为[0,100]。评定内容包括路面技术状况指数(PQI)、路基技术状况指数(SCI)、桥隧构造物技术状况指数(BCI)、沿线设施技术状况指数(TCI)。公路技术状况以及公路技术状况各分项指标分为优、良、中、次、差五个等级,各项评价内容所用的指标及其关系,如表 4-2-1 所示。

公路技术状况(及其分项指标)等级划分标准　　表 4-2-1

评价指标	优	良	中	次	差
MQI	≥90	≥80,<90	≥70,<80	≥60,<70	<60
SCI、PQI、BCI、TCI	≥90	≥80,<90	≥70,<80	≥60,<70	<60
路面损坏状况指数(PCI)、路面行驶质量指数(RQI)、路面车辙深度指数(RDI)、路面跳车指数(PBI)、路面磨耗指数(PWI)、路面抗滑性能指数(SRI)、路面结构强度指数(PSSI)	≥90	≥80,<90	≥70,<80	≥60,<70	<60

注:1. 高速公路路面损坏状况指数(PCI)等级划分标准应为“优”大于或等于 92,“良”在 80 ~ 92 之间,其他保持不变。

2. 水泥混凝土路面行驶质量指数(RQI)等级划分标准应为“优”大于或等于 88,“良”在 80 ~ 88 之间,其他保持不变。

二、路面技术状况指数(PQI)

沥青路面技术状况评定包含路面损坏状况、路面行驶质量、路面车辙深度、路面跳车、路面磨耗、路面抗滑性能及路面结构强度七项技术内容，水泥混凝土路面技术状况评定应包括路面损坏、路面平整度、路面跳车、路面磨耗和路面抗滑性能五项内容。其中，路面结构强度指数(PSSI)不参与PQI评定。

路面技术状况指数(PQI)按式(4-2-1)计算。

$$PQI = w_{PCI} + w_{RQI} + w_{RDI} + w_{PBI} + w_{PWI} + w_{SRI} + w_{PSSI} \tag{4-2-1}$$

式中，w_{PCI}、w_{RQI}、w_{RDI}、w_{PBI}、w_{PWI}、w_{SRI}、w_{PSSI}分别是PCI、RQI、RDI、PBI、PWI、SRI、PSSI在PQI中的权重，按表4-2-2取值。

PQI各分项指标权重　　表4-2-2

路面类型	权重	高速公路、一级公路	二、三、四级公路
沥青路面	w_{PCI}	0.35	0.60
	w_{RQI}	0.30	0.40
	w_{RDI}	0.15	—
	w_{PBI}	0.10	—
	$w_{SRI(PWI)}$	0.10	—
	w_{PSSI}	—	—
水泥混凝土路面	w_{PCI}	0.50	0.60
	w_{RQI}	0.30	0.40
	w_{PBI}	0.10	—
	$w_{SRI(PWI)}$	0.10	—

注：采用式(4-2-1)计算PQI时，路面抗滑性能指数SRI和路面磨耗指数PWI应二者取一。

1.路面损坏状况指数(PCI)

路面损坏用路面损坏状况指数(PCI)评价，其数值范围为0~100，值越大路况越好。PCI按式(4-2-2)、式(4-2-3)计算。

$$PCI = 100 - \alpha_0 DR^{\alpha_1} \tag{4-2-2}$$

$$DR = 100 \times \frac{\sum_{i=1}^{i_0} w_i A_i}{A} \tag{4-2-3}$$

式中：DR——路面破损率，为各种损坏的折合损坏面积之和与路面调查面积之百分比(%)；

A_i——第i类路面损坏的面积(m^2)；

A——调查的路面面积(调查长度与有效路面宽度之积，m^2)；

w_i——第i类路面损坏的权重，按表4-2-3和表4-2-4取值；

α_0——沥青路面采用15.00，水泥混凝土路面采用10.66；

α_1——沥青路面采用0.412，水泥混凝土路面采用0.461；

i——路面损坏类型，包括损坏程度(轻、中、重)；

i_0——损坏类型总数，沥青路面取21，水泥混凝土路面取20。

沥青路面损坏类型和权重　　表 4-2-3

类型 (i)	损坏名称	损坏程度	计量单位 (m^2)	权重(wi) (人工调查)	换算系数(wi) (自动检测)
1 2 3	龟裂	轻 中 重	面积	0.6 0.8 1.0	1.0
4 5	块状裂缝	轻 重	面积	0.6 0.8	0.8
6 7	纵向裂缝	轻 重	长度×0.2m	0.6 1.0	2.0
8 9	横向裂缝	轻 重	长度×0.2m	0.6 1.0	2.0
10 11	沉陷	轻 重	面积	0.6 1.0	1.0
12 13	车辙	轻 重	长度×0.4m	0.6 1.0	—
14 15	波浪拥包	轻 重	面积	0.6 1.0	1.0
16 17	坑槽	轻 重	面积	0.8 1.0	1.0
18 19	松散	轻 重	面积	0.6 1.0	1.0
20	泛油	—	面积	0.2	0.2
21	修补	—	面积或(长度×0.2m)	0.1	0.1(0.2)

注:1. 人工调查时,应将条状修补的调查长度(m)乘以影响宽度(0.2m)换算成面积。

2. 自动化检测时,块状修补的换算系数 w_i 为0.1,条状修补的换算系数 w_i 为0.2。

水泥混凝土路面损坏类型和权重　　表 4-2-4

类型 (i)	损坏名称	损坏程度	计量单位(m^2)	权重(w_i) (人工调查)	换算系数(w_i) (自动检测)
1 2	破碎板	轻 重	面积	0.8 1.0	1.0
3 4 5	裂缝	轻 中 重	长度×1.0m	0.6 0.8 1.0	10
6 7 8	板角断裂	轻 中 重	面积	0.6 0.8 1.0	1.0

续上表

类型(i)	损坏名称	损坏程度	计量单位(m^2)	权重(w_i)(人工调查)	换算系数(w_i)(自动检测)
9	错台	轻	长度×1.0m	0.6	10
10		重		1.0	
11	拱起	—	面积	1.0	1.0
12	边角剥落	轻	长度×1.0m	0.6	10
13		中		0.8	
14		重		1.0	
15	接缝料损坏	轻	长度×1.0m	0.4	6
16		重		0.6	
17	坑洞	—	面积	1.0	1.0
18	唧泥	—	长度×1.0m	1.0	10
19	露骨	—	面积	0.3	0.3
20	修补	—	面积或(长度×0.2m)	0.1	0.1(0.2)

注:1. 人工调查时,应将条状修补的调查长度(m)乘以影响宽度(0.2m)换算成面积。
2. 自动化检测时,块状修补的换算系数 w_i 为0.1,条状修补的换算系数 w_i 为0.2。

2. 路面结构强度指数(PSSI)

路面强度用路面结构强度指数(PSSI)评价,按式(4-2-4)计算。

$$\mathrm{PSSI} = \frac{100}{1 + \alpha_0 e^{\alpha_1 \mathrm{SSR}}} \tag{4-2-4}$$

式中:SSR——路面结构强度系数,为路面容许弯沉 l_R 与路面实测代表弯沉 l_0 之比;

α_0——模型参数,采用15.71;

α_1——模型参数,采用-5.19。

3. 行驶质量指数(RQI)

(1)路面的行驶质量采用行驶质量指数(RQI)作为评价指标,行驶质量指数由国际平整度指数(IRI)计算。

①国际平整度指数:国际平整度指数(IRI)可由反应类设备测定,测定结果需经试验标定。

②行驶质量指数:路面行驶质量指数(RQI)与国际平整度指数(IRI)的关系为:

$$\mathrm{RQI} = \frac{100}{1 + \alpha_0 e^{\alpha_1 \mathrm{IRI}}} \tag{4-2-5}$$

式中:IRI——国际平整度指数,m/km;

α_0——高速公路和一级公路采用0.026,其他等级公路采用0.0185;

α_1——高速公路和一级公路采用0.65,其他等级公路采用0.58。

4. 路面车辙深度指数(RDI)

路面车辙用路面车辙深度指数(RDI)评价,按式(4-2-6)计算。

$$\text{RDI}=\begin{cases}100-\alpha_0\text{RD} & (\text{RD}\leqslant\text{RDa})\\90-\alpha_1(\text{RD}-\text{RDa}) & (\text{RDa}<\text{RD}<\text{RDb})\\0 & (\text{RD}>\text{RDb})\end{cases} \tag{4-2-6}$$

式中:RD——车辙深度(mm);

RDa——车辙深度参数,采用10.0;

RDb——车辙深度参数,采用40.0;

α_0——模型参数,采用1.0;

α_1——模型参数,采用3.0。

5. 路面抗滑性能指数(SRI)

路面抗滑性能用路面抗滑性能指数(SRI)评价,按式(4-2-7)计算。

$$\text{SRI}=\frac{100-\text{SRI}_{\min}}{1+\alpha_0 e^{\alpha_1 \text{SFC}}}+\text{SRI}_{\min} \tag{4-2-7}$$

式中:SFC——横向力系数;

$\text{SRI}_{\min}$——标定参数,采用35.0;

α_0——模型参数,采用28.6;

α_1——模型参数,采用-0.105。

6. 路面跳车指数(PBI)

路面跳车用路面跳车指数(PBI)评价,按式(4-2-8)计算。

$$\text{PBI}=100-\sum_{i=1}^{i_0}a_i\text{PB}_i \tag{4-2-8}$$

式中:PB_i——第i类程度的路面跳车数(详见公路技术状况评定标准);

a_i——第i类程度的路面跳车单位扣分,按表4-2-5的规定取值;

i——路面跳车程度;

i_0——路面跳车程度总数,取3。

路面跳车扣分标准 表4-2-5

类别	跳车程度	计量单位	单位扣分
1	轻度	处	0
2	中度		25
3	重度		50

7. 路面磨耗指数(PWI)

路面磨耗用路面磨耗指数(PWI)评价,按式(4-2-9)和式(4-2-10)计算。

$$\text{PWI}=100-a_0\text{WR}^{a_1} \tag{4-2-9}$$

$$\text{WR}=100\times\frac{\text{MPD}_\text{C}-\min\{\text{MPD}_\text{L},\text{MPD}_\text{R}\}}{\text{MPD}_\text{C}} \tag{4-2-10}$$

式中:WR——路面磨耗率(%);

a_0——模型参数,采用1.696;

a_1——模型参数，采用0.785；

MPD_C——路面构造深度基准值，采用无磨损的车道中线路面构造深度（mm）；

MPD_L——左轮迹带的路面构造深度（mm）；

MPD_R——右轮迹带的路面构造深度（mm）。

第二节　沥青路面养护

沥青路面是目前各等级公路最常使用的路面面层。根据沥青路面材料组成和施工工艺的不同，将沥青路面分为沥青表面处治、沥青贯入式、沥青上拌下贯式、沥青碎石和沥青混凝土5种。在进行沥青路面养护时，都需要根据有关技术规范和规定，结合工程的控制特点，科学合理地安排养护作业。

一、整段铺装、罩面和封面（稀浆封层）

（一）整段铺装

整段铺装总体上与路面新铺工艺相同。

1.热拌沥青混合料的拌制

（1）沥青混合料必须在沥青拌和厂拌制，可采用间歇式拌和机或连续式拌和机拌制。

（2）拌和机拌制的沥青混合料应均匀一致，无花白料，无结团成块或严重的粗细料分离现象，不符要求时不得使用，并应及时调整。

（3）出厂的沥青混合料应逐车用地磅称重。

2.热拌沥青混合料的运输

（1）热拌沥青混合料应采用较大吨位的自卸汽车运输，车厢应清扫干净。为防止沥青与车厢板黏结，车厢侧板和底板可涂薄层油水（柴油与水的比例可为1:3）混合料，但不得有余液积聚在车厢底部。

（2）从拌和机向运料车上放料时，应每卸一斗混合料就挪动一下汽车位置，以减少粗细集料的离析现象。

（3）运料车应用篷布覆盖，用以保温、防雨、防污染。

3.热拌沥青混合料的摊铺

（1）铺筑沥青混合料前，应检查确认下层的质量。当下层质量不符合要求，或未按规定洒布透层、黏层，铺筑下封层时，不得铺筑沥青面层。

（2）热拌沥青混合料应采用机械摊铺。

（3）沥青混合料的摊铺温度应符合规范要求，并应根据沥青标号、黏度、气温、摊铺层厚度选用。

（4）当高速公路和一级公路施工气温低于10℃、其他等级公路施工气温低于5℃时，不宜摊铺热拌沥青混合料。

(5)沥青混合料的松铺系数应根据实际的混合料类型,由试铺试压方法或根据以往实践经验确定。

(6)沥青混合料的松铺系数:机械摊铺 1.15 ~ 1.30,人工摊铺 1.20 ~ 1.45。

(7)用机械摊铺的混合料,不应用人工反复修整。

(8)可用人工作局部找补或更换混合料;摊铺不得中途停顿。摊铺了的沥青混合料应紧接着碾压,如因故不能及时碾压或遇雨时,应停止摊铺。

4. 热拌沥青混合料的压实及成型

(1)压实后的沥青混合料应符合压实度及平整度的要求,沥青混合料的分层压实厚度不得大于 10cm。

(2)应选择合理的压路机组合方式及碾压步骤,以达到最佳结果。沥青混合料压实宜采用钢筒式静态压路机与轮胎压路机或振动压路机组合的方式。压路机的数量应根据生产率决定。

(3)沥青混合料的压实应按初压、复压、终压(包括成型)三个阶段进行。压路机应以慢而均匀的速度碾压,压路机的碾压速度应符合规定。

(4)初压应在混合料摊铺后较高温度下进行,应采用轻型钢筒式压路机或关闭振动装置的振动压路机碾压 2 遍。压路机应从外侧向中心碾压。相邻碾压带应重叠 1/3 ~ 1/2 轮宽,最后碾压路中心部分,压完全幅为一遍。

(5)复压应紧接在初压后进行,复压宜采用重型的轮胎压路机,也可采用振动压路机或钢筒式压路机。碾压遍数应经试压确定,不宜少于 4 ~ 6 遍,达到要求的压实度,并无显著轮迹。

(6)终压应紧接在复压后进行。终压可选用双轮钢筒式压路机或关闭振动压路机碾压,不宜少于两遍,并无轮迹。路面压实成型的终了温度应符合规范要求。

5. 接缝

(1)在施工缝及构造物两端的连接处必须仔细操作,保证紧密、平顺。纵向接缝部分的施工,摊铺时采用梯队作业的纵缝应采用热接缝。施工时应将已铺混合料部分留下 10 ~ 20cm 宽暂不碾压,作为后摊铺部分的高程基准面,再最后做跨缝碾压以消除缝迹。

(2)半幅施工不能采用热接缝时,宜加设挡板或采用切刀切齐。铺另半幅前必须将缝边缘清扫干净,并涂洒少量黏层沥青。摊铺时应重叠在已铺层上 5 ~ 10cm,摊铺后用人工将摊铺在前半幅上面的混合料铲走。碾压时先在已压实路面上行走,碾压新铺层 10 ~ 15cm,然后压实新铺部分,再伸过已压实路面 10 ~ 15cm,充分将接缝压实紧密。

(二)罩面

罩面指的是为改善沥青路面的使用质量,提高路面的防水能力、抗滑能力和平整度,在原有沥青路面上加铺的薄沥青面层。

1. 罩面的类型、适用范围、材料要求及厚度要求

沥青路面罩面按其使用功能划分为普通型罩面、防水型罩面和抗滑型罩面三种。

1）普通型罩面（简称罩面）

（1）适用范围。

适用于消除破损、完全或部分恢复原有路面平整度、改善路面性能的修复工作。

（2）材料要求。

沥青宜采用黏稠型石油沥青、乳化石油沥青、改性乳化沥青、改性沥青；矿料宜采用耐磨、强度高的石料。高速公路、一级公路宜采用中粒式、细粒式密级配沥青混凝土或沥青马瑞脂结构；二级或二级以下公路可采用热拌沥青碎石混合料结构；三级或三级以下公路可采用沥青表面处治层结构。沥青混合料类型如图 4-2-1 所示。

（3）厚度要求。

当路面状况指数、行车质量指数在中（良）等级、路面仅有轻度网裂时，可采用较薄的罩面层（1.0～3.0cm）；当路面破损、平整度、抗滑三项指标都在中等以下，有要求恢复到优、良等级时，宜采用较厚的罩面（3.0～5.0cm）。

a)连续式密级配沥青混合料(AC)
与沥青玛碲脂碎石(SMA)

b)SMA

图 4-2-1　沥青混合料类型

2）防水型罩面（简称封层）

（1）适用范围。

适用于提高原有路面的防水性能、平整度和抗滑性能的修复工作。防水型罩面施工如图 4-2-2 所示。

a)材料撒布

b)厚度检测

图 4-2-2　防水型罩面施工

（2）材料要求。

沥青宜采用乳化石油沥青、改性乳化石油沥青；矿料宜采用耐磨、强度高的石料。高速公路、一级公路可采用沥青稀浆封层养护,宜使用粗粒式改性乳化沥青混合料;其他等级公路可采用乳化沥青混合料。

(3)厚度要求。

交通量较大、重型车辆多的路段厚度宜为1.0cm;在中等交通量路段厚度宜为0.7cm;在交通量小,重型车少的路段厚度宜为0.3cm。

3)抗滑型罩面(简称抗滑层)

(1)适用范围。

适用于提高路面抗滑能力的修复工作。抗滑型罩面施工及工后情况如图4-2-3所示。

a)罩面施工过程

b)工后情况

图4-2-3 抗滑型罩面施工及工后情况

(2)材料要求。

应采用适合铺筑抗滑表层的材料和沥青混合料;高速公路、一级公路宜选用重交通道路石油沥青、改性石油沥青、改性乳化石油沥青作为结合料;宜选用抗滑、耐磨的石料,其磨光值应大于42。

(3)厚度要求。

高速公路、一级公路厚度宜不小于4.0cm;二级公路宜用沥青混凝土结构,也可采用沥青表面处治结构,厚度不得小于最小施工层厚度;三、四级公路可采用乳化沥青封层结构,厚度可为0.5~1.0cm。

所采用的结合料、矿料、沥青混合料的规格、各项技术指标及厚度要求应符合现行《公路沥青路面施工技术规范》(JTG F40)或其他有关规范的规定。

2. 机具工具

罩面施工主要机械设备和工具包括:铣刨机、摊铺机、沥青洒布车、混合料运输车、渣土运输车、水车、拖车、双钢轮振动压路机、清扫车、小型振动压路机、切缝机、液压镐或风镐、平板振动夯、吸(吹)尘设备、铁锹、手推车、温度计等。部分施工机械如图4-2-4所示。

3. 工艺流程

按照现行《公路沥青路面施工技术规范》(JTG F40)有关规定,罩面施工的工序如图4-2-5所示。

a)路面铣刨机

b)摊铺机

图 4-2-4　施工机械

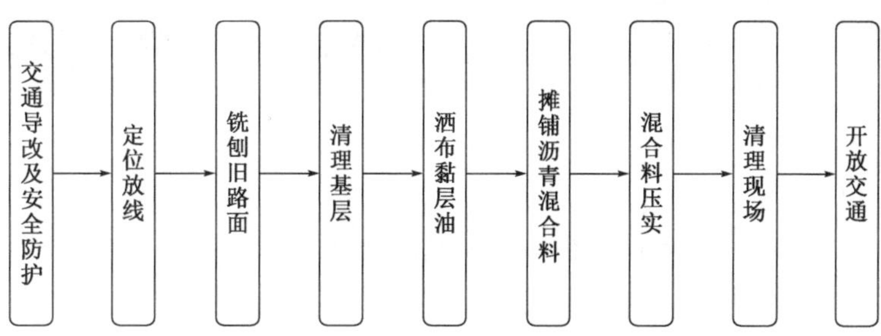

图 4-2-5　罩面施工工艺流程

4. 作业方法

1)交通导改与安全防护(图 4-2-6)

(1)安全协管员站在防撞消能桶后进行疏导;

(2)限速指示牌放在过渡区起点,限速解除牌放在缓冲区末端;

(3)交通指示牌摆放顺序:道路施工,左(右)道路封闭、左(右)箭头指示牌,前方施工,车辆慢行。

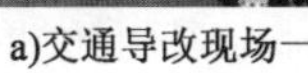

a)交通导改现场一

b)交通导改现场二

图 4-2-6　交通导改

2)定位放线

(1)确定施工区域放出边界线;

(2)边线应与道路中心平行或垂直。

3)铣刨旧路面(图 4-2-7)

(1)铣刨时宜每 3 ~ 5m 为一个测量断面,及时控制铣刨深度;

(2)新旧路面接缝应垂直相接;

(3)铣刨机无法铣刨的部位及铣刨起止点部位,可用切割机割缝后用液压镐凿除。

a)旧路铣刨现场一

b)旧路铣刨现场二

图 4-2-7 旧路面铣刨

4)清理基层

(1)采用清扫车清扫基底内的松散颗粒和其他残余物;

(2)采用吸尘设备吸扫基底内的粉尘。

5)黏层油洒布(图 4-2-8)

(1)黏层油宜采用沥青洒布车喷洒,局部可采用手工喷洒或涂刷;

(2)洒布车洒布时应保持稳定的速度和喷洒量,不要污染周围路面及构造物,必要时可考虑将周围构造物事先进行遮盖;

(3)沥青用量为 0.3 ~ 0.5kg/m²,裂缝及老化严重时宜为 0.5 ~ 0.7kg/m²。

a)黏层油洒布现场一

b)黏层油洒布现场二

图 4-2-8 黏层油洒布

6)摊铺沥青混合料

(1)罩面面积较小时可采用人工摊铺,面积大于 200m² 时应采用摊铺机摊铺。

(2)机械摊铺前,应根据松铺厚度垫好垫木,调整好摊铺机,对熨平板充分加热(温度不低于 100℃),摊铺机应匀速前进,速度 2 ~ 4m/min,摊铺过程中设专人检查摊铺温度、松铺厚度,如图 4-2-9 所示。

(3)人工摊铺时,沥青混合料宜卸在铁板上,由人工进行扣锹布料,不得扬锹甩撒,用耙子搂平,刮板整平,刮平时注意轻重一致,避免混合料离析。

(4)铁锹等工具宜沾防黏结剂或加热使用。

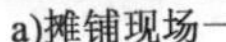
a)摊铺现场一

b)摊铺现场二

图 4-2-9　沥青混凝土摊铺

7)压实

压实是沥青混凝土路面施工的必经环节,其目的是提高沥青混合料的强度、稳定性以及疲劳特性,压实质量的好坏直接影响到沥青路面的平整度、密实度,因此必须重视压实工作。如图 4-2-10 所示。

a)路面压实现场一

b)路面压实现场二

图 4-2-10　沥青混凝土路面压实

8)现场清理,开放交通

(1)将施工现场清理干净并派专人看护,禁止车辆驶入罩面区域;

(2)沥青面层温度低于 50℃后开放交通。

5. 施工质量管理与检查验收

1)沥青路面罩面

沥青路面罩面的施工质量管理与检查验收,应遵照现行《公路沥青路面施工技术规范》(JTG F40)的有关规定执行。

2)乳化沥青、改性乳化沥青做结合料

使用乳化沥青、改性乳化沥青做结合料时,其乳液、稀浆混合料的质量检验要求按现行《公路沥青路面养护技术规范》(JTG 5142)等技术文件的规定进行。

3)罩面层、封层、抗滑层施工

罩面层、封层、抗滑层施工验收评定标准,可按照现行《公路沥青路面施工技术规范》(JTG

F40)等技术文件的规定执行。

(三)封面(稀浆封层)

稀浆封层是指用适当级配的石屑或砂、填料(水泥、石灰、粉煤灰、石粉等)与乳化沥青、外掺剂和水,按一定比例拌和而成的流动状态的沥青混合料,将其均匀地摊铺在路面上形成的沥青封层。一般按其厚度可以分为细封层(Ⅰ型)、中封层(Ⅱ型)、粗封层(Ⅲ型)、加粗封层(Ⅳ型)。稀浆封层施工现场如图4-2-11所示。

a)稀浆封层施工现场一

b)稀浆封层施工现场二

图4-2-11 稀浆封层施工现场

Ⅰ型适用于高等级公路路面下封层及轻型交通量道路的表面封层,碎石基层的透层和保护层,对于基层稳定的路面,可用做磨耗层。Ⅱ型适用于中型交通量、路面平整度较好、路面贫油及轻微网裂路面,中封层不但可以治愈裂缝,还可以通过粗集料形成骨架结构修补面层的松散、开裂和老化,改善中等交通量道路和重交通道路的耐磨、抗滑性能。Ⅲ型适用于高速公路预防性粗封层及重交通量普通道路的路面上,也可在半刚性基层和旧有街道上做双层铺设,即先做一层粗封层后,再加铺细封层。Ⅳ型适用于在轻交通量的半刚性基层的乡道上封层及低等级公路路面,在交通量大的干线公路及高速公路上做表处层代替中修罩面。

改性乳化沥青稀浆封层具有很强的黏附性与胀缩能力,适合温差变化大的地区,能很好地起到防止水损害、延缓反射裂缝、延长使用寿命的作用。对路面防滑性有较高要求或者需铺筑粗糙度大的路面时,必须使用改性乳化沥青。

1. 施工准备

1)原材料准备

(1)施工的矿料必须把超大粒径的集料筛掉,以免大粒径集料给拌和及施工带来不利影响。

(2)根据矿料设计比例拌好的集料应尽量堆在经过铺装且洁净的地面上,以免混入泥土。

(3)填料的质量要求主要是细度、含水量等。水泥、石灰、硫酸铵、粉煤灰均不得含泥土杂质,并应干燥、疏松、没有聚团和结块,且小于0.075mm的颗粒含量不应少于80%。

(4)施工用水应采用饮用水,pH值在7左右并且无咸味时,都可以采用。

2)原路面准备

处理原路面病害后,对需加铺封层的路面应事先将所有杂草、松动的材料、泥块等任何障碍性的东西加以清除,人工清扫、机械清扫、空气吹扫或水冲等,都是有效的方法。当原路面空隙率很大或透水性太高时，应避免用水冲洗，可采用高压气吹的方法清理。原路面有大块油污时，应将其清除，以免影响稀浆封层与原路面的黏结。

3）稀浆封层机标定

对稀浆封层机的计量控制系统，施工前应进行严格的计量标定工作，应根据室内试验确定的稀浆混合料设计配合比，对矿料、填料、乳化沥青、水、添加剂等各种材料的用量，进行单位输出量的标定。通常在机器第一次使用前、机器每年的第一次使用前、原材料或配合比发生较大变化三种情况下，应进行计量标定工作。

2. 施工工艺

1）施工工艺流程

一般稀浆封层施工采用的工艺流程如图 4-2-12 所示，其中，摊铺是关键环节。

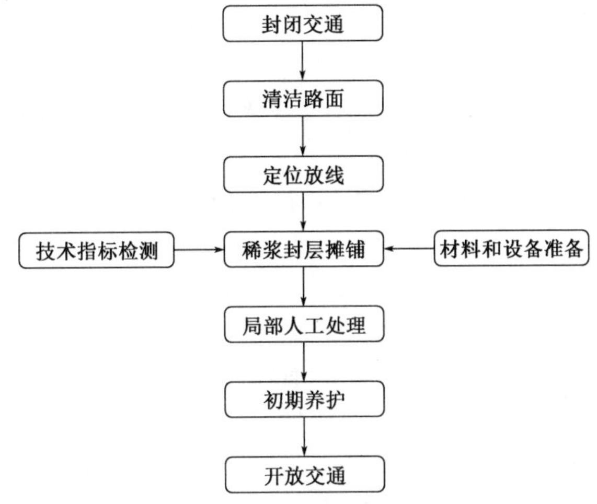

图 4-2-12　稀浆封层施工工艺流程

2）操作工艺

（1）放样划线。根据路幅全宽，调整摊铺箱宽度，使施工车程次数为整数。据此宽度从路缘开始放样，一般第一车均从左边开始，划出走向控制线。

（2）装料。将符合要求的矿料，乳化沥青、填料、水、添加剂等分别装入摊铺机的相应料箱，一般应全部装满，并应保证矿料的湿度均匀一致。

（3）摊铺。

第一，将装好料的摊铺机开至施工起点，对准走向控制线，并调整摊铺箱厚度与拱度，使摊铺箱周边与原路面贴紧；

第二，确认各料门的高度或开度后开动机器，接合拌和缸离合器，使搅拌轴正常运转，并开启摊铺箱螺旋分料器；

第三，打开各料门控制开关，使矿料、填料、水几乎同时进入拌和缸，并且当预湿的混合料推移至乳液喷出口时，使乳液喷出；

第四，调节稀浆在分向器上的流向，使稀浆能均匀地流向摊铺箱左右；

第五，调节水量，使稀浆稠度适中，刚开始流出的稀浆混合料应用铁铲接住并丢弃；

第六,当稀浆混合料均匀分布在摊铺箱的全宽范围内时,启动底盘,并缓慢前行,一般前进速度为1.5～3.0km/h,但应保持稀浆摊铺量与生产量基本一致,保持摊铺箱中稀浆混合料的体积为摊铺箱容积的1/2左右;

第七,混合料摊铺后,应立即进行人工找平,找平的重点是:对起点、终点、纵向接缝、过厚、过薄或不平处,尤其对超大粒径矿料产生的刮痕,应尽快清除并填平;

第八,当摊铺机上任何一种材料用完时应立即关闭所有的开关,使搅拌缸中的混合料搅拌均匀,并送入摊铺箱摊铺完后,摊铺机即停止前进;

第九,将摊铺箱提起,然后将摊铺机连同摊铺箱开至路外,清洁搅拌缸和摊铺箱;

第十,核查材料剩余量。

(4)养护成型。

稀浆封层施工完后需要一个成型养护的过程。养护的时间,视稀浆混合料中水的蒸发及黏聚力的大小而变化,通常认为,当黏聚力达到1.2N·m时,稀浆混合料已经初凝,当黏聚力达到2.0N·m时,稀浆混合料已凝固到可以开放交通的状态。影响稀浆混合料成型的因素很多,包括气候、材料、机械设备、配比等多方面,如不考虑气候、矿料、机械等非人为因素,乳化沥青的性能及配比就是影响成型的关键因素。

刚摊铺的稀浆混合料,在养护成型期间内,严禁任何车辆和行人进入,否则将影响外观。但有时一些路段在摊铺后必须立即开放交通,如交叉路口、单位门口等,为此必须采取一些措施,尽可能减少对封层的破坏。可以采用撒砂的方法,而且在这些路段应尽量避免急刹车和急转弯。

施工后,应对现场进行清理,路面上不应留有任何松散或成堆废弃物。对不慎漏出乳化沥青或施工终点多余的乳化沥青所产生的光滑表面应撒上一层石屑,并扫平。料场的整洁也特别重要,尤其装乳化沥青的地方,漏出的乳液产生污染的可能性很大,应及时清理。开放交通后的路面上不应留有任何障碍,保证交通畅通。

3.质量验收标准

(1)表面平整、密实、无松散、无轮迹;

(2)纵、横缝衔接平顺,外观色泽均匀一致;

(3)与其他构造物衔接平顺,无污染;

(4)摊铺范围以外无流出的稀浆混合料;

(5)表面粗糙,无光滑现象。

施工过程检查如图4-2-13所示。

二、翻修、补强重铺、加宽沥青路面

(一)路面翻修

路面破损严重,采用罩面等养护方法不能使路面恢复良好的工作状态时,为保证必要的服务功能,应进行翻修。

a)厚度检查

b)外观检查

图 4-2-13　施工过程检查

1. 面层翻修工艺流程及施工要点

翻修前,应对需翻修路段的路面结构、路基土特性和交通量等进行调查分析,并按现行《公路沥青路面设计规范》(JTG D50)的规定进行结构厚度设计。

1)工艺流程

工艺流程如图 4-2-14 所示。

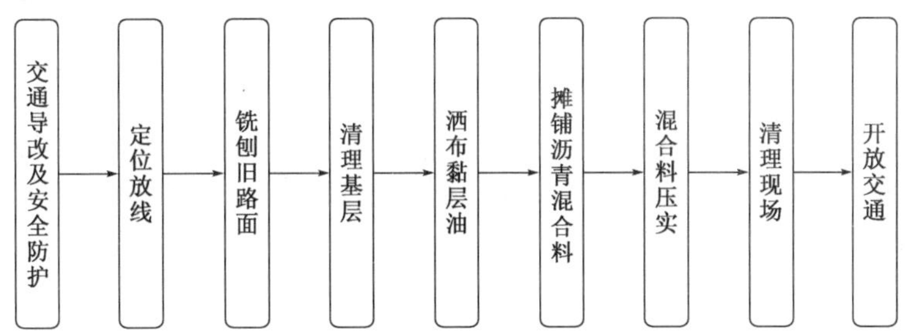

图 4-2-14　面层翻修工艺流程

2)施工要点

(1)铣刨。

采用铣刨机按规定翻修厚度正确铣刨,避免损坏完好的下面层或基层;局部翻修的面积较小,可采用小型机械或人工翻挖;对铣刨后的旧料应避免泥土或其他杂质混入并及时收集,进行再生。

(2)翻修作业。

清扫碎屑灰尘后,下层表面浇洒 0.3 ~ 0.6kg/m^2 黏层沥青;与不翻修路段接界的原路侧壁涂刷 0.3kg/m^2 左右黏层沥青;采用与原沥青层相同或按设计要求的材料和厚度进行铺筑;用压路机进行碾压密实;压实后对与不翻修路段的接缝采用热烙铁烫边密封。

2. 面层基层同时翻修工艺流程及施工要点

1)工艺流程

工艺流程如图 4-2-15 所示。

2)施工要点

(1)破碎铣刨。

先将沥青面层铣刨后翻挖基层,也可采用合适的破碎机具将路面破碎;沥青路面的翻修范围,应超出基层翻修范围的边缘线30cm,以使基层、面层接缝错开。

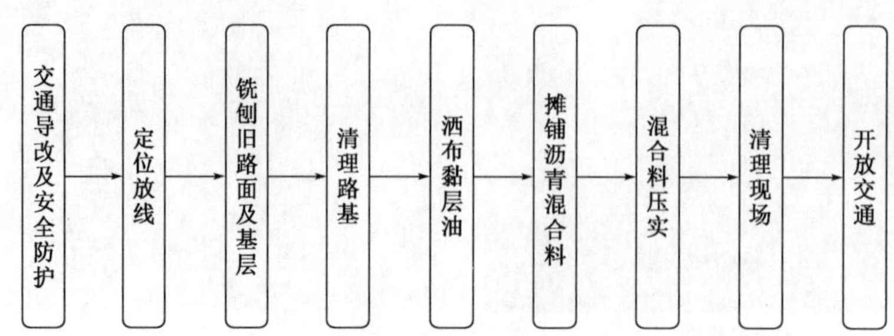

图4-2-15　面层基层同时翻修工艺流程

(2)清除旧料。

将沥青旧料收集运送后,才可清除基层材料;避免两种材料混杂,影响旧料的再生利用;避免雨天翻修,必要时在路肩处布置盲沟,防止路床积水。

(3)基层处理。

整平路基表面并进行碾压;采用与原路段相同或符合设计要求的基层材料进行铺筑,每层压实厚度不应大于20cm;翻修面积小时,可采用小型振动压路机或振动夯板压实,但每层压实厚度应不大于15cm。

(4)面层翻修。

当基层强度达到要求强度后,浇洒0.7~1kg/m^{2}透层沥青,与不翻修路段接界的原路侧壁涂刷0.3kg/m^{2}左右黏层沥青;采用与原路段相同或符合设计要求的材料铺筑面层;开放交通后应根据具体情况做好初期养护工作。

(二)路面补强

在现有的公路等级不变的情况下,沥青路面如有损坏严重、强度不符合要求的情况,应进行路面补强。同时补强也适用于因公路等级提高而进行的改建工程。

1.补强设计

1)沥青路面补强的要求

对原有沥青路面做全面的技术调查和方案比较。补强设计应综合考虑由补强厚度导致的纵坡与横坡调整、与路面结构的连接等方面的相互协调,同时应考虑补强结构层与原路面结构的连接问题。

2)补强层材料的类型及结构形式

补强层材料类型按现行《公路沥青路面设计规范》(JTG D50)的规定进行选取。高速、一级和二级公路的补强,宜采用半刚性基层加沥青混合料面层的结构形式;三级公路的补强,在不提高公路等级的情况下,可采用单层或多层补强结构;对于提高公路等级的情况,宜采用半刚性基层加沥青混合料面层的补强结构形式。

3)对原有公路的技术调查

调查原有公路路面的破损及病害的情况、路表面排水状况、路肩采取的加固措施等;调查原有路面设计、施工、养护的技术资料及从使用开始至改建的年限和使用效果等;调查年平均双向日交通量、交通组成和交通量增长率等。调查路基和路面的宽度、路线纵坡、路面横坡、平曲线半径等；每500m调查一个断面，测定原有路面结构层的厚度，各层材料的回弹模量及路基干湿类型，如路基宽度大于等于7m，每个断面选两个点，不足7m选一个点；对沥青面层、基层和底基层材料应按层取样试验，判断其结构层或材料是否还可以利用；原有公路的分段及弯沉调查按现行《公路沥青路面设计规范》（JTG D50）的有关规定进行。

4）对原有公路的处理

原有公路路拱不符合现行《公路工程技术标准》（JTG B01）时，应结合补强设计，对路拱进行调整，使其符合规定；对原路面的病害，应视其层位，严重程度和范围，按规范的规定进行处理。若面层有病害，可直接处理后进行补强；若基层有病害，应先开挖面层对基层进行处理后，再进行补强。

5）与桥涵的衔接

路面补强路段内若有桥涵等构造物，在补强前应对其铺装层进行检查，若原有铺装层出现破损，应及时修复；若原有铺装层完好，可在桥涵构造物的承载能力范围内，适当加铺新的铺装层；为保证路面与桥涵顶面的纵坡顺适，应综合考虑和重新设计路线纵坡。

6）相关参数

补强设计中，补强层材料设计参数的选择按新建路面材料设计参数的选择方法进行，原有路面的整体强度以当量回弹模量表示；补强设计步骤，路面的分段和各路段的设计弯沉值的计算、原有路面当量回弹模量及补强厚度的计算应参照现行《公路沥青路面设计规范》（JTG D50）的有关规定进行。

2. 材料要求

沥青路面补强层原材料应符合规范的要求，混合料的组成设计应符合现行《公路沥青路面设计规范》（JTG D50）和《公路路面基层施工技术细则》（JTG/T F20）的有关规定。

3. 工艺流程

补强施工，按现行《公路路面基层施工技术细则》（JTG/T F20）和《公路沥青路面施工技术规范》（JTG D50）的有关规定进行施工，工艺流程见图4-2-16。

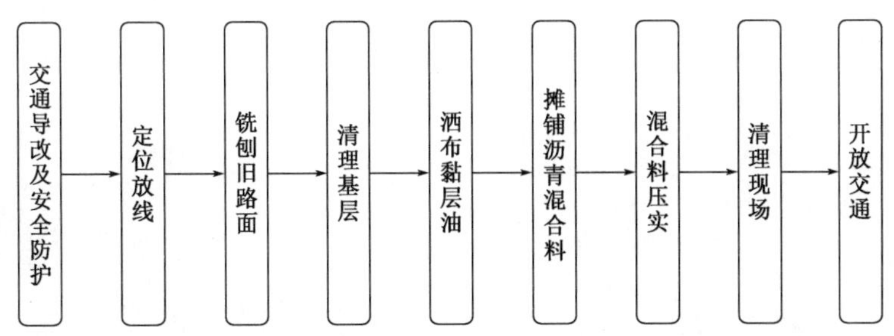

图4-2-16　路面补强工艺流程

4. 施工要点

（1）原有路面技术状况不良时，应按下列要求处理。

平整度或路面横坡不符合规定要求时，应加铺整平层或在加铺补强层时，同时找平或调整路面横坡。对三、四级公路，必要时可将原路面翻松6～8cm，重新整形后调整。对原有路面出现的各种病害,应根据产生原因,采取有效的处理措施后再铺筑路面基层。排水不良路段应采取加深边沟、设置盲沟、渗井或设隔水层等措施进行处理。

(2)采取浇洒透层油或黏层油等措施使新旧结构层联结良好,并保证结构层满足最小厚度的要求。透层油洒布如图 4-2-17 所示。

a)透层油洒布现场一

b)透层油洒布现场二

图 4-2-17 透层油洒布

(3)为使路面边缘坚实稳定,基层应比面层宽出 20 ~ 50cm 或埋设路缘石。路肩过窄路段,应先加宽路基达到标准。

(4)用砂石路面做沥青路面的基层时,在干燥地带可适量掺入粗集料;在中湿、潮湿地带宜将基层翻松,再掺入适量的石灰,碾压密实,并做好排水。

(5)挖除面层或基层时,应尽量做到再生利用,旧料应按规范要求分类收集和储存。

5. 施工质量管理与检查验收

质量管理和检查验收应参照现行《公路路面基层施工技术细则》(JTG/T F20),《公路沥青路面施工技术规范》(JTG F40)和《公路工程质量检验评定标准 第一册 土建工程》(JTG F80/1)的技术规定执行。

(三)路面加宽

局部加宽适用于改善局部线形、通行能力与服务水平,包括局部路段、城镇出入口、平面交叉口、弯道路段的加宽和爬坡车道、避险车道、停车港湾的增设。路面加宽见图 4-2-18。

a)路面加宽过程

b)路面加宽成型

图 4-2-18 路面加宽

1. 一般规定

(1)单侧或双侧局部加宽方式应根据原公路等级、线形、局部加宽路段类型、交通量等因素，通过对原路面调查分析确定，并应遵循一定的选用原则：因线形约束仅一侧具备空余用地，以及弯道路段和爬坡车道、避险车道、停车港湾增设的情况，宜采用单侧局部加宽方式；两侧都具备空余用地的，可采用双侧局部加宽方式。

(2)单侧局部加宽应调整原路面的路拱横坡，并保证路拱横坡调整层的最小厚度；局部加宽处于路线平曲线处时，应按现行《公路工程技术标准》(JTG B01)的有关规定设置超高和加宽。

(3)对于不能采取两侧相等加宽的，两侧局部加宽的宽度差不大于1m时，可不调整原路面的路拱横坡；两侧局部加宽的宽度差大于1m时，宜调整原路面的路拱横坡。

(4)局部加宽路面结构层应与原路面相应的结构层一致；局部加宽与原路面功能性罩面或结构性补强同步实施时，其结构层宜一致，并同步施工。

(5)局部加宽路面结构层与原路面纵向搭接应与路中线平行，横向搭接应采取台阶式搭接，土工合成材料加筋等措施，上、下结构层搭接错开距离为30cm，保证搭接处不出现纵向裂缝。

(6)原路面功能性罩面或结构性补强和局部加宽的结构层间应采取封层，黏层等处理措施，保证路面各结构层间有效的黏结防水和整体的使用功能。

(7)局部加宽路基设计与施工应按现行《公路路基设计规范》(JTG D30)、《公路路基施工技术规范》(JTG/T 3610)等的有关规定执行，并根据路基地下水位情况采取可靠的防排水措施，路基填筑材料可采用旧路路基挖除材料或基层铣刨材料。

2. 基层施工与质量控制

(1)局部加宽基层原材料要求，混合料配合比设计与性能检验应按现行《公路路面基层施工技术细则》(JTG/T F20)的有关规定执行，其混合料经试验验证可采用基层再生材料。

(2)新旧基层横向搭接处理应符合下列规定。

基层厚度不小于25cm时，宜采用相错搭接法，搭接长度不小于30cm，搭接部位应首先采用小型机具夯实至设计规定的压实度，然后再对整个加宽基层采用机械全面压实，压实质量应符合设计要求，压实成型的新基层应与原基层平齐。

基层厚度小于25cm时，宜采用平头接头法，新铺筑的基层成型后，应与原路面基层齐平。

邻接加宽部位30cm的旧沥青面层应揭掉，并使原路面露出坚硬的边缘，材料不可松动，保持沥青面层边缘垂直，基层顶面应平整。旧基层上的松散浮土、浮石渣应清扫干净，并将其顶面拉毛。

(3)局部加宽基层需调拱时，加宽部分与调拱部分应按路面横坡一次调整与整形压实，并将旧面层先铲掉，把原基层拉毛后再与调拱层结合，保证调拱部分新旧基层结合良好。调拱基层的最小厚度应满足现行《公路沥青路面设计规范》(JTG D50)的要求，不足时可向下开挖原基层，保证调拱基层的最小厚度要求。

(4)局部加宽基层施工工艺、设备要求与质量控制应按现行《公路路面基层施工技术细则》(JTG/T F20)的有关规定执行。

3. 沥青面层施工与质量控制

(1)局部加宽沥青面层原材料要求、混合料配合比设计与性能检验应按现行《公路沥青路面施工技术规范》(JTG F40)的有关规定执行,其混合料经试验验证可采用沥青面层再生材料,平面交叉口、弯道路段加宽和爬坡车道、停车港增设的沥青面层宜采用抗车辙或高模量沥青混合料。

(2)新旧沥青面层横向搭接宜采用立茬毛缝方法,并应符合下列规定。

在基层加宽的基础上将原路面边缘刨切整齐,使其露出坚硬的垂直边缘,原路面面层和新铺基层的粒料不可松动,并将加宽的基层表面清扫干净。

在接茬处应均匀涂覆黏结乳化沥青,以保证新铺混合料与原沥青面层更好地黏结。

单层沥青面层接茬,混合料摊铺应与原路面平齐对接,压实后的高度与原路面面层平齐。

双层或双层以上沥青面层接茬,上、下面层不宜接在同一垂直面上,应错开 30cm 以上,做成台阶式。

(3)新旧沥青面层搭接施工应符合下列规定。

接茬部位沥青混合料的摊铺可视加宽宽度选择人工摊铺或机械摊铺。采用人工摊铺时,按松铺厚度摊平沥青混合料,并沿边缘用沥青混合料覆盖于原路面边缘预热,及时用小型振动板沿纵向接茬部位朝向接茬处压实,新铺沥青面层可比原面层略高,再用重型压路机后轮对新铺沥青面层进行充分碾压,成型的高度应与原面层平齐;采用机械摊铺法施工时,可直接沿纵向接茬部位摊铺,并朝向接茬处压实,及时对接茬部位进行整平或补料。新旧路面垂直搭接如图 4-2-19 所示。

a)新旧路面垂直搭接现场一

b)新旧路面垂直搭接现场二

图 4-2-19　新旧路面垂直搭接

加宽部位原路面不需要调拱时,新铺沥青混合料的碾压应朝向接茬处压实,保证路拱满足设计要求;原路面需要调拱时,压实方法同新建沥青路面的有关规定,保证接缝位置平顺和路拱满足设计要求,以及压实度满足设计要求。

(4)局部加宽沥青面层的施工工艺,设备要求与质量控制应按现行《公路沥青路面施工技术规范》(JTG F40)的有关规定执行。

三、横坡不适的处治

(一)技术特点

在工程实践中,沥青路面横坡不适的问题一般采取超薄磨耗层技术来解决。超薄沥青磨耗层结构实施厚度为 0.8 ~ 2.0cm,极大程度地减小了沥青胶结料、优质石材的用量及原路面铣刨作业量,不仅可以降低生产、加工和运输过程中的资源消耗,还可最大限度地减小加铺层自重对桥梁受力状况产生的影响。另外，超薄沥青磨耗层的实工采用同步摊铺技术，黏层油和混合料同步喷洒、摊铺，可减少施工作业环节，大幅提高作业效率，施工完成后半小时即可开放交通，可减小养护工作时封闭交通对交通状况的影响。

(二)施工方法

1. 原路面病害处治

薄层加铺工程实施前对原路面存在的病害进行处理。为保证超薄磨耗层与原路面的紧密黏结效果，需要对原有路面标线进行铣刨处理。

2. 混合料拌制

沥青混合料生产过程中，矿料和沥青的加热温度需按技术要求控制。混合料的拌制顺序按加集料→加沥青→加矿粉的次序进行，其中，控制干拌时间不小于10s，湿拌时间不小于45s，总拌和时间控制在55s以上。沥青混合料出厂温度符合技术要求。通过目测检查混合料的均匀性，拌制完成的混合料是否存在花白、冒青烟和离析、析漏等现象。

3. 改性乳化沥青喷洒与热沥青混合料摊铺

超薄沥青磨耗层一般采用专门的同步摊铺设备。设备包含受料斗、螺旋输送器、乳化沥青储罐、乳化沥青喷洒和计量系统、宽度可调节的振动熨平板等部分，一般应能够一次性实现改性乳化沥青喷洒和沥青混合料摊铺及熨平，减少运输车辆和摊铺机履带对黏层的污染与破坏，同时提高施工作业效率，节约施工时间。改性乳化沥青在80℃左右的温度下喷洒，设计喷洒量为0.8～1.0kg/m^2。摊铺前需对乳化沥青喷洒量进行标定，摊铺结束后应对乳化沥青使用总量进行核算。

4. 热沥青混合料碾压

碾压过程需遵循紧跟、慢压的原则进行。混合料摊铺后需紧跟着在高温状态下开始碾压，以防止低温状态下磨掉石料棱角、压碎石料，破坏石料嵌挤。高韧沥青混合料依靠摊铺机熨平板基本可达到90%以上的密实度，故一般建议采用钢轮静压的方式。严格控制碾压次数不超过4遍，防止集料被磨光。静载压路机碾压过程中，控制压路机的轮迹重叠1/4～1/3碾压宽度，不得向压路机轮表面喷涂油类或油水混合液。喷水系统不得处于常开状态，需要时喷涂清水或含有隔离剂的水溶液，喷洒呈雾状，以不黏轮为度。

第三节　水泥混凝土路面养护

一、水泥混凝土加铺层

当水泥混凝土路面板面裂缝很多，或者表面磨损严重，已发生剥落的路段，可采取加铺面层的方法，恢复水泥混凝土路面的使用性能，并延长路面的使用寿命。加铺层可采用普通水泥混凝土、钢纤维混凝土、钢筋混凝土或沥青混凝土。面层加铺的基本要求如下。

1. 病害的调查与处理

加铺水泥混凝土面层之前,应对旧混凝土路面病害进行处理。

(1)对旧混凝土路面进行调查,分板块逐一编号,绘制病害平面图。

(2)按设计要求对病害面板进行处理。

(3)对板底脱空可采用板下封堵的方法进行压浆处理。

(4)板块破碎,角隅断裂,沉陷、掉边、缺角等病害板,必须用破碎机(液压镐)凿除。清除混凝土碎屑后,整平基层,并夯压密实,然后铺筑与旧板块等强度的水泥混凝土,其高程控制与旧板面齐平。

2. 隔离层的铺筑

在旧混凝土顶面宜铺筑一层隔离层,相关要求如下:

(1)铺筑前,应先清除旧面板表面杂物,冲刷尘污,使板面洁净无异物。

(2)用清缝机清除水泥混凝土面板接缝杂物,用灌缝机灌入接缝材料,再进行铺筑。

(3)隔离层可选用沥青混凝土隔离层、土工布隔离层和沥青油毡隔离层。

3. 铺筑时的注意事项

(1)水泥混凝土加铺层厚度应通过计算确定,其设计和材料选取应符合规范的要求。

当采用水泥混凝土、钢筋混凝土时应不小于18cm;当采用钢纤维混凝土时,可取普通混凝土路面板厚度的0.65倍,且不小于12cm;当采用沥青混凝土时应不小于7cm。

(2)钢筋混凝土加铺层适用于一般公路;连续钢筋混凝土加铺层适用于高速公路;钢纤维混凝土加铺层适用于高程受限制的路段;沥青混凝土加铺层要求旧混凝土路面稳定、清洁,对路面的损坏部分必须进行维修。

(3)加铺层的纵、横缝应与旧混凝土面板一致,拆模时必须做好锯缝标记。

钢筋混凝土板厚横向缩缝间距宜为10m,并应设传力杆,其他缝的处理同普通混凝土板。

(4)路面加铺层的施工应符合相关公路路面施工规范的要求。

二、沥青混凝土加铺层

沥青混凝土加铺层要求旧混凝土路面必须稳定,否则将很快反映到沥青面层,导致路面的破坏。目前国内防治反射裂缝常用的做法有铺设土工格栅,铺贴土工布,粘贴改性沥青油毡,切缝加灌接缝材料,设置半刚性基层。

(1)对于混凝土板损坏面积较大的情况,可采取铺设土工格栅的方法。宜选用玻璃纤维土工格栅,玻璃纤维格栅耐高温性能好,摊铺热沥青混凝土不会产生变形。铺设格栅前,旧混凝土路面必须用沥青砂调平,以避免格栅下方形成脱空,造成沥青路面损坏。在摊铺沥青层时严禁汽车在土工格栅上调头,以防碾坏土工格栅。

(2)对混凝土面板损坏较少的情况,可使用改性沥青油毡。这要求水泥混凝土路面板表面必须干燥,清洁。油毡接头部位要搭接20cm油毡烘烤至熔融状态时要立即压实,以利油毡粘贴牢固。禁止车辆在油毡上行驶,沥青混凝土摊铺前要在油毡上摊一层沥青砂,以防油毡脱落。

(3)采用土工布时应选用薄型、带气孔、有毛面的土工布。要求水泥混凝土路面必须用沥青砂调平,在路面上喷洒黏结沥青。贴土工布时要将光面向下,充分保证在正常施工条件下与热沥青黏结,毛面朝上,以便黏层沥青向上渗透,确保土工布与沥青混凝土黏结拉紧铺平,若发现土工布有重叠、气泡等现象,应立即拉平、贴牢。

(4)对于没有使用土工织物夹层处理的沥青混凝土罩面层,可采用切缝加灌接缝材料的方法。在铺筑于旧混凝土路面上的沥青罩面层上沿原路面伸缩缝位置进行锯缝并加灌接缝材料有效地密封,既可防止水或异物进入,还可为释放罩面层内的应力提供一个平面。

①在路面边缘准确地标明旧接缝的位置,使罩面层上的锯缝对准旧缝。由于下幅板在温度应力影响下会发生位移,新接缝务必在产生反射裂缝前锯出。切缝宽度应为5mm,缝深为沥青层厚度的1/3,且不小于1.5cm。

②在罩面层锯缝完成后及在开放交通之前尽快填入以沥青为基料的高弹性接缝材料。这样可减少出现不规则的反射裂缝和避免反射裂缝处发生变形和剥落。

三、加铺沥青磨耗层

沥青磨耗层一般有沥青混合料(沥青砂)和稀浆封层两种类型,主要适用于修补水泥混凝路面板较大范围的磨损和露骨。

1. 沥青砂施工方法

(1)沥青磨耗层铺筑前应对混凝土面板进行修整和处理,应使水泥混凝土路面干燥清洁,不得有尘土、杂物或油污。

(2)水泥混凝土路面表面应喷洒0.4~0.6kg/m^{2}的黏层沥青,宜采用快裂型乳化沥青。

(3)黏层沥青宜用沥青洒布车进行喷洒,在路缘石、雨水进水口、检查井等局部位置与沥青面层接触处用人工涂刷。

(4)黏层沥青应均匀洒布或涂刷,喷洒过量处应予刮除;当气温低于10℃或路面潮湿时,不得喷洒黏层沥青;喷洒黏层沥青后,除沥青混合料运输车辆外严禁其他车辆、行人通过;黏层沥青洒布后,应立即铺筑沥青层,应待乳化沥青破乳后铺筑。

2. 稀浆封层施工方法

(1)稀浆封层的施工温度不得低于10℃,路面应清洁。

(2)稀浆封层机摊铺时应保持槽内有近半槽稀浆;摊铺过程中出现局部稀浆过后,需用橡皮板刮平,稀浆过少应用铁锹取浆补齐;流出的乳液需用刮板刮平;摊铺终点接头处应平直整齐。

(3)稀浆封层铺筑后到成型前应封闭交通。

(4)开放交通初期应有专人指挥,控制车速不得超过20km/h,并不得制动或掉头。

(5)采用改性沥青稀浆封层时,其施工程序与普通稀浆封层基本相同,但必须使用改性稀浆封层机,采用慢裂快凝型乳化沥青。

第三章

桥涵养护

技能目标

(1)根据桥梁定期检查结果,合理进行桥梁技术状况评定,对病害进行准确判定与分析;能够运用先进的无损检测设备,对桥梁的材质状况及状态进行检测并准确评定。

(2)根据相关规范要求,能掌握采取粘贴钢板加固桥梁的技术要点及验收标准;掌握采取粘贴碳纤维加固桥梁的技术要点及验收标准。

第一节 桥梁评定

一、技术状况评定方法

(一)桥梁技术状况评定方法

桥梁技术状况评定主要依据《公路桥梁技术状况评定标准》(JTG/T H21—2011)实施,采用分层综合评定与单项指标控制相结合的办法。先对桥梁各构件进行评定,然后对桥梁各部件进行评定,再对桥面系、上部结构和下部结构分别进行评定,最后进行桥梁总体技术状况的评定,详见图4-3-1。

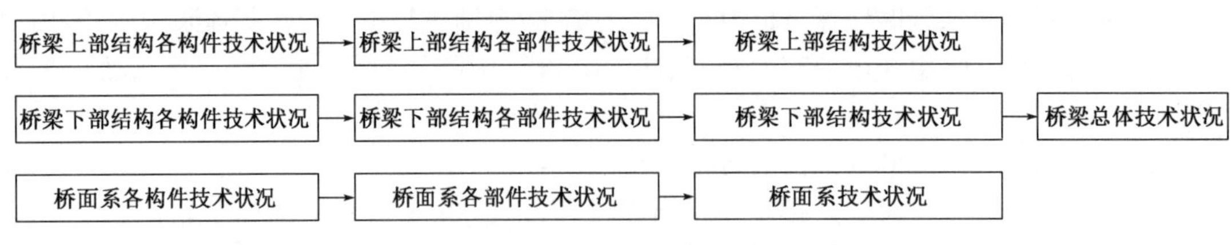

图4-3-1 桥梁技术状况评定分层评定示意图

(二)桥梁技术状况评定流程

桥梁技术状况评定流程见图4-3-2。

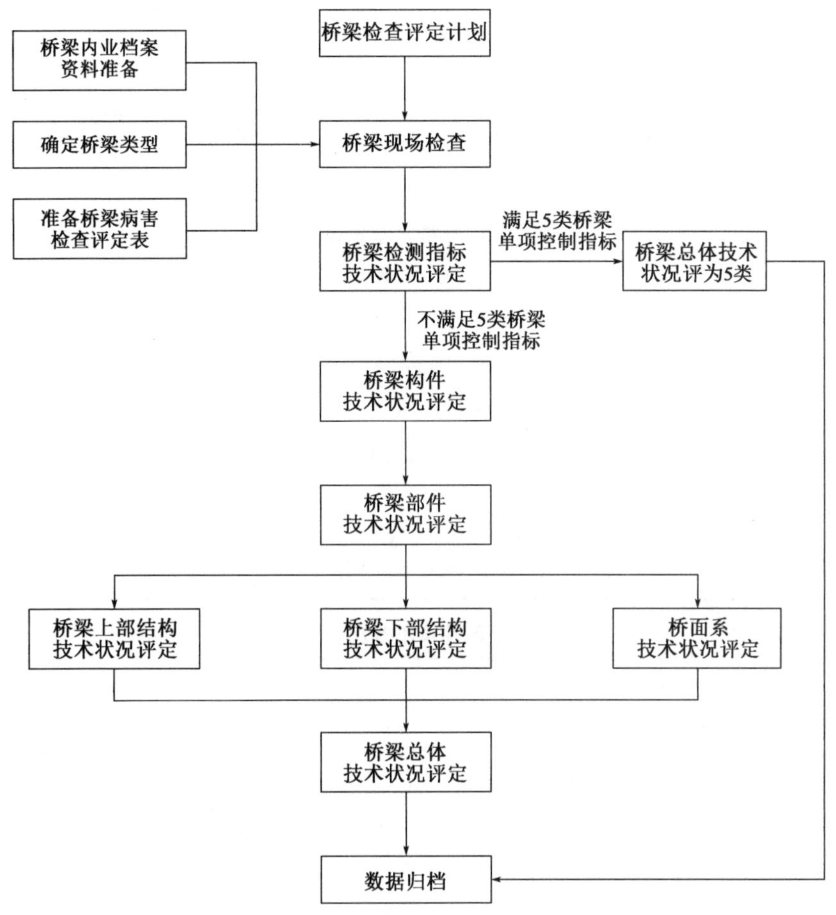

图 4-3-2　桥梁技术状况评定流程

根据《公路桥梁技术状况评定标准》(JTG/T H21—2011)第 4.1.5 条的规定,桥梁技术状况分类界限见表 4-3-1。

桥梁技术状况分类界限　　表 4-3-1

技术状况评分	技术状况等级 D_j				
	1 类	2 类	3 类	4 类	5 类
D_r	[95,100]	[80,95)	[60,80)	[40,60)	[0,40)

桥梁总体技术状况评定等级分为 1 类、2 类、3 类、4 类、5 类,见表 4-3-2;桥梁主要部件技术状况评定等级分为 1 类、2 类、3 类、4 类、5 类,见表 4-3-3;桥梁次要部件技术状况评定等级分为 1 类、2 类、3 类、4 类,见表 4-3-4。

桥梁总体技术状况评定等级　　表 4-3-2

技术状况评定等级	桥梁技术状况描述
1 类	全新状态,功能完好
2 类	有轻微缺损,对桥梁使用功能无影响

续上表

技术状况评定等级	桥梁技术状况描述
3类	有中等缺损,尚能维持正常使用功能
4类	主要构件有大的缺损,严重影响桥梁使用功能;或影响承载能力,不能保证正常使用
5类	主要构件存在严重缺损,不能正常使用,危及桥梁安全,桥梁处于危险状态

桥梁主要部件技术状况评定等级 表4-3-3

技术状况评定等级	桥梁技术状况描述
1类	全新状态,功能完好
2类	功能良好,材料有局部轻微缺损或污染
3类	材料有中等缺损;或出现轻度功能性病害,但发展缓慢,尚能维持正常使用功能
4类	材料有严重缺损,或出现中等功能性病害,且发展较快;结构变形小于或等于规范值,功能明显降低
5类	材料严重缺陷,出现严重的功能性病害,且有继续扩展现象;关键部位的部分材料强度达到极限,变形大于规范值,结构强度、刚度、稳定性不能达到安全通行要求

桥梁次要部件技术状况评定等级 表4-3-4

技术状况评定等级	桥梁技术状况描述
1类	全新状态,功能完好;或功能良好,材料有轻度缺损、污染等
2类	有中度缺损或污染
3类	材料有严重缺损,出现功能降低,进一步恶化将不利于主要构件,影响正常交通
4类	材料有严重缺损,失去应有功能,严重影响正常交通;或原无设置,而调查需要补设

(三)桥梁技术状况评定计算方法

1.桥梁构件技术状况评分

桥梁构件的技术状况评分按式(4-3-1)计算。

$$\mathrm{PMCI}_l(\mathrm{BMCI}_l \text{ 或 } \mathrm{DMCI}_l)=100-\sum_{x=1}^{k}U_x \tag{4-3-1}$$

当 $x=1$ 时 $$U_1=\mathrm{DP}_{i1}$$

当 $x\geqslant 2$ 时 $$U_x=\frac{\mathrm{DP}_{ij}}{100\times\sqrt{x}}\times\left(100-\sum_{y=1}^{x-1}U_y\right)\quad(\text{其中 } j=x)$$

当 $\mathrm{DP}_{ij}=100$ 时 $$\mathrm{PMCI}_l(\mathrm{BMCI}_l \text{ 或 } \mathrm{DMCI}_l)=0$$

式中:PMCI_l——上部结构第 i 类部件 l 构件的得分,值域为0~100分;

BMCI_l——下部结构第 i 类部件 l 构件的得分,值域为0~100分;

DMCI_l——桥面系第 i 类部件 l 构件的得分,值域为0~100分;

k——第 i 类部件 l 构件出现扣分的指标的种类数;

U、x、y——引入的变量;

i——部件类别;

j——第 i 类部件 l 构件的第 j 类检测指标；

DP_{ij}——第 i 类部件 l 构件的第 j 类检测指标的扣分值；根据构件各种检测指标扣分值进行计算，扣分值按表 4-3-5 的规定取值。

构件各检测指标扣分值　　表 4-3-5

检测指标所能达到的最高等级类别	指标类别				
	1 类	2 类	3 类	4 类	5 类
3 类	0	20	35	—	—
4 类	0	25	40	50	—
5 类	0	35	45	60	100

2. 桥梁部件技术状况评分

桥梁部件的技术状况评分按式(4-3-2)计算。

$$PCCI_i = \overline{PMCI} - (100 - PMCI_{min})/t \tag{4-3-2a}$$

或

$$BCCI_i = \overline{BMCI} - (100 - BMCI_{min})/t \tag{4-3-2b}$$

或

$$DCCI_i = \overline{DMCI} - (100 - DMCI_{min})/t \tag{4-3-2c}$$

式中：$PCCI_i$——上部结构第 i 类部件的得分，值域为 0～100 分；当上部结构中主要部件某一构件评分值 $PMCI_l$ 在[0,60)区间时，其相应部件评分值 $PCCI_i = PMCI_l$；

$\overline{PMCI}$——上部结构第 i 类部件各构件的得分平均值，值域为 0～100 分；

$BCCI_i$——下部结构第 i 类部件的得分，值域为 0～100 分；当下部结构中主要部件某一构件评分值 $BMCI_l$ 在[0,60)区间时，其相应部件评分值 $BCCI_i = BMCI_l$；

$\overline{BMCI}$——下部结构第 i 类部件各构件的得分平均值，值域为 0～100 分；

$DCCI_i$——桥面系第 i 类部件的得分，值域为 0～100 分；

$\overline{DMCI}$——桥面系第 i 类部件各构件的得分平均值，值域为 0～100 分；

$PCCI_{min}$——上部结构第 i 类部件中分值最低的构件得分值；

$BCCI_{min}$——下部结构第 i 类部件中分值最低的构件得分值；

$DCCI_{min}$——桥面系第 i 类部件分值最低的构件得分值；

t——随构件的数量而变的系数，取值见《公路桥梁技术状况评定标准》(JTG/T H21—2011)表 4.1.2。

3. 桥梁上部结构、下部结构、桥面系技术状况评分

桥梁上部结构、下部结构、桥面系的技术状况评分按式(4-3-3)计算。

$$SPCI(SBCI 或 BDCI) = \sum_{i=1}^{m} PCCI_i(BCCI_i 或 DCCI_i) \times W_i \tag{4-3-3}$$

式中：SPCI——桥梁上部结构技术状况评分，值域为 0～100 分；

SBCI——桥梁下部结构技术状况评分，值域为 0～100 分；

BDCI——桥面系技术状况评分，值域为 0～100 分；

m——上部结构(下部结构或桥面系)的部件种类数；

W_i——第 i 类部件的权重，取值见《公路桥梁技术状况评定标准》(JTG/T H21—2011)；

对于桥梁中未设置的部件,应根据此部件的隶属关系,将其权重值分配给各既有部件,分配原则按照各既有部件权重在全部既有部件权重中所占比例进行分配。

4. 桥梁总体技术状况评分

桥梁总体技术状况评分按式(4-3-4)计算。

$$D_r = \mathrm{BDCI} \times W_D + \mathrm{SPCI} \times W_{SP} + \mathrm{SBCI} \times W_{SB} \tag{4-3-4}$$

式中:D_r——桥梁总体技术状况评分;

BDCI——桥面系技术状况评分;

SPCI——桥梁上部结构技术状况评分;

SBCI——桥梁下部结构技术状况评分;

W_D——桥面系在全桥中的权重,取0.20;

W_{SP}——上部结构在全桥中的权重,取0.40;

W_{SB}——下部结构在全桥中的权重,取0.40。

当桥梁上部结构和下部结构技术状况等级为3类、桥面系技术状况等级为4类,且桥梁总体技术状况评分为$40 \leqslant D_r < 60$时,桥梁总体技术状况等级可评定为3类。

桥梁总体技术状况评定时,当主要部件评分达到4类或5类且影响桥梁安全时,可按照桥梁主要部件最差的缺损状况评定。

5. 特殊病害评为5类桥

在桥梁技术状况评价中,有下列情况之一时,整座桥应评为5类桥:

(1)上部结构有落梁;或有梁、板断裂现象。

(2)梁式桥上部承重构件控制截面出现全截面开裂;或组合结构上部承重构件结合面开裂贯通,造成截面组合作用严重降低。

(3)梁式桥上部承重构件有严重的异常位移,存在失稳现象。

(4)结构出现明显的永久变形,变形大于规范值。

(5)关键部位混凝土出现压碎或杆件失稳倾向;或桥面板出现严重塌陷。

(6)拱式桥拱脚严重错台、位移,造成拱顶挠度大于限值;或拱圈严重变形。

(7)圬工拱桥拱圈大范围砌体断裂,脱落现象严重。

(8)腹拱、侧墙、立墙或立柱产生破坏造成桥面板严重塌落。

(9)系杆或吊杆出现严重锈蚀或断裂现象。

(10)悬索桥主缆或多根吊索出现严重锈蚀、断丝。

(11)斜拉桥拉索钢丝出现严重锈蚀、断丝,主梁出现严重变形。

(12)扩大基础冲刷深度大于设计值,冲空面积达20%以上。

(13)桥墩(桥台或基础)不稳定,出现严重滑动、下沉、位移、倾斜等现象。

(14)悬索桥、斜拉桥索塔基础出现严重沉降或位移;或悬索桥锚碇有水平位移或沉降。

二、桥梁材质状况与状态参数评定

1. 桥梁几何形态参数检测评定

梁桥应测定桥跨结构纵向线形和墩(台)顶的竖向和水平变位;拱桥应测定拱轴线、桥面结构纵向线形和墩(台)顶的竖向和水平变位;索塔应测定塔顶水平变位、桥面结构纵向线形和主缆线形。

桥跨结构纵向线形,宜沿桥纵向分断面布设测点,分为桥轴线和车行道上、下游边缘线3条线,按二等工程水准测量要求进行闭合水准测量。测点应布置在桥跨或桥面结构的跨径等分点截面上。对中小跨径桥梁,单跨测量截面不宜少于5个;对大跨径桥梁,单跨测量截面不宜少于9个。

墩(台)顶的水平变位或塔顶水平变位,可采用悬挂垂球方法、极坐标法或其他可靠方法进行测量。

拱轴线和主缆线形,宜按桥跨的8等分点分别在拱背和拱腹、主缆顶面布设测点,采用极坐标法进行平面坐标和三角高程测量。

桥梁结构几何形态参数的实测数据,可用于确定桥梁结构持久荷载状态的变化,也可推求判定结构基础变位情况。对超静定结构,可依据实测的结构几何参数,采用模拟计算分析方法,对桥梁结构在持久荷载下的内力和变位状况做出评价。

桥梁几何形态的变化在一定程度上能反映结构内力的变化情况,如桥跨结构的下挠、墩台沉降等。对于超静定结构而言,结构几何形态变化造成结构的次内力对结构的影响往往不可忽略,通过结构几何形态的观测,可反演出结构的内力变化情况,并为分析结构形态变化的原因提供可靠依据。

桥梁线形检测及拱桥拱轴线测量如图4-3-3和图4-3-4所示。

图4-3-3　桥梁线形检测

图4-3-4　拱轴线测量

2. 桥梁恒载变异状况调查评估

桥梁恒载变异状况调查宜包括以下几个方面内容:

(1)桥梁总体尺寸测量,主要包括桥梁长度、桥宽、净空、跨径等;

(2)桥梁构件尺寸测量,主要包括构件长度与截面尺寸等;

(3)桥面铺装厚度及拱上填料重度测定;

(4)其他附加荷载调查。

引起桥梁结构恒载变异的主要原因包括:施工造成的结构或构件尺寸差异,如结构或构件长度变异、构件断面尺寸变异、铺装层厚度变异和材料重度差异等;运营期布设附加构造物(如过桥管线等)导致的附加重量。这些恒载变异对结构承载能力的影响需在结构检算分析过程中加以考虑。另外,尚需考虑桥梁计算跨径变异对内力计算结果的影响。

桥梁长度、跨径可在桥面上按桥跨结构中心线和车行道上、下游边缘线3条线进行测量。桥梁宽度可沿桥纵向分断面采用钢尺进行量测,量测断面每跨不宜少于3个。

构件长度与截面尺寸可采用钢尺进行测量,如图4-3-5所示。对桥跨结构,跨径小于40m的桥梁量测断面单跨不得少于5个,跨径大于或等于40m的桥梁量测断面单跨不得少于9个。对桥梁墩台、主塔等主要承重构件,量测断面不得少于3个。截面突变处应布设测量断面。

桥面铺装层厚度可采用分断面布点钻芯量测,也可采用雷达结合钻芯修正的方法测定。采用分断面布点钻芯测量时,量测断面宜布置在跨径四等分点位置,每个断面宜布设3个钻孔测点,分设在车行道桥跨结构中心线和上、下游边缘处。

图4-3-5　桥梁构件尺寸检测

3. 混凝土材质状况评定

对于桥梁混凝土强度,应在主要构件或受力部位布置测区,采用回弹法进行检测,如图4-3-6所示。根据混凝土桥梁结构或构件实测强度推定值或测区平均换算强度值,按式(4-3-5)、式(4-3-6)计算其推定强度匀质系数K_{bt}或平均强度匀质系数K_{bm},按表4-3-6的规定确定混凝土强度评定标度。

图4-3-6　混凝土强度检测

(1)推定强度匀质系数:

$$K_{bt}=\frac{R_{it}}{R} \tag{4-3-5}$$

式中:R_{it}——混凝土实测强度推定值;

R——混凝土设计强度等级。

(2)平均强度匀质系数:

$$K_{bm}=\frac{R_{im}}{R} \tag{4-3-6}$$

式中:R_{im}——混凝土平均强度推定值;

R——混凝土设计强度等级。

桥梁混凝土强度评定标准　　表 4-3-6

K_{bt}	K_{bm}	强度状况	评定标度
≥0.95	≥1.00	良好	1
(0.95,0.90]	(0.95,0.90]	较好	2
(0.90,0.80]	(0.95,0.90]	较差	3
(0.80,0.70]	(0.95,0.90]	差	4
<0.70	<0.85	危险	5

4. 混凝土桥梁钢筋锈蚀电位检测评定

对混凝土桥梁主要构件或主要受力部位,应布设测区检测钢筋锈蚀电位,每一测区的测点数不宜少于20个。锈蚀电位检测宜采用半电池电位法,参考电极可采用铜/硫酸铜半电池电极(图4-3-7)。应根据表4-3-7评定混凝土桥梁钢筋发生锈蚀的概率或锈蚀活动性,并按照测区锈蚀电位水平最低值,确定钢筋锈蚀电位评定标度。

图 4-3-7　钢筋锈蚀检测

混凝土桥梁钢筋锈蚀电位评定标准　　表 4-3-7

电位水平(mV)	钢筋状况	评定标度
≥ -200	无锈蚀活动性或锈蚀活动不确定	1
(-200, -300]	有锈蚀活动性,但锈蚀状态不确定,可能坑蚀	2
(-300, -400]	有锈蚀活动性,发生锈蚀的概率大于90%	3
(-400, -500]	有锈蚀活动性,严重锈蚀可能性极大	4
< -500	构件存在锈蚀开裂区域	5

注:测量时,混凝土桥梁结构或构件应为自然状态。

5. 混凝土桥梁氯离子含量检测评定

对钢筋锈蚀电位评定标度值为3、4、5的主要构件或主要受力部位,应布置测区测定混凝土中氯离子含量及其分布,每一被测构件测区数量不宜少于3个。对于混凝土中的氯离子含量,可在结构构件上钻取不同深度的混凝土粉末样品并通过化学分析进行测定。氯离子含量测定仪如图4-3-8所示。应根据混凝土中钢筋处氯离子含量,按表4-3-8评判其诱发钢筋锈蚀的可能性,并按照测区最高氯离子含量值,确定混凝土氯离子含量评定标度。

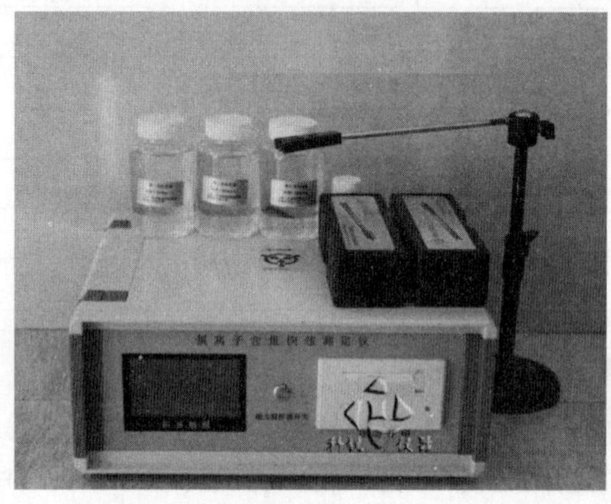

图4-3-8　氯离子含量测定仪

混凝土氯离子含量评定标准　　表4-3-8

氯离子含量(占水泥含量的百分比)(%)	诱发钢筋锈蚀的可能性	评定标度
<0.15	很小	1
[0.15,0.40)	不确定	2
[0.40,0.70)	有可能诱发钢筋锈蚀	3
[0.70,0.40)	会诱发钢筋锈蚀	4
≥1.00	钢筋锈蚀活化	5

6. 混凝土桥梁电阻率检测评定

对钢筋锈蚀电位评定标度值为3、4、5的主要构件或主要受力部位,应进行混凝土电阻率测量,被测构件或部位的测区数量不宜少于30个。混凝土电阻率宜采用四电极法检测,并根据表4-3-9评定钢筋锈蚀速率,按照测区电阻率最小值确定混凝土电阻率评定标度。

混凝土电阻率评定标准　　表4-3-9

电阻率(Ω·cm)	可能的锈蚀速率	评定标度
≥20000	很慢	1
[15000,20000)	慢	2
[10000,15000)	一般	3
[5000,10000)	快	4
<5000	很快	5

7. 混凝土桥梁碳化状况检测评定

对钢筋锈蚀电位评定标度值为3、4、5的主要构件或主要受力部位，应进行混凝土碳化状况检测，被测构件或部位的测区数量不应少于3个或混凝土强度测区数量的30%。混凝土碳化状况可通过在混凝土新鲜断面观察酸碱指示剂反应厚度的方法测定（图4-3-9）。应根据测区混凝土碳化深度平均值与实测保护层厚度平均值的比值K_c，按表4-3-10的规定确定混凝土碳化评定标度。

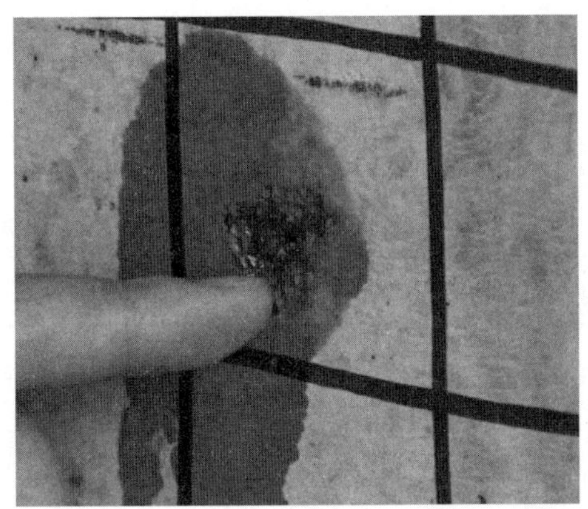
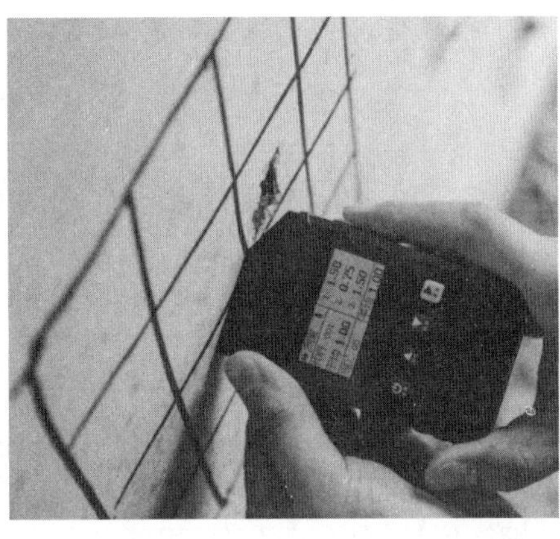

图4-3-9　混凝土碳化状况检测

混凝土碳化评定标准　　表4-3-10

K_c	评定标度	K_c	评定标度
<0.5	1	[1.5,2.0)	4
[0.5,1.0)	2	≥2.0	5
[1.0,1.5)	3		

8. 混凝土桥梁钢筋保护层厚度检测评定

混凝土桥梁钢筋保护层厚度可采用电磁检测方法进行无损检测，如图4-3-10所示。

图4-3-10　保护层厚度检测

检测构件或部位的钢筋保护层厚度的平均值$\overline{D}_n$按式(4-3-7)进行计算。

$$\overline{D}_n = \frac{\sum_{i=1}^{n} D_{ni}}{n} \tag{4-3-7}$$

式中：D_{ni}——钢筋保护层厚度实测值，精确至0.1mm；

n——检测构件或部位的测点数。

检测构件或部位的钢筋保护层厚度特征值D_{ne}按式(4-3-8)进行计算。

$$D_{ne} = \overline{D}_n - K_p S_D \tag{4-3-8}$$

$$S_D = \sqrt{\frac{\sum_{i=1}^{n}(D_{ni})^2 - n(\overline{D})^2}{n-1}}$$

式中：S_D——钢筋保护层厚度实测值，精确至0.1mm；

K_p——判定系数，按表4-3-11取用。

钢筋保护层厚度判定系数　表4-3-11

n	10～15	16～24	≥25
K_p	1.695	1.645	1.595

应根据检测构件或部位的钢筋保护层厚度特征值D_{ne}与设计值D_{nd}的比值，按表4-3-12的规定确定钢筋保护层厚度评定标度。

钢筋保护层厚度评定标度　表4-3-12

D_{ne}/D_{nd}	对结构钢筋耐久性的影响	评定标度
>0.95	影响不显著	1
(0.85,0.95]	有轻度影响	2
(0.70,0.85]	有影响	3
(0.55,0.70]	有较大影响	4
≤0.55	钢筋易失去碱性保护，发生锈蚀	5

9. 桥梁结构自振频率检测评定

桥梁自振频率检测点应布置在桥梁上、下部结构振型的峰、谷点，进行多点多方向的测量。宜根据实测自振频率f_{mi}与计算频率f_{di}的比值，按表4-3-13的规定确定自振频率评定标度。

桥梁自振频率评定标准　表4-3-13

上部结构	下部结构	评定标度
f_{mi}/f_{di}	f_{mi}/f_{di}	
≥1.1	≥1.2	1
[1.00,1.10)	[1.00,1.20)	2
[0.90,1.00)	[0.95,1.00)	3
[0.75,0.90)	[0.80,0.95)	4
<0.75	<0.80	5

10. 拉吊索索力检测评定

拉吊索索力测量可采用振动法,也可利用锚下预先安装的测力传感器直接测量,如图 4-3-11 所示。索力偏差率 K_t 可按式(4-3-9)计算。

$$K_{t}=\frac{T-T_{d}}{T_{d}}\times 100\% \tag{4-3-9}$$

式中:T——实测索力值;

T_d——设计索力值。

图 4-3-11　索力检测

索力偏差率超过 ±10% 时应分析原因,检定其安全系数是否满足相关规范要求,并应在结构检算中加以考虑。

拉吊索索力直接反映索结构桥梁持久状况下的内力状态,是评价桥梁承载能力的重要指标。在用桥梁拉吊索索力测量通常采用振动法,现场检测时,应事先解除索的阻尼装置并通过现场试验确定换算索长,并依据不少于前五阶特征频率计算索力的平均值。

11. 桥梁基础与地基检测评定

桥梁基础变位检测评定应包括以下三个方面:

(1)基础的竖向沉降、水平变位和转角。

(2)相邻基础的沉降差。

(3)基础的不均匀沉陷、滑移、倾斜和冻拔等。

对设有永久性观测点的桥梁基础,可通过测量永久性观测点平面坐标与高程的变化分析其变位。对无永久性观测点的桥梁基础,可采用几何测量、垂线测量、光学测距等间接测量的方法,也可通过测量桥跨结构几何形态参数的变化来推定其变位。

对桥梁基础变位应从下列两个方面进行评定:

(1)基础变位是否趋于稳定。若基础变位尚未稳定,应设立永久性观测点,定期进行控制检测。

(2)基础变位是否超出设计期望值。若超出设计期望值,除应检算评定基础变位对上部结构的不利影响外,还应对地基进行探查,检算评定其承载能力。

对桥梁地基的检验应符合下列规定:

(1)根据桥梁结构的重要性、墩台与基础变位情况以及原位岩土工程勘察资料情况,补充勘探孔或原位测试孔,查明土层分布及土的物理力学性质。孔位应靠近基础。

(2)对因加固维修需要增加结构自重的桥梁,宜在基础下取原状土进行室内土的物理力学性质试验。

简支桥梁的墩台与基础沉降和位移,超过以下容许限值,且通过观察确认其仍在继续发展时,应采取相应措施进行加固处理:

(1)墩台均匀总沉降(不包括施工中的沉陷):$2.0\sqrt{L}$(cm)。

(2)相邻墩台均匀总沉降差(不包括施工中的沉陷):$1.0\sqrt{L}$(cm)。

(3)墩台顶面水平位移值:$0.5\sqrt{L}$(cm)。

其中,L 为相邻墩台间最小跨径(m),小于 25m 时以 25m 计。

第二节　桥梁裂缝病害特征及成因

混凝土是由多种相态、多种物质构成的复合体,由于搅拌、运输、泵送、振捣等会引起混凝土拌合物出现离析、泌水现象,因此,钢筋混凝土中各种相态、各种物质的分布完全可能是不均匀的。这种多相态、非匀质、复合型材料的性质,决定了混凝土内部的不连续,导致形成诸多的微小裂隙。因此,混凝土结构自浇筑成型后,内部就存在裂缝,这也是钢筋混凝土材料难以避免裂缝的内在原因。

一、普通钢筋混凝土简支梁桥常见裂缝(上部结构)

简支梁桥常见裂缝包括网状裂缝、横向受拉裂缝、斜向受剪裂缝等,裂缝特征图示及原因分析见表 4-3-14。

钢筋混凝土简支梁桥常见裂缝　　表 4-3-14

序号	裂缝种类与发生部位	图示	主要特征与发生原因
1	网状裂缝		(1)发生在各种跨度的梁上,无固定规律; (2)多为混凝土收缩引起的表面龟裂; (3)宽度 0.03~0.05mm,手触有凸起的感觉
2	下缘受拉区裂缝		(1)多发生于梁跨中部,为受力裂缝,自下翼缘向上发展,至与梁肋相接处停止; (2)裂缝间距 0.1~0.2m,宽度 0.03~0.1mm
3	腹板上竖向裂缝		(1)当梁跨径 >12m 时,多处于薄腹部分,宽度在 0.15~0.3mm 之间; (2)当跨径较小时,裂缝较细,上端未到腹板顶部; (3)多为设计不当、施工不良,或温度等周边环境影响所致

续上表

序号	裂缝种类与发生部位	图示	主要特征与发生原因
4	腹板上斜向裂缝	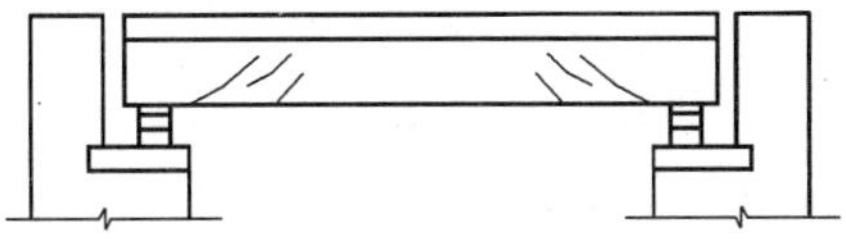	(1)出现较多,位于跨中两侧,倾角在15°~45°之间,第一道裂缝多位于距离支座0.5~1.0m处; (2)裂缝宽度多在0.3mm以下; (3)多由于设计缺陷导致主拉应力较大
5	梁侧水平裂缝	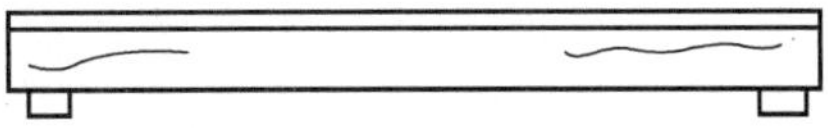	(1)为近似水平方向的层裂缝; (2)施工不当引起,分层浇筑,间隔时间较长
6	梁底纵向裂缝	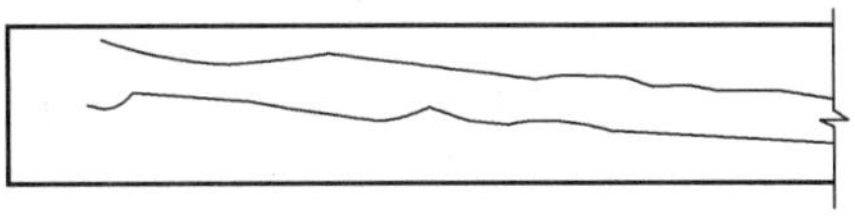	(1)沿下翼缘主筋方向走向; (2)混凝土保护层过薄,或混凝土掺加速凝剂导致,严重时应予以更换
7	横隔开裂	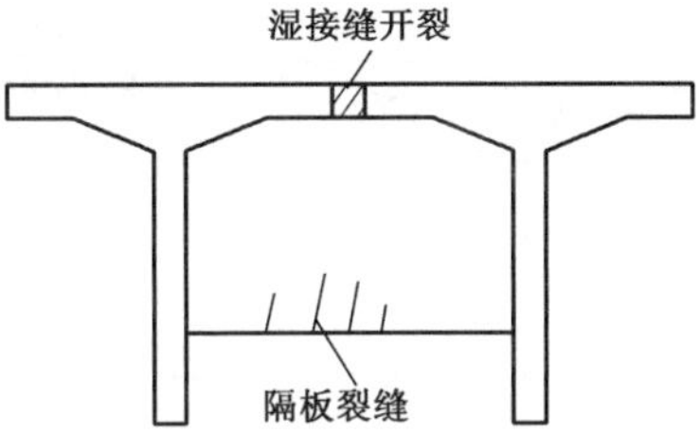 湿接缝开裂 隔板裂缝	(1)横隔梁湿接缝开裂由于施工质量不佳、构造不当、荷载过大等因素而引起; (2)横隔板底部竖向裂缝由于横向连系较差,导致部分梁体单独受力,以及刚度不足等因素所致,裂缝宽度一般在0.05~0.25mm之间

二、预应力混凝土梁桥常见裂缝(上部结构)

预应力混凝土梁桥常见裂缝特征图示及原因分析见表4-3-15。

预应力混凝土连续梁桥常见裂缝　　表4-3-15

序号	裂缝种类与发生部位	图示	主要特征与发生原因
1	箱梁弯曲裂缝和锚固齿板后横向裂缝	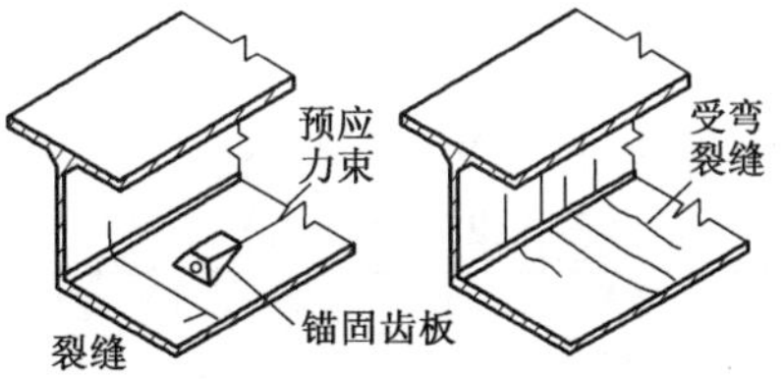 预应力束 锚固齿板 裂缝 受弯裂缝	(1)箱梁弯曲裂缝分布于跨中附近,裂缝数量较多但较细(0.05~0.25mm),为抗弯刚度不足或混凝土的强度较低所致; (2)箱梁锚固齿板后横向裂缝一般为1~3条,裂缝较宽(≥0.25mm),为构造缺陷引起的局部拉应力过大所致
2	牛腿及挂梁局部裂缝	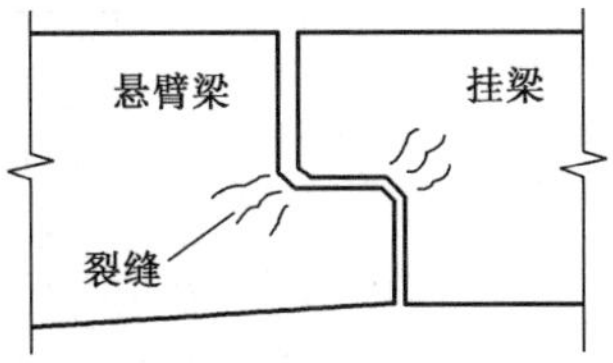 悬臂梁 挂梁 裂缝	(1)主要为配筋不足,高度偏小,挂梁与牛腿连接不顺形成跳车,在剪力、冲切作用下局部主拉应力过大等所致; (2)裂缝均呈45°斜向

续上表

序号	裂缝种类与发生部位	图示	主要特征与发生原因
3	预应力梁下翼缘纵向裂缝	横隔板 裂缝 预应力T梁	(1)为预应力梁较严重的一种裂缝,一般出现在最外的一排预应力钢束附近,或腹板与下缘交界处,宽度一般为0.05~0.10mm; (2)主要为局部预应力过大、保护层太薄或施工工艺质量不当所致
4	先张法梁梁端锚固处裂缝	空心板	(1)裂缝均起始于张拉端面,宽度约为0.10mm,长度一般有一定的延伸; (2)在两组张拉钢筋之间梁段混凝土处于受力区,使梁端易发生水平裂缝; (3)锚头处应力集中和锚头产生的楔形作用,使锚头附近产生细小水平裂缝
5	T梁横隔板裂缝	焊缝开裂 隔板裂缝	(1)在梁端及腹板变断面的梁上均有发生,由棱角边缘向上延伸,焊缝开裂; (2)裂缝宽度一般在0.20~0.30mm之间; (3)由于偏载、扭转、施工质量等因素引起
6	后张法梁端或锚固部位裂缝	锚固齿板 节段接缝 预应力束 裂缝 腹板	(1)通常发生在梁端或预应力筋的锚固部位,裂缝较短小,发生在梁端时多与主筋方向一致,发生在锚固部位时与梁纵轴线方向成30°~45°; (2)运营初期发展,但不严重,以后趋于稳定; (3)主要为端部或锚固部位应力集中或混凝土浇筑质量较差所致

三、墩台常见裂缝(下部结构)

桥梁下部结构墩台常见裂缝特征图示及原因分析见表4-3-16。

墩台常见裂缝　　表4-3-16

序号	裂缝种类与发生部位	图示	主要特征与发生原因
1	局部预应力引起墩帽角隅开裂		(1)裂缝多位于墩帽角隅部位及中线附近; (2)严重时导致部分混凝土剥落露筋; (3)主要为局部应力过大所致; (4)裂缝形态呈30°~45°倾斜状

续上表

序号	裂缝种类与发生部位	图示	主要特征与发生原因
2	墩(台)帽裂缝	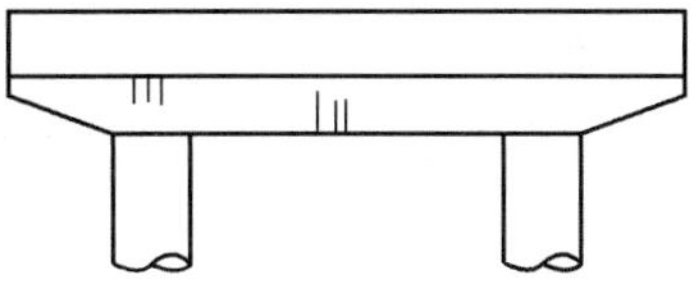	(1)裂缝多位于墩(台)帽两个墩柱中部及下缘受拉区和墩柱顶部负弯矩受拉区; (2)为墩(台)帽设计抗弯承载能力、结构构造配筋不足所致
3	桥墩水平裂缝	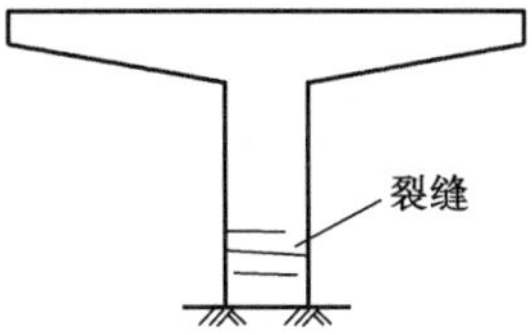 裂缝	(1)裂缝呈水平分层状; (2)多数为施工质量不佳而造成的混凝土灌注或振捣不实所引起; (3)当结构的受力形式发生改变(如纵向约束改变)时,则有可能是受到上部结构传来的水平力过大所致
4	T形墩帽开裂	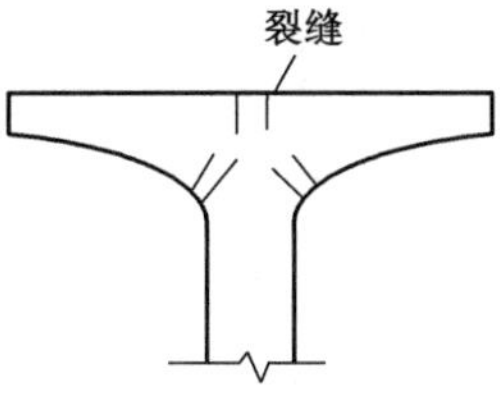 裂缝	(1)T形墩帽顶部裂缝主要由于悬臂过长所产生的拉应力引起; (2)倒角部位斜向裂缝主要由于局部应力集中引起; (3)其他可能的原因还有施工质量较差、墩帽结构配筋不足等
5	前墙向桥孔倾斜、两侧出现竖向裂缝	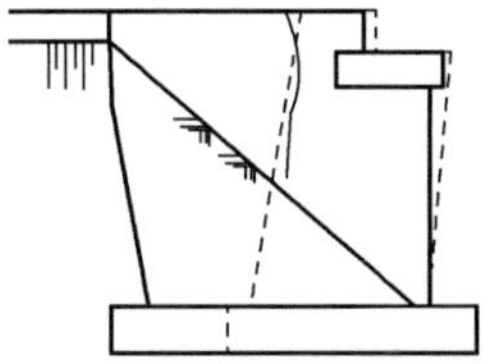	(1)为下部基础沉降所引起的附加应力所致; (2)一般呈竖向形态,裂缝宽度一般在0.20~0.50mm之间; (3)裂缝发生于桥台的截面(刚度)突变处
6	台帽下开裂	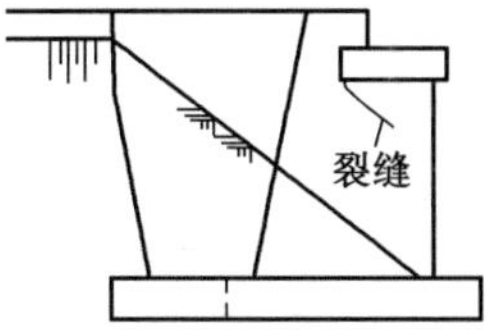 裂缝	(1)主要为台帽支承垫石配筋不足所致; (2)也有可能是由于受到较大的冲击力而引起
7	台身竖向开裂	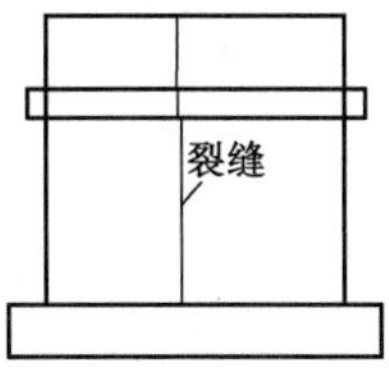 裂缝	(1)形态上宽下窄,而且往往有发展趋势; (2)主要由于基础不均匀沉降、局部应力集中等原因而产生; (3)其他因素如大体积混凝土温度收缩、施工质量不佳等也可能导致裂缝产生

续上表

序号	裂缝种类与发生部位	图示	主要特征与发生原因
8	局部应力引起墩帽开裂		(1)主要为局部承压应力过大所致,因上部结构和活载的作用力集中地通过支座(或立柱)传至桥墩,使其周围墩顶其他部位产生拉应力; (2)也可能是由于支座支承状况不当、支座损坏而引起
9	基础受冲刷淘空	水流 裂缝	(1)基础下被水冲刷而淘空,严重时发生倾斜使其基础受力不均匀,引起基础横向或竖向开裂或局部塌陷等; (2)主要为基础埋置深度不够,或不适采用浅基础,或人为在河中采砂石所致
10	墩柱倾斜		(1)墩柱倾斜产生的原因包括地基不均匀沉降、滑移、桩基础未打入持力层或发生断桩、施工质量较差等; (2)加固方式可采用增设桩基、增大截面或旋喷加固地基等方法
11	基础滑动和倾斜		(1)主要是地基不稳定,摩擦力小,承载能力不够,引起不均匀沉降或由于桥台前河床疏浚或后填土水平压力过大; (2)地质情况不好时,地基容易失稳,产生塑性流动,推动台身带动基础滑动和倾斜,也可能是由于台后竖向压力过大而产生挤压,导致基础滑动和倾斜

第三节　桥梁加固维修

一、粘贴钢板加固

1. 设计要求

(1)钢板制作。钢板下料宜采用工厂自动、半自动切割方法,切割边缘表面光滑,无毛刺、咬口及翘曲等缺陷;钢板黏合面可用喷砂或平砂轮打磨直至露出金属光泽,打磨纹路应与钢板受力方向垂直,钢板黏结面应有一定的粗糙度;钢板外露面必须除锈至呈现金属光泽并保持干燥;按锚栓设计位置对钢板钻孔,孔的边缘应清除毛刺。

(2)钢板的安装与锚固。钢板粘贴应选择干燥环境下进行;将配制好的胶黏剂均匀地涂抹在清洁的混凝土和钢板条黏结面上,立面涂胶应自上而下地进行;钢板条黏结面上的抹胶可中间厚、两边薄,板的中央涂抹胶的厚度为 3 ~ 5mm。将钢板平稳对准螺栓孔并迅速拧紧螺母,使钢板与混凝土紧密黏合,清除挤出的多余胶黏剂。钢板加压的顺序应由中间向两边对称进行;钢板厚度大于 5mm 时,采用压力注胶黏结,先用封边胶将钢板周围封闭,留出排气孔,在钢板低端粘贴注浆嘴并通气试漏后,以不小于 0.1MPa 的压力压入胶黏剂;当排气孔出现浆液后停止加压,并用封边胶封堵,再以较低压力维持 10min 以上。

2. 一般规定

(1)钢板、胶黏剂、植螺栓及植筋胶进场时,应对其品种、批号、包装、中文标志、产品合格证、出厂日期、出厂检验报告等进行检查,钢板、胶黏剂抽样复验结果必须符合设计和现行有关规范的要求。粘贴钢板或型钢用胶黏剂的安全性能指标应符合表 4-3-17 的规定。

粘贴钢板或型钢用胶黏剂安全性能指标　　表 4-3-17

<table>
<tr><th colspan="2" rowspan="2">性能项目</th><th colspan="2">性能要求</th></tr>
<tr><th>A 级胶</th><th>B 级胶</th></tr>
<tr><td rowspan="6">胶体性能</td><td>抗拉强度(MPa)</td><td>≥30</td><td>≥25</td></tr>
<tr><td>抗拉弹性模量(MPa)</td><td colspan="2">≥3500(≥3000)</td></tr>
<tr><td rowspan="2">抗弯强度(MPa)</td><td>≥45</td><td>≥35</td></tr>
<tr><td colspan="2">且不得呈脆裂破坏</td></tr>
<tr><td>抗压强度(MPa)</td><td colspan="2">≥65</td></tr>
<tr><td>伸长率(%)</td><td>≥1.3</td><td>≥1.0</td></tr>
<tr><td rowspan="3">黏结能力</td><td>钢-钢拉伸抗剪强度标准值(MPa)</td><td>≥15</td><td>≥12</td></tr>
<tr><td>钢-钢拉不均匀扯离强度(kN/m)</td><td>≥16</td><td>≥12</td></tr>
<tr><td>与混凝土的正拉黏结强度(MPa)</td><td colspan="2">≥2.5,且为混凝土内聚破坏</td></tr>
<tr><td colspan="2">不挥发物含量(固体含量)(%)</td><td colspan="2">≥99</td></tr>
</table>

(2)配制的胶液应在产品使用说明书规定的时间内用完。当施工温度超过 30℃时,结构胶应随配随用,每次配料均应在 20min 内用完。

(3)粘贴钢板施工应按照设计、现行施工规范及批准的技术方案进行。

(4)粘贴钢板施工气温应符合材料使用说明书的规定,且不低于 10℃。当现场环境湿度超过 85%时,应停止施工作业。严禁在风沙雨雪天气露天施工。

3. 混凝土基面处理

(1)施工前应按设计施工图要求放样,经监理工程师复核后方可进行施工。

(2)清除基面劣质混凝土、模板等杂物,如发现空洞缺陷应及时修补,并用结构胶批嵌至表面密实,固化后打磨至坚实平整的混凝土新面。

(3)混凝土基面平整度检测一般采用2m直尺,平整度应≤5mm;当结构尺寸较小时,采用50cm直尺,平整度应≤3mm,否则应重新打磨平整,直至验收合格。

(4)混凝土基面含水率不应大于8%,对含水率超限的混凝土应进行人工干燥处理。

(5)按照设计施工图规定,对锚杆孔位进行放样、钻孔、清理螺栓孔至无微尘为止。

(6)钻孔深度、孔径、钻孔垂直度应符合设计及表4-3-18的要求。

钻孔深度、孔径、钻孔垂直度实测项目 表4-3-18

项次	检查项目	规定值或允许偏差	检查方法和频率
1	锚栓孔深度(mm)	±10、-0	游标卡尺及角尺:抽查20%,且不少于5处
2	锚栓孔直径(mm)	±2、-1	
3	钻孔垂直度(°)	3	

(7)螺栓锚固植筋胶应从孔底部挤出至孔口溢出,螺栓四周应收边刮平,胶体固化期间不得被碰撞和扰动,固化养护时间应按照产品相关约定执行。

4.钢板粘贴面处理

(1)粘贴钢板长度负偏差不大于10mm。

(2)根据混凝土基面钻孔的实际位置,在钢板表面放样、钻孔,钢板孔的直径应比螺杆直径大2mm。

(3)钢板表面处理打磨的痕迹应与受力方向垂直,用手触摸钢板表面有“扎手”感,表面光泽,纹路清晰。

5.粘贴钢板施工

(1)胶液的配制和使用应按照产品使用说明书的规定进行,搅拌后的胶液色泽均匀、无气泡。

(2)涂抹胶液宜中间高、四周低,先从钢板中间的螺栓拧紧加压,然后对称向外围拧紧螺栓,挤压至钢板边缘溢出胶体为止,胶液厚度1~3mm为宜。

(3)钢板与混凝土之间有效粘贴面积不应小于95%,否则必须进行返工处理。若单个空鼓面积不大于2500mm^2,可采用钻孔注浆法进行修补;若单个空鼓面积大于2500mm^2,应揭去重贴。

(4)铲除钢板表面滴挂的结构胶、除锈并擦拭干净,钢板防腐油漆种类及涂刷工艺应符合设计和现行有关规范的规定。

(5)钢板防腐涂层厚度应符合设计要求,否则,应在该处加涂一层涂料,并重新测试其干膜厚度。

(6)钢板边缘应有胶液挤出,胶液应固化。钢板表面防腐层涂刷应均匀,无滴漏、气泡、裂纹、流挂等缺陷。

钢板加固桥梁成效如图4-3-12和图4-3-13所示。

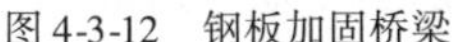

图 4-3-12　钢板加固桥梁

图 4-3-13　钢板加固梁底

二、粘贴碳纤维布加固

1. 设计要求

(1)底层处理。将混凝土表面剥落、疏松、蜂窝、腐蚀等劣化部分清除,并进行清洗、打磨,待表面干燥后,用修补材料将混凝土表面凹凸部位修复平整。如果有毛刺,应用砂纸打磨。找平面用手触摸感觉干燥后,才能进行下一工序的施工。粘贴处阳角应打磨成圆弧状,阴角以修补材料填补成圆弧倒角,圆弧半径不应小于 25mm。

(2)涂刷底胶。调制好的底胶应及时使用,用一次性软毛刷或特制滚筒将底胶均匀涂抹于混凝土表面,不得漏刷、流淌或有气泡。待底胶固化后检查涂胶面,如涂胶面上有毛刺,应用砂纸打磨平顺,如胶层被磨损,应重新涂刷,固化后应尽快进行下一道工序。若涂刷时间超过 7d,应清除原底胶,用砂轮机磨除,重新涂抹。

(3)粘贴纤维复合材料。雨天或空气潮湿条件下不宜施工。对于玻璃纤维复合材料,相对湿度不宜大于 80%。如确需在潮湿的构件上施工,必须烘干构件表面或采用专门的胶黏剂。纤维复合材料粘贴宜在 5~35℃环境温度条件下进行,胶黏剂的选用应满足使用环境温度的要求。在待加固的混凝土表面按照设计图纸放样,确定纤维复合材料各层的位置。按照设计尺寸裁剪纤维复合材料,纤维复合材料搭接长度不宜小于 100mm,搭接位置宜避开主要受力区。裁剪的纤维布材必须呈卷状妥善摆放并编号。已裁剪的纤维复合材料应尽快使用。粘贴纤维复合材料前,应对混凝土表面再次擦拭,确保粘贴面无粉尘。混凝土表面涂刷胶黏剂时,应做到胶体不流淌;胶体涂刷不超出控制线;涂刷均匀。粘贴立面纤维复合材料时,应按照由上到下的顺序进行。用滚筒将纤维复合材料从一端向另一端滚压,除去胶体与纤维复合材料之间的气泡,使胶体渗入纤维复合材料,浸润饱满。选用的滚筒应在滚压过程中不产生静电作用。当采用多条或多层纤维复合材料加固时,在前一层纤维布表面用手指触摸感到干燥后,立即涂胶黏剂粘贴后一层纤维复合材料。最后一层纤维复合材料施工结束后,在其表面均匀涂抹一层浸渍树脂(面层防护),自然风干。对于受弯构件,宜在受拉区沿轴向平直粘贴纤维复合材料进行加固补强,并在主纤维方向的断面端部进行锚固处理。当采用碳纤维板加固时,不宜搭接,应按设计尺寸一次完成下料。

2. 一般规定

(1)碳纤维布、浸渍及粘贴用胶黏剂进场时,应对其品种、批号、包装、中文标志、产品合格证、出厂日期、出厂检验报告等进行检查,抽样复验结果必须符合设计和现行有关规范的要求。碳纤维浸渍、粘贴用胶黏剂的安全性能指标应符合表 4-3-19 的规定。

碳纤维浸渍、粘贴用胶黏剂安全性能指标 表 4-3-19

性能项目		性能要求	
		A 级胶	B 级胶
胶体性能	抗拉强度(MPa)	≥40	≥30
	抗拉弹性模量(MPa)	≥2500	≥1500
	抗弯强度(MPa)	≥50	≥40
		且不得呈脆裂破坏	
	抗压强度(MPa)	≥70	
	伸长率(%)	≥1.5	
黏结能力	钢-钢拉伸抗剪强度标准值(MPa)	≥14	≥10
	钢-钢拉不均匀扯离强度(kN/m)	≥20	≥15
	与混凝土的正拉黏结强度(MPa)	≥2.5,且为混凝土内聚破坏	
不挥发物含量(固体含量)(%)		≥99	

注:1. 表中胶黏剂的指标,应根据置信水平 $C=0.90$、保证率系数为 95% 的要求确定。
2. 表中的性能指标除标有标准值者外,其余均为平均值。

(2)配制的胶液应在产品使用说明书规定的时间内用完。当施工温度超过 30℃时,应随配随用,每次配料均应在 20min 内用完。

(3)粘贴碳纤维布施工应按照设计、现行施工规范及批准的技术方案进行。

(4)粘贴碳纤维布施工环境温度应按照 15 ~ 35℃控制。当现场环境湿度超过 85% 时,应停止施工作业。严禁在风沙雨雪天气及低温下露天施工。

3. 混凝土基面处理

(1)施工前应按设计施工图要求放样,经监理工程师复核后方可进行施工。

(2)清除基面劣质混凝土、模板等杂物,如发现空洞缺陷应及时修补,并用结构胶批嵌至表面密实,固化后打磨至坚实平整的混凝土新面。

(3)混凝土基面平整度检测一般采用 2m 直尺,平整度应≤5mm;当结构尺寸较小时,采用 50cm 直尺,平整度应≤3mm,否则应重新打磨平整。

(4)混凝土基面含水率不应大于 8%,对含水率超限的混凝土应进行人工干燥处理。

4. 粘贴碳纤维布施工

(1)胶液的配制和使用应按照产品使用说明书的规定进行,搅拌后的胶液色泽均匀、无气泡。

(2)底胶触摸干燥时,应均匀涂刷浸渍树脂,不得有滴挂现象,立即粘贴碳纤维布,从碳纤维布中心线向两侧用滚筒滚压,直至碳纤维布全部浸渍湿润,如发现空鼓,应适当滚压。

(3)若需粘贴第二层碳纤维布,必须在第一层浸渍树脂触摸干燥后进行。

(4)碳纤维布粘贴位置中心线偏差不应大于10mm;长度负偏差不应大于15mm。

(5)碳纤维布与混凝土之间有效粘贴面积不应小于95%,否则必须进行返工处理。若单个空鼓面积不大于2500mm²,可采用注射法充胶修复;若单个空鼓面积大于2500mm²,应割除修补,并重新粘贴等量碳纤维布。

(6)碳纤维布粘贴后静置固化达到7d时,应采用邵氏硬度计检测胶层硬度,并以邵氏硬度HD>70为合格。

(7)碳纤维布与基材混凝土的正拉黏结强度,必须进行见证抽样检验。其检验结果≥2.5MPa,且为混凝土内聚破坏,否则,应揭去重新粘贴等量碳纤维布。

(8)碳纤维布表面防护材料种类及涂刷工艺应符合设计和现行有关规范的规定。

(9)粘贴碳纤维布表面应平整,无局部坑洼,无跳丝。表层防护涂刷应均匀,无滴漏、气泡、裂纹、流挂等缺陷。

碳纤维加固桥梁成效如图4-3-14和图4-3-15所示。

图4-3-14　碳纤维布加固桥墩

图4-3-15　碳纤维板加固梁底

第四章

隧道养护

(1)除应掌握高级工技能目标外,还需掌握隧道土建结构及交通安全设施、内部装饰检查基础知识,技术状况评定知识。

(2)掌握土建结构及交通安全设施、内部装饰的保养维修知识及相关作业工艺措施。

第一节　隧道土建结构检查

一、经常检查

(1)经常检查宜采用人工与信息化手段相结合的方式,配以简单的检查工具进行。

(2)经常检查应当场填写记录表,定期归档。

(3)经常检查频率:养护等级为一级的,开展频率不低于1次/月;养护等级为二级的,开展频率不低于1次/2月;养护等级为三级的,开展频率不低于1次/季度。雨雪及极端天气、发生异常情况时,应提高检查频率。

(4)经常检查以定性判断为主,检查内容和判定标准宜按表4-4-1执行。经常检查判定结果分为三种情况:情况正常、一般异常、严重异常。

隧道经常检查内容及判定标准　　表4-4-1

项目名称	检查内容	判定描述	
		一般异常	严重异常
洞口	边仰坡有无危石、积水、积雪;洞口有无挂冰;边沟有无淤塞;构造物有无开裂、倾斜、沉陷等	存在落石、积水、积雪隐患;洞口局部挂冰;构造物局部开裂、倾斜、沉陷,有妨碍交通的可能	坡顶落石、积水漫流或积雪崩塌;洞口挂冰掉落路面;构造物因开裂、倾斜或沉陷而致剥落或失稳;边沟淤塞,已妨碍交通

续上表

项目名称	检查内容	判定描述	
		一般异常	严重异常
洞门	结构开裂、倾斜、沉陷、错台、起层、剥落;渗漏水(挂冰)	侧墙出现起层、剥落;存在渗漏水或结冰,尚未妨碍交通	拱部及其附近部位出现剥落;存在喷水或挂冰等,已妨碍交通
衬砌	结构裂缝、错台、起层,剥落	衬砌起层,且侧壁出现剥落状况,尚未妨碍交通,将来可能构成危险	衬砌起层,且拱部出现剥落状况,已妨碍交通
	渗漏水	存在渗漏水,尚未妨碍交通	大面积渗漏水,已妨碍交通
	挂冰、冰柱	存在结冰现象,尚未妨碍交通	拱部挂冰,形成冰柱,已妨碍交通
路面	落物、油污;滞水或结冰;路面拱起、坑槽、开裂、错台等	存在落物、滞水、结冰、裂缝等,尚未妨碍交通	拱部落物,存在大面积路面滞水、冰或裂缝,已妨碍交通
检修道	结构破损;盖板缺损;栏杆变形、损坏	栏杆变形、损坏;盖板缺损;结构破损,尚未妨碍交通	栏杆局部毁坏或侵入建筑限界;道路结构破损,已妨碍交通
排水设施	缺损、堵塞、积水、结冰	存在缺损、积水或结冰,尚未妨碍交通	设施缺损严重,已妨碍交通;沟管堵塞,积水漫流,结冰
吊顶及各种预埋件	变形、缺损、漏水(挂冰)	存在缺损、漏水,尚未妨碍交通	缺损严重,或从吊顶板漏水严重,已妨碍交通
内装饰	脏污、变形、缺损	存在缺损,尚未妨碍交通	缺损严重,已妨碍交通
标志、标线、轮廓标	是否完好	存在脏污、部分缺失,可能影响行交通安全	基本缺失或严重缺失,影响行车安全

(5)应翔实记述检查项目的缺损类型,估计缺损范围和程度以及养护工作量,对异常情况做出缺损状况判定分类,并提出相应的养护措施。

二、隧道土建结构技术状况评定

1. 一般规定

土建结构技术状况评定应根据定期检查资料,综合洞门、结构、路面和附属设施等各方面的影响,确定隧道的技术状况等级。专项检查时,宜按照规范规定对所检项目进行技术状况评定。

土建结构技术状况评定应分为 1 类、2 类、3 类、4 类和 5 类。应先逐洞、逐段对隧道土建结构各分项技术状况进行状况值评定,在此基础上确定各分项技术状况,再进行土建结构技术状况评定。

2. 技术状况评定

(1)隧道土建结构技术状况评定方法如下:

①隧道土建结构技术状况评分按式(4-4-1)计算。

$$JGCI = 100 \times \left[1 - \frac{1}{4}\sum_{i=1}^{n}\left(JGCI_i \times \frac{w_i}{\sum_{i=1}^{n} w_i}\right)\right] \tag{4-4-1}$$

式中：w_i——分项权重；

$JGCI_i$——分项状况值，值域为 0 ~ 4；

②分项状况值按式(4-4-2)计算。

$$JGCI_i = \max(JGCI_{ij}) \tag{4-4-2}$$

式中：$JGCI_{ij}$——各分项检查段落状况值；

j——检查段落号，按实际分段数量取值。

③分项权重取值见表 4-4-2。

土建结构技术状况评定分项权重 表 4-4-2

分项		分项权重 w_i	分项	分项权重 w_i
洞口		15	检修道	2
洞门		5	排水设施	6
衬砌	结构破损	40	吊顶及预埋件	10
	渗漏水		内装饰	2
路面		15	交通标志、标线	5

④土建结构技术状况评定分类界限值见表 4-4-3。

土建结构技术状况评定分类界限值 表 4-4-3

技术状况评分	土建结构技术状况评定分类				
	1 类	2 类	3 类	4 类	5 类
JGCI	≥85	≥70，<85	≥55，<70	≥40，<55	<40

⑤土建结构技术状况评定，当洞口、洞门、衬砌、路面和吊顶及预埋件项目的评定状况值达到 3 或 4 时，对应土建结构技术状况应直接评为 4 类或 5 类。

(2)有下列情况之一时，隧道土建结构技术状况评定应评为 5 类隧道：

①隧道洞口边仰坡不稳定，出现严重的边坡滑动、落石等现象。

②隧道洞门结构大范围开裂、砌体断裂、脱落现象严重，可能危及行车道内的通行安全。

③隧道拱部衬砌出现大范围开裂、结构性裂缝深度贯穿衬砌混凝土。

④隧道衬砌结构发生明显的永久变形，且有危及结构安全和行车安全的趋势。

⑤地下水大规模涌流、喷射，路面出现涌泥沙或大面积严重积水等威胁交通安全的现象。

⑥隧道路面发生严重隆起，路面板严重错台、断裂，严重影响行车安全。

⑦隧道洞顶各种预埋件和悬吊件严重锈蚀或断裂，各种桥架和挂件出现严重变形或脱落。

(3)隧道洞口、洞门、衬砌结构、衬砌渗漏水、路面、检修道、排水设施、吊顶及预埋件、内装饰、交通标志标线等各分项技术状况评定标准应按表 4-4-4 ~ 表 4-4-13 执行。

隧道洞口技术状况评定标准 表 4-4-4

状况值	技术状况描述
0	完好，无破坏现象
1	山体及岩体、挡土墙、护坡等有轻微裂缝产生，排水设施存在轻微破坏

续上表

状况值	技术状况描述
2	山体及岩体裂缝发育,存在滑坡、崩塌的初步迹象,坡面树木或电线杆轻微倾斜,挡土墙、护坡等产生开裂、变形,土石零星掉落,排水设施存在一定裂损、阻塞
3	山体及岩体严重开裂,坡面树木或电线杆明显倾斜,挡土墙、护坡等产生严重开裂、明显的永久变形,墙角或坡面有土石堆积,排水设施完全阻塞、破坏,排水功能失效
4	山体及岩体有明显而严重的滑动、崩塌现象,挡土墙、护坡断裂、外倾失稳、部分倒塌,坡面树木或电线杆倾倒等(图4-4-1)

a)护坡失稳

b)边坡滑坡

图4-4-1　隧道洞口病害

隧道洞门技术状况评定标准　表4-4-5

状况值	技术状况描述
0	完好,无破坏现象
1	墙身存在轻微的开裂、起层、剥落[图4-4-2a)]
2	墙身结构局部开裂、墙身轻微倾斜、沉陷或错台,壁面轻微渗水,尚未妨害交通[图4-4-2b)]
3	墙身结构严重开裂、错台;边墙出现起层、剥落,混凝土块可能掉落或已有掉落;钢筋外露、受到锈蚀,墙身有明显倾斜、沉陷或错台趋势,壁面严重渗水(挂冰),将会妨害交通
4	洞门结构大范围开裂、砌体断裂、混凝土块可能掉落或已有掉落;墙身出现部分倾倒、垮塌,存在喷水或大面积挂冰等,已妨碍交通

a)墙身开裂

b)壁面渗水

图4-4-2　隧道洞门病害

衬砌结构破损技术状况评定标准 表4-4-6

状况值	技术状况描述	
	外荷载作用所致	材料劣化所致
0	结构无裂损、变形和背后空洞	材料无劣化
1	出现变形、位移、沉降和裂缝,但无发展或已停止发展	存在材料劣化,钢筋表面局部腐蚀,衬砌无起层、剥落,对断面强度几乎无影响
2	出现变形、位移、沉降和裂缝,发展缓慢,边墙衬砌背后存在空隙,有扩大的可能	材料劣化明显,钢筋表面全部生锈、腐蚀,断面强度有所下降,结构物功能可能受到损害
3	出现变形、位移、沉降,裂缝密集,出现剪切性裂缝,发展速度较快,边墙处衬砌压裂,导致起层、剥落,边墙混凝土有可能掉下;拱部背面存在大的空洞,上部落石可能掉落至拱背;衬砌结构侵入内轮廓界限	材料劣化严重,钢筋断面因腐蚀而明显减小,断面强度有相当程度的下降,结构物功能受到损害;边墙混凝土起层、剥落,混凝土块可能掉落或已有掉落(图4-4-3)
4	衬砌结构发生明显的永久变形,裂缝密集,出现剪切性裂缝,裂缝深度贯穿衬砌混凝土,并且发展快速;由于拱顶裂缝密集,衬砌开裂,导致起层、剥落,混凝土块可能掉下;衬砌拱部背面存在大的空洞,且衬砌有效厚度很薄,空腔上部可能掉落至拱背;衬砌结构侵入建筑限界	材料劣化非常严重,断面强度明显下降,结构物功能损害明显;由于拱部材料劣化,导致混凝土起层、剥落,混凝土块可能掉落或已有掉落

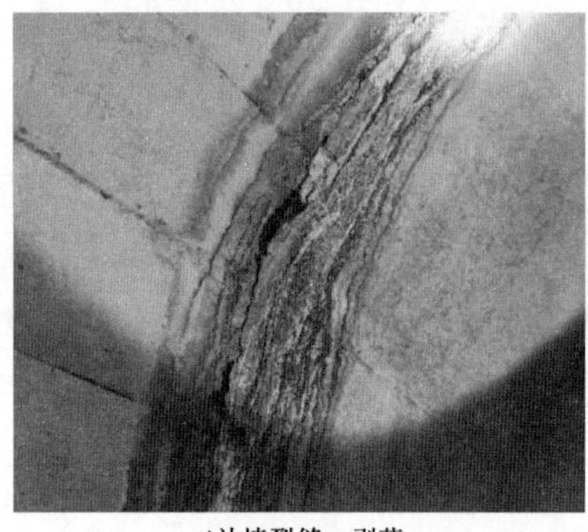
a)边墙裂缝、剥落

b)材料劣化

图4-4-3 隧道衬砌病害

衬砌渗漏水技术状况评定标准 表4-4-7

状况值	技术状况描述
0	无渗漏水
1	衬砌表面存在浸渗,对行车无影响
2	衬砌拱部有滴漏,侧墙有小股涌流,路面有浸渗但无积水,拱部、边墙因渗水少量挂冰,边墙脚积冰,不久可能会影响行车安全[图4-4-4a)]
3	拱部有涌流、侧墙有喷射水流,路面积水,沙土流出、拱部衬砌因渗水形成较大挂冰、胀裂,或涌水积冰至路面边缘,影响行车安全[图4-4-4b)]
4	拱部有喷射水流,侧墙存在严重影响行车安全的涌水,地下水从检查井涌出,路面积水严重,伴有严重的沙土流出和衬砌挂冰,严重影响行车安全

a)浸渗

b)拱部涌流

图4-4-4　隧道渗漏水病害

隧道路面技术状况评定标准　　表4-4-8

状况值	技术状况描述
0	路面完好
1	路面有浸湿、轻微裂缝、落物等,引起使用者轻微不舒适感
2	路面有局部的沉陷、隆起、坑洞、表面剥落、露骨、破损、裂缝,轻微积水,引起使用者明显的不舒适感,可能会影响行车安全(图4-4-5)
3	路面出现较大面积的沉陷、隆起、坑洞、表面剥落、露骨、破损、裂缝、积水严重等,影响行车安全;抗滑系数过低引起车辆打滑
4	路面出现大面积的明显沉降、隆起、坑洞,路面板严重错台、断裂、表面剥落、露骨、破损、裂缝,出现漫水、结冰或堆冰,严重影响交通安全,可能导致交通意外事故

a)裂缝

b)隆起

图4-4-5　隧道路面病害

检修道技术状况评定标准　　表4-4-9

状况值	技术状况描述	
	定性描述	定量描述
0	护栏、路缘石及检修道面板均完好	—
1	护栏变形,路缘石或检修道面板少量缺角、缺损,金属有局部锈蚀,尚未影响其使用功能	护栏、面板、路缘石损坏长度≤10%,缺失长度≤3%

续上表

状况值	技术状况描述	
	定性描述	定量描述
2	护栏变形损坏、螺栓松动、扭曲,金属表面锈蚀,部分路缘石或检修道面板缺损、开裂,部分功能丧失,可能会影响行人和交通安全	护栏、面板、路缘石损坏长度>10%且≤20%,缺失长度>3%且≤10%
3	护栏倒伏、严重损坏,侵入限界,路缘石或检修道面板缺损开裂或损失严重,原有功能丧失,影响行人和交通安全	护栏、面板、路缘石缺失率>20%,缺失长度>10%

洞内排水设施技术状况评定标准 表4-4-10

状况值	技术状况描述
0	设施完好,排水功能正常
1	结构有轻微破损,但排水功能正常
2	轻微淤积,结构有破损,暴雨季节出现溢水,可能会影响交通安全
3	严重淤积,结构较严重破损,溢水造成路面局部积水、结冰,影响行车安全
4	严重阻塞,结构严重破损,溢水造成路面积水漫流、大面积结冰,严重影响行车安全

吊顶及预埋件技术状况评定标准 表4-4-11

状况值	技术状况描述
0	吊顶完好
1	存在轻微变形、破损、浸水,尚未妨碍交通
2	吊顶破损、开裂、滴水,吊杆等预埋件锈蚀,尚未影响交通安全
3	吊顶存在较严重的变形、破损,出现涌流、挂冰,吊杆等预埋件严重锈蚀,可能影响交通安全
4	吊顶严重破损、开裂甚至掉落,出现喷涌水、严重挂冰,各种预埋件和悬吊件严重锈蚀或断裂,各种桥架和挂件出现严重变形或脱落,严重影响行车安全

内装饰技术状况评定标准 表4-4-12

状况值	技术状况描述	
	定性描述	定量描述
0	内装饰完好	—
1	个别内装饰板或瓷砖变形、破损,不影响交通	损坏率≤10%
2	部分内装饰板或瓷砖变形、破损、脱落,对交通安全有影响	损坏率>10%,且≤20%
3	大面积内装饰板或瓷砖变形、破损、脱落,严重影响行车安全	损坏率>20%

交通标志标线技术状况评定标准 表4-4-13

状况值	技术状况描述	
	定性描述	定量描述
0	完好	—
1	存在脏污、不完整,尚未妨碍交通	损坏率≤10%

续上表

状况值	技术状况描述	
	定性描述	定量描述
2	存在脏污、部分脱落、缺失,可能会影响交通安全	损坏率 >10%,且≤20%
3	大部分存在脏污、脱落、缺失,影响行车安全	损坏率 >20%

(4)对评定划定的各类隧道土建结构,应分别采取下列不同的养护措施:1 类隧道应进行正常养护;2 类隧道或存在评定状况值为 1 的分项时,应按需进行保养维修;3 类隧道或存在评定状况值为 2 的分项时,应对局部实施病害处治;4 类隧道应进行交通管制,尽快实施病害处治;5 类隧道应及时关闭,然后实施病害处治;重要分项以外的其他分项评定状值为 3 或 4 时,应尽快实施病害处治。

第二节　隧道土建结构养护

一、清理隧道周边不稳定的岩石、土体和衬砌

(1)及时清理边仰坡上的危石、浮土。

(2)及时清除明洞上边坡危石或有崩塌可能的岩石,也可采取保护性开挖等措施。

(3)明洞顶遇边坡塌方形成局部堆积,或遇暴雨、洪水导致原填土大量流失时,应及时采取人工开挖减载、分层回填碎石土等措施调整到原填土厚度和地表线,避免产生严重偏压。

(4)对无衬砌隧道出现的碎裂、松动岩石和危石,按照“少清除,多稳固”的原则进行处理。

(5)及时清除隧道衬砌出现的起层、剥离。

(6)及时清除洞口边仰坡以及洞顶的积雪、挂冰。

(7)不稳定岩石、土体和衬砌采用人工配合机械清理。可结合实际采用小型挖掘机、风镐等。需使用爆破方式清理的,应采取微振动控制爆破。

二、排水设施疏通

应定期检查洞口边沟和边仰坡上截(排)水沟,有淤塞情况时应及时疏通,保持畅通。

三、衬砌结构轻微缺损修复

(1)应及时修补衬砌裂缝,并设立观测标记进行跟踪观测。

衬砌表面发生少量独立的环向、斜向混凝土收缩引起的静止细微裂缝时,可采用表面封闭法进行处治,施工工艺如下:清除衬砌裂缝两侧 3 ~4cm 范围内表面浮浆、防火涂料等附着物,采用压缩空气将裂缝及周边杂质吹干净,清洁表面;封闭材料宜采用低黏度、渗透性良好的裂缝封闭胶;封闭宽度不应小于 50mm;裂缝涂刷封闭不宜少于 2 遍。

(2)衬砌裂缝观测标记的设置。

观测标记分为裂缝宽度发展观测标记、长度发展观测标记。其中,宽度发展可以通过设置

横跨裂缝涂以拌和砂浆,观测砂浆是否有新的发展进行简单判定;也可以横跨裂缝两侧设置标点,用卡尺测量间距变化判断发展趋势。长度发展可以在裂缝末端位置以油漆标明(并标明日期),对照观测后期末端位置变化情况。

四、排水设施修复和渗漏水导排

(1)对围岩的渗漏水,应开设泄水孔接引水管,将水导入边沟排出。泄水孔直径宜为80~150mm,深度宜穿透初期支护结构进入围岩不小于50cm,与围岩成1°~2°外倾角;泄水孔间距根据地下水发育情况、水害特征等确定,宜为2~10m;泄水孔布置高度不宜高于检修道顶面30cm;孔内应设置排水管并引至排水沟内。

(2)当路面出现渗漏水时,应及时将水引入边沟排出,防止路面积水或结冰。排水设施破损或缺失时应及时修复。排水管堵塞时,可用高压水枪或压缩空气疏通。应及时清理排水边沟、中心排水沟、沉沙池等排水设施中的堆积物。

(3)不定期检排水沟盖板和沟墙,及时修复破损、翘曲的盖板。

(4)寒冷地区应及时清除排水沟内的结冰堵塞。

五、缺损部件重做

(1)应及时修复、添补缺损的护栏、护墙。

(2)对于存在轻微损坏的排水设施、洞门挡土墙等,可结合原结构类型,采用混凝土抹面、立模浇筑等形式进行修复。

(3)对洞口挡土墙、洞门墙、护坡、排水设施和减光设施等结构物的开裂、变形进行针对性修复。洞门装饰修复需根据原设计装饰材料,采用相应的方法施工,尽量选择同类或类似装饰材料,不得采用反光眩目的装饰材料。

(4)应及时修复、更换坏的窨井盖或其他设施盖板。

(5)人行道、检修道护栏部件有缺损时,应及时恢复。

(6)缺损部位、构件修复或更换时,相关材料不得低于原设计标准。

六、排风设施疏通

(1)应及时清除斜(竖)井内可能损伤通风设施或影响通风效果的异物。

(2)应清理送(排)风口的网罩,清除堵塞网眼的杂物。

(3)应及时修复风口或风道的破损,更换损坏的风道板。

七、金属部件防锈蚀

(1)应对斜井内的检查通道或设施进行保养,防止其锈蚀或损坏。

(2)排水的金属管道应定期做好防腐处理。

(3)各种预埋件和桥架应保持完好、坚固、无锈蚀,当有缺损时,应及时更换或加固。

(4)应定期保养人行道或检修道护栏,护栏应保持完好、清洁、坚固、无锈蚀,立柱正直、无摇动现象,横杆连接牢固。螺栓等部位防修密封油脂缺损后,应及时补充。

(5)应定期保养风道板吊杆,防止其锈蚀或损坏。

(6)金属构件发生面漆开裂或脱落后,应清洁底涂层后,重新施作面层;发生锈蚀后,应将锈蚀部位及周边原涂装彻底清除并除锈后,重新涂漆。新涂装的底漆、面漆应与原涂层相容。

(7)应定期保养横通道门,保证横通道清洁、畅通。

(8)吊顶和内饰应保持完好和整洁美观,当有破损、缺失时,应及时补恢复,不能修复的应及时更换。

八、交通标志及其他

(1)寒冷地区隧道的防冻保温设施应做好保养维护,当有损坏时,应及时维修,保证其正常使用功能。洞口设有防雪设施的隧道,应做好防雪设施的保养维护,并在大雪降临前完成设施的维修加固。

(2)隧道的交通标志应保持外观完整、信息清晰准确,保持位置、高度和角度适当,保证交通信息传递无误。应及时修补变形、破损的标牌,修复弯曲、倾斜的支柱,紧固松动的连接构件。对锈蚀损坏、老化失效的标志,应及时更换,缺失的应及时补充。对损坏的限高及限速设施应及时维修。

(3)隧道的交通标线应保持完整、清洁和醒目。对破损严重和脱落的标线应及时补划。应及时紧固松动的路标,发现损坏或丢失的,应及时修复或补换。隧道轮廓标应保持完整、清洁和醒目,当有损坏时,应及时修复或更换。

九、水害处治

1. 一般规定

渗漏水处治施工时,应先清除原衬砌表面的附着物及衬砌劣化部分,清除范围应较处治范围增大100~250mm。有降水和排水要求时,应先完成降水、排水工作。衬砌渗漏水处治施工应按“先拱后墙”的顺序进行,宜少破坏原结构和防水层。

渗漏水处治的很多工序属于隐蔽工程,如嵌缝作业的基面处理、注浆工程等,关系到防水效果,因此,要做好施工中的记录工作,并随时进行检查,发现问题及时处理。上道工序未经验收合格,不能进行下道工序施工,以保证处治效果。

2. 处治措施

渗漏水处治包含止水法、导水法、喷射法、涂层法等工艺。

(1)止水法处治施工工艺

施工前,应先进行基面处理,宜采用电动切割,凿出倒梯形槽且槽底面应平整。采用沟槽注浆止水应符合下列规定:

①钻孔应钻至设计深度,不宜超过衬砌厚度的2/3。

②注浆前应采用填充材料对槽内缝口进行封闭。

③宜采用恒压注浆泵进行,注浆顺序应由下而上,低压慢注。

④注浆后待缝内浆液初凝、不外流时,方可拆下注浆嘴封口抹平。

(2)导水法施工工艺

施工前,应先进行基面处理,宜采用电动切割,凿出倒梯形槽且槽底面应平整。埋设导水管施工应符合下列规定:

①钻引水孔应钻至设计深度,引水孔孔口应能与导水管连通。

②应根据设计要求埋设导水管,导水管应采用锚钉固定件等材料与原结构固定牢固。

③填充封闭材料前,宜先对导水管两侧进行封边止水。

④沟槽内封填材料应填充密实,固化后宜在修复区域表面涂刷防水层。

⑤外置式导水管应覆盖渗漏水点,与衬砌固定牢固,封边密实、不渗水。

(3)喷射法、涂层法施工工艺要点

①喷射、涂层之前,应先进行基面处理,对于集中渗水点应进行排、堵处治。

②防水层应分层施工,待上层指干后再喷涂下一层,各层应均匀,不得漏喷、漏涂,应牢固附着于衬砌混凝土上。

③应在环境温度符合材料要求时进行施工,并做好施工通风。

十、洞口工程病害处治

1.一般规定

(1)洞口工程病害处治采取洞内和洞外综合治理措施时,宜先进行洞外工程处治。

(2)洞口存在滑坡、泥石流等地质灾害时,应对其进行专项治理后,再进行其他工程施工。

(3)洞外边仰坡加固、截排水沟修缮等施工宜避开雨季和融雪期,施工前应清除边仰坡以上不稳定坡体、危石等,施工过程中应同时监测边仰坡的稳定性,发现有失稳趋势时应及时采取措施。

2.洞门工程病害处治

洞门工程病害处治包含洞门墙加固,装饰修复,边仰坡加固,增设(修复)主、被动防护网等。

3.洞门墙加固施工工艺措施及要点

(1)洞门墙加固主要有拆除重建,增设翼墙、挡墙,增大墙面,基础加固等方式。

(2)基础承载力不足造成洞门结构病害时,应先进行基础加固施工。

(3)洞门墙拆除宜采用机械、静态爆破等方式进行,施工如需爆破,应采取微振动控制爆破,桥隧相接处隧道洞门墙拆除施工前,应对桥梁结构体进行防护。

(4)采用增大截面法加固洞门时,应先对原砌体结构或混凝土洞门墙的裂缝进行修补,并做好新旧结构间的连接。

(5)扩大基础、增设桩基等施工时,应采取相应的临时支撑措施。增设结构体应与原墙体连接紧密、牢靠。

(6)洞门墙面渗漏水严重时,加固施工前应先在墙体底部增设泄水孔引排,泄水孔应与洞外排水系统连通。

4. 装饰修复施工工艺及要点

(1)洞门装饰修复应在墙体结构加固及基面处理完成后进行。

(2)对洞门装饰进行部分修复时,应清除原洞门装饰不牢固或破损部分。

(3)装饰修复施工不封闭交通时,应设置防抛网或防护棚,施工完成经详细检查装饰达到设计强度、无松动时,方可拆除防抛网或防护棚。

(4)洞门装饰修复需根据设计要求的装饰材料,采用相应的方法施工,尽量选择同类或类似装饰材料,不得采用反光眩目的装饰材料。

(5)施工期间应减少对洞口绿化的破坏,施工后应恢复洞口景观。

5. 边仰坡加固施工工艺及要点

(1)边仰坡加固施工前,应完善边仰坡顶部排水系统,根据现场情况可设置临时排水设施。

(2)边仰坡加固施工需重新刷坡时,宜自上而下进行,并及时防护;不需刷坡时,可自下而上进行加固施工。

(3)边仰坡宜采用机械、人工开挖,需爆破施工时,严格采用控制爆破施工。土质及软岩地层通常采用挖掘机直接开挖,配合人工清理边仰坡开挖面。

6. 主动防护网施工工艺及要点

(1)清表后详细排查危石、松动坡体的范围,复核设计防护网的加固区域是否合适。

(2)先清除防护区域的浮土、浮石,再进行锚杆施工。

(3)在锚杆抗拔力达到设计要求后,进行纵、横向支撑绳安装。

(4)纵、横向支撑绳安装时,应穿过锚杆尾部的环套,进行张拉后两端应采用绳卡与环套固定连接。

(5)由上向下铺设钢丝绳网,钢丝绳网间搭接长度不应小于50mm,并采用缝合绳连接;每张钢丝绳网均应采用缝合绳与支撑绳进行缝合并张拉,缝合绳宜为整根。

(6)对支撑绳进行二次张拉,张拉力不宜小于5kN。

7. 被动网防护施工工艺及要点

(1)钢柱埋置基坑开挖至设计深度后,设置锚杆、地脚螺栓并浇筑基座混凝土。

(2)待基座混凝土达到设计强度后,将基座套入地脚螺栓并用螺母拧紧。

(3)钢柱底部放入基座后,应插入连接螺栓并拧紧。

(4)应在减压器(环)准确就位后,拉紧支撑绳并用绳卡固定。

(5)当洞口区采用主、被动防护网综合防治时,宜先施作主动防护网防护,再施作被动防护网防护。

十一、拱墙衬砌病害处治施工

1. 一般规定

基面处理时,应先清除衬砌表面的剥落、疏松、蜂窝、腐蚀等劣化部分及附着物,表面应平整、干燥、清洁。对干净的衬砌混凝土黏结面,先用硬毛刷沾清洗液洗刷表面,再用清水冲洗,待完全干燥即可。对污染物的衬砌混凝土黏结面,先用硬毛刷沾高效洗涤剂刷除表面油垢等污染物后用清水冲洗,再对黏结面进行打磨,除去2~3mm厚表层,直至完全露出新的混凝土面,最后用压缩空气吹除基面上的粉尘。对于湿度较大的衬砌混凝土,需进行干燥处理。在潮湿的基层上,一般胶黏剂的黏结强度会大幅降低。混凝土表面有疏松、蜂窝时,可采用磨光机打磨进行整平处理,露出新鲜混凝土毛面。经处理后的混凝土表面,满足平整、洁净、无粉尘、无浮渣的要求。新旧混凝土结合面应进行凿毛处理,凿成凹凸差不小于16mm的新鲜毛面,并清理干净。

2. 处治措施

(1)隧道拱墙衬砌背后小型脱空、空洞可采用注浆填充处治。

注浆管宜采用管径32~50mm的钢管或硬质塑料管,并采用植筋胶锚于钻孔内,注浆孔口应采用孔口塞进行封堵。注浆填充二次衬砌与初期支护之间脱空时,钻孔及注浆管不宜穿透防水层。注浆填充初期支护与围岩之间有空洞时,注浆管宜深入空洞不小于2/3处。注浆材料宜采用水泥砂浆,水泥砂浆的水灰比宜为0.8:1~1:1,水泥和砂的比率宜为1:0.5,且水泥砂浆的掺砂量不宜大于水泥质量的2倍。注浆顺序应由低至高,素混凝土衬砌段注浆压力不宜大于0.1MPa,钢筋混凝土衬砌段注浆压力不宜大于0.2MPa。

(2)隧道拱墙衬砌背后大型空洞可采用开口回填处治。

拱墙衬砌空洞注浆部位既有衬砌不宜小于设计厚度的2/3或不宜小于30cm,衬砌开口面积不宜小于60cm×60cm。衬砌背后空洞宜采用喷射混凝土、泵送混凝土回填。采用泵送混凝土回填时,宜采用分层泵送,并结合衬砌承载能力确定分层高度。当衬砌承载能力不足时,应在空腔内设置护拱或在衬砌下部搭设支架再进行回填。填充完成后,应采用模筑混凝土或喷射混凝土进行开口封闭,并采用植筋等方式与原衬砌稳固衔接。

(3)隧道拱墙受拉开裂可采用粘贴纤维复合材料加固处治。

衬砌裂缝应为无错台的静止裂缝,原衬砌混凝土实际强度等级不低于C20,应清除衬砌表面的剥落、疏松、蜂窝、腐蚀等劣化部分及附着物,并采用找平材料进行基面找平。纤维方向宜与裂缝方向垂直,粘贴范围应覆盖裂缝外侧不宜小于100cm。纤维复合材料受力方向的搭接长度不应小于100mm,采用多层复合材料时,各条或各层之间的搭接位置应相互错开,错开距离不应小于250mm。单层纤维复合材料环向布置时,在拱部受拉区及衬砌开裂部位不宜设置环向搭接接头。纤维复合材料端部应设置不小于20cm宽的横向压条。

涂刷底胶:基面底胶应涂抹均匀,不得漏刷、流淌或有气泡。胶面应保持平整,有毛刺时应打磨平顺并补胶。底胶涂刷完毕静置固化至不触变时,再进行下一步工序。若涂刷时间超过7d,应清除原底胶,重新施作底胶。

纤维复合材料粘贴:浸渍、黏结专用的结构胶,其配制和使用应按产品说明书的规定进行。粘贴纤维复合材料宜在环境温度5~35℃、混凝土表面含水率小于4%的条件下进行。将配制好的浸渍、粘贴结构胶均匀涂于底胶上,及时粘贴纤维复合材料,搭接长度不宜小于100mm,搭接端部应平整、无翘曲。沿纤维方向滚压,使胶液充分浸渍纤维复合材料,确保均匀压实、无气泡。

(4)隧道拱墙衬砌局部脱空、厚度和强度不足、开裂、钢筋保护层厚度不足、钢筋锈胀等可采用挂网喷射混凝土加固处治。

喷射混凝土前,应清除衬砌表面的剥落、疏松、蜂窝、腐蚀等劣化部分及附着物,并对原衬砌表面进行凿毛。挂网喷射混凝土最小厚度不应小于80mm,当喷射混凝土厚度大于200mm时,宜设置钢筋肋、钢架等骨架或与锚杆配合使用。喷射混凝土中的钢筋网宜采用HRB300钢筋,钢筋直径宜为6~12mm,间距宜为150~300mm,钢筋保护层厚度不应小于20mm,当喷射混凝土厚度大于150cmm时,宜设置双层钢筋网。喷射混凝土与原衬砌采用植筋连接时,植入钢筋直径宜为12~20mm,锚固长度不应小于10d(d为钢筋直径),植筋间距不应大于0.75m;植筋位置应避开裂损部位,植筋外露端应设置弯钩钩住钢筋网并进行焊接。挂网喷射混凝土宜全断面实施,纵向宜延伸至加固段落外1~2m。

(5)隧道拱墙衬砌厚度和强度不足、围岩松弛、结构变形开裂、材料劣化等可采用钢花管注浆加固处治。

高瓦斯地层、地下水发育段落不宜单独采用钢花管注浆进行加固。注浆钢花管长度宜为4~6m,采用直径42~50mm的钢管,壁厚不宜小于3.5mm,注浆孔呈梅花形布置,间距宜为25~40cm,孔径不小于6mm。注浆可根据地质条件选用水泥浆或水泥-水玻璃双液浆,水灰比宜控制在0.5:1~1:1,并通过现场注浆试验确定。注浆压力宜为0.5~1.0MPa,注浆顺序应由低至高,浆液扩散范围大时可采用隔孔间歇注浆,终压条件下吸浆率小于5~10L/min、稳压10~20min可停止注浆。

(6)隧道拱墙衬砌脱空、厚度和强度不足、变形开裂、掉块等可采用局部拆换加固处治。

局部拆换后的衬砌厚度不宜小于30cm,当初期支护侵限导致厚度不满足时,宜进行注浆后局部凿除初期支护并补喷平顺。原衬砌为钢筋混凝土时,拆换过程中应尽量保留原衬砌钢筋,并与新衬砌钢筋焊接搭接。原衬砌为素混凝土结构时,应植筋与原结构连接,植筋应采用直径为16~25mm的HRB400钢筋,间距不宜大于30cm,植筋深度不小于30cm。应采取措施保护或恢复局部拆换部位防排水系统。局部拆换宜采用现浇补偿收缩混凝土或喷射混凝土。

(7)粘贴钢板(带)加固。

固定钢板(带)的螺栓施工流程为:孔位标定、钻孔、清孔、植入锚栓。钻孔前,应探明并标记衬砌内钢筋位置,当钻孔与钢筋位置冲突时,适当调整孔位。

钢板(带)边缘表面应光滑,无毛刺、咬口及翘曲。粘贴面应打磨至呈现金属光泽后,进行粗糙处理,并保持干燥、清洁。钢板(带)钻孔应与锚栓位置对应,孔边无毛刺。

钢板(带)与衬砌间空隙采用垫片调节,其空间满足胶液灌注厚度要求。接头应按设计要求进行坡口或平口焊接。接头位置的钢压板应与钢板(带)采用胶黏剂、锚栓连接,相邻两环钢板应按设计要求采用短钢板或钢筋网进行纵向连接。

钢板应采用压力注胶法进行粘贴施工,应先用封边胶将钢板周围封闭,预留注胶、出胶孔,注胶孔间距不宜大于500mm。粘贴注胶嘴并通气试漏后,应以不小于0.1MPa的压力压入胶黏剂,当出胶孔出现胶液时停止加压,并用封边胶封堵,稳压10min以上。注胶应按从下至上的顺序进行。

钢带宜采用涂胶法或压力注胶法进行粘贴施工,涂刷胶黏剂前,应对衬砌表面缺损处及不平整处采用改性环氧水泥砂浆进行找平处理。在衬砌表面及钢带粘贴面均匀地涂刷胶黏剂,胶层厚度不应小于5mm。钢带和衬砌进行粘贴时,应适当加压至有胶体从钢带两边流出。钢板(带)粘贴应在衬砌表面干燥条件下进行,按设计要求进行涂装、防护处理。

十二、隧道吊顶及预埋件病害处治

(1)吊顶及预埋件发生变形、锈蚀,尚未影响交通安全时,应及时更换。

(2)吊顶及预埋件部位发生渗漏水时,应对衬砌水害进行处治;无法处治或效果不佳时,宜调整吊顶及预埋件位置。

(3)风机底座预埋件发生变形、松动等轻微病害时,宜进行加固;发生断裂、脱落等严重病害时,宜进行重新埋设。

(4)风机底座重新埋设时,应选择在风机配电箱附近的钢筋混凝土衬砌段,宜采用化学锚栓固定底座钢板,并应进行抗拉拔荷载试验。

第三节 其他设施检查

1. 检查内容

其他设施检查可分为经常检查和定期检查,设备洞室渗漏水、房屋地基变形、基础沉降等异常情况可根据需要进行应急检查或专项检查。检查主要内容见表4-4-14。

其他设施检查的主要内容　　表4-4-14

分项设施	经常检查内容	定期检查内容
电缆沟	是否完好,有无漏水	是否完好,有无杂物、积尘、积水
设备洞室	是否完好,有无渗漏水,标志是否齐全	是否完好,有无渗漏水、杂物、积尘,标志是否齐全清晰
洞外联络通道	隔离设施是否完好,标志是否齐全,路面有无落物	隔离设施是否完好,标志是否齐全、清晰,路面是否清洁,有无隆起、积水
洞口限高门架	门架有无变形,结构是否完好,标志是否齐全	结构是否完好,标志是否齐全、清晰,门架有无变形,净空误差能否满足限高要求
洞口绿化	树木是否妨碍行车,有无树木枯死	树木是否妨碍行车,有无树木枯死、草皮失养,整体绿化效果是否美观
消音设施	是否完好	是否完好,是否具备消音功能
减光设施	结构是否完好	结构是否完好,标志是否齐全清晰,减光效果是否正常
污水处理设施	是否渗漏,有无淤积	是否渗漏,有无杂物、泥沙沉积
洞口雕塑、隧道铭牌	是否存在毁损	表面是否脏污,是否存在毁损
房屋设施	承重构件有无变形,非承重墙体有无渗漏,屋面有无渗漏,楼地面、门窗是否完好	承重构件有无变形、裂缝、松动;非承重体有无渗漏、破损;屋面排水是否通畅、有无渗漏;楼地面、门窗是否完好;顶棚有无变形;水卫、电照、暖气等设备是否完好,能否正常使用

2. 评定标准

应根据各分项设施完好程度、损坏发展趋势、设使用正常程度等检查结果确定各分项设施状况值。评定标准见表 4-4-15。

其他设施技术状况评定标准　　表 4-4-15

分项设施	技术状况描述	状况值
电缆沟	电缆沟结构完好～基本完好，沟内无杂物、积尘积水或少量积尘积水，能保障电缆正常～基本正常使用	0
	电缆沟结构破损，沟内积尘积水，影响电缆正常使用但不影响交通和行人安全	1
	电缆沟结构破损严重，沟内积尘积水严重，严重影响电正常使用，可能会影响交通和行人安全	2
设备洞室	设备洞室结构完好或基本完好，无渗漏水或少量渗水，标志齐全清晰或部分缺失，能保障设备正常使用	0
	设备洞室结构破损，洞室内渗漏水，标志缺失，影响设备正常使用，不影响交通和行人安全	1
	设备洞室结构破损严重，洞室内渗水严重，标志缺失，严重影响设备正常使用，可能影响交通和行人安全	2
洞口联络通道	隔离设施整洁完好或基本完好，少量污损，标志齐全或部分缺失，通道路面完好或轻微裂缝，排水基本通畅，能保障正常情况下通道处于封闭状态，紧急状况下正常～基本正常使用	0
	隔离设施部分缺失、脏污严重，标志缺失，通道路面有微小沉陷、隆起、有积水，保障正常情况下车辆不误入，紧急状况下车辆能通过	1
	隔离设施缺失，通道路面有明显的隆起、积水严重，标志缺失，不能保障正常情况下通道处于封闭状态及紧急状况下车辆通过	2
洞口限高门架	门架结构完好或轻微破损，外观整洁，标志基本齐全，满足限高要求	0
	门架结构破损、变形较严重，标志部分缺失，净空误差大但基本满足限高要求，不影响交通安全	1
	门架结构破损或整体变形，标志缺失，净空误差很大不能满足限高要求，可能影响交通安全	2
洞口绿化	树木透光适度、通风良好，无枯死，草皮适时修剪，整体绿化效果美观	0
	无杂草、无枯死，发现死树及时清除补种，整体绿化效果较美观	1
	树木枯死、倾倒，草皮失养，严重影响洞口美观	2
消音设施	完好、整洁，消音功能正常	0
	存在脏污、缺失，基本具备消音功能	1
	缺失、脏污十分严重，失去消音功能	2

续上表

分项设施	技术状况描述	状况值
洞口减光设施	结构完好、整洁或轻微破损、脏污，标志基本齐全清晰，减光效果基本正常	0
	结构局部变形、破损，标志缺失，减光效果部分丧失，不影响交通和行人安全	1
	结构变形、破损严重，标志缺失，减光效果基本丧失，可能影响交通和行人安全	2
污水处理设施	污水处理池和净化池不渗漏，无沉积泥沙、杂物，使用正常	0
	污水处理池和净化池池壁局部渗漏，沉积泥沙、杂物，影响正常使用	1
	污水处理池和净化池渗漏非常严重，泥沙、杂物沉积非常严重，无法正常使用	2
洞口雕塑	完好，整洁美观	0
	破损较严重，表面脏污非常严重，影响洞口景观	1
	严重破损，需更换	2
附属房屋	承重构件完好或基本完好，非承重墙体完好或少量损坏；屋面、墙体无渗漏或局部渗漏；楼地面平整完好或稍有裂缝，门窗基本完好，顶棚无明显变形，水卫、电照、暖气等设备基本完好、使用正常或基本正常使用	0
	承重构件少量损坏，非承重墙体较严重损坏；屋面、墙体局部渗漏较严重；楼地面严重起砂；门窗变形较严重或部分缺失；顶棚明显变形；水卫、电照、暖气等设备损坏较严重，基本无法正常用	1
	承重构件明显损坏，非承重墙体严重损坏；屋面严重漏雨；楼地面严重起砂开裂；门窗严重变形或大部分缺失；顶棚严重变形；水卫、电照、暖气等设备严重报坏，无法正常使用	2

3.分项权重及评分

应根据各分项设施状况值，按照表4-4-16的分项权重和式(4-4-3)计算技术状况分值，确定其他工程设施技术状况。多处同类分项设施应逐处评定，以分项状况值最高的一处纳入技术状况评分计算公式。

其他设施各分项权重 表4-4-16

分项设施	权重	分项设施	权重
电缆沟	10	消音设施	3
设备洞室	10	减光设施	10
洞外联络通道	9	污水处理设施	4
洞口限高门架	14	洞口雕塑、隧道铭牌	2
洞口绿化	3	房屋设施	35

$$\mathrm{QTCI} = 100 \times \left[1 - \frac{1}{2}\sum_{i=1}^{n}\left(\mathrm{QTCI}_i \times \frac{w_i}{\sum_{i=1}^{n} w_i}\right)\right] \tag{4-4-3}$$

式中：w_i——分项权重；

QTCI_i——分项设施状况值，值域为0～2；

QTCI——其他设施技术状况评分。

4. 判定标准

其他工程设施技术状况可分 3 类评定，分类判断标准及界限值宜按表 4-4-17 的规定执行。

其他工程设施分类判定标准及界限值　　表 4-4-17

设施技术状况分类	技术状态	QTCI 界限值
1 类	设施完好无异常，或有异常、破损情况但较轻微，能正常使用	≥70
2 类	设施存在破损，部分功能受损，维护后能使用，应准备采取对策措施	40～70
3 类	设施存在严重破损，使用功能大部分或完全丧失，必须停用并采取紧急对策措施	<40

5. 养护对策

对评定划分的各类设施，应分别采取下列不同的养护对策：

(1)设施技术状态为 1 类及状况值评定为 0 的分项设施，正常使用，正常养护。

(2)设施技术状态为 2 类及状况值评定为 1 的分项设施，观察使用，保养维修。

(3)设施技术状态为 3 类及评定状况值为 2 的分项设施，停止使用，尽快进行维修加固。

第四节　其他设施养护

一、电缆沟、设备洞室

对破损的沟壁、洞室壁应进行维修恢复，对设备洞室的渗漏水应查明原因并进行处治，保持电缆沟、设备洞室的完好和正常使用。电缆沟、设备洞室的结构破损及渗漏水的保养维修可与土建结构的保养维修或病害处治同时进行。

二、洞口限高门架与减光设施

门架结构破损或变形时应进行维修恢复，保证门架满足限高功能要求；减光设施结构破损、遮光顶棚缺失时应进行维修恢复，保持减光效果正常。

三、洞口雕塑、隧道铭牌

对损坏的洞口雕塑、隧道铭牌应进行维修或拆换。

四、污水处理池和净化池

污水处理池和净化池渗漏时应查明原因并处治，保持池壁、池底无渗漏。

五、附属房屋设施

(1)房屋屋面及墙体渗漏应进行保养维修。

①屋面渗漏维修工程应根据房屋防水等级、使用要求、渗现象及部位,查明渗漏原因,找准漏点,制定相应的维修方案。

②选用材料应与原防水层相容,与基层应结合牢靠。

③屋面防水层维修完成后应平整,不得积水、渗漏。

④墙体渗漏维修前,应对渗漏墙体的墙面、外部粉刷分格缝、门窗框周围、窗台、穿墙管根部、阳台和雨棚与墙体的连接处、变形缝等渗漏部位进行现场查勘,确定渗漏部位,查明渗漏原因,制定相应的维修方案。

⑤墙体维修后不得出现渗漏水现象,应在完工 3d 后进行检验,墙面冲水或雨淋 2h 后无渗漏水。

(2)房屋墙体粉刷后,起壳、剥落、疏松等损坏部位应凿除并清理干净后重新粉刷。

(3)房屋的木门窗可两年油漆一次,损坏的门窗应进行修理或更换。

(4)房屋的钢构件应定期进行保养维修,清除锈蚀,并按规定涂刷防锈漆和油漆。

(5)防雷接地装置的损坏、锈蚀应予以保养维修。

①修换防雷接地装置前,应对接地体进行接地电阻测试,接地线和接地体焊接开焊、断裂的应修理或更换,完好的应除锈刷防锈漆。

②接地体锈蚀严重无法修复时,按设计要求换装新接地体。

③修换防雷装置前,对避雷网、避雷带、引下线等发生开焊、变形的应修复,对防锈漆脱落的应除锈刷漆。

④修换接地装置及固件均宜采用镀锌制品,各部连接点应牢固可靠。

(6)防冻保温设施应进行周期性的保养维修,宜不少于 1 次/年。

第五章

交通工程及沿线设施养护

技能目标

(1)能检查交通标志位置、数量并进行维护。

(2)能对服务设施进行维修和修缮。

(3)能掌握管理设施维护手段。

第一节　交通标志养护

一、交通标志位置检查

(1)交通标志应设置在车辆行进方向上易于看到的地方,并宜设置在车辆前进方向的右侧或车行道上方。当路段单向车道数大于4条、道路交通量较大、大车比例较高时,宜分别在车辆前进方向左、右两侧设置相同的交通标志。

(2)警告标志的前置距离根据道路的设计速度和条件类型按表4-5-1确定,也可按所处路段的道路管理行车速度或运行速度,以及道路具体条件进行适当调整。

警告标志前置距离(m)　　表4-5-1

速度(km/h)	减速到下列速度(km/h)									
	条件A*	条件B**								
	0	10	20	30	40	50	60	70	80	90
40	※	※	※	※	—	—	—	—	—	—
50	※	※	※	※	※	—	—	—	—	—
60	30	※	※	※	※	—	—	—	—	—
70	50	40	30	※	※	※	※	—	—	—
80	80	60	55	50	40	30	※	※	—	—
90	110	90	80	70	60	40	※	※	※	—
100	130	120	115	110	100	90	70	60	40	※

注:"*"表示道路使用者有可能停车后通过警告地点;

"**"表示道路使用者应减速后通过警告地点;

"※"表示不提出具体建议值,可视具体条件确定。

(3)禁令、指示标志应设置在禁止、限制或遵循路段的开始位置,部分禁令、指示标志开始路段的交叉口前还宜设置相应的提前预告标志,使被限制车辆能提前了解相关信息。

(4)指路标志及其他标志设置位置,应符合相关规范对各个标志设置的具体规定。

(5)标志设置位置除满足前置距离和视认性要求外,还应满足下列要求:

①不得影响道路的停车视距和妨碍交通安全。

②不宜紧靠沿街建筑物的门窗前及车辆出入口前。

③与沿街建筑物宜保持1m以上的侧向距离。

④快速路标志之间的距离不宜小于100m,其他道路在路段上的标志最小间距不宜小于30m;当不能满足最小设置距离时,应采用互不遮挡的支撑结构形式。

⑤不得被上跨道路结构、照明设施、监控设施、广告构筑物以及树木等遮挡。

⑥不应影响其他交通设施。

(6)不同种类的标志不宜并列设置,当受条件限制需并列设置时,应符合下列规定:

①安装在同一支撑结构上标志不应超过4个,并应按禁令、指示、警告的顺序,先上后下、先左后右排列。

②同类标志的设置顺序,应按提示信息的重要程度排列。

③停车让行标志、减速让行标志、会车让行标志、解除限制速度标志、解除禁止超车标志应单独设置;当条件限制需并列设置时,同一支撑结构上标志不应超过2个。

④当指路标志和分向行驶车道标志需并列设置时,应按分向行驶车道标志、指路标志顺序从左至右排列。

⑤辅助标志应设置在被说明的主标志下缘,当需要两种以上内容的辅助标志对主标志进行说明时,可采用组合形式,但组合的内容不宜多于3种。

⑥主、辅标志及支撑结构的竖向及横向最小净空应符合下列规定:

a.位于路面上方的各类标志,其标志板及支撑结构下缘至路面的最小净空高度应大于表4-5-2所列值。

路面上方标志板及支撑结构下缘距离路面的最小净高 表4-5-2

道路种类	行驶车辆类型	最小净高(m)
机动车道	各种机动车	4.5
	小客车	3.5
非机动车道	自行车、三轮车	2.5
人行道	行人	2.5

b.位于路侧的各类标志板边缘及标志支撑结构边缘至车行道路面边缘的侧向距离,应大于或等于0.25m。

c.位于路侧的柱式标志板下缘距路面的高度宜为1.5~2.5m;当设置在小型车比例较大的道路时,标志板下缘距路面的高度可根据实际情况减小,但不宜小于1.2m;当设置在人行道、非机动车道的路侧时,标志板下缘距路面的高度应大于1.8m。

(7)标志的安装应视实际情况调整其俯仰角度,使其版面垂直于行车方向,并应满足下列要求:

①标志安装应减少对驾驶人的眩光影响。

②标志安装角度宜根据设置位置,道路的平、竖曲线线形进行调整。

③路侧标志宜与车道中心线垂直或与垂线成一定角度,其中禁令和指示标志宜为0°~10°,特殊情况下可增大,但最大不应超过45°,指路和警告标志宜为0°~10°,如图4-5-1a)所示。

④车行道上方的标志板面应与车道中心线垂直,板面宜向下倾斜0°~15°,如图4-5-1b)所示。

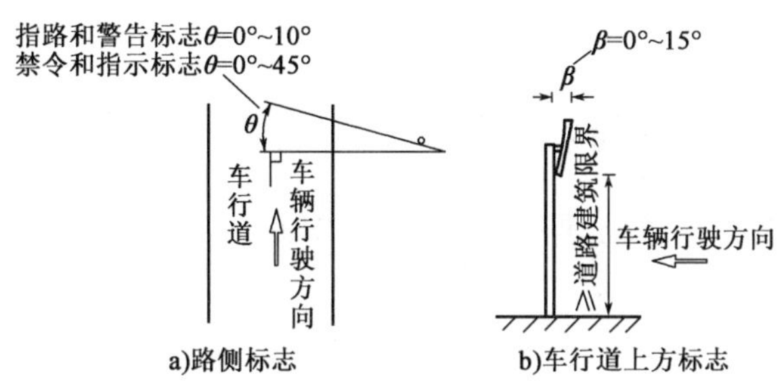

图4-5-1　标志安装角度

(8)可变信息标志设置应根据路网交通管理需要进行,设置位置应符合下列规定:

①有进行交通实时控制需求的路段上适当位置;

②快速路、高架道路入口及出入口前的适当位置;

③长度大于500m的隧道入口前适当位置;

④潮汐车道起点和可变导向车道前;

⑤需进行停车诱导的停车场站的入口前,以及相邻交叉口进口前适当位置;

⑥有其他特殊要求的路段。

二、交通标志数量检查

各种交通标志(指示标志、警告标志、禁令标志、里程碑、轮廓标、百米标等)残缺、位置不当或尺寸不规范、颜色不鲜明、污染,可变信息标志故障等损坏按处计算,其中,轮廓标和百米标每3个损坏算1处,累计损坏不足3个按1处计算。

三、交通标志的使用和维护

(1)新(改、扩)建道路交通标志设置(调整)应在新(改、扩)建道路建成通车前完成,路网中与此新(改、扩)建道路相关的标志也应同步调整,完善设置,不能再利用的标志应予以拆除。

(2)当道路交通条件发生变化时,应调整相关标志的设置。

(3)应尽量使用道路编号标志、路名标志,以使道路使用者了解其所在的路线和位置。

(4)标志应经常清洁、维护,保证视认性。标志使用中还应避免被树木遮挡、被道路照明影响视认。

(5)标志的形状、颜色在其使用期内应符合相关规范的规定。

(6)标志板背面不应用作宣传、广告,应为灰色、黑色或金属原色并避免眩光。

(7)标志安装时,可在标志板背面或立柱上粘贴标志管理的相关信息。背面粘贴的信息不应有彩色或反光,可与标志板背面颜色相同,如果是文字,字高应小到不被驾驶人看到。

(8)除特别规定之外,标志可单独使用,也可以和标线配合使用。

第二节　服务设施

一、服务区房屋顶面渗漏水维修

(1)检查屋顶的结构、排水系统、保温层以及防水层等。通过检查,可以全面了解屋顶的状况,找出渗漏水的源头。

(2)清除屋顶上的落叶、鸟粪、污垢等杂质。清理工作完成后,应对屋顶进行干燥处理,确保维修过程中不会受到水汽的影响。

(3)使用防水涂料或者防水卷材对破损的防水层进行修补或者更换。

(4)检查屋顶排水管道是否畅通、落水口是否堵塞等。如果发现排水系统存在问题,应及时进行疏通或者更换,确保排水顺畅。

(5)采用更换保温材料、修补破损的保温层等方法修复保温层。

(6)采用水泥砂浆或者防水材料对裂缝进行修补,或者在裂缝处加装防水条等。

(7)维修工作完成后,需要经常进行后期维护。

二、服务区房屋门窗修缮

(1)修复破损的门窗,包括更换破损的门窗部件、调整变形的门窗框架、修复老化的门窗材料等。

(2)更换密封条,调整门窗缝隙,增加门窗的闭合性。

(3)更换损坏的门窗部件,调整门窗的开合结构。

(4)更换具有防风防雨性能的门窗材料,增加门窗防风防雨能力。

(5)增加防盗设施,提高玻璃强度,增强门窗的安全性。

第三节　管理设施

一、照明

1.照明设施类型选择

根据交通工程的具体需求和场所特点,选择合适的照明设施类型。根据使用场合和需求,可以选择道路灯、隧道灯、广场灯、景观灯等不同类型的照明设施。

2. 安装位置与高度确定

根据道路宽度、车流量、人流量等因素,确定照明设施的安装位置和高度。一般来说,道路灯的安装位置应设置在道路两侧,高度可根据道路宽度和车速等因素确定,以确保照明效果和行车安全。

3. 照明亮度与均匀度要求

根据交通工程的使用需求和场所特点,确定照明设施的亮度与均匀度要求。一般来说,道路灯的亮度应足够高,以保证夜间行车的安全性;同时,灯光的均匀度也应足够好,避免出现光斑和阴影。

4. 电源与控制系统设计

根据照明设施的数量、功率和使用时间等因素,设计合理的电源和控制方案。可以采用太阳能电池板或市电作为电源,使用智能控制系统进行定时开关和亮度调节,以提高节能性和管理效率。

5. 电缆与灯具连接方式

根据照明设施的类型和安装位置,选择合适的电缆和灯具连接方式。一般来说,可以采用接线端子连接或插头连接等方式,确保连接牢固、可靠。

6. 防雷与接地措施

为了确保照明设施的安全运行,应采取有效的防雷与接地措施。可以采用避雷针、避雷带等防雷设备,同时确保接地电阻符合规范要求。

7. 照明设施维护与管理

为了确保照明设施的长期稳定运行,应建立完善的维护与管理机制,定期对灯具、电缆等设备进行检查和维护,及时更换损坏的部件,确保照明设施的正常运行。

8. 节能与环保考虑

在选择照明设施时,应考虑节能和环保因素。采用高效节能灯具和控制系统,减少能源浪费;同时,合理布局和使用太阳能等可再生能源,以减少对环境的影响。

二、监控

(一)硬件设备维护

1. 摄像头维护

(1)定期清洁摄像头镜头,确保图像清晰。
(2)检查摄像头的固定装置,确保稳固和牢固。
(3)检查摄像头的供电和数据连接,确保正常运行。

2. 监控服务器维护

(1)定期检查服务器硬件(如硬盘、内存、电源等)的健康状态。
(2)定期更新操作系统和安全补丁,保障系统的安全性。
(3)定期备份摄像头视频数据,防止数据丢失。

3. 数据存储设备维护

(1)定期检查存储设备硬件(如硬盘、磁带等)的健康状态。
(2)定期清理存储设备的存储空间,保证有足够的存储容量。
(3)定期备份存储设备中的数据,防止数据丢失。

(二)软件设备维护

1. 操作系统维护

(1)定期更新操作系统和安全补丁,确保系统的安全性和稳定性。
(2)定期检查系统日志,及时发现和处理异常问题。

2. 视频流处理软件维护

(1)定期更新视频流处理软件,确保其功能完善和稳定性。
(2)定期优化软件配置,提高视频数据的处理效率。
(3)定期检查和维护视频流处理服务器的硬件,保障其正常运行。

3. 数据存储软件维护

(1)定期更新数据存储软件,确保其功能完善和稳定性。
(2)定期优化软件配置,提高存储和检索数据的效率。

(三)网络维护

1. 网络设备维护

(1)定期检查和维护路由器、交换机等网络设备,确保其正常运行。
(2)配置网络设备的防火墙和安全策略,保障系统的安全性。
(3)定期备份网络设备的配置文件,以便恢复和迁移。

2. 网络连接维护

(1)定期检查网络连接的质量和稳定性,及时处理故障。
(2)监控网络带宽的使用情况,及时扩容或优化网络配置。
(3)定期检查网络安全,保障数据传输的机密性和完整性。

(四)数据质量管理

1. 数据采集质量管理

(1)定期检查摄像头的位置和角度,确保采集到准确的交通数据。

(2)检测和处理视频图像中的噪声、模糊等问题。
(3)配置合适的摄像头参数,提高视频图像的质量。

2. 数据存储质量管理

(1)定期检查存储设备的状态,确保视频数据的完整性和可用性。
(2)定期清理存储设备,删除过期或不需要的数据。

3. 数据分析质量管理

(1)定期检查数据分析算法的准确性和可靠性,优化算法参数。
(2)定期评估数据分析结果的质量,确保数据的准确性和可靠性。

(五)事件处理和维修支持

1. 事件处理流程

(1)设立事件报警机制,及时发现和处理监控异常或故障。
(2)根据不同类型的事件,确定对应的处理流程和时间节点。
(3)统计和分析事件处理情况,不断优化处理流程和效率。

2. 维修支持

(1)建立维修支持团队,负责摄像头、服务器等硬件设备的故障维修。
(2)建立技术支持团队,负责软件系统和网络设备的故障排除和优化。

(六)性能监控和优化

1. 系统性能监控

(1)配置系统性能监控工具,实时监测系统的运行状态。
(2)定期分析和优化系统的性能,提高处理能力和响应速度。
(3)根据系统资源的使用情况,及时扩容或优化系统配置。

2. 系统性能优化

(1)对系统中的关键组件进行性能测试和优化。
(2)针对瓶颈问题,进行系统和网络的调优。
(3)根据历史数据和业务需求,规划系统的扩容和升级。

(七)持续改进

(1)定期收集用户反馈和需求,不断完善系统的功能和性能。
(2)对系统进行定期的评估和审查,发现问题并提出改进措施。
(3)鼓励团队成员参与培训和学习,提高技术水平和维护能力。

三、通信

1. 定期检查

对所有道路通信设施进行定期检查,包括但不限于设备运行状态、线路质量、信号接收情况等。检查频率根据设备类型和使用情况确定,例如每周、每月或每年。

2. 状态评估

根据检查结果,对设施进行状态评估,包括设备的性能、寿命以及潜在的故障风险。根据评估结果,对不同设备制定不同的维护计划。

3. 预防措施

通过定期检查和状态评估,及时发现并解决潜在问题,防止故障发生。同时,对易损部件进行定期更换,以预防性维护降低故障风险。

4. 处理流程

发生故障时,应迅速启动应急处理流程,包括故障定位、隔离、修复等步骤。同时,保持与相关部门的沟通,确保通信不受影响。

四、收费

(1)做好全面的检查工作,主要是针对各个机构的传动工作、落杆的稳定性情况、路况的实际情况等方面。如果自动栏杆机中出现了一些元件破坏的情况,需要及时予以更换和调整。

(2)车道控制器在日常使用过程中,需要积极开展定期的清理工作,保证其内部的电子组件能保持正常散热的状态,减少热量过高损害元件的问题出现,有效提升系统的运行状态。对车道控制器的开关机设定好具体的参数数值,保证其能有效符合相应的操作规程。

(3)积极完善高速公路收费设备管理制度。

(4)有效开展网络安全管理工作,对系统操作软件的实际运行情况进行全方位的监督和控制,提升值机人员的责任心和职业道德感,及时发现收费系统的问题。当操作系统出现不良问题时,应及时进行相应的处理。

第六章

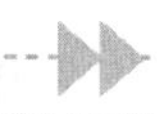

管理与培训

技能目标

(1)能提出日常养护对策。
(2)能提出公路养护质量改进措施。
(3)能编制养护计划。
(4)能组织管理养护施工作业。

第一节　日常养护质量管理

一、日常养护作业

日常养护应包括日常保养和日常维修,如图 4-6-1 所示。

a)日常保养

b)日常维修

图 4-6-1　日常养护

日常养护应符合下列规定:

(1)日常保养。日常保养应维护公路基础设施及设备整洁、完好和正常运行。

(2)日常维修。日常维修应对可能危及通行安全或迅速发展的局部病害和缺损及时进行修复或更换,保障公路正常使用。

(3)危及通行安全的损毁不能通过日常维修及时修复时,应立即上报,并按现行相关标准有关应急处置的规定采取相应的措施。

日常养护作业主要内容见表4-6-1。

日常养护作业　表4-6-1

设施类别	作业主要内容
路基	1. 清除土路肩、坡面、中央分隔带、防护及支挡结构物上的杂物、杂草。 2. 局部加固路肩,填补路肩零星缺口和坡面零星冲沟等。 3. 疏通防护及支挡结构物的泄水孔。 4. 疏通边沟、截水沟、排水槽和集水井等排水设施。 5. 清除遮挡安全视距和标志的设施和植物。 6. 清除零星塌方、上边坡危石和碎落岩土。 7. 防护及支挡结构物日常维修。 8. 小型灾毁处治
路面	1. 清除路面泥土、积沙、杂物、散落物、积水、积雪和积冰等。 2. 铺撒路面防冻和防滑料等。 3. 疏通路面排水设施。 4. 沥青路面局部裂缝、坑槽、车辙、沉陷、拥包、松散和泛油等病害处治。 5. 水泥混凝土路面清缝、填缝料局部填补或更换,局部裂缝、坑洞、角隅断裂、错台和脱空等病害处治
桥梁、涵洞	1. 清除桥面泥土、积沙、杂物、散落物、积水、积雪和积冰等。 2. 铺撒桥面防冻和防滑料。 3. 桥面系其他设施、桥梁上部结构和下部结构部件及构件保洁、除冰和除雪等。 4. 疏通排水设施。 5. 桥面局部病害处治、桥面系其他设施日常维修或局部更换。 6. 桥梁上部结构和下部结构局部病害处治,钢结构连接件日常维修或更换。 7. 河床铺砌、防护及调治构造物日常维修。 8. 清除桥下和调治构造物周边漂浮物。 9. 疏通涵洞,洞身、洞外工程及附属设施日常维修
隧道	1. 清扫路面,清除路面泥土、积沙、杂物和散落物等。 2. 清除半山洞内积水、积雪、积冰、杂物及坠落石块等。 3. 清除洞口边仰坡危石和碎落岩土等。 4. 洞门、侧墙、检修道、吊顶和内装饰等保洁及杂物清除。 5. 疏通隧道排水设施。 6. 路面局部病害处治。 7. 洞口、洞门、衬砌、检修道、吊顶及预埋件和内装饰等日常维修。 8. 隧道供配电、照明、通风、消防、监控和通信等设施及设备经常性检修,易耗和易损部件定期更换。 9. 设备洞室、风机房、水泵房、洞外联络通道等其他工程设施日常保养和维修
交通安全设施	1. 标志牌、里程碑、百米桩和界碑保洁、局部修复或更换。 2. 路面标线、立面标记和突起路标保洁、局部补划、更换或补缺。 3. 护栏、栏杆、防撞垫和防撞桶等防护设施局部修复或更换。 4. 轮廓标、示警桩、示警墩和道口标柱等视线诱导设施保洁局部修复或更换。 5. 中央分隔带防眩板或防眩网保洁、补缺、局部修复或更换。 6. 隔离栅、防落物网和防落石网防腐层补涂、局部修补或增补,清除杂物和杂草。 7. 避险车道制动床集料定期翻松,清除避险车道内的事故车辆和制动床杂物,化解冻结集料等。 8. 防风栅、防雪栅、防沙栅和积雪标杆等局部修复、增设或更换

续上表

设施类别	作业主要内容
机电设施	1. 监控、收费、通信、供配电、照明和监测等机电设施及设备清洁保养。 2. 监控、收费、通信、供配电、照明和监测等机电设施及设备经常性检修，易耗和易损部件定期更换
管理服务设施	1. 管理服务设施用房及设备、场区、停车场及出入匝道等清洁保养。 2. 管理服务设施用房及设备、场区、停车场及出入匝道等日常维修
绿化与环境保护设施	1. 公路用地范围绿化植物灌溉、排涝、施肥、中耕除草、整形修剪和病虫害防治等。 2. 公路用地范围绿化植物局部补植和改植。 3. 行道树冬季刷白。 4. 声屏障、污水处理设施和水保护设施等日常维护

二、日常养护对策

(1)应按规定频率开展日常巡查，掌握公路基础设施日常表观状态和使用情况，以及可能危及通行安全的病害、损毁及其他异常情况，为日常养护提供依据，如图 4-6-2 所示。

a)护栏巡查

b)路基巡查

图 4-6-2　日常巡查

(2)日常巡查应包括日间巡查和夜间巡查，具体包括下列内容：

①日间巡查。路基、路面、桥面系、隧道土建结构及其他工程设施、交通安全设施、机电设施、绿化与环境保护设施等是否完好整洁、使用正常，是否存在影响安全的病害、缺损及其他异常情况，路侧是否存在遮挡标志和安全视距的植物和设施等。

②夜间巡查。标志、标线和轮廓标等的夜间视认性是否满足使用要求，照明设施是否齐全完好、工作正常。

(3)日常巡查频率不应小于表 4-6-2 的规定，并应符合下列规定：

①养护检查等级为Ⅱ级的桥梁，日间巡查频率不应小于 1 次/日。

②灾害天气应加大日常巡查频率。

③高速公路和一级公路应双向全程巡查。

日常巡查频率　　表4-6-2

养护检查等级		Ⅰ级	Ⅱ级	Ⅲ级
巡查频率	日间巡查	1次/日	1次/3日	1次/周
	夜间巡查	1次/月	1次/2月	1次/3月

(4)日常保养作业应符合现行标准的规定,日常维修作业及质量要求应符合现行标准中养护工程作业的有关规定。

(5)日常养护应在汛期、春融期、暴雨、暴雪、台风和沙尘暴等到来之前采取灾害和预防措施。因自然灾害等突发事件造成公路基础设施损毁时,应按现行标准的有关规定进行处理。

(6)日常养护应填写日常保养和日常维修等记录。

三、日常养护质量改进措施

针对公路日常养护质量的改进措施,可以从以下几个方向着手。

1. 日常保养

(1)定期巡查和检查:建立定期巡查机制,及时检查路面、排水系统、标志标线等,发现问题及时处理。

(2)细化养护计划:制定详细的养护计划,包括作业内容、作业时长、负责人等信息,确保养护工作有条不紊地进行。

(3)标准化工作流程:建立标准化工作流程,规范作业步骤,确保养护工作质量稳定可控。

2. 日常维修

(1)使用优质材料:选择高质量、耐久性好的修补材料,确保修补效果持久。

(2)引入先进技术:采用先进的路面维护和修复技术,提高维修效率和质量。

(3)专业培训:对维修人员进行专业培训,提升其技术水平和操作能力。

3. 质量控制

(1)监督检查:建立定期巡查和检查制度,加强对养护和维修工作的监督,确保工作按照标准进行。

(2)质量评估:建立质量评估机制,定期对养护和维修工作进行评估和审核,发现问题及时改进。

(3)问题反馈:建立问题反馈机制,鼓励养护和维修人员提出改进建议,及时解决存在的问题。

4. 数据化管理

(1)信息化平台:建立养护和维修工作的信息化管理平台,实时记录作业数据,方便数据分析和监督。

(2)统计分析:对养护和维修数据进行统计和分析,发现问题根源,优化工作流程。

(3)预防维护:通过数据化管理,实现对路况的实时监测和预测,进行预防性维护。

通过以上质量改进措施的实施,可以提升公路日常养护工作的质量和效率,延长公路设施的使用寿命,保障道路交通安全和畅通。

第二节　技术经济管理

一、养护作业经济管理

1. 成本控制

(1)人力成本控制:优化人员编制,根据养护任务的实际需求灵活调配人力资源,避免过度投入。

(2)材料成本控制:建立供应商档案,与供应商建立长期合作关系,获取优惠价格,并控制材料采购量,避免库存积压。

(3)设备成本控制:对养护所需设备进行定期检修和维护,延长设备使用寿命,降低设备更新成本。

2. 资源优化

(1)人力资源优化:根据不同路段的养护需求和工作量,合理配置人力资源,确保充分利用。

(2)材料资源优化:优选材料供应商,选择质量可靠、价格合理的材料,同时减少浪费,提高材料利用率。

(3)设备资源优化:统筹兼顾各项养护任务,合理安排设备使用时间和路线,最大程度地发挥设备效益。

3. 效益评估

(1)成果评估:定期对养护作业的成果进行评估,包括路面状况、排水系统通畅性等指标,确保养护效果达到预期。

(2)经济效益评估:对养护作业的成本与收益进行核算,分析养护作业的经济效益,及时调整作业策略,提高效益水平。

4. 技术创新

(1)新技术应用:积极引进先进的养护技术,如无损检测、冷再生等,提高作业效率和质量。

(2)新材料应用:尝试使用新型环保材料,提高路面耐久性和抗老化能力,降低维修成本。

5. 合理定价

(1)市场调研:定期进行市场调研,了解养护市场行情和竞争对手的定价策略,制定合理的养护价格。

(2)差异化定价:根据不同养护项目的特点和难度,制定差异化的定价策略,确保收入与工作量相匹配。

6. 项目管理

(1)计划管理:制定详细的养护项目计划,包括作业时间、人员配置、材料需求等,确保作业有序进行。

(2)监控评估:建立监控评估机制,对养护项目实施过程进行监控和评估,及时发现并解决问题,确保项目顺利完成。

以上管理措施可以帮助养护人员更好地管理公路日常养护作业的经济问题,提高资源利用效率,降低成本,实现经济效益最大化。

二、养护计划编制

1. 路段调查与评估

(1)确定调查范围和方法:包括实地考察、数据收集和技术评估等。

(2)详细记录路段情况:包括损坏类型、程度、位置等。

(3)对路段进行分类和优先级排序:根据养护需求和交通重要性等因素进行分类和优先级排序。

2. 作业标准与指南制定

(1)制定详细的作业标准和规范:包括养护项目、作业方法、质量要求等。

(2)提供实用的作业指南和流程:确保操作人员能够准确执行养护作业。

3. 任务明确与分解

(1)将养护任务分解为具体步骤和子任务:确保每个任务可操作性和可控性。

(2)分配责任人和时间节点:明确任务执行人员和完成时间。

4. 资源调配与计划编制

(1)确定所需人力、物力和财力资源:包括人员配备、设备采购和材料准备等。

(2)制定详细的作业计划表:包括作业时间、资源使用和进度安排。

5. 风险评估与应对措施

(1)识别可能出现的各种风险和障碍:包括天气变化、交通管制和人员安全等。

(2)制定应对措施和应急预案:确保在发生问题时能够及时应对和解决。

6. 方案实施与管理

(1)确保按照计划执行养护作业:包括作业流程、设备使用和现场管理等。

(2)进行实时监控和调整:确保作业进度和质量符合预期。

7. 监督与验收

(1)建立监督机制:包括定期检查和现场指导。

(2)进行作业过程和结果的验收:确保作业质量达标。

8. 文件记录与归档

(1)记录作业过程和结果:包括日志、照片和检测报告等。

(2)归档相关文件:便于日后查询和审查。

第三节　培训与指导

一、培训计划编写

(一)理论学习

1. 公路结构与材料

(1)课程内容:道路构造基础、路面材料的种类及特性、路基和路面的设计概念。
(2)学习方式:在线视频课程配合教材学习,每周一次线上解疑。

2. 公路养护标准与规范

(1)课程内容:介绍国内外公路养护标准、修复技术指南以及质量评估方法。
(2)学习方式:案例分析,邀请行业专家进行线上直播讲解,并安排实时互动环节。

3. 公路安全法规及环保要求

(1)课程内容:重点讲解公路安全法规、环保要求和施工安全预防措施。
(2)学习方式:通过 VR 模拟场景进行互动教学,增强记忆。

(二)实操技能培训

1. 道路检查与评估

(1)课程内容:道路平整度检测技术、裂缝及坑槽评估方法。
(2)培训方式:分组进行现场指导,模拟实际场景执行检查与评估流程。

2. 公路病害修复技巧

(1)课程内容:不同类型的道路病害(如裂纹、坑槽、波浪等)的典型修复方法。
(2)培训方式:实操演练 + 专家点评,每人必须完成特定任务并接受评估。

3. 养护设备操作与维护

(1)课程内容:养护设备的操作规范、日常维护与故障排除。
(2)培训方式:现场操作练习,设备供应商提供设备操作培训。

(三)安全教育

1. 公路作业安全规则

(1)课程内容:作业区设立、信号设施使用、夜间作业安全防护。
(2)学习方式:模拟场景教学,分组进行安全操作演练。

2. 紧急情况应对技巧

(1)课程内容:自然灾害(水灾、滑坡)应对措施、事故现场急救知识。

(2)学习方式:借助现有信息技术模拟紧急情况,进行逃生和救援练习。

(四)职业素养提升细化

1. 职业伦理与团队合作

(1)课程内容:职业道德讲座、团队合作案例分享。

(2)学习方式:小组讨论,进行角色扮演游戏,增强团队合作。

2. 时间管理与效率提升

(1)课程内容:时间管理工具使用、优先级排序方法、避免拖延症策略。

(2)学习方式:工作坊形式,引导员工设计个人时间管理计划,实施并回顾。

二、理论知识和实操技能培训

公路养护技师应能对公路养护初级工、中级工、高级工进行理论知识和实操技能培训,需要具备丰富的实践经验和专业知识,能够传授给学员正确的养护方法和技巧。

(一)理论知识培训

理论知识培训内容主要包括路基养护、路面养护、桥涵养护、隧道养护以及交通工程与沿线设施等方面的知识。

(1)路基养护:学员应掌握路基的检查方法和病害类型、相应的养护措施,以及排水设施的检查与养护技术。

(2)路面养护:学员应掌握路面的检查方法和病害类型,以及相应的养护措施。

(3)桥涵养护:学员应掌握桥涵的检查方法和病害类型、相应的养护措施,以及调治构造物的检查与养护技术。

(4)隧道养护:学员应掌握隧道的检查方法,以及土建结构和其他设施的养护措施。

(5)交通工程与沿线设施:学员应掌握交通工程与沿线设施的检查方法和损坏类型,以及相应的养护措施。

(二)实操技能培训

1. 路基养护实操技能培训

(1)检查方法:使用现场观测、地质雷达、钻探和取样等方法对路基进行检查;记录并分类各种病害类型,如沉降、裂缝、水毁等。

(2)病害类型:示范和练习识别并分类不同的病害类型,如横向裂缝、纵向裂缝、沉陷等。

(3)养护措施:培训不同的补强和修复方法,如填土、加固、注浆等。

(4)排水设施检查与养护:掌握排水设施检查工具和方法,如坡度检测、排水沟清理和维护的实际操作。

2. 路面养护实操技能培训

(1)检查方法:使用目测、仪器测量等方法对路面进行检查;记录和分类各种路面病害类型。

(2)病害类型:示范和练习对路面裂缝、坑洞、松散、表面磨损等病害的识别和分类。

(3)养护措施:掌握裂缝修补、坑洞修补、再生摊铺技术的实际操作;练习采用热再生、冷再生和护面层加铺的方法进行路面养护。

3. 桥涵养护实操技能培训

(1)检查方法:使用目测、仪器(如裂缝仪、振动仪)检测和取样等方法;记录和分类桥涵的各类病害。

(2)病害类型:示范和练习对桥梁裂缝、锈蚀、混凝土剥落等常见病害的识别和分类。

(3)养护措施:掌握常见补强修复技术,如裂缝注浆、加固锚杆、碳纤维布加固等。

(4)调治构造物的检查与养护:掌握调治构造物(如防撞墙、护栏、支柱等)的检查和维护方法;实操排除安全隐患的具体步骤。

4. 隧道养护实操技能培训

(1)检查方法:使用测距、探地雷达等工具进行检查;记录并分类各种隧道病害。

(2)土建结构养护:学习修复混凝土裂缝、结构渗漏等问题的实际操作;操练二次衬砌、支护加固等技术。

(3)其他设施养护措施:掌握隧道通风系统、照明系统和排水设施的检查和维护。

5. 交通工程与沿线设施实操技能培训

(1)检查方法:使用目测、仪器检测等方法对各类交通标志、标线、信号灯进行检查;记录和分类损坏类型。

(2)损坏类型:示范和练习对标志、标线磨损,信号灯故障等损坏的识别和分类。

(3)养护措施:掌握交通标志修复、更换,标线重绘技术;教授信号灯调试和维护方法。

第五部分

一级/高级技师

第一章

路基养护

(1)能够针对路基病害成因及发展趋势进行分析。

(2)能够采用或制定相应工法对路基重度病害进行处治。

(3)能够对路基养护数据整理分析。

(4)能够组织路基养护施工。

(5)能够建立、管理路基养护科技文档。

第一节　路堤与路床病害处治

一、路堤与路床病害及成因

1. 不均匀沉降

导致路基不均匀沉降(图 5-1-1)的因素很多,如荷载大小、土层特性及其分布、土的应力或地下水的作用等。大量的调查研究表明,路基不均匀沉降是多方面因素综合作用的结果。一般而言,路基不均匀沉降的主要原因有:填方路基土体压实度不足;地基土体中存在饱和软土层;路基刚度差异,在车的动荷载作用下,在基床结构内可能造成较大的附加应力,导致路基的局部开裂或沉陷;路基的侧向变形等。

在软土地基上修建的路基沉陷比较多,这是由于软土具有含水率大、抗剪强度低、承载能力低的特性。在软土上修建路基或桥涵构造物,易出现基础压缩沉降、滑陷、坍塌等现象。

2. 开裂滑移

深填、高填、半填半挖或立交桥互通匝道填方,往往会在通车一段时间后下沉(图 5-1-2)。究其原因,一方面是施工因素,如压实控制不好、分层过厚、施工措施不当以及含水率没控制好等;另一方面是材料因素,如最大干重度及最佳含水率有误、材料压缩系数过大、采用高塑性指数的黏性土等。出现此问题会使路面变形、开裂或下陷;另外,随着经济的发展,大型超重车辆以及超载车辆的增多，也会造成现有公路等级过低无法满足重载车辆的要求而引起路基变形。

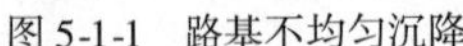

图 5-1-1 路基不均匀沉降

图 5-1-2 路基开裂滑移

3. 冻胀翻浆

路基翻浆主要发生在季节性冰冻地区的春融时节，以及盐渍土、泥沼、软土等地区。因地下水位高、排水不畅、土质不良、含水过多而造成路基湿软、强度下降，在行车荷载的反复作用下，路基出现弹簧、开裂、鼓包、车辙等病害，严重时泥浆外冒、路面发生大面积破坏。

二、路堤与路床病害处治措施

（一）一般规定

（1）路堤与路床病害处治范围应包括填方和半填半挖路基、挖方段的路床区及地基。

（2）当出现不均匀沉降、开裂滑移、冻胀翻浆等病害时，应及时采取相应的技术措施进行维修加固。

（3）应根据路堤与路床的土质条件、地下水类型及埋藏深度、降水量、加固材料来源、施工可行性等，经比选后确定合理的养护技术。常用处治措施可参照表 5-1-1 选用。

路堤与路床病害处治措施　　表 5-1-1

病害类型	处治措施						
	换填改良	注浆	复合地基	钢管抗滑桩	增加综合排水设施	设置土工合成材料	加铺罩面
不均匀沉降	△	√	√	×	△	△	△
开裂滑移	×	√	△	√	△	△	×
冻胀翻浆	√	×	×	×	√	×	△

注：√-推荐；△-可选；×-不推荐。

（二）换填改良

（1）换填改良（图 5-1-3、图 5-1-4）可适用于填料不良引起的强度不足、沉陷、翻浆等病害处治或地基沉降路段的局部处理。

图 5-1-3　换填砾石土施工

图 5-1-4　换填水泥改良土施工

(2)换填材料宜采用级配较好的砾类土、砂类土等粗粒土,填料最大粒径应小于 100mm,填料的 CBR 值应符合现行《公路路基施工技术规范》(JTG/T 3610)的相关要求。不得采用含草皮、生活垃圾、树根、腐殖质的土,以及泥炭、淤泥、冻土、强膨胀土、有机质土和易溶盐超过允许含量的土。

(3)换填改良材料的配合比应通过试验确定。

(4)换填区与相邻路基衔接处应开挖成台阶状,换填施工应符合现行《公路路基施工技术规范》(JTG/T 3610)的有关规定。

(5)换填施工应减少对老路基的扰动,及时做好开挖回填及防排水工作;采用透水性材料作为回填材料时,应做好与既有排水设施的衔接。

(三)注浆

1. 注浆的含义

注浆加固技术作为一种较为常用的路基加固处理手段,能有效提高路基强度和稳定性,提高道路整体承载力。注浆加固技术主要是利用高压装置向地基内注射浆液,将地基裂缝内的空气、水等介质置换出来,通过浆液材料固化作用,将裂缝及松散岩土结构黏结成整体,从而达到提高地基强度、防止水体渗透的目的。

路基沉降是公路建设和运营中存在的主要问题,其具体成因包括:路基填料不合格、压实度不达标、地下管线施工及地下水侵蚀等。采用注浆加固技术对路基沉降进行处理时,利用压力注浆设备将浆液注入注浆孔,在压力作用下,浆液在注浆孔内自由扩散,将孔位周边土体挤压密实。当加压至一定程度,浆液沿岩土体裂缝逐渐扩散,形成厚度不同、形态各异的块状浆体,待浆液固结后,会形成大小不一的结石体。挤密后的地基土与浆体固结形成的桩体共同构成复合地基,从而有效增强路基强度,防止沉降变形。同时,注浆加固技术还能有效提升路基稳定性,提高公路整体运营能力,是一种合理有效的路基加固方式。

2. 注浆浆材

注浆工程中所用的材料由主剂(原材料)、溶剂(水或其他溶剂)及外加剂组成。通常所说的注浆材料是指浆液中的主剂。注浆材料必须是能固化的材料。

(1)原材料。习惯上,把注浆原材料分为粒状材料和化学材料两个系统。

(2)浆液。浆液是指主剂、固化剂、溶剂、助剂经混合后所配成的液体,分为溶液型和悬浊液型两大类。粒状浆材配成的浆液是悬浊液型。由于固体颗粒悬浮在液体中,所以这种浆液容易离析和沉淀,沉降稳定性差,结石率低。另外,浆液中含固体颗粒尤其是较大颗粒,难以进入上层细小裂隙和孔隙中。为改善其性质,往往需要在浆液中加入各种外加剂,以适应各种不同的需要。由于这种浆液具有来源丰富、成本较低、工艺设备简单、操作方便等特点,在各类工程中仍广泛使用。

一般的化学浆液属于溶液型。化学浆液不易出现颗粒的离析,且一般黏度较低,易于进入土体的细小裂隙或孔隙之中,其灌入能力较强。但化学浆液通常成本较高,且有污染等问题,所以它的应用受到了限制。

(3)注浆浆材的选择。理想的注浆材料应能满足工程力学性能要求,浆液应具有良好的可灌性,凝胶时间可任意调整,价格低廉,无毒、无污染,施工方便等。虽然要找出满足所有这些条件的注浆材料是很困难的,但是上述的每种浆材都有其可取之处。因此,需要在熟悉各种注浆材料特性的基础上,按工程需要,选择一种合适的注浆材料或几种浆材配合使用。

水泥浆具有结石体强度高和抗渗性强的特点,既可用于防渗又可用于加固地基,而且原材料具有成本较低、无毒性和无环境污染问题等优点而被广泛采用。但水泥浆析水性大,稳定性差,灌入能力有限,且凝胶时间长,在地下水流速较大的条件下,浆液易受冲刷和稀释,影响灌入效果。

由于水泥的颗粒性,一般只能灌入岩土的大孔隙或裂隙(0.2~0.3mm)。为提高水泥浆的可灌性,采用各种细水泥可提高浆液的灌入能力。目前,粒径最细的超细水泥掺入适当的分散剂后,可灌入0.05~0.09mm的岩石裂隙,但超细水泥的高成本影响了其应用范围。

为改善水泥浆液的析水性、稳定性、流动性和凝结特性,可掺入适当的助剂进行改性。某些方面的性能也可通过一定的工艺技术得以改善。

在冲积层或基岩裂隙堵漏注浆时,往往采用水泥-水玻璃浆液,该种浆液具有水泥浆和化学浆液的特点,其成本和来源都比纯化学浆液优越。

水泥、水玻璃等为无机硅酸盐材料,是基本的注浆材料,来源丰富,价格低廉。

化学浆液具有一些独特性能,如浆液黏度低,可灌性好,凝胶时间可准确控制等,但化学浆材价格比较昂贵,且往往有毒性和污染环境的问题,所以只在必要时才采用化学浆液注浆。

总之,对注浆材料的选择应根据工程的具体要求、地质条件、浆液性能、注浆工艺及成本等因素综合考虑,选择最适合的浆材,使工程达到理想的技术经济指标。

3.注浆施工一般规定

(1)注浆技术可用于路堤或路床压实度不足、局部稳定性不满足要求或桥头跳车等路段。注浆施工如图5-1-5、图5-1-6所示。

(2)进行注浆加固前,除应收集路基养护工程设计要求规定的资料外,尚应补充收集路面弯沉或回弹模量等检测资料,用于评价注浆加固的效果。

(3)应根据处治目的和要求,以及材料的性能、适用范围和固结体的特性,选用水泥浆液、水泥-粉煤灰浆液或其他注浆材料。当早期强度要求较高时,可掺入适量水玻璃以达到速凝效果。

图 5-1-5　路基空鼓注浆施工

图 5-1-6　路基下沉注浆施工

(4)注浆施工前应进行浆液配合比设计,并进行现场试验性注浆,验证浆液配合比,确定注浆压力。

(5)应对袖阀管注浆的套壳料进行配合比试验。

(6)注浆施工应符合下列规定:

①注浆时应控制好浆液的搅拌时间及注浆压力,连续注浆,中途不得中断。

②注浆应遵循逐渐加密的原则,多排孔注浆时,宜先注边排后注中间排。边排孔宜限制注浆量,中排孔注至不吃浆为止。

③应加强注浆过程控制,做好注浆记录,动态调整注浆压力、注浆量及注浆时间,防止对路面结构及周边土体或结构物造成破坏。

④注浆完成后,应及时做好封孔处理,并进行跟踪观测评价注浆效果。注浆效果的检验宜在注浆结束后 28d 进行,对检验不合格的注浆区应进行重复注浆。

⑤注浆施工应做好施工组织设计,减少行车对注浆质量的影响。注浆养护时间不宜少于 3d。

(7)注浆施工工艺流程。

①清理场地:注浆施工前,应全面了解路基范围内地下管线分布情况,准确标记管线位置,并检测路基填土厚度,科学确定注浆深度。

②布置注浆孔:注浆孔布设前,应对路面进行弯沉试验,根据试验检测数据对需注浆加固的部位进行标记,并严格按照标记位置钻孔。

③布置设备:按照标记出的孔位科学设置钻孔机、制浆机、注浆机等设备,并加固注浆管,为减小压力损失,尽量缩短管线长度。同时,应在现场准备充足的水泥、水等材料。

④现场钻孔:为确保施工连续性、高效性,应严格按照标记孔位钻孔。钻孔完毕用高压水清孔,以确保浆液填充的均匀性;清孔完成后,在孔口安装橡胶管,其管径应与孔径相同,以免漏浆。

⑤配制浆液:浆液应随用随拌,并科学控制配合比。按照制浆机容量先后加入定量的水和水泥,充分搅拌均匀,待表面不再出现明显下沉后,将其置于储浆桶内,并持续搅拌,避免产生沉淀、离析。

⑥注浆:a. 注浆前,应先将注浆管置于注浆孔内,并加固牢固;b. 注浆过程中,严格控制注

浆压力,开始先以较小压力缓慢注浆,然后逐步增大压力,待达到指定压力后,持续稳压注浆,直到溢浆孔持续流出浓稠浆液,用木塞塞紧,持续稳压一段时间确保浆体填充密实,如该环节产生压降,应重新进行补压注浆;c. 注浆时应结合现场具体状况科学调整注浆压力,确保注浆效果,并实时监测周围环境及管线状态,避免发生意外事故。

⑦结束封孔:注浆完成后,应立即取出灌浆栓,并用木塞封堵,使浆体拥有足够的时间固结,待浆液固结一段时间后,选择适当时机取下木塞,用速凝水泥砂浆进行封孔处理。

⑧清洗设备:注浆完成或停顿时间较长时,应清洗搅拌桶等设施,清洗过程中应保持设备正常运转,避免浆液堵塞注浆机。同时,应及时清理地面遗落浆液,防止对地面造成污染。

⑨养护检测:注浆完毕后应进行科学养护,养护期间应采取必要的防护措施。

(四)钢管抗滑桩

(1)钢管抗滑桩可用于处治或预防路堤浅层滑移,也可作为削坡减载、支挡结构物的基础施工或抗滑桩施工的一种辅助性加固措施。

(2)钢管抗滑桩宜采用钻孔植入法施工,路基钻孔应采取干钻方式。

(3)钢管抗滑桩宜布置在路基边坡顶部或坡脚,间距不宜大于3m,钻孔直径宜为250~320mm,抗滑桩应穿过滑移面不少于2m且其深度满足路基边坡稳定性验算要求,坡脚位置处宜适当增大穿过滑移面的深度。

(4)钢管宜采用无缝普通钢管,直径宜为180~250mm。管内注浆材料宜采用强度等级不低于C25的自密实混凝土,管外注浆材料应采用强度等级不低于M30的水泥砂浆,砂浆宜采用细砂配制。

(5)宜在路基边坡组合设置斜向注浆锚杆,并辅以水平横梁或锚墩连接。抗滑桩顶部宜设置联系梁,联系梁的高度不宜小于300mm,宽度不宜小于抗滑桩管径,混凝土的强度等级不应低于C25,纵向钢筋的截面面积不应少于联系梁截面面积的0.15%;箍筋直径不应小于8mm,间距不应大于400mm。抗滑桩伸入联系梁内不应少于50mm,并与联系梁主筋焊接。

(6)钢管抗滑桩施工应符合下列规定:

①钻孔孔径不得小于设计值,且应大于钢管外径70mm以上。

②无缝钢管应垂直插入钻孔并对中,钢管的连接宜采用套管焊接方式。

③当管外充填注浆难以达到要求时,可采用压力注浆。

④应保证管外和管内桩长范围内完全注满。

⑤注浆泵与注浆孔口距离不宜大于30m,以减小注浆管路系统阻力,保证实际的注浆压力。

(五)复合地基

1. 一般规定

(1)复合地基可用于处治地基沉降变形大、承载力低的软弱路基,以及差异变形大的拓宽路段,常用技术及适用条件可参照表5-1-2选用。

复合地基法常用技术类型及适用条件　　表 5-1-2

适用条件	养护处治技术			
	碎石桩	水泥搅拌桩	CFG 桩（水泥粉煤灰碎石桩）	预制管桩
地基沉降变形大的路基	△	√	√	△
承载力低的软弱路基	△	√	√	×
开裂滑移的路基	×	△	△	√

注：√-推荐；△-可选；×-不推荐。

（2）除应收集《公路路基养护技术规范》（JTG 5150—2020）第 6 章规定的资料外，尚应补充收集沉降变形观测数据，用于确定合理的加固区域。

（3）碎石桩、加固土桩、CFG 桩施工前应做成桩试验，并对复合地基承载力进行检测。检测方法可采用平板载荷试验。

（4）复合地基施工应符合下列规定：

①成孔桩长允许偏差≤100mm，桩径允许偏差≤20mm，垂直度允许偏差≤1%。

②路堤部分宜采取振动小的干钻方式进行预成孔，并及时清运钻孔取土。钻孔过程中应避免多台设备在同一断面同时施工，以减少对老路基的振动扰动。

③碎石桩和预制管桩施工时应进行间隔跳打。

④对桩顶高程以上的路基内桩孔，应进行封孔回填处理。

⑤应对单桩桩体质量进行检测，检测方法可参照表 5-1-3 选用。

被检体与检测方法对应关系　　表 5-1-3

被检体	钻芯法	标准贯入试验	圆锥动力触探	低应变法	高应变法
碎石桩	×	×	√	×	×
水泥搅拌桩	√	√	√	△	×
CFG 桩	√	×	×	△	△
预制管桩	×	×	×	△	△

注：√-推荐；△-可选；×-不推荐。

2. 碎石桩

碎石桩是以碎石（卵石）为主要材料制成的复合地基加固桩（图 5-1-7）。碎石桩和砂桩等在国外统称为散体桩或粗颗粒土桩。所谓散体桩是指无黏结强度的桩，由碎石柱或砂桩等散体桩和桩间土组成的复合地基亦可称为散体桩复合地基。在国内外广泛应用的碎石桩、砂桩、渣土桩等复合地基都是散体桩复合地基。

碎石桩是散体桩的一种，按其制桩工艺可分为振冲（湿法）碎石桩（图 5-1-8）和干法碎石桩两大类。采用振动加水冲的制桩工艺制成的碎石桩称为振冲碎石桩或湿法碎石桩。采用各种无水冲工艺（如干振、振挤、锤击等）制成的碎石桩统称为干法碎石桩（振动锤沉管碎石桩施工工艺如图 5-1-9 所示）。以砾砂、粗砂、中砂、圆砾、角砾、卵石、碎石等为填充料制成的桩称为砂石桩。

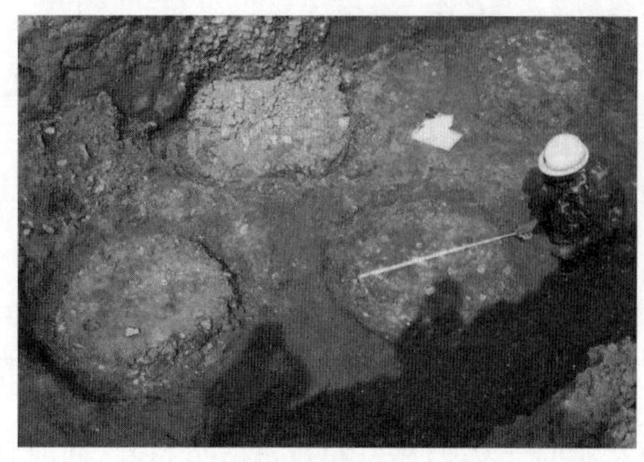
图 5-1-7　碎石桩

图 5-1-8　振冲（湿法）碎石桩施工

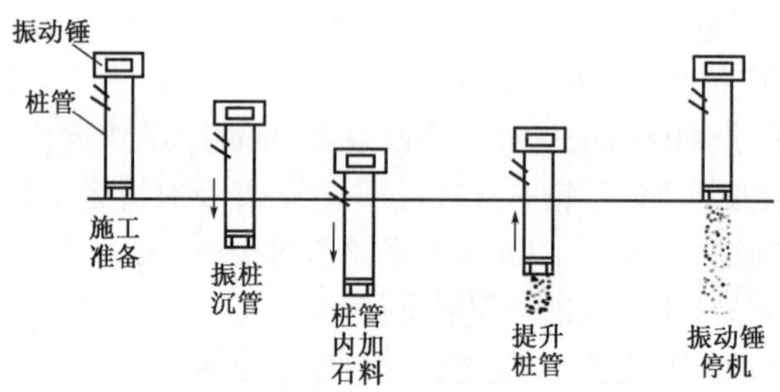

图 5-1-9　振动锤沉管碎石桩施工工艺图

振动水冲法起源于 1937 年，当时德国凯勒公司设计制造出了具有现代振冲器雏形的机具，这一机具应用于挤密砂土地基，并获得成功。20 世纪 60 年代初，振冲法在德国开始用来加固黏性土地基，由于填料是碎石，故称为碎石桩，随后在各国推广应用。

3. 水泥搅拌桩

1）水泥搅拌桩含义

水泥搅拌桩是软基处理的一种有效形式，将水泥作为固化剂的主剂，利用搅拌桩机将水泥喷入土体并充分搅拌，使水泥与土发生一系列物理化学反应，使软土硬结而提高地基强度。水泥搅拌桩按主要使用的施工做法分为单轴、双轴和三轴搅拌桩（图 5-1-10）。20 世纪 70 年代，开始用水泥搅拌桩（图 5-1-11）加固软土地基。它是通过特制的深层搅拌机，将软土和水泥（固化剂）强制搅拌，并利用水泥和软土之间所产生的一系列物理、化学反应，使土体固结，形成具有整体性、水稳定性和一定强度的水泥土桩。该工艺主要用于软土地基的处理。加固深度通常超过 5m，干法加固深度不超过 15m，湿法加固深度不超过 20m。

2）适用范围

（1）水泥土搅拌桩的施工工艺分为浆液搅拌法（以下简称“湿法”）和粉体搅拌法（以下简称“干法”），适用于处理淤泥、淤泥质土、素填土、软～可塑黏性土、松散～中密粉细砂、稍密～中密粉土、松散～稍密中粗砂和砾砂、黄土等土层；不适用于含大孤石或障碍物较多且不易清除的杂填土，硬塑及坚硬的黏性土、密实的砂类土以及地下水渗流影响成桩质量的土层。当地基土的天然含水率小于30%(黄土含水率小于25%)、大于70%时不应采用干法。寒冷地区冬季施工时,应考虑负温对处理效果的影响。

图5-1-10　三轴水泥搅拌桩施工

图5-1-11　水泥搅拌桩

(2)当处理泥炭土、有机质含量较高的土壤、pH值小于4的酸性土、塑性指数大于25的黏土,或在腐蚀性环境以及无工程经验的地区采用水泥土搅拌法时,必须通过现场和室内试验来确定其适用性。

(3)水泥土搅拌法可采用单头、双头、多头搅拌或连续成槽搅拌形成水泥土加固体;湿法搅拌可插入型钢形成排桩(墙)。加固体形状可分为柱状、壁状、格栅状或块状等。

(4)拟采用水泥土搅拌法处理地基的工程,除按现行规范规定进行岩土工程详勘外,尚应查明拟处理土层的pH值、有机质含量、地下障碍物及软土分布情况、地下水及其运动规律等。

3)施工流程

桩位放样→钻机就位→检验、调整钻机→正循环钻进至设计深度→打开高压注浆泵→反循环提钻并喷水泥浆→至工作基准面以下0.3m→重复搅拌下钻至设计深度→反循环提钻并喷水泥浆至地表→成桩结束→施工下一根桩。

(1)桩位放样:根据桩位设计平面图进行测量放线,定出每一个桩位,误差要求小于5cm。

(2)钻机定位:依据放样点使钻机定位,确保钻头正对桩位中心。用经纬仪确定层向轨与搅拌轴垂直,调平底盘,保证桩机主轴倾斜度不大于1%。

(3)钻进:启动钻机钻至设计深度,在钻进过程中同时启动喷浆泵,使水泥浆通过喷浆泵喷入被搅动的土中,使水泥和土充分拌和。在搅拌过程中,记录人应记读数表变化情况。

(4)重复搅拌和提升:采用二喷四搅工艺,待重复搅拌提升到桩体顶部时,关闭喷浆泵,停止搅拌,桩体完成。然后桩机移至下一桩位,重复上述过程。

4)CFG桩

(1)CFG桩含义

CFG桩复合地基技术,主要是利用煤粉灰、砂石、石屑、碎石,同时加入适量水泥进行拌和,在地基中制成柱状结构,如图5-1-12所示。桩加上桩之间的土壤,以及褥垫层可以共同承受建筑在垂直方向的重量。由于土壤、桩的强度存在明显差异,受力时变形量不同,土壤和桩之间产生相对滑动趋势,进而引发明显的摩擦抵抗外部作用力。

(2)施工工艺

施工时需要用到的机械装备主要包括搅拌机、混凝土、卷扬系统、长螺旋管以及钻机等,如图5-1-13所示。在专业搅拌站中加工得到的水泥粉煤灰碎石材料运输到施工现场以后,通过搅拌机、溜槽、混凝土泵、管道等将其输送至长螺旋钻机中,钻机将材料输送至指定位置。

图5-1-12 CFG桩

图5-1-13 CFG桩长螺旋法施工

整个施工过程中利用卷扬系统对长螺旋钻机进行提升,控制钻机在竖直方向的位置。

(3)主要施工流程

①施工准备工作。正式对CFG桩进行施工前,所有人员、材料以及设备都需要进场并对设备进行安装。对施工材料进行必要的抽检,确保施工材料的合格性,为CFG桩的施工质量奠定坚实基础。对安装完成的施工设备进行检验,确保设备各项功能都能实现且保证运行精度。然后,根据CFG桩的设计以及施工方案在现场进行放线,明确场地高程,确定CFG桩位置,对该位置进行检验确保适合进行CFG桩的施工。最后,做好正式施工前的技术交底、安全交底等工作。

②CFG桩施工流程。钻机就位并调整至设计高程,对CFG桩混合料进行拌和与泵送,混凝土料注满后按照设计的提升速度一边泵送混合料一边向上提升钻机,直到提升至地表为止,整个过程中需要配合做好弃土的清除工作。完成以上工序后将钻机移动至下一个桩位,继续按照上述流程进行施工。

所有CFG桩完成施工后,对桩之间的土壤、碎石等进行清除,凿平桩头。对褥垫层进行浇注施工并完成验收工作。最后对整个CFG桩复合地基进行验收,确保强度满足要求。CFG桩施工流程参考图5-1-14。

4.预制管桩

1)预制管桩的含义和分类

(1)预应力混凝土管桩,是采用离心和预应力工艺成型的圆环形截面的混凝土预制构件。预制管桩相对于灌注桩,在承载力、经济性及施工等方面更具有优越性。近年来,预应力混凝土管桩由于其承载力高、施工速度快,具有良好的技术性能和显著的经济效益,越发被重视,应用范围越来越广泛。

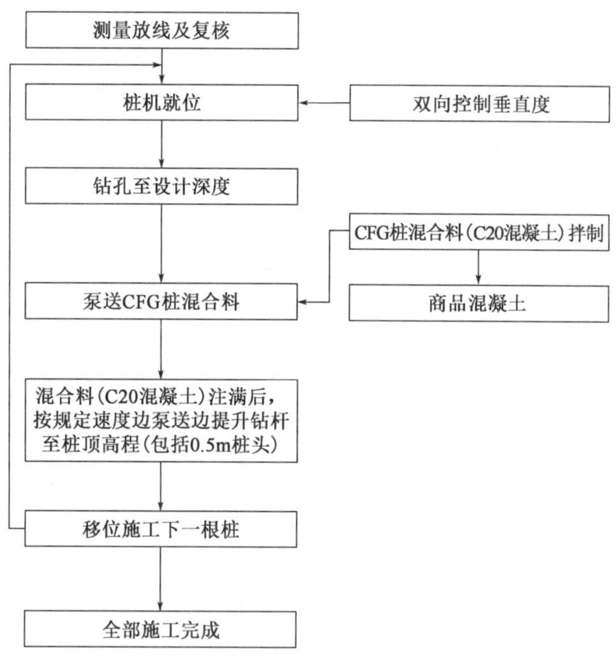

图 5-1-14　CFG 桩施工流程图

（2）PHC（pre-stressed high-strength concrete，预应力高强度混凝土）管桩，是采用先张预应力离心成型工艺，并经过 10 个大气压（1.0MPa 左右）、180℃左右的蒸汽养护，制成一种空心圆筒形混凝土预制构件，标准节长为 10m，直径为 300 ~ 800mm，混凝土强度等级≥C80，如图 5-1-15、图 5-1-16 所示。

图 5-1-15　PHC 管桩成品

图 5-1-16　PHC 管桩施工现场

PHC 管桩分类如下：

（1）按桩身混凝土有效预压应力值分为：A 型、AB 型、B 型、C 型。

（2）按外径（单位：mm）分为：300、400、500、600、700、800、1000、1200 等规格。

2）PHC 管桩的优点

（1）单桩承载力高。PHC 管桩桩身混凝土强度高，可打入密实的砂层和强风化岩层，由于挤压作用,桩端承载力可比原状土质提高 70% ~80%,桩侧摩阻力提高 20% ~40%。因此,PHC 管桩承载力设计值要比同样直径的沉管灌注桩、钻孔灌注桩和人工挖孔桩高。

(2)应用范围广。PHC 管桩是由侧阻力和端阻力共同承受上部荷载,可选择强风化岩层、全风化岩层、坚硬的黏土层或密实的砂层(或卵石层)等多种土质作为持力层,且对持力层起伏变化大的地质条件适应性强,因此适应地域广,建筑类型多。广泛应用于 60 层以下的多种高层建筑以及工业与民用建筑低承台桩基础,铁路、公路与桥梁、港口、码头、水利、市政、构筑物,及大型设备等工程基础。

(3)沉桩质量可靠。PHC 管桩采用工厂化、专业化、标准化生产,桩身质量可靠;运输吊装方便,接桩快捷;机械化施工程度高,操作简单,易控制;在承载力、抗弯性能、抗拔性能上均易得到保证。

3)施工技术特点

(1)适应性强。适应性强是建筑桩基预制管桩的主要特征。预制管桩规格较为丰富,主要规格有 ϕ7.1mm、ϕ9.0mm、ϕ10.7mm 和 ϕ12.6mm。在实际施工过程中,不同规格的管桩灵活搭配具有较强的适应性,能够有效应对施工现场中持力层起伏较大等实际情况,确保施工方案的可行性。

(2)灵活性强。灵活性强是建筑桩基预制管桩的显著特征。预制管桩拥有较好的延展性、灵活性。在实际应用中,预制管桩普遍呈现出桩身长度较短、预应力较强等特征,为运输吊装等环节提供了极大的便利条件。此外,预制管桩的施工过程对施工机械性能、施工外部环境等因素没有额外要求,为提升施工环节的灵活性奠定了基础。

(3)施工效率高。从前期准备时长来看,建筑桩基预制管桩在施工开始前所需的准备时间较短,平均准备时间为 3 ~5d;从沉桩速度来看,平均沉桩速度为 7 ~10 根/h;从检测时间来看,完成全部测试的平均检测时间为 15 ~20d。此外,建筑桩基预制管桩之间一般采用焊接技术进行连接,以 ϕ500mm 管桩为例,该规格管桩接头焊接平均耗时仅为 20min。

(4)施工方法。PHC 管桩施工方法主要有锤击和静压两种,用柴油锤、液压锤锤击沉桩的施工工艺在我国还是占主导地位,在日本也主要用锤击沉桩。近几年来,随着大吨位(6800kN)压桩机的问世和静压沉桩施工工艺的完善,静压沉桩施工工艺与锤击沉桩相比具有明显的优点,因此发展迅速,有望取代锤击沉桩。

①静压沉桩。

静压沉桩(图 5-1-17)是利用无振动、无噪声的静压力将预制柱压入土中的沉桩方法。静力压桩的方法较多,有杆静压、液压千斤顶加压、绳索系统加压等,凡是非冲击力沉桩均按静力压桩考虑。

②锤击沉桩。

锤击沉桩(图 5-1-18)是利用桩锤下落时的瞬时冲击机械能,克服土体对桩的阻力,使其静力平衡状态遭到破坏,导致桩体下沉,达到新的静压平衡状态,如此反复地锤击桩头,桩身也就不断地下沉。锤击沉桩是预制桩最常用的沉桩方法。该法施工速度快,机械化程度高,适应范围广,现场文明程度高,但施工过程中会产生挤土、噪声和振动等公害,因此在城市中心和夜间施工时受到一定的限制。

图 5-1-17　静压沉桩施工

图 5-1-18　锤击沉桩施工

与静压沉桩相比，锤击沉桩最大的优势在于施工效率高、成本低。施工人员在使用锤击沉桩时需要综合考量施工现场外壁厚度、桩体密度等因素。

锤击沉桩振动剧烈，噪声大，对周边环境影响大，这是锤击法的一大弊端。而静压法施工，无振动，无噪声，很适合在市区及其他对噪声有限制的地点施工。锤击沉桩时，由于锤击力的冲击和反射，使 PHC 管桩受到较大的压应力波和拉应力波，容易使桩头、桩身、接头等薄弱处产生裂纹，严重影响桩基质量。而静压法是慢而均匀地加载，无冲击和反射应力波，施工应力小且易控制。因此，采用静压沉桩时，PHC 管桩的配筋率和混凝土强度等级均可降低一个等级，这意味着静压法可降低 PHC 管桩的制作成本。

三、路基不均匀沉降处治

1. 路基沉陷的原因

公路路基沉陷（图 5-1-19）是我国公路病害的主要成因，其危害程度大，影响范围广。产生路基下沉的原因较多，主要有以下几方面。

图 5-1-19　路基沉陷

(1)压实度不足。

①施工工艺不科学。没有按照有关理论恰当地设计压实层厚、压实次数,压路机吨位不合理,压实顺序不规范,压实过程没有一次成型。

②路基土含水率不合理。含水率是路基压实度的重要影响因素。有些施工队伍为了追赶工期,把含水率较大的土进行平整碾压,在反复荷载的作用下,出现压实度不合格甚至翻浆的情况,导致路基下沉。

③石灰剂量不足。路基石灰土中,石灰的含量影响压实效果。有些施工单位片面追求效益,忽视工程质量,往往出现石灰剂量不足的情况。这会使路基强度受到影响,降低路基填充料的黏结性,从而影响路基压实效果。

(2)水害。

公路地表水浸入基底,或自然降水逐渐渗透到路基中。水的涨落产生了动水压力,使土质松动,将其中的细粒土带走。毛细管水迁移,引起路基结构周围受力重新分配,土质黏结力降低,进而路基强度也降低,在自身重力及车辆荷载作用下,路基土结构发生变化,导致沉陷。

(3)填方较高。

当边坡总高度大于20m(土石质边坡)或大于12m(砂、砾)时属于高填方路基,边坡不稳定,路基自身重量很大,在荷载作用下,路基产生沉陷的可能性较大。另外,填方较高,边坡坡度设计较缓,雨水容易渗透到路基内部,也会产生沉陷。

(4)土质影响。

路基填筑材料对路基沉陷影响较大,采用湿陷性黄土、砂性土、有机质含量大的土填筑路基时,因土质本身黏结力较小或密实程度稍差,在荷载及路基水影响下,易发生沉陷。

(5)自然沉降时间不够。

路基填土过程较快,沉降变形量没有达到要求时,即覆盖上层土,当承载力较高时,路基强度接近临界状态,当发生扰动就会产生沉陷或纵向开裂。

(6)地质条件影响。

地质调查资料不完善,探测深度较浅或点位选取密度过大,导致地质实际情况与资料不符,给施工过程质量控制留下隐患。比如道路经过池塘、湖泊、沼泽等地,地下淤泥、有机质土等结构层不清楚。

2.路基沉陷的防治办法

(1)针对填方路堤应进行地质补探,掌握其地质层理、节理、断层及了解有无地下水或其分布情况,并按要求进行特殊设计,边坡设计应规定相应的填料,如设计没有验算其稳定性、地基承载力或沉降量等项目,应向有关部门提出补做,确保工程质量。

(2)换土复填法。如果因填筑的土质不符合要求,路基出现下沉但面积不大且深度不深,可以选择采用换土复填法。即将原路基出现沉陷的填土挖除,更换新的、符合要求的土质。一般采用级配较好的砂砾土、塑性指数满足规范要求的亚黏土为宜。采用此法施工时,回填土的挖补面积要扩大,且逐层挖成台阶状,由下往上,逐层填筑,碾压密实,压实度要求高出原路基压实度1%～2%。

(3)在分层填筑路堤时,应逐层整平碾压,并按规范进行操作;应通过试验段确定机具配备、洒水量、适宜的松铺系数和相应的碾压遍数。路堤施工中,各施工层表面不应有积水,填方路堤应根据土质情况和施工时气候状况设置2%～4%的双向或单向排水横坡,及时排走雨水。施工前,应先做好截水沟、排水沟等排水及防渗设施,坡脚避免遭受水的冲刷(排水沟边缘距路基坡脚不小于2m)。

(4)施工和监理严格遵照有关规章制度进行,不盲目赶工期、抢进度。施工单位应配备完善的施工组织和质量检验体系,专业人员持证上岗。在压实过程中,施工单位自检人员应按规定的频率逐层检查路基的压实度。

(5)旧路加宽时,清除边坡上的杂草,并沿旧路边坡挖成向内倾斜的台阶,台阶宽度不小于1.0m。填方分段施工两段交接处,则先填段应留台阶与后填段分层阶梯搭接,搭接长度不小于2m。半填半挖路段按规范要求设置台阶并分层压实,提高路堤的整体稳定性。

(6)路基施工应超宽填筑,超宽碾压。一般较设计宽度每侧超宽不小于30cm,以确保边坡密实;路基若有亏坡,整修时应开台阶,分层填筑压实,严禁贴补,确保路基的整体性和边坡密实。每层填筑上料前要根据设计边坡线实地放出路堤填筑边线。

(7)采用注浆法进行防治。

四、路基开裂滑移处治

1.路基开裂滑移的基本形式

开裂滑移的外在形式多种多样,根据其诱发原因大致可分为以下几种主要类型。

(1)单纯侧滑。此类侧滑是指路基填方部分失稳滑移,多发生于填方高度大于3.5m或半填半挖的路段,是路基开裂滑移的主要形式。

(2)软基诱发侧滑。此类侧滑一般发生在软土地基路段,其特点是路基随地表以下软土一起下陷并向路基两侧滑移,严重者可导致路基两侧地面隆起,路面受损,影响交通安全。

(3)坡间侧滑。此类侧滑一般发生在单侧开挖或半填半挖的路段,路基随边坡滑移,是边坡滑体的一部分,严重者甚至可能导致整个路基塌陷、交通中断、人员伤亡的严重事故,此为路基开裂滑移的最危险形式。

(4)其他形式的侧滑。由于填方路基侧面洪水的侵蚀、地表以下采空区活动、地震等影响也会导致路基开裂滑移。

2.路基开裂滑移的基本特征

路面发生纵向开裂,一般有3～5条裂缝,严重者可在路面上沿裂缝断开成横向阶梯状,滑移面为弧形,符合土体边坡滑坡的一般特征。

3.原因分析

(1)设计中的遗漏。设计的主要依据是现场踏勘和地质钻探资料,但往往由于地质情况复杂多变和设计周期太短等原因,得到的有关资料不能反映实际的地质情况,造成在设计中遗漏了应该采取的相应技术措施,为路基开裂滑移留下了隐患。

(2)施工中的缺陷。在施工过程中,常常由于施工人员的忽视,质量管理不严,加上工期紧、取土场的限制等原因,出现填土压实度不够,超标土代替合格土等情况,在施工或运营过程中易产生路基开裂滑移问题。

(3)渗水影响。虽然路基在设计时会考虑防水、排水的问题,但由于设计理念的差距和节省资金等因素,往往做得不够或不合理。公路运营以后,由于地下水位的变化,毛细水不断上升集聚,填方一侧洪水的侵蚀,挖方一侧裂隙水的渗透,加上大量的雨水通过绿化隔离带和路面上的裂缝下渗。随着时间的推移,原压实土的力学特性逐渐发生变化,填方路基整体承载能力降低,容易诱发路基的开裂滑移。

(4)超载因素。汽车超载现象普遍且十分严重,大大超过了路基的设计承载能力,对路面及路基的稳定性造成了严重影响。

4. 主要工程对策

对于路基侧滑的处治可根据其发生的时间不同区别对待,一种是路基施工过程中发生的侧滑,可采用结合路面基层施工同步加固的方案;另一种是通车以后发生的侧滑,应尽量采用既不影响交通,又能保证最终加固效果的方案。

(1)注浆。注浆是路基处理中最常用的工程措施之一,其原理是通过向路基内注入水泥或水泥粉煤灰浆体,改善路基土的特性,提高路基整体的承载能力。必要时,可采用分层多次高压注浆技术。

(2)复合锚杆桩。复合锚杆桩是利用锚杆技术及其机理而衍生出的一种新的失稳岩土体加固技术。该类桩由钢筋加水泥组成,类似于垂直的锚杆,故名锚杆桩。该项技术的要点是:

①顺钻孔垂直插入不同长度的钢筋若干根,每根钢筋配一根相同长度的注浆管。

②钢筋 2m 以上(从底部起)作为自由端。

③最后进行分段多次注浆,以保证浆液在每根钢筋的根部定点扩散,整体则形成一串“葫芦”形状的承载体,同时由于浆液在高压下的有效扩散,实现了路基土的整体改性,大大提高承载能力。

此项技术可以将桩顶承受载荷有效地分布在不同的承载部位,比一般锚杆可提高承载力 3 ~ 5 倍,特别适用于失稳路基的加固。

(3)抗滑钢管桩。抗滑钢管桩技术是利用钢管桩的刚度和强度来抵抗路基土的侧滑力。其技术要点是:沿路基边坡顶部设置一排钢管桩,间距为 1.0 ~ 1.5m,钻孔直径为 25cm,深度为穿透路基填方入岩 4 ~ 6m;将直径为 180 ~ 250mm、壁厚为 10mm 的钢管(长度按实际需要)垂直插入钻孔并尽量对中。钢管内灌注 C20 混凝土,外部采用压力注浆,注浆压力控制在 0.4 ~ 1.0MPa。钢管桩顶部设置纵向联系梁,联系梁可采用 C20 ~ C30 钢筋混凝土,钢筋与钢管焊接在一起。有条件的话,辅以横向水平拉杆或与斜向锚杆相组合效果更好。抗滑钢管桩及施工如图 5-1-20 ~ 图 5-1-23 所示。

图 5-1-20　钢管端部加工成尖锐状

图 5-1-21　钢管现场焊接

图 5-1-22　注浆完成后

图 5-1-23　施工完成的抗滑钢管桩

(4)侧向预应力锚杆。预应力锚杆是岩土加固工程中最常用的技术,当采用侧向预应力锚杆技术加固失稳侧滑的路基时,应注意以下几点:

①锚杆的布置。锚杆布置形式为方形或梅花形,间距由加固土质、锚杆长度、预应力大小等因素确定,与水平向交角取决于滑坡体形式和坡角。

②锚杆的长度。锚杆长度根据加固体锚固力大小由计算确定,关键是要确保锚固端的长度。

③锚杆的制作。锚杆一般采用螺纹钢筋,要特别注意焊接质量,应沿杆身每隔 1.5m 设置对中定位支架,以保证钢筋有足够的混凝土保护层厚度。

④施加预应力。锚杆预应力施加时应分级张拉,锁头和夹片要满足要求,根据预应力损失情况,可进行二次补偿张拉。

五、路基冻胀翻浆处治

1.路基翻浆的分类和分级

路基翻浆主要发生在季节性冰冻地区的春融时节,以及盐渍土、泥沼、水网、软土等地区。因地下水位高,排水不畅,土质不良,含水过多,造成路基湿软、强度下降,在行车的反复作用下,路基出现弹簧、开裂、鼓包、车辙,严重时泥浆外冒,路面大面积破坏,如图 5-1-24 所示。路基翻浆根据导致其发生的水类来源和翻浆时路面的变形破坏程度,可分为五种类型和三个等级。翻浆类型如表5-1-4所示,翻浆分级如表5-1-5所示。

图5-1-24 路基翻浆

翻浆类型 表5-1-4

序号	翻浆类型	导致翻浆的水类来源
1	地下水类	受地下水的影响,土基经常处于潮湿状态,导致翻浆
2	地表水类	受地表水的影响,土基潮湿,导致翻浆。地表水主要指季节性积水,也包括路基、路面排水不良而造成的路旁积水和路面积水
3	土体水类	因施工遇下雨或用过湿的土填筑路堤,造成土基原始含水率过大
4	气态水类	在冬季强烈的温差作用下,土中水主要以气态形式向上运动,聚积于土基顶部和路面结构层内,导致翻浆
5	混合水类	受地下水、地表水、土体所含气态水等两种以上水类综合作用产生的翻浆。此类翻浆需根据水源主次定名

翻浆分级 表5-1-5

翻浆等级	路面变形破坏程度
轻	路面龟裂、潮湿、车辆行驶时有轻微弹簧
中	大片裂纹、路面松散、局部鼓包、车辙较浅
重	严重变形、翻浆冒泥、车辙很深

2. 影响翻浆的因素

影响公路翻浆的主要因素有:土质、温度、水、路面、行车荷载、人为因素等,其中土质、温度、水三者的共同作用是形成翻浆的三个自然因素。

(1)土质。粉性土是最容易翻浆的土,这种土的毛细水上升较高,而且土中的水分增多时强度降低幅度大而快,容易丧失稳定。粉性土的毛细水上升虽高,但上升速度慢,因此,只有在水源供给充足,并且土基冻结速度缓慢的情况下,才能形成比较严重的翻浆。粉性土和黏性土含有大量腐殖质和易溶盐时,则更易形成翻浆。砂土在一般情况下不会发生翻浆,这种土毛细水上升高度小,在冻结过程中水分聚流现象很轻,同时,即使这种土含有大量水分,也能保持一定的强度。

(2)温度。一定的冻结深度和一定的冷量(冬季各月负气温的总和)是形成翻浆的重要条件。春天气温的特点和化冻速度对翻浆也有影响,如春季化冻时,天气骤暖,土基急速融化,会加重翻浆的程度。

(3)水。翻浆的过程就是水在路基土中转移、变化的过程。路基附近的地表积水及浅的地下水,能为其提供充足的水源,这是形成翻浆的重要条件。

(4)路面。路面结构与类型对翻浆有一定影响,如在比较潮湿的土基上铺筑沥青路面,由于沥青面层透气性较差,路基土中的水分不能通畅地从表面蒸发,使水分滞积于土基顶部与基层,导致路面失稳变形,以至出现翻浆。

(5)行车荷载。公路翻浆是通过行车荷载的作用最后形成和暴露的,当其他条件相同时,在翻浆季节,交通量越大,车辆轴载越重,翻浆就越严重。

(6)人为因素。下列情况都将加剧翻浆的形成:

①设计时对翻浆的因素考虑不周。路基设计高度不够,特别是低洼地带,路线没有避开不利的水文地质地带,缺乏防治翻浆的措施,以及路面结构不当、厚度偏薄等。

②施工质量有问题。填筑方案不合理,不同土质填料混杂填筑,或采用大量的粉质上、腐殖土、盐渍土、大块冻土等劣质填料,或分层填筑时压实度不足。

③养护不当。排水设施堵塞;路拱有反向坡,路面、路肩积水;对翻浆估计不足,且无适当的抢防措施。

3. 翻浆的防治措施

防治翻浆的基本途径是:防止地面水、地下水或其他水分在冻结前或冻结过程中进入路基上部,可将聚冰层中的水分及时排除或暂时蓄积在透水性好的路面结构层中;改善土基及路面结构;采用综合措施防治。防治翻浆措施参考表 5-1-6 选择。

各种防治翻浆措施选择参考表　　表 5-1-6

编号	措施种类	适用的翻浆类型	翻浆等级	适用地区或条件	使用说明
1	路基排水	①、②、⑤	轻、中、重	平原区、丘陵区、山区	适用于一切新、旧道路
2	提高路基	①、②、⑤	轻、中、重	平原、洼地、盆地	新、旧路均可使用,必要时也可与3、4、5、6、7、9 任何一类措施组合应用
3	砂(砾)垫层	①、②、③、⑤	中、重	产砂、砾地区	新、旧路均可用,主要做垫层,措施可与2、4 类措施组合应用
4	石灰土结构层	①、②、③、④、⑤	轻、中、重	缺少砂、石地区	新、旧路均可用,做基层或垫层,可与3、5 类措施组合应用
5	煤渣石灰土结构层	①、②、③、④、⑤	中、重	缺少砂、石地区,煤渣供应有保证时	新、旧路均可用,做基层或垫层,可与4 类措施组合应用
6	透水性隔离层	①、②、⑤	中、重	产砂、石地区	适用于新路
7	不透水隔离层	①、②、④、⑤	中、重	沥青、油毡纸、塑料薄膜、不透水土工布供应有保证时	多用于新路

续上表

编号	措施种类	适用的翻浆类型	翻浆等级	适用地区或条件	使用说明
8	盲沟	①、⑤	轻、中、重	坡腰或横向地下水出露地段，地下水位高的地段	新、旧路均可使用
9	换土	①、②、③、⑤	中、重	产砂、砾或水稳性好的材料地区	适用于新、旧路

注:①地下水类;②地面水类;③土体水类;④气态水类;⑤混合水类。

1)做好路基排水,提高路基

良好的路基排水可以防止地面水或地下水进入路基,使路基土体保持干燥,从而减轻冻结时水分聚流的来源,这是预防和处理地面水类和地下水类翻浆的首要措施。

提高路基是一种效果显著、简便易行、比较经济的常用措施。提高路基的措施适用于取土方便的路段,并宜采用透水性良好的土填筑路基,如图5-1-25所示。

在重冰冻地区及粉性土地段,在提高路基时还要与其他措施,如砂垫层、石灰土等配合使用。

2)铺设隔离层

隔离层设在路基顶面下0.5~0.8m处,其目的在于阻断毛细水上升通道,保持上部土基干燥,防止翻浆发生,如图5-1-26所示。

图5-1-25 提高路基

图5-1-26 碎石、砾石隔离层施工

3)设置路肩盲沟或渗沟

(1)路肩盲沟。为及时排除春融期间路基中的自由水,达到疏干路基上部土体的目的,可在路肩上设置盲沟,如图5-1-27、图5-1-28所示。路肩盲沟适合于路基土透水性较好的地下水类翻浆路段。

横向盲沟布置应与路中心线垂直。如路段纵坡大于1%时,则宜与路中心线成60°~75°的交角(顺下坡方向),两边交错排列,一般5~6m设置一道,深为20~40cm,宽为40cm左右。

盲沟应用渗水性良好的碎(砾)石填充,沟底宜做成4%~5%的坡度。盲沟出水口应高出边沟水面30cm,出口按一般盲沟处理。

(2)排水渗沟。为了降低路基的地下水位,可在边沟下设置盲沟或有管渗沟。为了拦截并排除流向路基的层间水,可采用截水渗沟。

图 5-1-27　纵向碎石盲沟施工

图 5-1-28　边沟下设置盲沟

4)换土

对因土质不良造成翻浆的路段,可在路基上部换填水稳性好、冰冻稳定性好、强度高的粗颗粒土,以提高土的强度和稳定性。一般可根据地区情况、道路等级、行车要求、换填材料等因素确定换土厚度。一般在路基上层换填 40 ~ 60cm 厚的砂性土,路基即可基本稳定。

换土适用于路基高程受到限制,不能加高路基,且附近有砂性土的路段。

5)改善路面结构层

(1)铺设砂(砾)垫层(图 5-1-29)。砂(砾)垫层是用砂砾、粗砂或中砂做成的垫层,适用于盛产砂石地区。它具有较大的空隙,能隔断毛细水的上升;化冻时能蓄水、排水;冻融过程中体积变化小,可减小路面的冻胀和沉陷。它还具有一定的强度,能将荷载进一步扩散,从而可减小路基的应力和应变。

砂(砾)垫层的厚度可按蓄水原则或排水原则设置。蓄水原则是指春融期间,路基化冻后的过量水分能全部集中于砂垫层中。根据蓄水的需要并考虑砂(砾)垫层被污染后降低蓄水能力的情况。中湿路段砂(砾)垫层的经验厚度为 0.15 ~ 0.20m;潮湿路段为 0.2 ~ 0.3m。排水原则是将春融期间汇集于砂垫层中的水分通过路肩盲沟排走。砂垫层厚度应由路面强度及砂(砾)垫层构造和施工要求决定,一般为 0.1 ~ 0.2m,如图 5-1-30 所示。

图 5-1-29　砂(砾)垫层施工

图 5-1-30　砂垫层施工

按排水原则设计的砂垫层,水分能及时排走,更有利于疏干土基。排除砂垫层中水分的方法,有整体式砂垫层和砂垫层与纵向或横向排水管配合的形式。

(2)铺设水泥稳定类、石灰稳定类或石类工业废渣类基(垫)层。这类基(垫)层具有较好的板体性、水稳性和冻稳性,可以提高路面的整体强度,起到减缓和防止路基冻胀和翻浆的作用。但在重冰冻地区潮湿路段,石灰土不宜直接采用,须与其他措施配合应用,如在石灰土下铺设砂垫层等。

①石灰稳定土治理路基翻浆:

a. 石灰土结构层的作用。

石灰土具有一定板体性,可使行车荷载传至土基上的应力分布均匀,并逐渐扩散减小。石灰土水稳性和冰冻稳定性均较好,力学强度也较高。石灰土属多孔性材料,对土基水温状况有调节作用。例如,石灰土路面下的冻结深度一般均接近于土路肩下的冻结深度,石灰土路面下的化冻速度较碎石路面慢,其路基横断面的化冻线近于平底形,而不是中凹形,因而可减少冻期水分的积聚和隔期水分的集中。

b. 石灰土结构层的设计。

石灰土结构层厚度计算,按现行路面设计方法进行。东北地区处治道路翻浆的石灰土结构层厚度,可参考表 5-1-7。石灰土基层中的石灰剂量,应根据强度和稳定性的要求合理选定,上层可采用 8% ~12% ,下层可采用 6% ~8% 。石灰土垫层的剂量可用 4% ~6% 。

东北地区旧路处治道路翻浆加铺石灰土的经验厚度 表 5-1-7

翻浆等级	结构组成和补强厚度(cm)
轻型	石灰土 15 ~ 20
中型	石灰土 20 ~ 25
重型	①石灰土 20 ~ 40
	②石灰土 20 ~ 30
	砂垫层 20 ~ 30 联合使用

c. 石灰土材料要求。

石灰:含活性氧化物不少于 60% (Ⅲ级石灰),杂质不得超过 10% ,块灰占 70% 以上。如果低于上述要求,可相应提高石灰剂量。石灰剂量(质量比)应根据强度和稳定性的要求,以及砂料质量和路基干湿类型的不同,合理选定。

土的塑性指数不做严格控制,不易打碎的黏土和腐殖土不应采用,土中草皮、树根等杂质应予清除。一般选用塑性指数 7 ~ 15 的黏性土较好,粉性土次之,砂土则不宜使用。

d. 石灰土的适用范围及注意事项。

石灰土在轻、中、重冰冻地区第Ⅰ、Ⅱ地带类型,以及第Ⅲ地带类型,填方路基符合规范规定的新、旧路上的翻浆路段都可直接采用。石灰土在重冰冻区、第Ⅲ地带类型、不符合规范要求的填方路基,不能直接采用,须与其他措施联合应用,如在石灰土下铺砂垫层。

石灰土可做基层使用,也可做垫层使用。但因其在冬季易产生低温裂缝,一般不宜做高等级公路路面的上基层。

石灰土不耐磨,其上必须加铺面层或沥青表面处治。若做黑色路面基层,为防止面层出现反射裂缝,可设厚度不小于 15cm 的过渡层;为减少石灰土的低温裂缝,可掺入 70% ~80% 的粒料。

石灰土施工应在上冻一个月至一个半月以前完成。

②煤渣石灰稳定土治理路基翻浆:

煤渣石灰土结构层防治冻胀与翻浆的作用,与石灰土大致相同,水稳性则比石灰土好。

a.煤渣石灰土结构层的设计。

煤渣石灰土的重量配合比如下,石灰:土:煤渣 =8 ~10:37 ~20:55 ~70。用煤渣石灰土做基层时,煤渣、石灰剂量用高限;做垫层时可用低限。煤渣石灰土结构层厚度可根据地区经验确定,一般不小于 15cm,设计方法与石灰土相同。

b.煤渣石灰土的适用范围及注意事项。

煤渣石灰土可处理轻、中、重冰冻地区的各种翻浆,既可做基层,也可做垫层,特别适于做基层。做基层时,煤渣石灰土强度应满足相应强度要求。煤渣石灰土所用的土、石灰的要求与石灰土相同。煤渣选用烧透的碎块,其中,大于 2mm 烧结块的含量应超过 75%,大颗粒不得超过 3.5cm,细粉末不宜过多。煤渣石灰土不耐磨耗,其上必须加铺面层或沥青磨耗层。

六、防治泥石流损害

1.泥石流的防治应遵循下列原则

(1)发生频率高的黏性泥石流及规模较大的稀性泥石流路段,经技术经济比较宜改线绕避;无法绕避时应避重就轻选择线路。泥石流严重损坏公路阻断交通如图 5-1-31 所示。

图 5-1-31　泥石流严重损坏公路阻断交通

(2)布设调治构造物,应根据路段和桥梁所在位置,结合地形、沟槽宽度、发生泥石流性质、流势及其发展变化规律,综合考虑确定,宜导不宜挑,如图 5-1-32、图 5-1-33 所示。

(3)对于危害性大、涉及面广的泥石流,且当地人类活动、经济建设有可能促使泥石流发育时,宜与有关部门协商,进行工程和生物水土保持相结合的综合治理。

(4)在泥石流易形成区,平整山坡、堵塞沟缝、修建阶梯和土埂等控制水土流失和滑坍发展。

(5)泥石流流通区,在地形、地质及储淤条件较好处,可修建拦挡或停淤场。

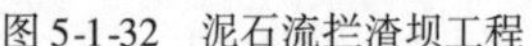
图 5-1-32 泥石流拦渣坝工程

图 5-1-33 泥石流治理工程

2. 预防和治理泥石流对道路损害的技术

泥石流是一种严重的地质灾害,具有分布范围广、发生频繁、暴发突然、历时短暂、运动破坏力强、成灾率高等特点,给人们的生产生活带来诸多危害,正确认识泥石流、了解其成因,从而有效地防止它的发生,已成为当前紧要解决的问题。

1)预防泥石流的措施

根据预报某地即将在数小时内发生泥石流,要及时对被危害区的居民及设施采取紧急疏散避灾或保护措施,强制迁至安全区。可建立临时躲避棚,位置要避开沟道凹岸或面积小而低的凸岸及陡峭的山坡下,安置在距村镇较近的低缓山坡或高于 10m 的平台地上,切忌建在较陡山体的凹坡处,以免出现坡面坍塌。

当前 3 日及当日的降雨累计达到 100mm 时,处于危险区的人员应立即撤离。当听到危险区内有轰鸣声、主河洪水上涨或正常流水突然断流时,应立即意识到泥石流即将到来,应果断采取逃生措施。在逃生时,要向沟岸两侧山坡跑,不要顺沟方向向上游或下游跑,不要停留在凹坡处。

在泥石流发生过程中,对遭受泥石流灾害的人与物应立即进行抢护,使危害降至最低程度。同时组织专业抢险队伍,紧急加固或抢修各类临时防护工程,排除险情;并组织人员密切监测泥石流的发展趋势,严防出现重复灾害等。

加强对泥石流形成机制的研究,逐步完善防治工作中的资料系统和分析系统,掌握泥石流发生规律,建立泥石流灾害信息系统,根据当地泥石流发育背景条件,进行泥石流灾害中、长期预测,给出当地泥石流发展趋势,对重要防护对象,建立泥石流预警报系统,使泥石流的预报和警报防治技术建立在可靠的科学依据之上,减轻泥石流灾害。

2)治理措施

治理措施可以分为生物工程措施和工程防治措施。

(1)生物工程措施。采取生物治理措施,封山育林,造林种草,陡坡地退耕还林,减少固体物质进入沟谷,降低水土流失的程度,是防治泥石流的主要措施,如图 5-1-34 所示。开展水土保持综合治理,全面防治水土流失,提高流域的植被覆盖率,可以固持土壤,涵养水源,增加地表抗冲刷的能力,控制沟床下切,使岸坡稳定性增强,能有效地抑制泥石流灾害的发生。

图 5-1-34　泥石流堆积的坡体整理和绿化

(2)工程防治措施。在沟谷上游采取以治水为主的方案,利用蓄水、引水和节水等工程控制地表洪水径流,削减水动力条件,使水土分离,稳定山坡,适用于水力类泥石流治理,如图 5-1-35 所示。在中游采用以治土为主的治理方案,利用拦挡、支护工程,拦蓄泥石流固体物质,稳定沟岸,防治崩塌或滑坡,适用于土力类崩塌滑坡型泥石流沟治理,如图 5-1-36 所示。在下游采用以排导为主的治理方案,利用排洪道、渡槽等工程,排泄泥石流,控制泥石流的危害。在小流域泥石流规模比较小时,要全面规划,统筹兼顾,突出重点,抓住要害,减轻泥石流灾害的威胁,如图 5-1-37 所示。

图 5-1-35　泥石流上游水石分治工程

图 5-1-36　中游复合型跌水消能坎

图 5-1-37　下游停挡拦淤工程区

第二节　路基养护技术管理

一、数据采集与病害诊断

(1)数据采集应包括下列数据:

①路基主体基本情况,路线信息,沿线地质水文、地形地貌、气象、地震、交通状况、材料供应、施工能力等基础数据。

②原设计文件、交竣工资料、养护历史信息和当地病害防治经验等详细数据。

③定期检测、技术状况评定、定点监测与评价获得的相关数据。

④不同病害类型的数量、位置、程度等,以及通过现场测试和室内试验采集到的相关物理、力学指标参数等专项检测数据。

(2)应根据前期采集的各项数据,进一步确定设计对象的病害位置、病害类型与程度、数量等,综合分析判断其主要病害。

(3)应结合地质、气候、荷载条件和力学分析结果,确定主要病害产生的原因,出具病害分析报告,提出养护对策。

(4)特殊路基病害路段的养护工程,应进行地质勘测与检测,查明特殊地质岩土的性质、成因类型、规模、稳定状况及发展趋势;特殊路基养护工程设计所需要的物理力学参数,宜采用原位测试的数据,并结合室内试验资料综合分析确定。

二、公路路况检查登记方法,电脑处理和储存数据方法

公路路况登记是公路养护的重要基础工作,其资料是公路技术档案的主要部分。它反映了各条公路及沿线构造物的全面技术状况,是制定公路规划、安排改建项目、编制养路年度计划等的重要基础资料,也是路产管理、资产评估的重要依据,对实现公路科学化管理、提高养护质量具有重要作用。

路况登记的内容包括:

(1)路况平面略图。

(2)公路基本资料。

(3)路况示意图。

(4)构造物卡片,包括桥梁、隧道、渡口、过水路面、房屋等。

(5)登记表,包括涵洞、挡土墙、绿化等。

进行路况登记时,应以公路现况调查资料、设计、施工、竣工文件、技术总结等为依据,资料不全的应补充进行调查和测绘工作。对表、卡所列内容应逐项认真填写。

进行登记的路线,应在每年年终针对变更部分进行修改、补充,作为当年年末的公路路况。变更登记的范围包括公路被毁、修复、大修、改建等。变更登记应依据工程竣工验收文件、图表和实地测量的结果进行。

路况登记的资料应按公路性质(即行政等级)实行分级管理,并按规定时间完成资料的登

记、修改与汇总整理。地(市)级和县(市)级公路管理机构保管所管辖公路的全部资料;省级公路管理部门保管全省县级以上公路的资料、卡片,并将国道部分资料报交通运输部备案。

县级以上公路都要建立分线登记图表。乡级公路可只填写公路技术状况汇总表,供各级公路部门存查。

公路路况登记资料应逐步实现应用电子计算机进行数据处理和储存。

加强公路科技档案的管理,是公路养护部分生产技术管理的重要环节,必须按照集中统一管理的原则,各级公路管理机构必须配备专职人员,建立健全规范化的管理制度。

三、建立、管理路基养护科技文档的技术和方法

1. 建立技术档案的意义

各级公路管理部门和较大的工程都应建立技术档案。技术档案是公路技术历史记录的汇总,以路线为单元的全部技术变更过程的资料,应分别建立专案存档并装订成册,以便查阅。

应设置专人保管(或兼管),并建立有关制度,对重要图纸和绝密资料更要妥善保管,要拨给资金,购置相应的设备,做好防火、防盗、防虫蛀等工作,并明确岗位责任制。

2. 技术档案的主要内容

(1)公路路况调查登记:它反映了路线和结构物的技术经济状况,并为改善路况提供决策依据。

(2)改建和大、中修工程的技术条件,其主要内容包括:

①每个工程的设计文件及施工图纸、预算及原始资料。

②图纸会审记录。

③材料、构件、仪器的质量出厂证明及试验单据。

④各项工程原始施工记录。

⑤质量与事故及处理情况有关资料。

⑥竣工图表,决算及竣工验收文件。

⑦施工总结等。

(3)养路技术管理资料,主要包括公路养护远景规划、年度计划、改革成果、养路机械效果、相关的各种报表及统计资料,以及其他有关资料。

(4)科学试验的有关技术资料,包括科研计划、科研方案、试验资料、试验报告等。

(5)公路交通情况观测资料。

(6)有关图片、照片和实物。

第二章

路面养护

(1)能根据现行《公路沥青路面施工技术规范》(JTG F40)、《公路沥青路面养护技术规范》(JTG 5142)等技术规范和路段实际情况,编制重交通下路面养护的整体方案,并能解决路面养护的操作技术难点和生产中的难题。

(2)能编制重交通下沥青路面养护的整体方案,能解决沥青路面养护的操作技术难点和生产中的难题。

(3)能编制重交通下水泥混凝土路面养护的整体方案,能解决水泥混凝土路面养护的操作技术难点和生产中的难题。

(4)能对路面养护数据整理分析,能组织路面养护施工。

第一节　沥青路面养护

沥青路面的养护有材料可再生、养护作业方便、专用机械化施工等特点。为制定科学合理的沥青路面养护方案,应首先对道路现有使用品质进行评定,一般包括路面破损状况、行驶质量强度及抗滑性能等指标,从而综合评定路面当前的使用品质。沥青路面的养护对策应根据公路等级、交通量、分项路况评价结果等共同确定。当道路不适应现有交通量或载重的需要时,应通过提高现有路面的等级,或通过加宽等改建措施提高道路的通行能力和服务质量。大、中修及改建工程的结构类型和厚度,可根据公路等级、交通量、当地经济条件和已有经验通过设计确定,具体要求应符合有关规定。

具体道路养护项目的养护维修对策,还应根据公路网的资金分配情况和养护工作计划安排,结合各路况分项评价结果和本地区成熟的养护经验,选择具体的养护措施。

一、重交通下沥青路面养护的整体方案

1. 总体原则

重交通沥青路面的裂缝、拥包、泛油、松散、坑槽、沉陷、严重龟裂等病害与交通荷载、沥青

混合料级配、沥青材料等密切相关,而在重交通条件下,沥青路面的这些病害问题会提前产生并迅速发展。此外,重载交通下,基层病害也会引发沥青路面的许多病害。

1)尽量维持原有技术标准

路面大中修尽量维持原有老路标准,平面以拟合老路为主。纵面以路面加铺厚度进行控制,在满足线形指标的前提下,尽可能拟合老路,减少工程量。

2)设计方案经济可行原则

设计方案既要能解决实际问题,保证路面功能满足要求,又要经济合理、施工方便,力求投资收益最大化。

3)病害针对性原则

重点针对现有路面的典型病害进行改善,结合国内外已有的病害处治成功经验,有针对性地提出适合本项目的病害治理方案。

4)科学合理地进行施工组织

针对项目路段交通量大,且老路改造过程中不可能中断交通的现实情况,通过选择经济可行、便于施工组织的路面方案,将施工带给路面交通组织的难度降到最低。

5)节能环保原则

以减少建筑废料、保护环境为原则,在公路养护施工过程中,需要采取必要的节能、环保措施,减少能源消耗,从而降低碳排放量。比如,对老路废料进行回厂处理并循环利用,一方面节省了废料运输费用,另一方面降低了扬尘的可能。

2. 整体方案

路面养护方案应根据修复养护专项数据调查结果,结合路面病害发展程度、路面结构强度、病害原因诊断及结构完整性评价结果等因素综合考虑,并进行技术、经济比选后合理选择。开展修复养护工程前,应综合病害类型、分布范围、病害层位及产生原因等因素,合理确定既有路面病害的处治措施。路面修复养护类型划分及养护对策选择见表 5-2-1。

路面修复养护类型划分及养护对策选择　　表 5-2-1

养护类型划分	适用性条件			建议养护对策
	病害原因	路面结构完整性评价	整体结构强度	
功能性修复	表面层性能衰减	基层及中下面层保持完好	满足	直接加铺罩面
		多数病害未贯穿表面层结构	满足	直接加铺碎石封层 + 罩面
		基层及中下面层保持完好	满足	表面层铣刨重铺
结构性修复	表面层性能衰减	基层及面层保持完好	不足	直接加铺补强
		多数病害未贯穿表面层结构	满足	直接加铺罩面
	面层结构破坏	基层保持完好	满足	沥青面层铣刨重建
		面层整体发生较大面积损坏	不足	面层铣刨、基层补强
	路基结构不稳定	基层或底基层发生较大面积破坏	不足	路基、路面结构重建

3. 功能性修复方案

沥青路面功能性修复一般主要对上面层进行修复,采用的方式主要有铣刨加铺和直接加铺。

1)方案比选

结合当地公路养护技术水平及可实现施工工艺,沥青路面功能性修复设计一般采取如下技术方案。

(1)铣刨重铺方案

铣刨既有沥青面层后对基层进行病害处置,然后加铺沥青面层。铣刨作业时要注意以下几点。

①对路面病害的标记。根据检查所记录的结果,用油漆对记录所记载的需要进行铣刨的路段做上标记,标明起止位置及铣刨的宽度、深度。

②在对基层铣刨完毕后,应组织人员对铣刨机没能彻底铣刨完的基层底部进行人工清打,清除所有的碎裂、裂纹、开裂等损害部位。

③对于铣刨废料应考虑合理利用,沥青混合料废渣是很好的筑路材料,适合于四级公路以下的路面、乡村道路及机耕道的路面铺筑。基层铣刨料也可以回收再利用,在掺加粉煤灰、水泥等材料后还可用于基层铺筑,这对降低工程成本是很有利的。

(2)厂拌热再生方案

铣刨既有沥青面层后对基层进行病害处置,然后加铺(厂拌热再生沥青混合料)AC-13 橡胶改性沥青面层。

(3)就地冷再生方案

对既有沥青面层进行高性能泡沫沥青就地冷再生,掺加新集料调控级配后再生为泡沫沥青冷再生沥青混凝土,其上加铺沥青面层。

考虑到重交通沥青路面交通量大,使得施工期保通难度增大,养护方案宜采用恢复交通速度快且能够再生利用的技术,推荐采用高性能泡沫沥青冷再生技术方案。一般路段采用铣刨重铺或厂拌热再生方案。

(4)沥青老路病害处治方案比选

路面中修方案基本以罩面为主,对于路面病害较轻的路段,除采用铣刨后罩面的处理方法外,也可采用同步碎石封层对路面进行处理。

对于路面病害较重的路段,可选择路面铣刨后对基层病害挖除换填,再加铺罩面层。

(5)黏层比选

黏层的作用是使各面层之间、面层与构造物黏结成一个整体,对材料的要求也主要在黏结强度和抗剪强度方面,一般采用热沥青、改性乳化沥青以及改性乳化沥青。

(6)罩面层沥青混凝土选择。

①厚度选择。

沥青路面中修罩面厚度应该根据路段的交通量、公路等级、路面状况、使用功能等综合考虑确定。当路面状况指数、行驶质量指数在中、良等级,路面仅有轻度网裂时,应采用较薄的罩面层厚(10～30mm)。当路面面层破损、平整度、抗滑三项指标都在中等以下,要求恢复到优、良等级时,一般情况下高速公路、一级公路、二级公路罩面宜采用 40～60mm 的厚度。各级公路的罩面厚度不得小于最小施工层厚度。

②沥青混合料类型选择。

确定方案时应考虑道路使用功能、经济实用性、路面结构安全、耐久性等因素，结合地区成熟的养护经验，一般沥青路面中修方案采用改性沥青混凝土罩面。

另外，还应综合考虑项目老路平整度情况、维修资金情况、项目所在地的气候情况，从而确定罩面沥青面层的厚度和类型。

4. 结构性修复方案

沥青路面结构性修复采取如下路面结构处治方案：老路路面病害处治 + 补强层 + 黏层 + 面层，其中面层、补强层及老路处理等均具有多种处理方式，应针对病害情况进行经济、合理的选择。

1）面层方案比选

路面面层不仅要强度高，而且需要坚实、耐磨、抗疲劳开裂、抗滑、防水下渗性能高。针对不同的道路交通量及使用要求，常用的面层材料有 AC 型普通沥青混凝土、SBS 沥青混凝土、橡胶改性沥青混凝土。

（1）AC 型普通沥青混凝土：混合料对各级集料用量都有严格规定，具有较为成熟的施工技术，各项技术指标较为均衡，造价低。但是重载交通下高温稳定性较差。

（2）SBS 沥青混凝土：耐高温、抗低温性能好、耐久性好；抗车辙能力好；抗老化能力强；抗滑性能好，路面的承载能力高；但是造价较高。

（3）橡胶改性沥青混凝土：具有较好的高温抗车辙、抗疲劳、低温抗裂及抗路面反射裂缝等性能；水稳定性好；路面构造深度大，抗滑性能好。适合在重载交通路段使用。但是造价较高。

应考虑道路使用功能、经济实用性、路面结构安全、耐久性等因素，结合地区成熟的养护经验，一般下面层采用普通密级配沥青混凝土。重交通等级道路上面层采用 SBS 或橡胶改性沥青混凝土。

2）基层补强方案优比选

基层是路面结构中的重要承载层，主要承受由面层传送的车辆荷载的垂直力，并扩散到下面的土基中，起到扩散路面荷载、减少路面的变形，防止和减缓路面病害的出现作用。大修中基层具有多种处理方式，应针对老路状况采取合适的实施方案。基层大多采用二灰稳定碎石或水泥稳定碎石、级配碎石。

3）老路处理方案比选

对于老路为沥青路面的处理主要有四种方式：老路病害段挖除换填、老路泡沫沥青就地冷再生处理、老路路面铣刨处理、老路路面热再生。

（1）老路病害段挖除换填。

此方式的工期相对较短、施工工艺相对简单、工程造价较低、可充分利用老路结构。但是挖除的病害路段与老路强度存在一定差异、单个病害修补面积较小，且数量较多，工作量较大。一般适用于老路路面基层病害较多，但占比较小的路段。

（2）老路泡沫沥青就地冷再生处理。

此方式能彻底解决老路病害，处治后道路整体强度均匀、利用旧路面材料，大大减少了新材料的用量，节能环保、施工工艺简单，施工进度快。但是施工工艺相对复杂，且需要单独施工设备、造价较高。一般适用于老路路面以基层病害为主,且占比较大的路段。

(3)老路路面铣刨处理。

铣刨废料可回收利用,大大节约了成本、铣刨工程造价较低。但是对原有老路基层病害处理不彻底。一般适用于老路路面病害以面层类病害为主的路段。

(4)老路路面热再生。

能充分利用旧路面材料,环保、节约材料,节省造价、施工简单。但是施工工艺相对复杂,且需要单独的施工设备。一般适用于老路路面以车辙类、变形类面层病害为主的路段。

二、重交通下沥青路面养护案例

1.项目背景说明

某高速公路互通连接线是附近物流园区的主要通道。该互通连接线全长6.016km,最大坡度6%。重载、慢行、减速、停车、启动等容易出现沥青混合料剪应力破坏的特征均具备。经过长期使用,沥青路面出现了较为严重的车辙病害,特别是在长大纵坡路段的车辙尤为严重,需要对该路段进行大修。

在沥青路面养护方案中,将原路面设计方案中上坡段SBS改性沥青方案变更为抗车辙沥青混凝土方案,主要是采用70号沥青+高低温性能兼顾的NS型RA抗车辙剂的改性沥青替代SBS改性沥青,通过高新材料及配套技术的应用来防治各种不利因素可能诱发的车辙病害,避免目前市场上常规的抗车辙剂类材料存在的低温易开裂缺陷。

上坡路段是路面结构中的薄弱环节,由于在上坡路段车速较慢、轮载作用时间较长,同时由于重载交通的影响,使得长上坡路段更容易出现车辙,在对沥青混合料抗车辙能力的很多研究表明,骨架密实型级配具有良好的抗车辙能力,也是现行《公路沥青路面施工技术规范》(JTG F40)推荐的级配形式。因此,对于长上坡路段沥青混合料设计,推荐采用骨架密实型混合料级配,必须保证和确认形成了真正的骨架密实型结构。

2.RA抗车辙剂试验路的施工

1)施工前准备工作

(1)施工下面层前,应检查下封层的完整性与基层表面的黏结性,对局部基层外露和下封层两侧宽度不足部分应按下封层施工要求进行补铺。

(2)施工上面层前应检查下一结构层的工程质量情况,对下一结构层局部质量缺陷(例如严重离析和开裂以及油污造成松散等)应按规定进行修复。

(3)对下面层须喷洒黏层油,下面层表面清扫干净,冲洗的水迹晾干后喷洒黏层沥青。

2)抗车辙沥青混凝土的配合比设计

(1)用马歇尔试验检验,并进行浸水马歇尔试验残留稳定度检验。用生产配合比进行试拌,沥青混合料的技术指标合格后方可铺筑。

(2)沥青混合料应严格按照目标配合比、生产配合比、生产配合比验证三个设计阶段确定合适的矿料级配、最佳沥青用量。

3)抗车辙沥青混合料的拌和

RA 抗车辙剂混合料的拌制采用 LB-400 型拌和机,沥青用量要求控制在最佳沥青用量的 ±0.2% 范围之内,一般在拌和锅设投料口,在干拌结束喷入沥青前,人工将 NS 型 RA 抗车辙剂投入拌和锅。RA 改性剂“干拌”时间控制在 8 ~ 10s,在改性剂“干拌”完成后放入沥青进行“湿拌”45s。为保证 RA 抗车辙剂沥青混合料的质量,应严格按照表 5-2-2 要求控制混合料的生产温度。

RA 抗车辙剂沥青混合料生产温度控制(℃) 表 5-2-2

类型	沥青加热温度	矿料温度	出料温度
RA +70 号	150 ~ 160	180 ~ 190	175 ~ 185

4)抗车辙沥青混凝土的运输

RA 抗车辙剂沥青混合料的运输和其他沥青混合料的运输一样,在运输中应采取保温、防雨、防污染措施,以保证混合料的质量。

5)抗车辙沥青混凝土的摊铺

沥青各面层施工开工前,要通过合格的沥青混合料组成设计,拟定试铺段的施工方案。在试铺段完成后,可以基本确定沥青路面的施工方案。

添加 RA 抗车辙剂沥青混合料的摊铺温度比普通沥青混合料的摊铺温度要高 5 ~ 10℃,混合料温度在卡车卸料到摊铺机上时测量。

6)RA 抗车辙沥青混合料的压实成型

压实工艺是试验路施工中的关键工艺之一,添加 RA 抗车辙剂沥青混合料的碾压和普通沥青混合料的碾压一样,都是初压、复压和终压三个碾压过程。

由于抗车辙剂沥青混合料中添加了 RA 抗车辙剂,混合料的初压温度要比普通沥青混合料的初压温度高 5 ~ 10℃,控制在 150 ~ 165℃才能确保压实效果。添加 RA 抗车辙剂沥青混合料的初压采用钢轮静压两遍,复压采用钢轮振动两遍、胶轮搓揉 3 ~ 4 遍,终压采用钢轮静压两遍。RA 抗车辙剂沥青混合料拌和、施工、摊铺及碾压温度均需进行严格控制,必须按照表 5-2-3 要求进行施工。

RA 沥青混合料拌和、施工、摊铺及碾压温度(℃) 表 5-2-3

施工工序		控制标准
沥青加热温度		150 ~ 160
矿料加热温度		175 ~ 185
混合料出料温度		170 ~ 180
混合料废弃温度,高于		195
运输到现场温度,不低于		165
混合料摊铺温度,不低于	正常施工	155
	低温施工	165
开始碾压的混合料内部温度,不低于	正常施工	150
	低温施工	160
碾压终了的表面温度,不低于		70
开放交通的路表温度,不高于		50

7)施工接缝处理

(1)横向施工缝全部采用平接缝。

(2)在施工缝及构造物两端连接处必须仔细操作保持紧密、平顺。

(3)沥青面层应待摊铺层完全自然冷却到周围地面温度时,隔夜开放。

三、操作技术难点和生产中的难题

1. 沥青混合料生产

沥青混合料生产过程中会出现质量不稳定或波动性大的情况,影响沥青混凝土路面的质量。例如,混合料温度不均匀或者不同规格矿料组成的变异性大或生产过程中没有经常检验各种不同规格矿料的颗粒组成,将导致混凝土流值、孔隙率的变化,从而影响路面质量。因此需要定期抽取筛分试验,并将结果汇总分析,及时调整冷料仓比例,使之成为指导生产的依据。

2. 摊铺

路面摊铺质量的好坏直接影响到路面的整体质量,因而摊铺是路面施工过程中的重点。摊铺作业质量除了与机械本身的性能有关外,还取决于摊铺的连续性、稳定性、匀速性,以及供料的均衡程度等因素,所以这个阶段出现的问题也较多。

(1)沥青混凝土路面厚度不均匀客观存在,同一松铺系数下不同厚度会产生不同的压实效果,影响路面平整度。所以,除了提高对基层的平整度和高程控制之外,还应加强对下面层沥青路面平整度及高程的监督,进行补偿,从下往上逐层严格控制,直至上面层。

(2)摊铺机开铺后会出现一段双向坡,这对路面平整度影响很大。通过反复验证,拱度与熨平板自重下垂、熨平板预热温度和摊铺温度的温差大小有关。所以,要求熨平板预热时温度不低于80℃,并用水准仪找平,确定合适的熨平板下支垫板的厚度(支垫板的厚度=松铺厚度+熨平板预热拱度+基层的高层误差,一般要求有5个支点)。特别是整幅摊铺时,应在摊铺前将拱度调整为同一坡度,并及时调整,特别是摊铺停止前要检查、调整好,以避免二次接缝时出现路幅偏差。

(3)摊铺机螺旋拨料器和摊铺行走速度不匹配,使摊铺室中积料过多或过少,导致熨平板下混合料粗细离析,要求螺旋摊铺室内混合料料堆高度平齐或略高于螺旋摊铺器轴心线尤其要避免螺旋摊铺器出现空转现象。

(4)摊铺机的行走速度不均匀,导致摊铺速度不匀,沥青路面表面形成波浪,严重影响平整度及压实度。因此,应保证其3~4m/min的行走速度,尽量避免停机。万一出现停机,应将摊铺机熨平板锁紧防止下沉。气温10℃以上时,停顿时间不超过10min。停顿时间超过30min或混合料低于100℃时,要按照冷接缝的方法重新接缝。摊铺机前应保证至少3车料待铺,以尽量减少停机,避免形成波浪。

(5)在摊铺机行走的稳定性上,经常出现下列几种问题:

①摊铺机履带行驶线上因卸料而撒落的粒料未及时清除,造成摊铺厚度出现突变。因此,在施工过程中,督促施工人员随时巡视,以避免这种情况发生。

②运输车倒车时撞击摊铺机,引起摊铺机扭曲前进,使路面出现凸楞。在连续摊铺过程

中，运料车应在摊铺机前10～30cm处停下，并挂空挡，依靠摊铺机推动缓慢前进。

(6)在中上层的施工中，由于找平梁(拖杠)刚度大、挠度小，落地轮子和雪橇多，自身重量分配合理，行走稳定性好。因此，必须运用找平梁，这对提高路面平整度、厚度将会起到很好的效果。

3. 碾压

碾压是沥青面层成型的主要工序，是保证路面质量使其物理力学性质和功能特性符合设计要求的重要环节，也是沥青路面施工的最后一道工艺。

(1)在碾压结束后，路面经常会出现推挤裂缝，这对沥青混凝土路面的稳定性有很大影响。因此，对初压、终压的碾压温度进行适时检测，确保终压在设计要求范围之内。

(2)压路机在新摊铺的面层上坚决不许快速起动和制动，需要熟练、有经验的驾驶人员操作。

(3)对于贯入式路面结构，其碾压技术要求为：主层石料摊铺后先用6～8t的压路机进行初压，速度宜为2km/h，碾压应自路边缘逐渐移向路中心，每次轮迹重叠为30cm，接着应从另一侧以同样方法压至路中心。碾压一遍后应检验路拱和纵向坡度，当不符合要求时应找平再压，并宜碾压2遍，使石料基本稳定，无显著推移为止。然后用10～12t压路机(厚度大的贯入式路面可用12～15t压路机)进行碾压，每次轮迹应重叠1/2以上，碾压4～6遍，直至主层石料嵌挤紧密，无显著轮迹为止。

第二节　重交通下水泥混凝土路面的养护

随着我国交通建设的快速发展，重载以及大流量交通日益普遍，尤其是重型货车的增长速率较快，且车辆超载现象严重，造成水泥混凝土铺筑路面越来越多的过早损坏，致使很多地区的路面远远达不到设计使用年限，在路面使用初期就产生了严重的裂缝、断裂板、错台、沉陷等病害，严重影响道路的服务水平及行车安全，造成严重的经济损失。因此，我们在此学习了解重交通下水泥混凝土路面典型破坏形式，并掌握对旧路面进行大修改造的方法。

一、重交通下水泥混凝土路面典型破坏形式

重交通下水泥混凝土路面典型破坏形式有错台、沉陷、露骨等多种，具体见表5-2-4。

重交通下水泥混凝土路面典型破坏形式　　表5-2-4

破坏类型	实例图片	破坏机理
错台		错台现象的出现往往与其他病害密切相关，如唧泥、填料消耗、路基沉降不均匀等，而重交通会加剧错台严重程度

续上表

破坏类型		实例图片	破坏机理
沉陷		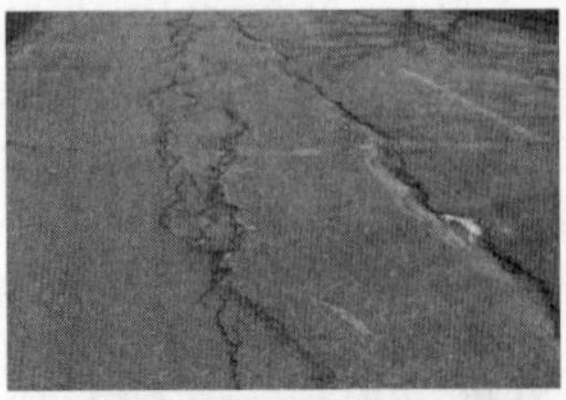	沉陷主要是因为支撑路面结构的路基发生沉降引发的。超重载往往会导致路基承受的压应力增大,一方面加快了路基沉降,另一方面也使路面板自身产生疲劳应力,从而间接引发路面板沉陷
露骨			路面材料由于不断地经受重载车辆轮胎的磨耗,导致路面表层产生麻面,形成路面表层露骨病害
坑洞			坑洞是指路面板表面出现局部集料脱落后形成的局部凹坑。重交通行车情况下车辆轮胎压过坑洞时,会加剧其边缘料被剥蚀的程度
裂缝	纵向裂缝		纵向裂缝主要由于路基填料不均匀、含水率不均匀、施工方法不当等原因造成路基不均匀沉降而产生,在重载和板块自重的双重作用下,路面板块就会出现纵向断裂
	横向裂缝	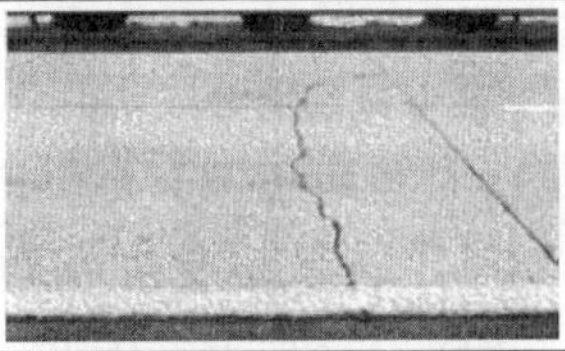	横向裂缝的原因主要是由于混凝土自身抗拉强度太低,在重交通行车情况下水泥混凝土路面在垂直道路纵轴线方向上发生贯穿板厚的裂缝
	交叉裂缝		在重载交通作用下产生交叉裂缝的主要原因有:水泥混凝土路面自身强度不足;路基和路面基层的强度和水稳定性较差
	板角断裂		在重交通作用下,路面板块下面的路基出现了局部沉降,引起板面竖向变形过大,造成其上表面产生过大的拉应力,在达到疲劳极限时就会造成开裂,形成板角断裂病害
	面板破碎	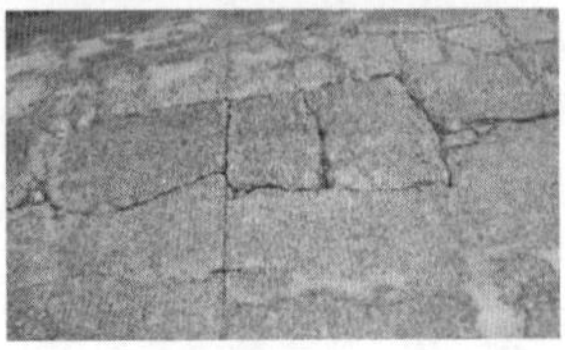	引起面板破碎的主要原因是荷载过大、温度变化过快且幅度大,板体强度不足等。在重载车辆不断作用下,路面结构内部形成的应力将会大于其结构抗力,使得路面材料出现疲劳破坏,进而造成面板断裂

重载交通下的水泥混凝土路面与普通交通下的水泥混凝土路面相比，产生的病害类型是一样的。但通过病害成因的分析，可以发现，有很多病害的产生、发展、扩大等都与荷载的作用有关，这就说明超重载的交通条件能使水泥混凝土路面病害发生并加剧其扩展。

二、重交通下水泥混凝土路面的养护措施

目前超重载交通下水泥混凝土路面病害常采用旧路面的加铺改造来解决，主要方法有加铺新水泥混凝土面层、加铺沥青混凝土面层和旧水泥混凝土路面翻修三种；而常采用的维修改造方案有加铺连续配筋混凝土路面、水泥混凝土路面沥青罩面和旧水泥混凝土路面就地利用的碎石化再生利用三种。

1. 加铺连续配筋混凝土路面

在一些重车比例大、超载严重的水泥混凝土路面段，各种接缝成为路面的薄弱位置，易产生行车跳动引起板角断裂，路表水沿接缝进入结构层后，进而产生唧泥、错台、拱起等严重病害，危及行车安全。因此，可以通过加铺连续配筋混凝土路面的方法，来提高路面结构的承载能力，以适应该路段大交通量的需要。

1）加铺连续配筋混凝土路面的概念、作用

连续配筋混凝土路面（CRCP）是指沿纵向配置连续的钢筋，除了在与其他路面交接处或邻近构造物处设置胀缝以及视施工需要设置施工缝外，不设横向缩缝的水泥混凝土路面。CRCP在路面纵向配有足够数量的钢筋，以控制混凝土路面板纵向收缩产生的开裂。因此，连续配筋混凝土路面除施工缝及构造需要的胀缝以外，无须设置缩缝，形成一个完整而平坦的行车表面，从而改善了汽车行驶的稳定性，避免了普通混凝土路面的接缝破坏，同时也增加了路面板的整体刚度，提高了路面板的承载能力、抗雨水损坏的能力。连续配筋混凝土路面钢筋网见图5-2-1。

图5-2-1　连续配筋混凝土路面钢筋网

2）处治措施

（1）加铺前原基层处治。

挖除原混凝土破碎板块之后，应对原路面基层存在的病害进行彻底处治。如，板底脱空、

基层强度不足时需采用板底压注水泥浆加固的措施进行处治。

(2)CRCP 板厚和配筋设计。

①板厚设计根据现行《公路水泥混凝土路面设计规范》(JTG D40)提供的计算流程进行。

②连续配筋混凝土路面的钢筋是依据混凝土收缩及温度变形来计算的。

(3)CRCP 端部锚固设计。

连续配筋混凝土取消了横向接缝,因此在与其他路面相接处会因混凝土的热胀冷缩形成纵向位移,为阻止由此产生的巨大水平推力造成路面的损坏,必须采取措施约束、消除或调节纵向位移。根据现行《公路水泥混凝土路面设计规范》(JTG D40)对于连续配筋混凝土端部锚固的说明,可采用钢筋混凝土梁或宽翼缘工字钢梁接缝等形式来锚固。

(4)施工流程。

CRCP 施工流程见图 5-2-2。

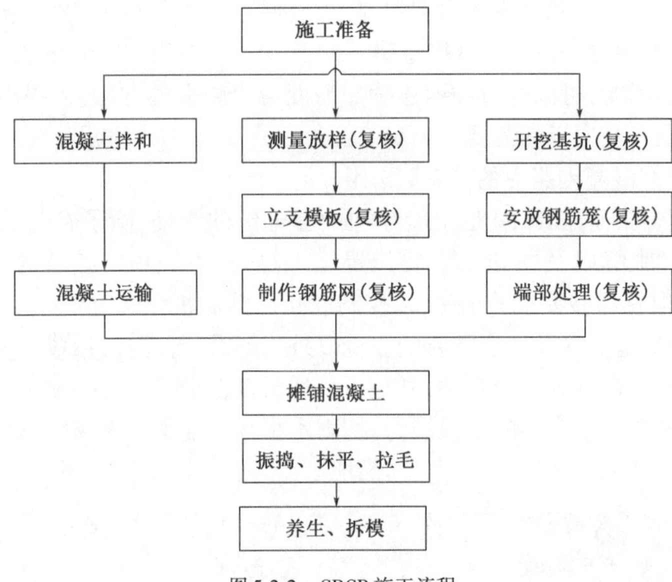

图 5-2-2　CRCP 施工流程

3)注意事项

(1)钢筋安装。

CRCP 施工中的关键技术是钢筋网的制作、安装和定位,CRCP 的路面使用性能与钢筋网的质量有着非常密切的关系,直接影响到 CRCP 面板裂缝的数量和间距,所以钢筋网安装一定要牢固,定位一定要准确。浇筑前应检验绑扎或焊接安装好的钢筋骨架,不得有贴地、变形、移位、松脱和开焊现象。钢筋用支架来固定高程,钢筋支架不仅要能够保证钢筋网的稳固,其自身也要足够稳定,以防止在摊铺混凝土时被推倒。

(2)端部处理。

端部处理是指将 CRCP 路面端部采取锚固措施,目的是约束或减小 CRCP 面板纵向位移,避免 CRCP 出现损坏或较大裂缝,并保证路面和与其相接的构造物正常工作。如果端部施工质量较好,能够达到设计的约束效果,则 CRCP 面板的位移就较小,微裂缝的宽度和密度也都很小,有利于保证 CRCP 路面的使用性能。

2. 水泥混凝土路面沥青罩面技术

1)技术特性

旧水泥混凝土路面沥青加铺改造具有以下几方面突出的特性。

(1)在表面破损较严重,但仍具有足够强度的旧水泥混凝土路面上铺筑一层高质量沥青面层的复合式路面,不仅可恢复其使用功能,而且可显著地延长路面使用寿命;

(2)显著改善水泥混凝土特别是碾压混凝土路面的平整度,尤其是接缝处的平整度,有利于提高行车速度、改善行车舒适性和安全性;

(3)由于下层是高强度的水泥混凝土板,提高了沥青加铺层的刚度,可以承受重交通的作用而减少车辙;

(4)减少路面病害处治工程量,降低大修对交通和沿线居民的干扰;

(5)可大大降低水泥混凝土路面的噪声和扬尘,改善道路的环境状况。

旧水泥混凝土路面加铺沥青罩面的施工见图5-2-3。

图5-2-3 旧水泥混凝土路面加铺沥青罩面施工

2)处治措施

(1)加铺沥青罩面前旧路面的病害处治措施。

为了充分利用旧路面结构,为沥青罩面结构提供一个稳定的基层,应在罩面加铺之前对旧水泥混凝土路面制订合理的病害处治措施。根据旧路破损状况调查结果,主要采取换板、灌缝、注浆等病害处治措施。

(2)沥青罩面结构设计。

沥青罩面结构设计主要依据对现有路面使用性能的调查结果,调查工作是保证旧水泥混凝土路面沥青罩面结构设计技术可行、性能耐久、经济合理的前提。

在进行沥青罩面设计时,主要考虑满足两方面的指标要求:一是旧水泥混凝土路面结构经过加铺后达到强度要求;二是沥青加铺层能够满足防止产生荷载型及温度型反射裂缝的要求。

在旧混凝土板上加铺沥青罩面时,应选择抗车辙、抗裂缝、抗磨耗能力强及稳定、耐久、密水、粗糙抗滑的沥青混合料类型。在确定加铺层厚度时,除考虑提高路面结构承载能力和抵抗混凝土板反射裂缝外,还应考虑加铺层施工难易程度和经济性等。

(3)注意事项。

反射裂缝的处治是水泥混凝土路面沥青加铺设计的关键和难点。实践证明,沥青层加铺后产生反射裂缝是难以完全避免的,只能在混凝土板病害处治较好的基础上,采用优质沥青混合料,并在加铺层结构设计中采取一定的反裂措施,以减少和延缓反射裂缝的产生。目前,主要的防治措施有:在沥青加铺层上锯切横缝,采用厚加铺层,加铺裂缝缓解层,设置各种夹层。

3. 旧水泥混凝土路面就地利用的碎石化再生利用技术

1)旧水泥混凝土路面碎石化再生利用技术的概念、意义

碎石化再生利用技术就是将原有的旧水泥板彻底打碎,将毁损废旧的水泥混凝土破碎为集料,重新配合,制备稳定材料或再生混凝土,可以作为基层或者面层重新利用。

旧水泥混凝土路面碎石化再生利用有两种方法:一是旧水泥混凝土路面就地利用的破碎处治方法,将旧的路面破碎后及时地进行压实,并作为新路面或者底层再生利用;二是水泥混凝土路面工厂破碎再利用技术,将旧路面破碎成可以搬运的小块,集中运往料场进行加工,经过破碎处理、剔筋、筛分得到再生集料。在此介绍旧水泥混凝土路面就地利用的破碎再生利用方法。

2)处治措施

(1)破碎后的路面要满足一定的要求:旧水泥混凝土板破碎后要在平面上保持强度均匀;破碎后的路面进行压实时要加强施工工艺;破碎的路面要粒径级配良好,不能有应力集中的现象发生;结构镶嵌要合理,具有一定的强度。

(2)处治方法。

①压浆稳固后作为中下基层,加铺基层后再重新铺筑面层;

②压浆稳固后作为基层,加铺防止反射裂缝的土工材料后再重新铺筑面层;

③破碎后作为中下基层,加铺基层后再重新铺筑面层;

④破碎后作为基层,直接加铺路面。

(3)破碎再生处治技术方法。

旧水泥混凝土路面就地利用的破碎再生处治技术主要包括;就地打(断)裂压稳、破(打)碎压稳(碎石化)。

通常,对于断板率低于10%的水泥混凝土路面,采取打裂压稳技术直接加铺沥青混凝土罩面;对于断板率介于0% ~15%的水泥混凝土路面,在打裂压稳之后铺设防反射裂缝材料后加铺沥青混凝土罩面层;而对于断板率超过15%且有明显结构性破坏或相邻板的位移(沉降差)大于4mm的水泥混凝土路面,宜采用碎石化技术。在对路基及基层有病害处进行局部处理后,将混凝土面板进行破碎压实作为基层,保证新罩面结构有一均匀稳定的承重层,然后视交通需要,并且结合基层处理后的状况重建路面结构。

①就地打(断)裂压稳。

处治原理:在旧水泥混凝土路面上施加高能量低频冲击外力,使旧水泥混凝土路面板开裂而丧失板体性后,再用压实机械进行碾压,从而形成稳定均匀的结构层。

机械设备:门(铡)刀式冲击破碎机(图5-2-4),利用重达5 ~7t的铡刀下落形成的线状冲击力冲切旧水泥混凝土路面板,从而使旧水泥混凝土路面出现断裂。冲击式压路机(图5-2-5),

通过三边、四边、五边或六边形压实轮的滚动对旧水泥混凝土路面板形成间歇而周期性的冲击作用,从而使其破裂。冲击式压路机在打裂旧水泥混凝土路面时,能有效地消除旧水泥混凝土路面板的脱空,并起到加固地基的作用。

图 5-2-4　门(铡)刀式冲击破碎机

图 5-2-5　冲击式压路机

②破(打)碎压稳。

处治原理:采用低频振动等方式使旧水泥混凝土路面碎裂,进而用专用压实机械碾压形成下粗上细的碎石结构层的一种处理方式,有时也被称为路面碎石化。

机械设备:a. 多锤头破碎机(图 5-2-6)。多锤头破碎机的工作装置由中间 2 排各 3 对锤头,2 侧各 1 对翼锤构成,液压缸的往复运动带动各锤头交替地锤击水泥板块并使其破碎。b. 共振破碎机(图 5-2-7)。共振破碎机是由凸轮旋转产生的偏心力使振动梁带动工作锤头振动,频率约 44Hz、振幅 20mm。锤头与水泥板接触,振动能量大部分被水泥混凝土板吸收,通过调节锤头的振动频率使其与水泥板块的固有频率成整数倍,激发其共振,水泥板块因内部颗粒间的内摩擦阻力迅速减小而崩溃。共振式破碎机可控制水泥板块的碎块粒径和破碎深度。

图 5-2-6　多锤头破碎机

图 5-2-7　共振破碎机

③加铺罩面。

原路面破碎压稳后加铺层的路面结构组合可采取“白 + 黑”和“白 + 白”结构,即加铺层可以为沥青路面,也可以选择水泥混凝土路面。

a.“白 + 黑”结构。

加铺沥青层时可将碎石化层作为基层和底基层，可采用的加铺方式有4种：直接加铺上中下面层的密级配沥青混凝土；加铺沥青稳定碎石基层（主要是开级配沥青碎石基层），然后采用2层面层的形式；加铺抗疲劳层后，再加铺沥青面层；加铺无机结合料稳定类基层，然后再加铺沥青面层。无论何种结构，与碎石化层相接的结构层底面的拉应力或拉应变都是关键的控制因素。

采用冲击压稳或打裂压稳技术，高能量低频冲击外力的作用使旧水泥混凝土路面板裂缝不规则且较细微，使开裂的旧水泥混凝土路面层仍有较高的整体刚性，但均匀性稍差，如直接加铺薄层沥青混凝土，仍有出现反射裂缝的可能。一般还要先加铺20～25cm半刚性基层，再加上10～13cm沥青面层，故高程抬高达30～38cm，影响原地面排水系统。

打碎压稳施工形成的结构层均匀性优于打裂压稳形成的结构层的均匀性，但整体刚度明显低于后者。混凝土板块经碎石化后，水泥面板的破碎程度比较彻底，水泥碎块的最大粒径在20～30cm，经专用压路机压实稳固后混凝土面板表面碎块最大尺寸范围为5～10cm，再经洒布乳化沥青稳定，在结构上不再是刚性板块，而成为类似沥青稳定碎石的一种柔性基层。水泥混凝土路面碎石化后，在铺设沥青面层之前，通常采用乳化沥青灌入再生集料技术，以增强碎石化基层与面层的黏结，提高路面整体强度。

b.“白＋白”结构。

旧水泥混凝土路面碎石化后直接加铺水泥混凝土路面相对来说是不利的，其抗水损害的能力相对较低。因此，当回弹模量小于150MPa时，需要加铺适当的无机结合料稳定基层；当回弹模量大于150MPa时，需要加铺沥青防水封层。水泥混凝土路面的加铺厚度应不低于规范规定的最小厚度，碎石化防水封层应不小于1cm。

3）碎石化施工工艺流程介绍

锤式破碎法的施工工艺流程见图5-2-8。

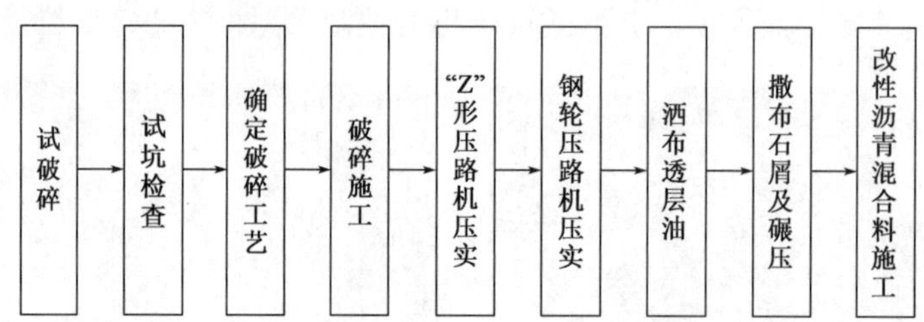

图5-2-8　锤式破碎法施工工艺流程图

锤式破碎法，也叫多锤头碎石化技术，它是采用多个重锤反复冲击打碎面板，从而将路面分层打裂成大小均匀的块径。这种技术破碎后的路面，可形成上面层较小，中面层稍粗，底层粒径较大的嵌挤结构。就地破碎，工艺简单，一次成型。完成破碎后，再通过“Z”形压路机压稳，形成平整、稳固的基层结构。路面通过破碎和冲击压实后既能满足基层强度要求，又可消除反射裂缝，为新铺面层提供理想的基层结构。

第三章

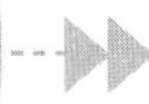

桥涵养护

技能目标

(1)能够掌握桥梁养护组织管理原则及组织架构,掌握桥梁养护计划管理分类及编制。

(2)掌握桥梁养护技术档案管理内容及编制,掌握桥梁养护安全管理职责及管理内容。

(3)掌握常规桥梁维修方案的一般要求、工艺要点与质量验收标准。

(4)掌握桥梁养护相关法律法规要求、行业要求、标准规范。

第一节　养护组织管理

一、养护组织管理基本原则

桥梁日常养护组织管理应遵循"统一管理、分级实施"的原则,实现养护计划、养护实施、养护验收等管理工作的标准化及信息化。

(1)计划管理遵循"统筹安排、科学合理、内容全面、经济有效"的原则;

(2)实施管理遵循"安全第一、质量优先、规范高效、节能环保"的原则;

(3)验收管理遵循"严格检验、整改到位、计量准确、档案规范"的原则。

二、养护组织架构

从工程总体运营养护管理的要求上,对于运营养护单位的组织架构,应包括以下基本部分:

(1)领导班子:包括运营养护单位总经理、副总经理等成员。

(2)运营养护单位办公司:负责公司事务性工作。

(3)养护部:负责全线工程运营阶段的养护管理和养护工程的实施;由于养护内容的专业性,必要时可针对机电工程单独成立部门。

(4)运营部:负责全线工程运营阶段的运营管理,包括监控、指挥调度等。

(5)安全部:负责各类安全管理工作。
(6)财务部:负责财务管理工作。

第二节　养护计划管理

一、养护计划分类

公路桥梁养护计划按时间可分为中长期规划、年度计划和月度计划。

1. 中长期规划

中长期规划是根据国家、部、省相关公路桥梁养护发展战略、方针、政策和未来公路桥梁养护发展趋势,结合发展战略规划、公路桥梁自身养护需求和实际,制定的较长时期内(3~5年)具有前瞻性、指导性的养护规划,是运营养护单位在一定时期内制定养护方针、目标和计划的依据。中长期规划对于公路桥梁养护管理贯彻全寿命周期养护成本理念、预防性养护理念,科学开展养护工作,保证公路桥梁使用品质,促进公路桥梁养护技术和管理的协调发展具有积极的意义。

2. 年度计划

年度计划是运营养护单位根据国家、部、省相关养护政策规定以及上级单位中长期养护规划的要求,从公路桥梁现状和管理实际需求出发,制定的用于指导本单位全年养护工作的养护生产和费用计划,是各单位年度养护工作开展的依据和准则。

3. 月度计划

月度计划是为了更好地贯彻、实施年度计划,通过将年度计划分解到月度来切实指导日常养护工作的开展,实现年度养护计划的全面完成和养护费用的有效控制。这类计划由运营养护单位结合自身管理实际制定相关办法实施管理。

二、制定养护计划的目的

为进一步规范对桥梁的养护计划管理,提高计划编制的科学性,有效实施养护计划,合理控制养护费用,提桥梁养护科学管理水平,规定养护计划编制的相关规定。

三、养护计划编制

应贯彻"科学、全面、经济、有效"的原则,编制本单位养护计划。
(1)养护计划编制的依据:
①国家、部、省有关公路桥梁养护管理规定、发展规划、方针政策等;
②国家、部、省有关公路桥梁养护技术规范、养护质量标准等;
③国家、部、省有关公路桥梁养护定额、相关费用标准的规定或类似工程的决算指标;
④主管部门中长期养护规划要求的任务和目标;

⑤养护质量目标以及养护管理、经营管理方面的需求；
⑥桥梁状况检查、检测、评定、分析资料；
⑦历年养护计划及实际完成情况资料；
⑧交通量、交通组成、轴载构成等交通数据的历史和预测分析资料；
⑨自然地理、气候条件等因素的影响分析资料；
⑩养护技术、材料、设备、工艺等的现状和功效分析资料；
⑪运营养护单位自身经营管理财务状况资料；
⑫其他影响计划编制的各类资料。

(2)编制的养护计划应包括以下主要内容：
①养护质量目标计划；
②养护项目计划；
③养护费用计划。

(3)养护质量目标是整个养护计划编制的基础，也是运营养护单位全年养护管理工作的任务和目标。

(4)养护质量目标由运营养护单位根据当年公路技术状况水平，围绕对国家、部、省相关法律法规、行业管理规定、依据养护规划目标制定。

四、养护计划审批与执行

(1)主管行政部门每年年初完成养管单位养护计划的审批工作，并指定需上报进行设计审查的养护工程。

(2)主管行政部门每年对运营养护单位的养护计划进行全面审核。养护计划应与其他年度计划(预算)的相关内容保持一致。

(3)养护计划通过审批后，运营养护单位应做好年度养护计划的分解工作，根据时间、季节特点、工程特点等制定切实可行的月度实施计划，指导养护工作的开展。

(4)运营养护单位应根据年度养护计划组织各级养护机构做好养护计划的落实和保障工作。

(5)在养护计划实施过程中，运营养护单位要做好计划的动态跟踪和实时监控工作，及时了解计划执行和完成情况，实现年度养护计划全面、均衡地完成。

(6)主管行政部门不定期对运营养护单位养护计划执行情况进行检查，掌握各单位养护计划执行情况和养护费用使用情况。

(7)对于突发性的政治、社会事件等不可控或不可预见因素导致的养护工程项目增加或调整，可采取事后报备。

第三节　桥梁养护技术档案管理

一、一般规定

运营养护单位应做好桥梁技术档案管理工作，根据“一桥一档”的要求，建立和完善技术档案资料;应用养护管理系统,保证技术档案的及时更新和真实完整,实现电子化管理。

技术档案应按照档案管理的要求整理装订。以桥梁区段为单位,单盒或多盒归卷并编码,建立目录索引,方便查找。对包含在公路工程项目档案中的桥梁交(竣)工资料,在桥梁专业档案中须列出清单,明确索引号,便于及时查找。档案标签应注明桥梁名称、路线名称、编码、序列号及养护单位名称。

二、技术档案内容

1. 交(竣)工验收资料

(1)综合文件。包括设计施工图纸、竣工图纸、交工验收文件、竣工验收文件、设计中重大技术问题往来文件、会议纪要等。

(2)工程决算文件。

(3)施工资料。包括工程变更图纸、试验检测、科研资料,结构位移或变形测试资料,工程事故及处理情况报告等相关施工文件。

(4)其他规定的文件。

2. 桥梁养护管理资料

桥梁养护管理资料包括单位资料、各种桥梁检查资料、突发事件资料、危病桥梁维修加固管理资料。

(1)单位资料包括养护分管领导、养护科负责人、桥梁养护工程师等的基本资料,以及在运营过程中项目发生移交接管的文件及相关证明。

(2)检查资料包括历次桥梁经常性检查、定期检查、特殊检查等检查报告和评审纪要。

(3)突发事件资料包括地质灾害、气象灾害、超限运输等特殊事件的具体情况、损害程度、处治方案等。如造成桥梁加固改造的,还需按照"危病桥梁管理资料"整理保存相关资料。

(4)桥梁维修加固资料包括历次中修、大修、改造、改建工程的资料。具体为:

①综合文件,包括工程审批文件、招投标资料,设计图纸、竣工图纸等。

②工程决算文件。

③参与单位资料:

a. 小修保养工程的实施技术资料,以及工程实施的时间、组织实施人员等。

b. 桥梁的中修、大修、改建或专项工程的设计图纸、竣工图纸、施工资料、监理资料、监控(监测)资料、质量事故处理报告、交(竣)工验收等技术资料,以及设计、施工、监理和监控(监测)等各方的资质证书(复印件)、业绩证明(复印件)及其主要检测人员的资格证书(复印件)等。

三、技术档案编制

除交(竣)工验收资料由公司负责向工程建设的单位收集,其他资料按照"谁形成谁编制"

的原则，按照《公路工程竣（交）工验收办法》（交通部令 2004 年第 3 号）、《公路工程竣（交）工验收办法实施细则》（交公路发〔2010〕65 号）等有关规定有关分类整理归档。

四、桥梁信息公示牌

运营养护单位应按照《交通运输部关于进一步加强公路桥梁养护管理的若干意见》（交公路发〔2013〕321 号）要求，设置桥梁管理牌。

桥梁信息公开内容应包括桥名、路线编号、路线名称、桥型、养护单位、管理单位、监管单位、联系电话等主要信息。桥梁信息公开牌应分别设置于桥梁两端靠近桥头的行车方向右侧护栏或墩台上。

按照《道路交通标志和标线》（GB 5768—2022）规定，桥梁信息公开牌为白底、黑字、黑边框，版面设计示例如图 5-3-1 所示。

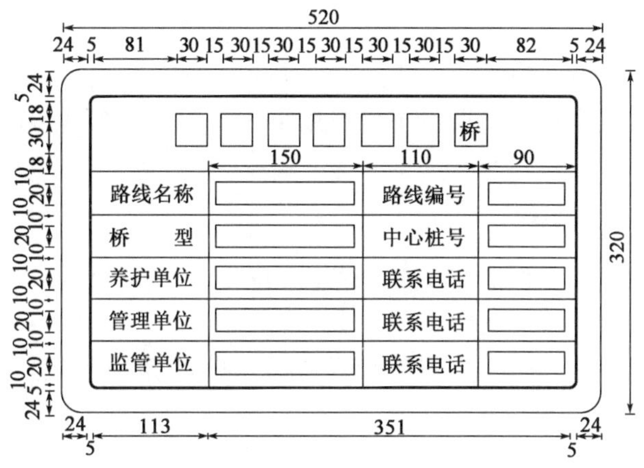

图 5-3-1　桥梁信息公示牌样式（尺寸单位：cm）

第四节　桥梁养护作业安全管理

养护作业安全管理的目的是确保所辖区域内桥梁的养护作业安全进行，以保障桥梁安全畅通，保护国家财产和人身安全。

一、管理职责

（1）牢固树立安全发展理念，坚持“生命至上、安全第一”方针，认真落实“党政同责、一岗双责、齐抓共管”和“管行业必须管安全、管业务必须管安全、管生产经营必须管安全”的安全生产要求，建立健全以安全生产责任制为核心的各项规章制度及操作规程，防止“监管盲区”。

（2）运营养护单位法定代表人为安全生产第一责任人。按照“谁主办、谁负责，谁实施、谁担责”的原则，切实承担安全生产法定职责。运营养护单位主要负责人对公司安全生产工作负全面责任，领导班子其他成员依据工作分工，对管辖范围内的安全生产工作负分管领导责任，各部门、基层单位负责人对本单位及分管业务范围内的安全生产工作具体负责，全体员工对本岗位安全生产工作负责。

(3)每年年初,运营养护单位与各部门、相关养护单位签订安全生产责任书;各部门及单位依据责任目标细化分解,以书面形式逐级签订安全生产责任书,把安全生产工作具体落实到班(组)和个人。

(4)运营养护单位的场所或业务外包的,双方必须签订安全生产协议,明确各自的安全生产管理责任。

二、养护安全管理规定

1. 安全教育培训

(1)养护部及养护作业单位应对刚从事养护工作的人员进行安全培训,学习《公路养护技术标准》(JTG 5110—2023)及相关规章制度。

(2)养护部及养护作业单位应每月召开一次全体养护人员安全会议,学习安全工作先进经验,分析当前的安全形势,增强养护人员的安全意识。

(3)养护作业单位安全员每星期组织班组成员开展一次安全学习活动,并填好班组安全管理台账。

2. 路面施工作业安全管理

(1)影响正常交通的施工作业应视影响情况办理相应的养护作业审批手续。

(2)养护作业审批程序。

①一般维修养护作业,由养护施工单位制定“日常养护现场管理方案”,报路政及交警。

②桥梁的施工,影响交通需封闭或需分流车辆进行作业时,由施工单位进行申报并附相关施工方案、现场安全组织措施、施工车辆情况等,报路政大队、交警大队同意后进行审批。

③进行施工作业的车辆,车身必须有明显的养护作业标志,开启黄色警示灯。未按规定配备标志的工程车辆不得在路面进行施工作业。

④养护作业人员必须穿统一的安全标志服。作业人员不得随意横穿车道。

⑤施工作业现场必须按《公路养护技术标准》(JTG 5110—2023)和施工组织设计设置标志标牌,确定施工范围。作业人员和车辆设备不得超越标志设置范围。

⑥养护施工作业应在白天进行,若确需在夜间施工,施工单位应按规定设置灯光标志。

⑦雨、雾、雪天气或路面有结冰情况时,除影响行车或大桥结构安全的抢修工程外,其他工程一律不得施工。

3. 日常养护作业安全管理

(1)养护、巡视的工作人员在路面步行巡查时,应走紧急停车道或检修道。

(2)驾驶车辆进行路面巡视时,应走大车道,车速控制在40km/h以内,开启双跳灯。发现影响行车安全的障碍物,养护人员应立即予以清除。

4. 高空作业安全管理

(1)高空作业人员必须经过专业培训并持有效高空作业证书,必须系安全带,戴安全帽,穿防滑胶鞋;严禁酒后高空作业。

(2)从事高空作业的工作人员应遵守相关高空作业安全管理制度。

5. 涂装作业安全管理

(1)作业人员应按国家有关劳动保护规定穿戴个人防护用品;涂装作业区严禁吸烟和引入火种。

(2)作业人员应严格遵守相关涂装作业安全管理制度。

第五节　桥梁典型病害处理方案

一、被检桥梁典型病害的处治原则

桥梁在路网中的地位意义重大,因此应在充分掌握结构外部条件(气候、交通等)和自身因素(实际构造、病害处治历史、病害情况等)后,正确分析结构病害产生的原因、充分比选国内外现有的成熟的、经实际验证处理效果较好、技术先进、安全可靠、适用耐久、经济合理的维修处治方法的基础上,制定相应的维修处治方案。

典型病害的处治应遵循以下原则:

(1)认真贯彻"六个坚持、六个树立"的新理念,即:坚持以人为本,树立安全至上的理念;坚持人与自然相和谐,树立尊重自然、保护环境的理念;坚持可持续发展,树立节约资源的理念;坚持质量第一,树立让公众满意理念;坚持合理选用技术指标,树立设计创新的理念;坚持系统论的思想,树立全寿命周期成本的理念。

(2)确保桥梁的长期健康运营和畅通,应充分吸收国内外该类桥梁病害处治的成功经验,切实贯彻国家有关法规和政策,使处治建议满足"安全适用、技术可靠、经久耐用、经济合理、环境保护"的要求。

(3)加强科学研究,积极采用新技术、新结构、新材料和新工艺,积极引进国际先进技术,同时要立足国内,选用技术先进可靠、经济合理适度,施工方便可行,使用安全耐久的处治方案,尽可能减少工程量和造价。

(4)工程处治建议应切实立足于"可到达、可检查、可维护、可更换"的理念,以降低运营期的维护难度及工作量,降低维护成本。

(5)重视处治建议的研究,结合具体施工条件,提出合理建议,以减少实施难度,降低实施风险,加快实施进展,保证工程质量,节约总体投资。

二、混凝土结构耐久性病害的处治方案

混凝土结构耐久性病害维修措施如表5-3-1所示。

混凝土结构耐久性病害维修措施　　表 5-3-1

病害	病害程度	处置措施	使用范围或条件
蜂窝、麻面	轻	人工涂抹水泥砂浆修复	适用于桥梁上部、下部各部位混凝土构件，桥梁技术状况评定等级为 3 类以上构件，应在进行安全评估制定具体维修措施
	重	喷浆修补法	
剥落、掉角	轻、中、重	环氧砂浆嵌补法	
空洞、孔洞	轻、中	环氧混凝土修补法	
	重	环氧混凝土加钢筋网片修补法	
露筋锈蚀	轻、中	除锈并涂刷阻锈剂后环氧砂浆修补	
	重	加焊钢筋后环氧砂浆修补	
裂缝	轻、中	裂缝封闭法修复	适用于混凝土板梁、T 梁、箱梁上下部各构件，且裂缝宽度<0.15mm
	轻、中	裂缝灌浆修复	适用于混凝土板梁、T 梁、箱梁上下部各构件，且裂缝宽度≥0.15mm

(1)混凝土蜂窝、麻面人工涂抹环氧砂浆修复，具体步骤如下：

第一步：凿除蜂窝、麻面表面疏松层，露出新鲜混凝土，凿毛，用工业酒精刷洗至表面无浮渣、粉尘、油污。

第二步：涂环氧浆液。

第三步：采用环氧砂浆人工涂抹法进行修补。

(2)混凝土蜂窝、麻面涂抹环氧砂浆修复，具体步骤如下：

第一步：机械凿除或高压射水清除蜂窝、麻面表面疏松层，露出新鲜混凝土，凿毛，用工业酒精刷洗至表面无浮渣、粉尘、油污；对露出钢筋进行除锈、防锈处理，锈蚀严重的须在原钢筋上绑扎同样直径的补强钢筋。

第二步：在混凝土表面涂抹环氧浆液，使旧混凝土表面充分浸润，提高黏结力。

第三步：采用涂抹环氧砂浆的方式进行修补。

(3)混凝土构件出现剥落、掉角时，采用环氧砂浆嵌补法进行修补，具体步骤如下：

第一步：凿除剥落、掉角附近混凝土松散块，露出坚实混凝土并凿毛，用工业酒精刷洗至表面无浮渣、粉尘、油污。

第二步：在混凝土表面涂抹环氧浆液，使旧混凝土表面充分浸润，提高黏结力。

第三步：采用环氧砂浆涂抹嵌补病害部位。

(4)混凝土出现轻微的空洞、孔洞病害，且预应力波纹管未外露时，混凝土空洞、孔洞采用环氧树脂混凝土修复，具体步骤如下：

第一步：清理脱落掉块和松散混凝土块，至露出钢筋，钢筋与混凝土距离大于 15mm。

第二步：对露出钢筋进行除锈、防锈处理，锈蚀严重的须在原钢筋上绑扎同样直径的补强钢筋。

第三步：在清理好的钢筋与混凝土上均匀涂上环氧胶液，之后安装模板并浇筑新的环氧砂浆。

(5)混凝土出现严重的空洞、孔洞病害，且预应力波纹管未外露时，混凝土空洞、孔洞须加

焊钢筋后采用环氧砂浆修补,具体步骤如下:

第一步:清理脱落掉块和松散混凝土块,至露出钢筋,钢筋与混凝土距离大于15mm。

第二步:对露出钢筋进行除锈、防锈处理,锈蚀严重的须在原钢筋上绑扎同样直径的补强钢筋。

第三步:在清理好的钢筋与混凝土上均匀涂上环氧胶液,在病害位置混凝土表面敷设钢筋网片加强。

第四步:安装模板并预留浇注孔,通过浇注孔浇筑环氧树脂混凝土。

(6)混凝土出现轻、中度露筋锈蚀时,采用除锈并涂刷阻锈剂后涂抹环氧砂浆的方法进行修补,具体步骤如下:

第一步:采用人工凿除的方法清除桥梁表面因钢筋锈蚀而损坏的混凝土,使钢筋锈蚀段完全露出。

第二步:用钢丝刷等工具清除掉钢筋上的铁锈,对凿除面进行清理并用工业酒精清洗,之后在修补范围及其周边涂刷渗透型阻锈剂。

第三步:采用环氧砂浆涂抹嵌补病害部位。

(7)混凝土出现重度露筋锈蚀时,采用加焊钢筋后涂抹环氧砂浆修补的方法进行修补,具体步骤如下:

第一步:采用人工凿除的方法清除桥梁表面因钢筋锈蚀而损坏的混凝土,使钢筋锈蚀段完全露出。

第二步:用钢丝刷等工具清除掉钢筋上的铁锈,对凿除面进行清理并用工业酒精清洗,在锈蚀严重的钢筋周围设置补强钢筋,之后在修补范围及其周边涂刷渗透型阻锈剂。

第三步:采用环氧砂浆涂抹嵌补病害部位。

(8)混凝土裂缝病害程度为轻、中,且裂缝宽度 <0.15mm 时,对裂缝采用封闭处理修补,具体步骤如下:

第一步:在裂缝上口凿一个V形槽,宽1~2cm,深约0.5cm,槽面应尽量平整。

第二步:钢丝刷清理缝口,吹清缝内灰砂,烘干混凝土表面,然后再用毛刷蘸上工业酒精,把沿裂缝两侧20~30mm处擦洗干净并保持干燥。

第三步:在清理后的V形槽表面用漆刷刷一层封闭底胶。

第四步:封闭底胶固化后,用封闭胶将V形槽密封修平。

(9)混凝土裂缝病害程度为轻、中,且裂缝宽度≥0.15mm时,需对裂缝采用灌浆处理,具体步骤如下:

第一步:裂缝混凝土表面处理。用钢丝刷反复刷裂缝表面左右3~4cm的混凝土直至表面浮浆脱落,用无油压缩空气除尘,用工业酒精擦洗表面。

第二步:粘贴压浆嘴。首尾各一个,中间缝宽则疏、缝窄则密,压浆嘴最大间距为30~50cm。在一条缝上必须有进浆嘴、排气嘴和出浆嘴。

第三步:裂缝表面封闭。用密封胶封闭裂缝表面,胶泥厚不小于1mm,宽度为2~3cm。

第四步:密封检查。从最下或最左的压浆嘴输入0.4MPa无油压缩空气,相邻或右嘴排气时逐个关闭所有阀门,再沿缝附近涂刷肥皂水检漏,若有气泡冒出说明该处漏气,作好标记,用裂缝表面封闭胶对漏气的区域进行封闭,待达到强度后再气检,如此反复,直至不漏气为止。

第五步：配制裂缝灌注胶。将灌注胶按照供应商提供产品说明书要求的比例配制准确，称量，将主剂固化剂倒在容器中，用低速搅拌器搅拌均匀。

第六步：裂缝灌浆。用0.1~0.4MPa无油压缩空气为动力，缓慢起灌，当相邻嘴不夹气冒胶时关闭该阀，逐一排气冒胶关阀，直至最后一个阀。连通缝的裂缝灌浆在内侧灌胶，外侧观测出胶情况，在灌胶时外侧压浆嘴出胶后由低到高逐个关闭阀门。

第七步：待缝内浆液达到初凝而不外流时可拆下灌浆嘴，再用密封胶抹平封口。

（10）混凝土表面清理，具体步骤如下：

第一步：用压缩空气清理混凝土表面。从空气机吸入口吸入空气，经滚动式空气粗过滤器除掉大部分灰尘和其他固体杂质，之后按操作完成混凝土表面的除尘。

第二步：高压射水洗净混凝土表面。水的冲击力大于污垢与物体表面附着力，高压水就会将污垢剥离，冲走，达到清洗物体表面的目的。

第三步：经压缩空气和高压射水后得到干净的混凝土表面。

（11）钢结构涂层修复，如图5-3-2所示。

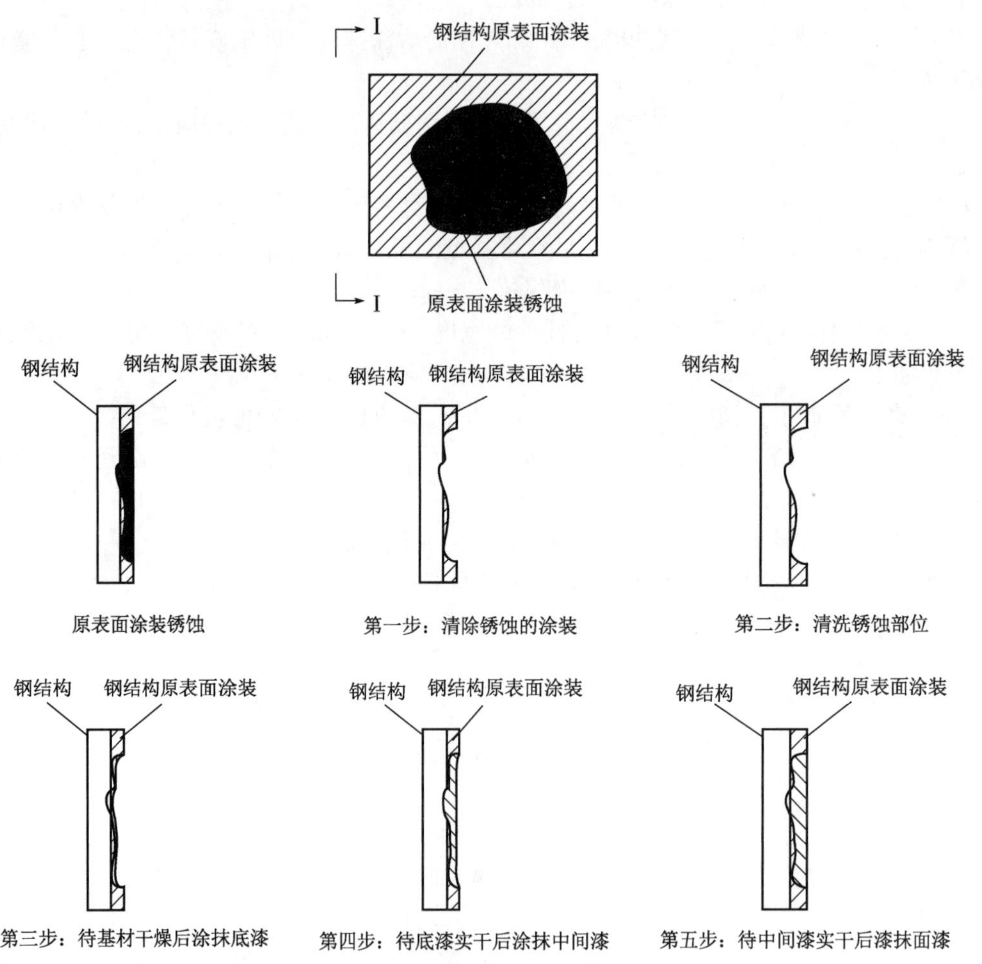

图5-3-2　钢结构涂层修复示意图

三、桥面系、支座及其他病害处治方案

1. 桥头搭板脱空的处治

桥头搭板脱空的处理采用泡沫轻质土填筑，如图 5-3-3 所示。泡沫轻质土是用物理方法将发泡剂水溶液制备成泡沫，与必须组分水泥基胶凝材料、水及可选组分集料、掺和料、外加剂按照一定的比例混合搅拌，并经物理化学作用硬化形成的一种轻质材料。从本质上讲，泡沫轻质土也是一种加气混凝土，它实际是加气混凝土的一个特殊品种。由于泡沫混凝土的重度小，可有效减轻桥台填土的自重应力，减少搭板的沉降量，因此比较适合用于软基路段的搭板脱空处理。

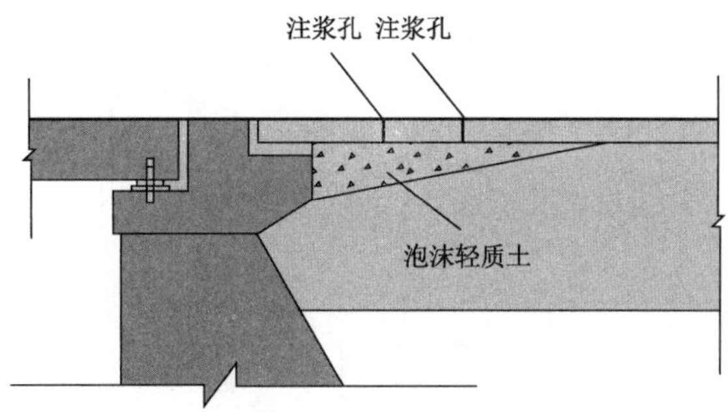

图 5-3-3　搭板脱空处理示意图

2. 支座病害的处治

针对支座病害，采用两种处理措施。对于脱空支座，采用插入楔形钢板的方式进行处理；对于剪切变形严重超限或老化严重的支座，进行更换处理。

采用楔形钢板调整支座脱空的方法，适合于调整较小支座脱空的情况（脱空量 <2cm），如图 5-3-4 所示。钢板加工完成后，应立即对表面进行防腐处理。楔形钢板可通过梁体顶升后进行安装。为防止打入钢板后钢板脱落，钢板与主梁之间注入钢混黏胶。

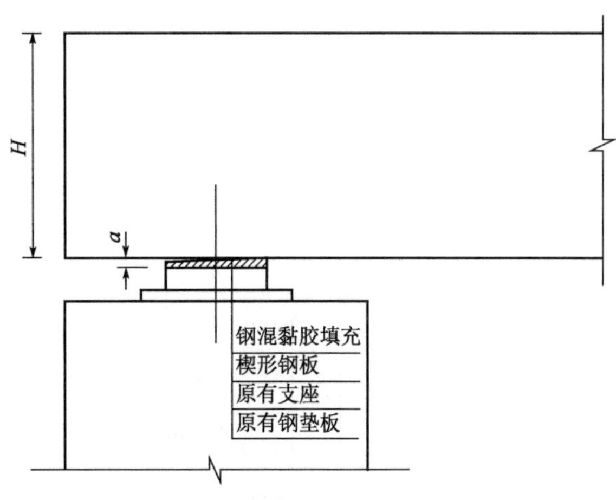

图 5-3-4　楔形钢板调整支座脱空

更换支座采用同步分级顶升的措施,利用原盖梁、新加牛腿或支撑架作为支撑点,顶升梁体更换新支座,如图 5-3-5 ~ 图 5-3-9 所示。

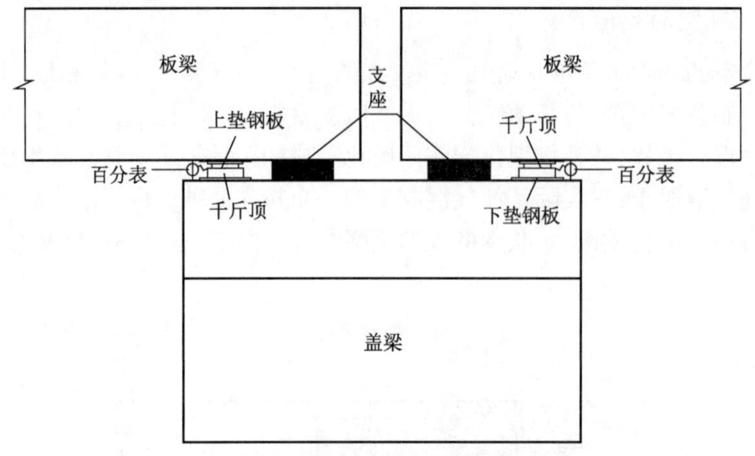

图 5-3-5　简支梁支座更换示意图(一)

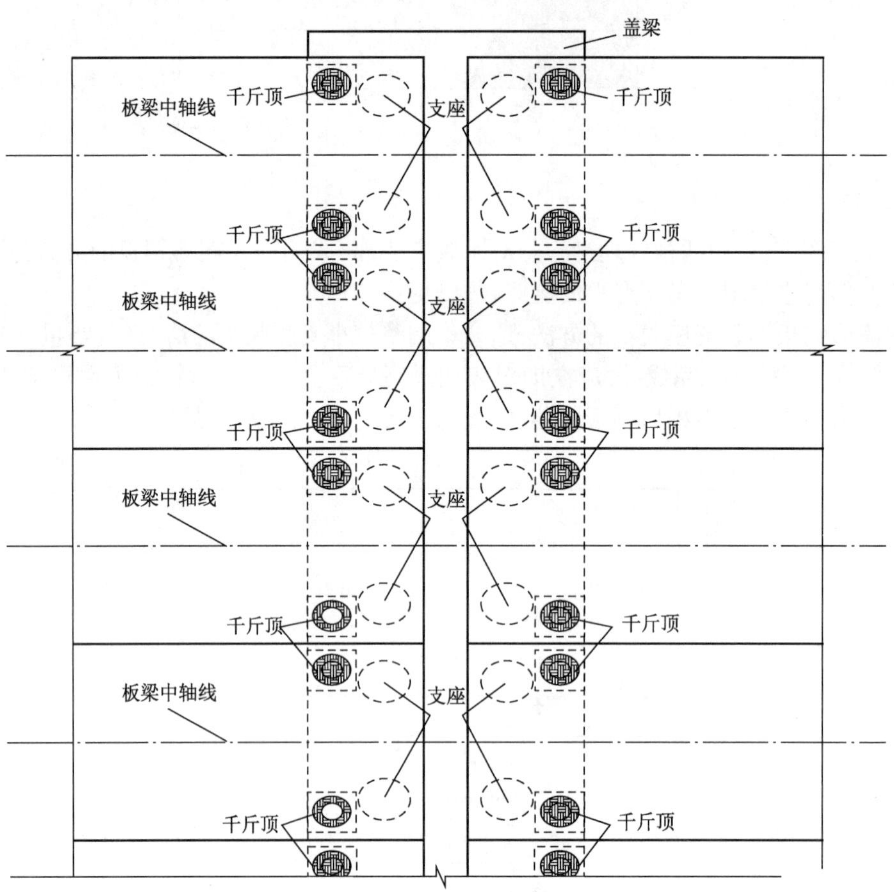

图 5-3-6　简支梁支座更换示意图(二)

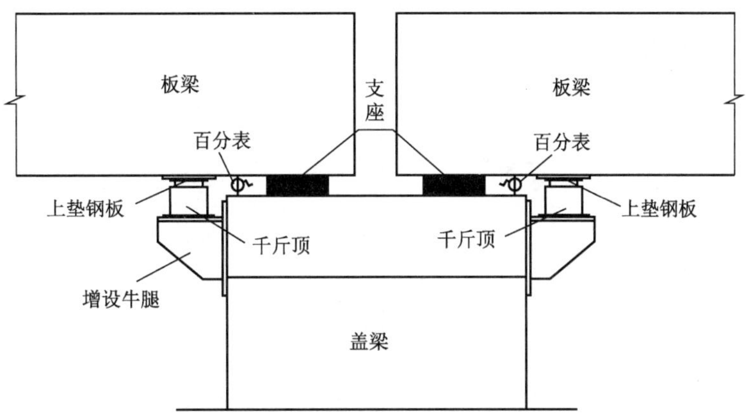

注：1. 本图适用于盖梁顶面无足够空间放置顶升设备，且桥墩较高，搭设落地支架不经济的桥跨。
2. 牛腿应通过计算后确定设置参数，以便满足梁体顶升荷载需求。

图 5-3-7　简支梁支座更换示意图(三)

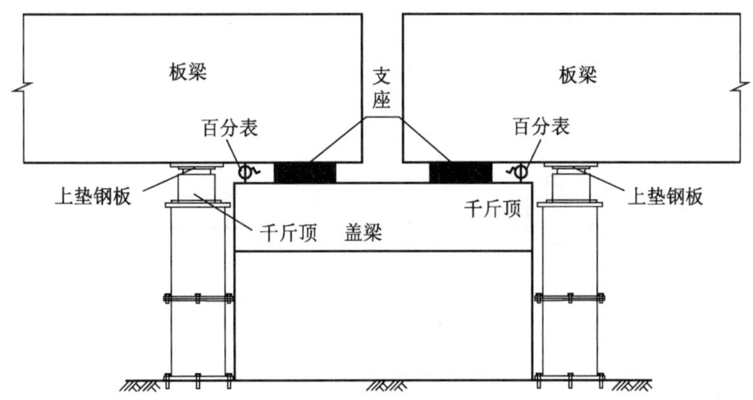

注：1. 本图适用于盖梁顶面无足够空间放置顶升设备，且桥墩较矮，搭设落地支架较为经济的桥跨。
2. 落地支架应通过计算后确定设置参数，须满足梁体顶升荷载要求。

图 5-3-8　简支梁支座更换示意图(四)

3. 伸缩缝病害的处治

对于伸缩缝止水带破损的问题，采取更换伸缩缝止水带橡胶条的方法进行处理，如图 5-3-10 ~ 图 5-3-12 所示。对于伸缩缝混凝土锚固区破损的问题，采取凿除破损处伸缩缝混凝土，重新浇筑钢纤维混凝土的方法进行修复处理。

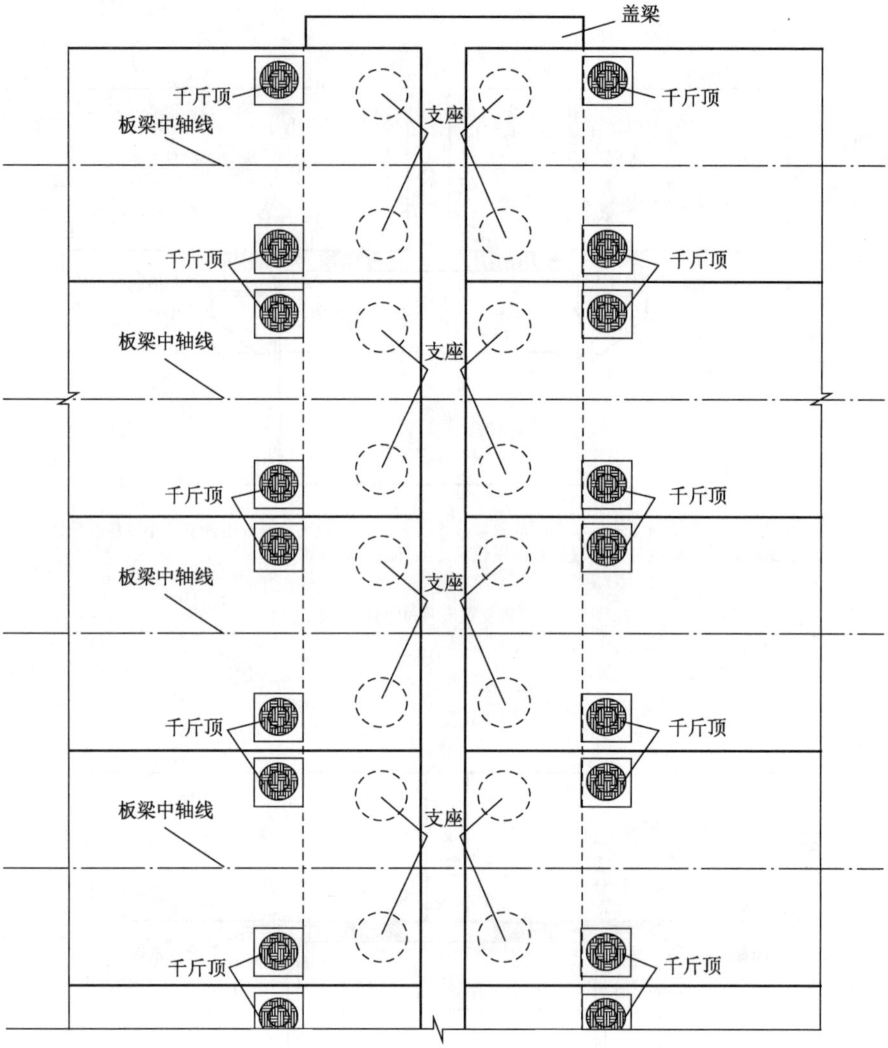

盖梁
千斤顶
千斤顶
支座
板梁中轴线
千斤顶
千斤顶
板梁中轴线
支座
千斤顶
千斤顶
板梁中轴线
支座
千斤顶
千斤顶
板梁中轴线
支座
千斤顶
千斤顶

图 5-3-9　简支梁支座更换示意图(五)

3条止水带，1条破损
止水带破损

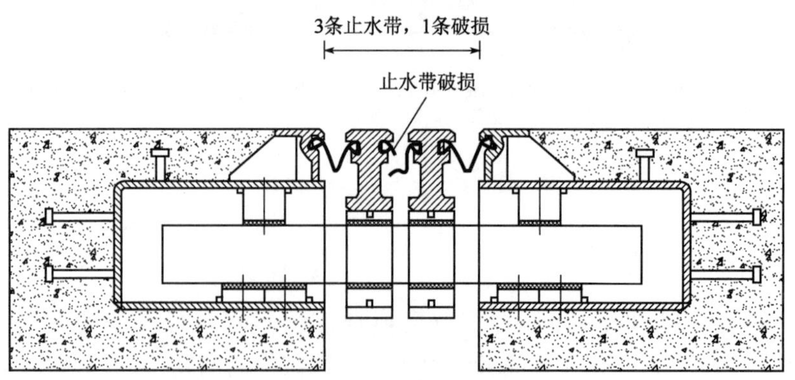

图 5-3-10　伸缩缝止水带更换示意图(一)

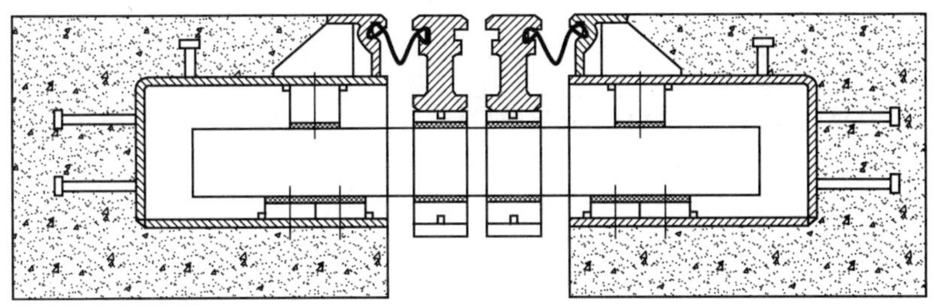

第一步：拆除破损橡胶止水带。

图 5-3-11　伸缩缝止水带更换示意图(二)

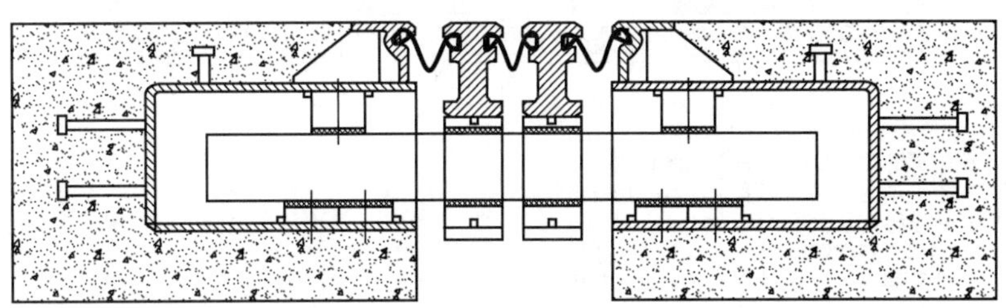

第二步：使用专业卡具将氯丁橡胶止水带有效地嵌入边梁的凹槽内，以确保彻底防水。

图 5-3-12　伸缩缝止水带更换示意图(三)

伸缩缝更换示意图如图 5-3-13 ~ 图 5-3-18 所示。

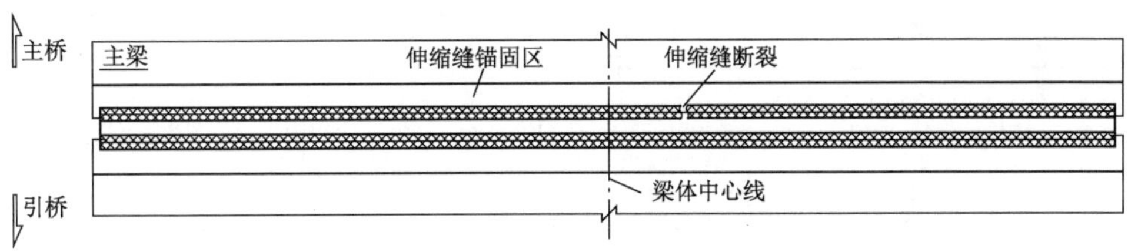

图 5-3-13　伸缩缝更换示意图(一)

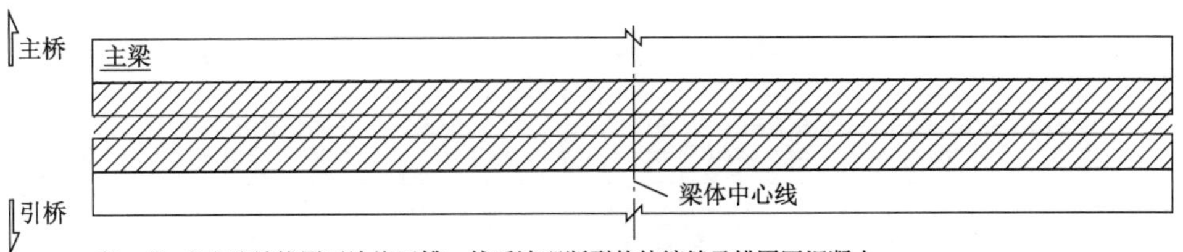

第一步:在伸缩缝锚固区边缘开槽，然后清理断裂的伸缩缝及锚固区混凝土。
要求：缝内的杂物需全部清理彻底，清理出的杂物不得倒在边坡及桥头处，以免堵塞排水系统。

图 5-3-14　伸缩缝更换示意图(二)

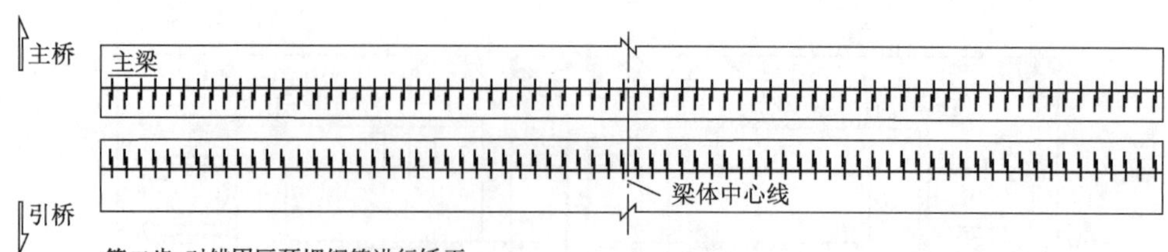

第二步:对锚固区预埋钢筋进行矫正。
要求:1. 在钢筋矫正过程中不得采用气割等损坏预埋钢筋的措施。
2. 对于缺少或损坏的预埋钢筋应进行植筋,植筋采用专用植筋胶,并进行拉拔检验。

图 5-3-15 伸缩缝更换示意图(三)

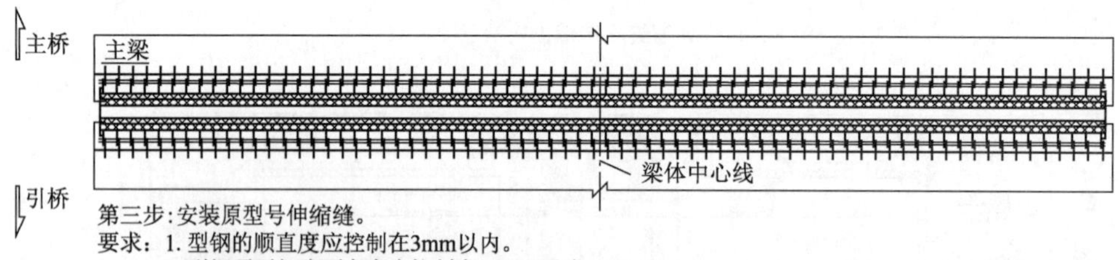

第三步:安装原型号伸缩缝。
要求:1. 型钢的顺直度应控制在3mm以内。
2. 型钢顶面与路面高度应控制在1.5mm以内。
3. 伸缩缝定位宽度误差为±2mm,要求误差为统一正负号,不允许一条缝不同位置上同时出现正负误差。
4. 安装时伸缩缝的中心线与梁体中心线重合。
5. 伸缩装置上的锚固板钢筋与梁体锚固区钢筋采用搭接焊,焊接长度不小于10d(d为钢筋直径)。
6. 缝宽应根据安装温度、分联长度进行校核。

图 5-3-16 伸缩缝更换示意图(四)

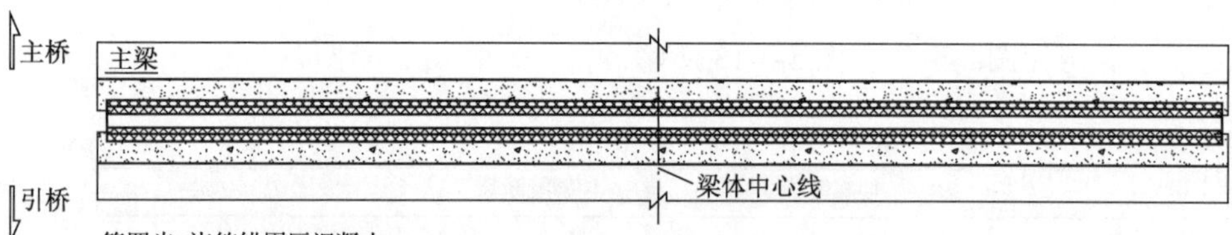

第四步:浇筑锚固区混凝土。
要求:1. 模板应顺直、牢固、严密,能在混凝土振捣时不出现位移,并能防止混凝土浆液流入伸缩缝内,以免影响伸缩。
2. 为防止混凝土从上部缝口进入型钢内侧沟槽内,型钢的上面必须要用胶布缝好。
3. 型钢定位锚固后,需二次清理槽内垃圾并用水冲洗。
4. 混凝土运输及浇筑过程中应防止污染沥青路面。
5. 应特别注意平整度,混凝土面比沥青路面顶面略低1~2mm为宜,过高或过低都会造成跳车现象。
6. 浇筑时间安排要合理,为便于平整度控制,收面工作应安排在白天进行。
7. 操作人员随时对平整度和高程进行检查,并及时修整。横向平整度<3mm(3m直尺),纵坡允许偏差±0.2%。

图 5-3-17 伸缩缝更换示意图(五)

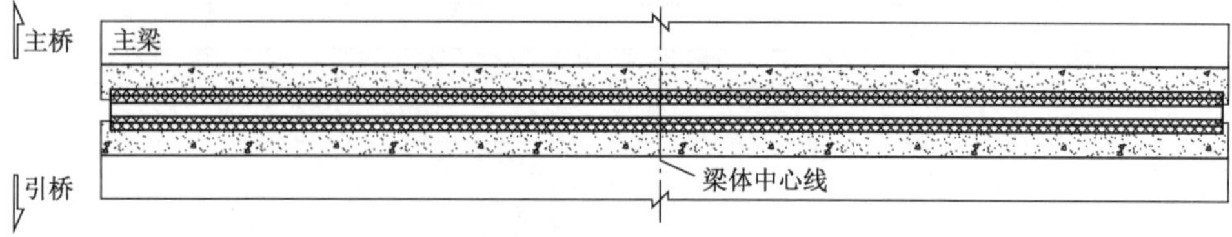

第五步:锚固区混凝土养生并安装橡胶条。
要求:1. 混凝土初凝后应在其表面洒水、覆盖土工布并加盖塑料薄膜,严格洒水养生,养生期不少于7天。
2. 在施工桥梁两端和前后开口部设置明显的警示标志对交通进行管制,防止车辆误入。
3. 经过养生的混凝土达到设计强度50%后,方可安装橡胶条。
4. 车辆临时通过应设置过桥板。

图 5-3-18 伸缩缝更换示意图(六)

四、上部结构病害处治方案

1. 装配式空心板桥

(1)梁底横向裂缝:对于板梁的梁底横向裂缝,应根据裂缝产生的位置、宽度进行判断,如果确定为结构裂缝,应进行粘贴纵向钢板或碳纤维布的方式进行板梁加固。也可以采用锚固于空心板底的高强钢丝、钢绞线,对梁体施加预应力,然后喷注具有较高抗拉强度的复合砂浆,将预应力与空心板结为一体进行加固。

(2)梁底纵向裂缝:对于板梁梁底的纵向裂缝,当病害程度为重时,经过分析判断为钢筋锈胀引起的情况下,应采用粘贴横向钢板或碳纤维布(垂直于裂缝)进行整体加固,其他原因引起的纵向裂缝可通过粘贴横向碳板进行整体加固。

(3)铰缝病害的处理:铰缝的破坏在外观上表现为勾缝脱落、渗水、钙化、泥沙渗透等问题。根据勾缝破坏长度及破坏形态(单边或双边),参考桥梁静载试验对结构横向连接性能的判断,综合考虑采用铰缝灌胶、单铰缝粘贴钢板、整体粘贴钢板或增加型钢横梁等提高横向联系的措施。空心板铰缝病害维修处治最佳方案是在中断交通的情况下,凿除桥面铺装层,重新浇筑铰缝。对铰缝有空洞的病害采用压力灌胶的加固方法,加固示意图如图 5-3-19 所示。

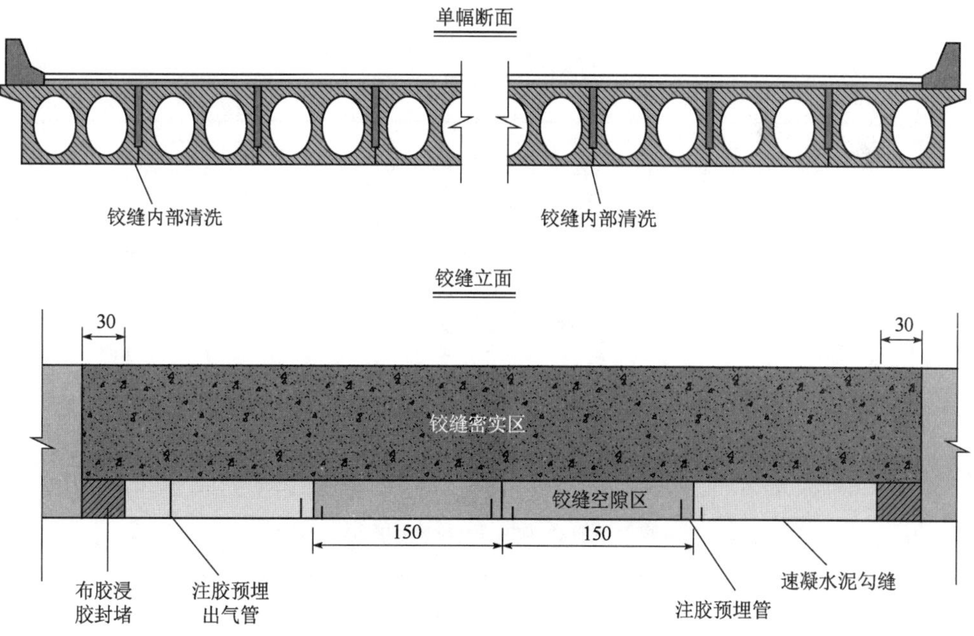

图　5-3-19

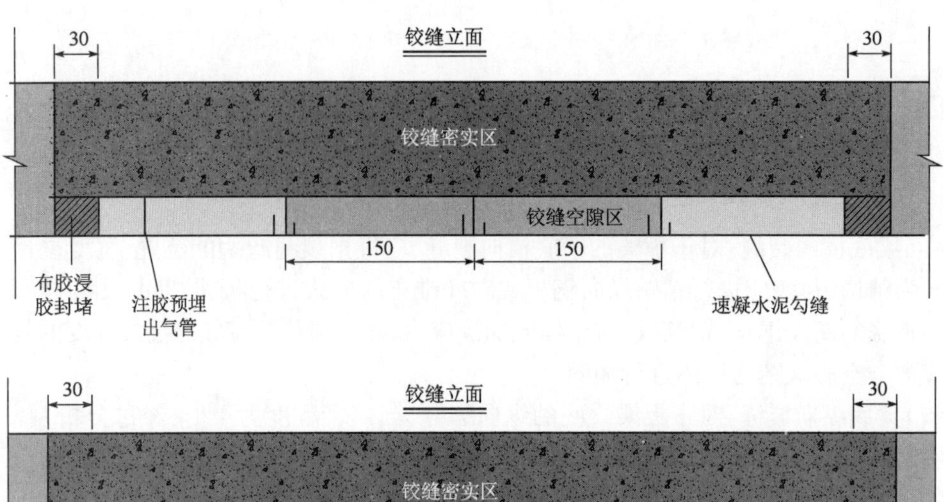

图 5-3-19　铰缝压力灌胶加固设计示意图(尺寸单位:cm)

空心板铰缝修补示意图如图 5-3-20 ~ 图 5-3-23 所示。

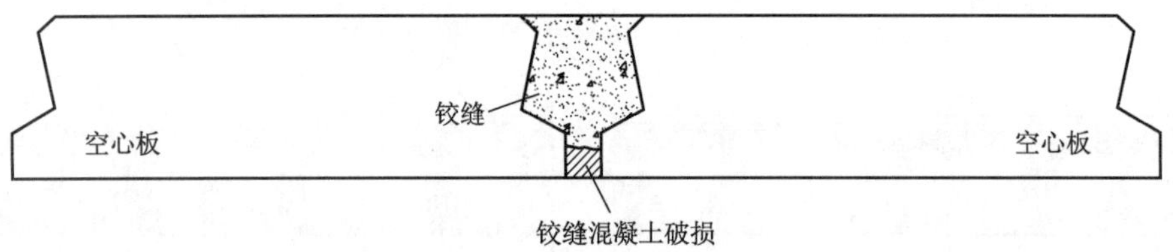

图 5-3-20　空心板铰缝修补示意图(一)

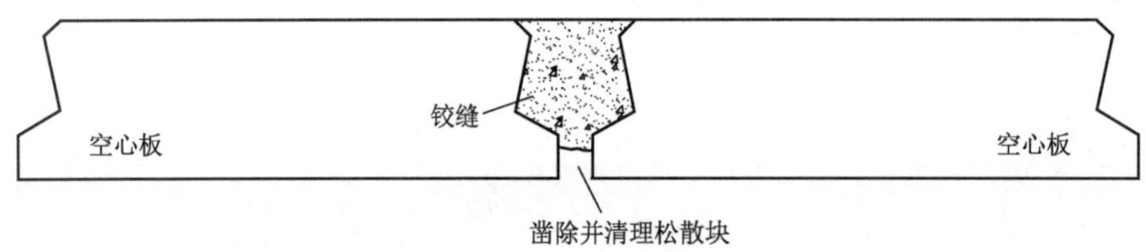

第一步：凿除剥落、掉角附近混凝土松散块，露出坚实混凝土并凿毛，用工业酒精刷洗至表面无浮渣、粉尘、油污。

图 5-3-21　空心板铰缝修补示意图(二)

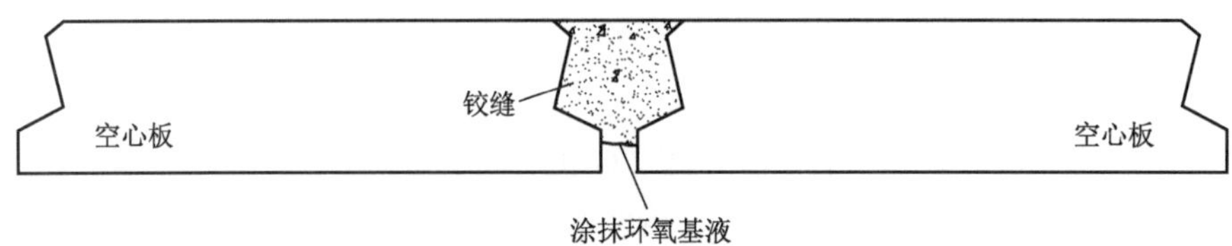

第二步：在混凝土表面涂抹环氧浆液，使旧混凝土表面充分浸润，提高黏结力。

图 5-3-22　空心板铰缝修补示意图(三)

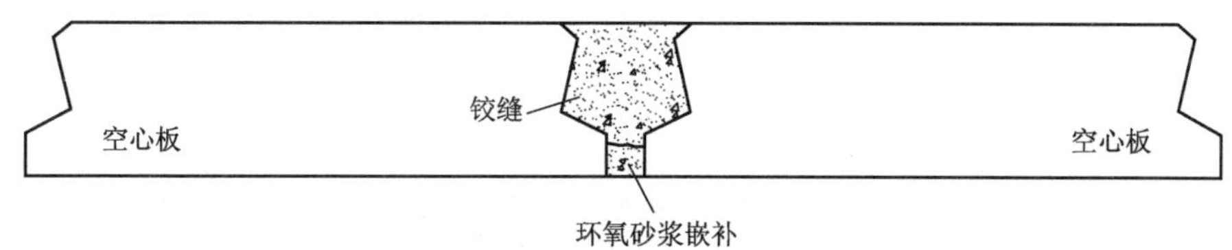

第三步：采用环氧砂浆涂抹嵌补病害部位，若破损较深，可采取安装挡板，然后注入环氧砂浆的方式，待环氧砂浆凝固后，方可拆除挡板。

图 5-3-23　空心板铰缝修补示意图(四)

2. 装配式 T 梁桥

(1)T 梁马蹄纵向裂缝:对于病害程度为重的 T 梁马蹄侧纵向裂缝,可首先对裂缝进行封闭或灌浆处理,之后对 T 梁马蹄部位采用粘贴 U 形钢板的加固方式。

(2)T 梁马蹄横向裂缝:对于病害程度为重的 T 梁马蹄横向裂缝,可首先对裂缝进行封闭或灌浆处理,之后通过受力分析采用在 T 梁马蹄部位粘贴合适的纵向钢板进行加固。

(3)T 梁腹板斜向裂缝:对于病害程度较轻的钢筋混凝土 T 梁,应对裂缝进行封闭处理;对于预应力混凝土 T 梁以及病害程度为重的钢筋混凝土 T 梁,其腹板位置的斜向裂缝应当根据裂缝位置、宽度、间距等进行判断,如为剪切裂缝,则应采用粘贴与裂缝垂直向的钢板进行加固,具体布置形式根据计算分析结果确定。

(4)T 梁翼缘板纵向裂缝:对于 T 梁翼缘板发生的病害程度为重的纵向裂缝,除进行裂缝封闭及灌浆处理外,还应根据裂缝宽度、间距等具体情况进行受力分析,采用粘贴钢板进行加固,粘贴钢板的具体布置形式由桥梁实际构造以及计算结果进行确定。

(5)T 梁横隔板竖向裂缝:对于 T 梁横隔板发生病害程度为重的竖向裂缝,在进行裂缝封闭及灌浆处理后,应在横隔板前后两侧粘贴钢板进行加固;对于病害特别严重的横隔板竖向裂缝,应对 T 梁的横向连接、支座是否脱空进行检查,如因横向连接不足、单梁受力等状况引起横隔板竖向裂缝,则应进行结构受力分析计算,采取综合的维修措施。

3. 箱梁桥

对于连续梁桥及连续刚构桥型,其常见病害的维修处置方案如下:

(1)跨中挠度过大:大跨径混凝土连续箱梁、连续刚构跨中挠度过大是较为常见的病害,目前主要采取的处治方式基本从两个方向进行。一方面,对大桥恒载进行减载,主要方式为超方清理、更换轻质桥面铺装、更换混凝土护栏等。另一方面,通过增设体外预应力钢束的方式进行主动加固,使得箱梁产生上拱,补偿部分过大下挠量,同时通过增设的体外预应力钢束来限制下挠的持续增长,增设体外钢束还可以提高箱梁的抗裂能力、闭合原有裂缝缝。对于跨中下挠过大的病害,应对大桥结构运营现状进行详细调查后,通过结构分析计算,制定综合的治理措施。

(2)箱梁顶底板纵向裂缝:对于箱梁顶底板出现的病害程度为重的纵向裂缝,除应进行裂缝封闭或灌浆处理外,还应根据对箱梁的横向受力分析以及箱梁构造特点,采用粘贴钢板或粘贴碳纤维板的方式进行箱梁梁段整体加固。

(3)箱梁底板横向裂缝:箱梁底板的横向裂缝属于高风险病害,对于该类病害,首先应对裂缝进行及时封闭,之后根据计算分析采用粘贴钢板或碳纤维板的方式进行加固补强。对于病害较为突出的,应当增设适当的体外预应力钢束或者预应力碳纤维材料进行主动加固。

(4)箱梁腹板斜向裂缝:对于箱梁腹板发生的病害程度为重的斜向裂缝,应通过计算分析后,采用粘贴与裂缝垂直的斜向钢板进行加固,粘贴钢板的宽度、间距及锚栓的布置应根据计算结果具体设置。

五、下部结构病害处治方案

1. 下部结构养护方案

(1)若基础冲刷过深或基底局部淘空,应抛填块石、片石、铅丝石笼等进行维护。

(2)桥下河床出现局部损坏时应及时维修。若砌块损坏,可补砌或采用混凝土修补。

(3)若基础冲刷过深或基底局部淘空,应立即抛填块石、铅丝石笼等进行维护。

(4)桥下河床铺砌出现局部损坏时应及时维修。若砌块损坏,可补砌或采用混凝土修补。

(5)保持墩台表面整洁,及时清除墩台表面的青苔、杂草、灌木和污秽。

(6)对发生灰缝脱落的圬工砌体,应清除缝内杂物,重新用水泥砂浆勾缝。

(7)墩台身发生纵向贯通裂缝时,可采用钢筋混凝土围带、粘贴钢板箍或加大墩台面积的方法处治。

(8)桥台锥坡破损或凹陷病害的处治方法为重新砌筑锥坡,锥坡砌筑前应对原病害位置进行清理、夯实,之后采用水泥砂浆及片石进行重新砌筑。

2. 桥梁桩基加固维修方案

桩基外露会导致桩基受压承载能力和墩身及桩身自身的承载能力降低,但降低幅度有限,不会造成桩基破坏,但桩基存在缩径、露筋等病害,其截面削弱会降低桩基的承载能力和耐久性,对桥梁的安全造成威胁,需及时进行加固处理。

对于水中桩基,由于长期受河水冲刷,桩基表面混凝土易发生剥蚀病害,对桩基的耐久性不利,进而影响桩基的承载能力。因此,需对水下桩基采取防护措施。

1)设计原则

根据桩基不同的冲刷情况、病害情况和桩基环境,对桩基进行分类,以确定不同类型桩基所采取的桩基加固措施和桩基防护措施原则。

桩基加固措施的目的是对缺陷、破损桩基进行直接加固维修。桩基防护措施的目的是防止桩基受常年冲刷作用导致桩基病害。

根基桩基的冲刷情况,一般分为局部冲刷和河床下切。

(1)局部冲刷

局部冲刷病害通常发生在桩基周围的河床中,形成局部凹坑,一般桩基外露长度较短。因此,对于局部冲刷的桩基,采取统一的加固防护措施。

桩基加固措施:钢丝石笼填平处理。

桩基防护措施:钢丝石笼防护。

(2)河床下切

河床下切为整个河床面降低,且河床有进一步下切的趋势。

桩基加固措施:根据其外露部分病害程度的不同,分为桩基质量较好、质量一般和质量差三种情况。

①桩基外露部分质量较好。

病害特征:桩基外露部分基本完好,混凝土密实不松散,夹泥少,结构承载能力和耐久性不受影响。

加固措施:不处理。

②桩基外露部分质量一般。

病害特征:桩基表面夹泥较多,桩基局部轻度缺陷,混凝土局部松散。混凝土保护层小范围剥落,未露钢筋。结构承载力未受影响,耐久性存在缺陷。

加固措施:简单维护处理。桩基表面冲洗、清理干净,去除杂泥。检查露出混凝土的质量情况,若无露筋及明显缩径,采用环氧砂浆进行桩基表面抹平;若存在露筋和明显的缩径病害,按桩基外露部分病害严重的情况进行加固。

③桩基外露部分质量差。

病害特征:桩基混凝土表面存在明显的剥落、缩径、露筋等病害。结构承载力和耐久性均受到影响。

加固措施:陆上桩基采用外包混凝土加固,水中桩基采用夹克法加固。

防护措施:陆上桩基不防护,水下桩基采用钢丝石笼防护。

2)加固方法

(1)水下玻纤套筒加固法——夹克法(图5-3-24)

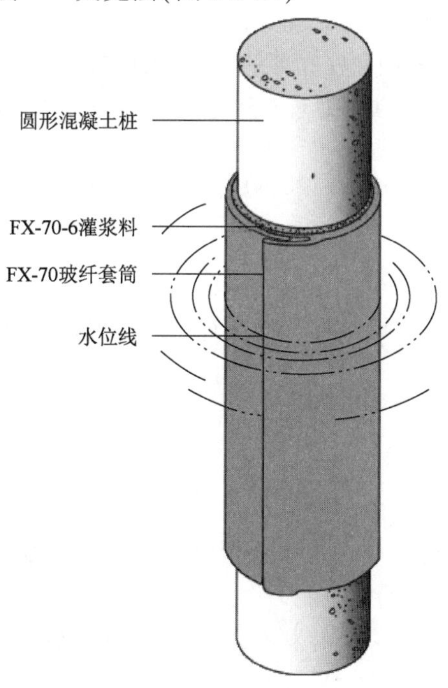

图5-3-24　夹克法示意图

首先对结构表面进行处理,清除结构表面松散的混凝土、处理钢材锈蚀表面并清理墩柱底部的泥浆;然后将玻纤套筒分开并围绕包裹桥墩;再由潜水员将套筒安装在合适的位置,使用可压缩的密封条封住套筒底部,然后用专业环氧灌浆料或砂浆填充间隙。

(2)外包混凝土加固法(图 5-3-25)

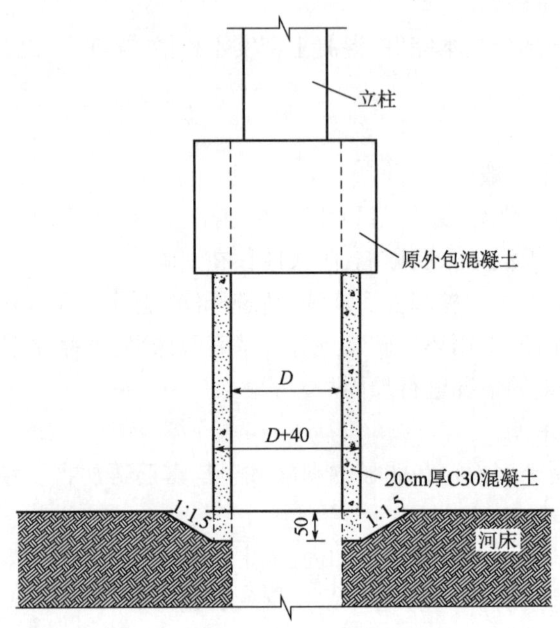

图 5-3-25　外包混凝土加固法示意图(尺寸单位:cm)

陆上桩基采用外包混凝土加固法处理。首先对结构表面进行处理,清除结构表面松散的混凝土、处理钢材锈蚀表面并清理墩柱底部的泥浆;然后按相关规范要求植筋并绑扎钢筋网,再浇筑 20cm 厚 C30 混凝土。该方法工艺成熟可靠,陆上桩基采用该加固方法经济性好,但是水中桩基采用这种方法需进行围堰施工。考虑到本桥基础处有较深的卵石层,透水性强,土围堰无法实施,需设置钢围堰,而钢围堰设备价格高,且拆装困难,工艺性价比低,故不宜采用此方法。

第六节　桥梁加固示例

一、粘贴钢板加固

粘贴钢板加固(图 5-3-26)是一种在钢筋混凝土结构构件表面使用特制建筑结构胶粘贴钢板的方法,用以提高结构构件的承载能力。其原理是利用钢板与钢筋混凝土结构形成整体,共同工作,提高结构的刚度,限制裂缝的发展,改善钢筋及混凝土的应力状态,从而达到补强加固的效果。

图 5-3-26　桥梁粘贴钢板加固

二、粘贴碳纤维布加固

粘贴碳纤维布加固(图 5-3-27)是一种新型的加固方法,主要用于改善混凝土结构的受力状态,限制裂缝的产生和发展。该方法利用专用结构胶将碳纤维布粘贴在混凝土表面,形成复合结构。碳纤维布通过与混凝土之间的协同工作,对构件或结构起到加固及改善受力性能的作用。

图　5-3-27

图 5-3-27　桥梁粘贴碳纤维布加固

碳纤维布加固法的优点在于,碳纤维材料具有较高的强度,能有效增加结构的稳定性。同时,施工相对简单,不需要大型设备,对原结构的影响也较小。

三、独柱墩抗倾覆加固

独柱墩抗倾覆加固(图 5-3-28)是为了提升独柱墩桥梁的抗倾覆性能,确保桥梁结构的安全稳定。加固方法主要基于对独柱墩桥梁下部结构进行改造加固,增加横桥向支撑点的数量,以提高独柱墩桥梁整体的抗倾覆稳定性。

图 5-3-28　独柱墩抗倾覆加固

具体的加固方法包括：

（1）混凝土立柱或钢盖梁：在桥墩上增设混凝土立柱或钢盖梁，以增加横桥向支撑点。这种方法将单点受力变为三点支撑，从而提高梁体的横向抗扭能力，增强桥梁的稳定性和安全性。

（2）增设钢管柱：采用钢管柱加固方式进行抗倾覆处理，提高桥梁横向抗倾覆能力的安全储备。这种方法需要对承台进行开挖和放样，确保施工精确。

第四章

隧道养护

技能目标

(1)能分析、评定破损或病害的成因、范围、程度及发展趋势。

(2)能制定病害处治方案,能编制实施性施工组织设计方案。

(3)能判断、分析机电设施故障隐患,能制定机电设施清洁维护方案,并实施清洁维护。

第一节 隧道病害检查

(1)轻微或局部病害处治方案可通过资料收集、交竣工检查、定期检查等资料确定。

(2)严重或大范围病害处治应进行专项检查,为病害处治提供翔实依据。

(3)洞口工程病害专项检查应结合病害类型开展洞外地质灾害及岩土体变形情况检查、洞门结构裂缝检查、渗漏水检查。

(4)路面与仰拱病害专项检查应结合病害类型开展路面表观病害检查(如裂缝、隆起、沉降、坑洞等)和结构变形检查,并对仰拱、仰拱填充厚度及密实状况、仰拱背部围岩状况进行无损检测,必要时进行钻芯取样检测。

仰拱钻芯取样深度一般探入仰拱底部不小于3m,取芯结果中根据芯样查明基底围岩的岩质、软硬程度、完整性等基本情况,并据此判断围岩类别,同时还需查明钻孔24h稳定地下水位情况。

(5)拱墙衬砌病害专项检查应结合病害类型对衬砌材质、衬砌渗漏水、衬砌质量、衬砌结构变形进行检查。

(6)渗漏水检查按以下要点开展:

渗漏水检查包括衬砌和路面渗漏水调查、渗漏水检测、防排水系统检查。

渗漏水调查内容包括隧道周边地表水补给情况,渗漏水的位置、水量、浑浊程度等;渗漏水检测内容包括水温、pH值、电导度和水质化学分析等;防排水系统检查内容包括中心水沟及其出水口、纵横向排水管堵塞和破损情况等。

渗漏水病害应绘制渗漏水病害展布图,注明渗水区段桩号、位置、渗漏水类型、渗水面积、渗水状态、浑浊状态以及是否影响行车安全等,病害严重段落应附影像资料。

(7)裂缝检查按以下要点开展：

裂缝检查内容应包括裂缝的位置、分布、缝长、缝宽、缝深、错台等信息，并绘制裂缝展布。

衬砌裂缝检查应区分涂装裂缝与混凝土裂缝。

(8)衬砌质量检查按以下要点开展：

衬砌质量检查包括衬砌表观病害和内部质量检查。衬砌表观病害包括露筋、表面剥落等；衬砌内部质量包括衬砌厚度、衬砌混凝土密实状况及背后空洞、钢筋位置和保护层厚度等。

当衬砌厚度、钢筋位置、钢筋混凝土保护层厚度无损检测结论存疑时，应进行钻孔尺量、破检尺量。

(9)衬砌材质检查按以下要点开展：

衬砌材质检查包括衬砌混凝土强度、碳化深度及钢筋锈蚀检测。

衬砌混凝土强度检测的测区或取样位置应布置在病害明显的代表性部位。采用回弹法、钻芯法进行检测。其中，采用钻芯法进行检测时，应减小取样对隧道结构造成的扰动。

混凝土中钢筋锈蚀状况宜采用混凝土电阻率、混凝土中钢筋锈蚀电位等参数进行评定。

(10)结构变形检查按以下要点开展：

隧道结构变形检查包括路面线形检查、净空检查。路面线形检查包括路面纵坡、横坡检查。

隧道结构变形检查范围应在变形段落的前后各延伸至少10m。

(11)分析评估按以下要点开展：

隧道病害处治前，应结合资料收集、现场调查、补充测量与勘察、专项检查等对病害成因、范围、程度、发展趋势等进行分析评估。

对于发展趋势不明显的衬砌裂缝严重病害，暂不进行处治时，应进行检查评估，明确裂缝病害原因及发展趋势。

对于技术特别复杂、处治效果难以保证的隧道病害，病害加固前宜由第三方机构进行专项评估工作，出具专项评估报告。

第二节　隧道病害处治方案编制

1. 一般规定

病害处治方案编制前应收集隧道原勘察设计、施工及运营等资料，结合检查、评估等成果进行现场复核，掌握隧道病害现状，分析病害成因。

病害处治方案编制原则应符合下列规定：

不应降低公路的原有技术标准；综合分析病害成因，合理确定处治方案，处治措施应安全可靠、经济合理、施工简便、对交通影响小；减少对既有结构、排水设施、机电及附属设施的影响，尽量不产生新的病害；新旧结构应连接可靠，整体共同工作。

2. 隧道水害处治方案

(1)隧道发生水害时，应首先对既有排水系统采取检查、疏通、清堵等措施，隧道排水沟堵塞时，可采用高压水冲洗、机械清理等方式进行疏通。

(2)隧道洞口截排水沟发生破损、垮落等病害时应采用修复措施;排水不畅段落应采取改造、增设截排水沟等措施。汇水面积大、泥沙含量高的洞口改造、增设截排水沟时,应考虑沉沙空间和运营期间的清堵条件,改造或增设截排水沟应采用混凝土或钢筋混凝土结构,素混凝土强度等级不低于C20,钢筋混凝土强度等级不低于C30。

(3)隧道洞门端墙发生渗漏水病害时,宜在墙体下部增设泄水孔、集中漏水点埋管等措施进行处治,孔径宜为80~150mm,泄水孔宜布置在墙身下部10~30cm部位。当泄水孔位置设置较高时,应在洞门端墙上开槽埋管向下引排,并进行墙面美观处理。

(4)隧道发生水害、既有排水系统不通畅时,宜首先在两侧边墙脚设置横向泄水孔,以有效排水并降低水头高度。

(5)隧道路面局部发生集中渗水、冒水病害时,宜采用增设横向排水盲沟、盲管的方式引入既有排水系统。

(6)因隧道排水系统不完善或既有排水系统堵塞无法疏通,隧道路面发生大面积渗水、冒水、涌水、翻浆冒泥等病害时,应采用在隧道底或路侧改造、增设排水系统等措施进行处治,对于翻浆冒泥,还应结合换填、注浆、增设仰拱等措施进行综合处治。

(7)隧道底部岩溶裂隙、管道发生集中冒水、涌水时,宜采用在路面下增设集水井、集水沟等措施进行处治,并在集水设施内设置竖向泄水孔,泄水孔直径宜为80~150mm,间距和深度根据地下水发育情况确定。

(8)隧道排水沟在较低一端洞口发生堵塞、排水不畅等病害时,应采取清堵疏通措施,核实其与路基边沟的连通情况,无法疏通、排水不畅时应改造洞口检查井及横向水沟,横向水沟排水断面不应小于洞身段排水沟截面,宜采用120°~135°大角度与路基边沟连通。

(9)隧道衬砌渗漏水病害应根据水文地质条件、渗漏水程度等,遵循"排堵结合、综合治理"的原则确定处治方案,根据表5-4-1和表5-4-2,选用一种或多种方法进行综合处治。

隧道衬砌渗漏水处治方法 表5-4-1

方法			渗漏水状态					
			浸渗	滴漏	涌流		喷射	突水
					线状	股状		
堵水	涂层法		有条件适用	有条件适用	—	—	—	—
	喷射法		有条件适用	有条件适用	—	—	—	—
	止水法		适用	适用	—	—	—	—
	围岩注浆衬砌背后空洞注浆		—	—	有条件适用	有条件适用	有条件适用	有条件适用
排水	导水法	切槽埋管	适用	适用	适用	—	—	—
		导流槽	—	适用	适用	适用	适用	—
	降低水位法	泄水孔	适用	适用	适用	适用	适用	适用
		泄水横洞	—	—	—	适用	适用	适用
		泄水洞	—	—	—	适用	适用	适用

隧道渗漏水状态判定参照表 表 5-4-2

术语		状态描述	渗流量(L/d)	水头压力(MPa)
浸渗		衬砌表面呈现明显色泽变化的潮湿痕迹及可观察到明显的流挂水膜范围	$Q \leqslant 3$	$P \leqslant 0.1$
滴漏		衬砌表面出现水珠,其滴落速度每分钟至少一滴	$3 < Q \leqslant 30$	$P \leqslant 0.1$
涌流	线状	水头压力较小,衬砌表面渗漏水呈线状或淋雨状	$30 < Q \leqslant 400$	$0.1 < P \leqslant 0.3$
	股状	水头压力较小,衬砌表面渗漏水呈股状涌流	$400 < Q \leqslant 1 \times 10^5$	$0.1 < P \leqslant 0.3$
喷射		水头压力较高,衬砌表面渗漏水呈喷射状,水平喷射距离大于 1m	$1 \times 10^5 < Q \leqslant 3 \times 10^6$	$0.3 < P \leqslant 0.5$
突水		水头压力高,隧道仰拱、衬砌结构被高水头压力击穿或破坏后突出	$Q > 3 \times 10^6$	$P > 0.5$

3. 洞口工程病害处治方案

(1)对隧道结构和行车安全无影响的洞口边仰坡、洞口安全影响区出现病害时,原则上纳入路基边坡工程进行处治设计;对隧道结构和行车安全有影响时,应与隧道病害进行综合处治设计。

对隧道结构有影响的边仰坡及洞口安全影响区出现病害时,应根据地形地质、周边环境、病害特征等分析病害机理,按照“先治坡、后隧道”的原则制定综合处治方案。

(2)隧道洞口受落石、滚石、危岩体、崩塌、滑坡、泥石流等影响需接长明洞、棚洞的隧道洞口,应核实洞口是否满足 3s 线形一致性,新增工程应与原结构合理衔接,并完善洞口工程截排水系统。

(3)隧道洞口病害应根据病害特征、病害等级、洞门形式等按表 5-4-3 选用相应的处治方案。

病害特征及处治措施对照表 表 5-4-3

病害特征	处治措施	备注
洞门装饰劣化、剥落,危及行车(人)安全	装饰修复;清除饰面板重新涂刷饰面漆	
洞门端墙台阶基础悬空,嵌固深度不足	正面增设翼墙或挡墙,增大墙面加大嵌固深度	
洞门墙体局部开裂,无明显发展,整体稳定	裂缝修补,监测裂缝	
洞门墙体有竖、横、斜向裂缝,并有发展迹象;墙体局部有轻微沉降或倾斜	基底加固,正面增设翼墙或挡墙,回填反压、裂缝修补	
洞门墙体大量开裂,有错台现象;墙体局部倾斜,整体稳定性差	洞顶清方减载,洞门墙背注浆,基底加固,正面锚固,设置抗滑桩,增大洞门墙截面,接长明洞,裂缝修补,墙体局部更换	
洞门墙体大面积开裂错台,严重危及行车(人)安全;墙体严重倾斜,结构严重破坏,整体有倾覆危险;墙体倒塌,洞口整体破坏或被掩埋,无法通行	洞顶清方减载,洞口段地表注浆加固,设置抗滑桩,接长明洞,重建洞门	多发生在强烈地震或洞顶大型滑坡

4. 拱墙衬砌病害处治方案

(1)隧道拱墙衬砌发生病害,应分析病害成因和类型,由地形偏压、地层滑坡、采空区沉陷、高水压、泥石流等不利外力导致的病害,应先采取消除不利外力的措施,再进行拱墙衬砌结构病害处治。

(2)由基础承载力不足、仰拱变形等成因导致的拱墙衬砌病害,应先采取措施处治地基及仰拱,再进行拱墙衬砌结构病害处治。

(3)隧道拱墙衬砌厚度大于设计厚度的 2/3,衬砌表面发生少量独立的环向、斜向混凝土收缩引起的静止细微裂缝(宽度 $W \leqslant 0.2$mm),可采用表面封闭法进行处治。

(4)隧道拱墙衬砌厚度大于设计厚度的 2/3,衬砌表面发生少量宽度大于 0.2mm 的独立环向、斜向静止裂缝,可采用注射灌胶法进行处治。

(5)隧道拱墙衬砌背后小型脱空、空洞采用注浆填充处治。

(6)隧道拱墙衬砌背后大型空洞可采用开口回填处治。

(7)隧道拱墙受拉开裂可采用粘贴纤维复合材料加固处治。

(8)隧道拱墙衬砌局部脱空、厚度和强度不足、开裂等可采用粘贴钢板(带)加固处治。

(9)隧道拱墙衬砌局部脱空、厚度和强度不足、开裂、钢筋保护层厚度不足、钢筋锈胀等可采用挂网喷射混凝土加固处治。

(10)隧道拱墙衬砌厚度和强度不足、结构裂损、材料劣化等可采用锚杆加固、钢花管注浆加固、叠合式喷射混凝土套衬处治。

(11)隧道拱墙衬砌脱空、厚度和强度不足、结构裂损严重、材料劣化等可采用复合式套衬加固处治。

(12)隧道拱墙衬砌脱空、厚度和强度不足、变形开裂、掉块等可采用局部拆换加固处治。

(13)隧道拱墙衬砌脱空、厚度和强度不足、变形开裂、掉块、侵限等严重病害可采用整体拆换加固处治。

5. 附属设施病害处治设计

(1)由仰拱底部、衬砌结构变形导致的检修道(人行道)沟帮破损应在仰拱、衬砌结构病害处治完成后进行,与仰拱底部、衬砌结构变形无关的检修道(人行道)沟帮破损、盖板缺失、栏杆变形破损等病害处治设计宜以恢复为主。

(2)排水设施病害处治设计宜与渗漏水病害同步设计,由于淤积导致的病害宜以清理为主,受车辆碾压、撞击等导致的排水设施破损宜以恢复为主。

(3)隧道洞内装饰、交通标志标线等附属设施破损、脱落、缺失等病害宜以更换和恢复为主,但需采取措施防止更换和恢复的附属设施发生类似病害。

第三节　施工组织设计编制

1. 编制原则

(1)严格遵守国家及地方法律法规、规范和设计要求;严格遵守国家和地方行业管理部门、施工单位等各项规定要求。

(2)结合项目工程实际及本单位情况，对项目施工成本、进度、安全、质量等的指导、管理和控制作用。

(3)以提高施工效率、节约成本、注重环保为出发点，重视管理创新和技术创新，积极采用新设备、新材料、新技术、新工艺，推广节能、环保施工。

(4)充分利用本单位既有资源，合理安排施工工艺、工序，合理部署施工现场，保证施工的连续性和均衡性，确保安全文明施工。

2. 编制步骤

(1)对项目现场进行考察，收集项目有关信息、资料、图片，分析施工条件，形成考察报告。

(2)根据考察报告和设计文件，结合自身施工能力，拟定临建规划和施工方案，确定项目管理目标，完成施工管理单元划分。

(3)根据施工方案编制施工进度计划。

(4)根据施工进度计划，计算人工、材料和机械设备需求量，编制资源配置计划，包括劳务需求计划表、材料需求计划表、设备需求计划表、资金需求计划表。

(5)绘制施工总平面布置图。

(6)根据项目特点，有针对性地编制安全、质量、环水保及职业健康保障措施。

3. 编制内容及文件组成

(1)编制依据：相关规范、设计图纸、现场调查资料、招投标文件、合同文件及相关企业标准等。

(2)工程概况：项目设计技术标准、工程特点、工程量、气候、水文地质、周边生产条件等，重点分析工程特点。

(3)施工总体部署：总体目标、单位工程交付计划、组织机构、施工任务划分、场地、便道、电力、水源、通信等临时设施布置方案。

(4)施工临时用电方案：施工用电设施规划、用电量计算及变压器配置、用电技术规程等。

(5)施工技术方案：列举技术难点和技术创新点，针对项目分部分项工程简要说明施工方法，说明专项施工方案编制计划及创新规划。

(6)施工进度计划及保证措施：根据施工方案制定合理的分部分项工程施工进度计划，绘制进度计划横道图或网络图，并说明相应的工期保证措施、特殊季节施工措施。

(7)主要资源配置计划：根据施工进度计划，分阶段制定劳务需求计划表、材料需求计划表、设备需求计划表、资金需求计划表。

(8)安全、职业健康保证体系及措施：根据项目安全风险评估报告，有针对性地制定安全保证体系及保障措施；根据项目人员组成，制定职业健康保证体系及相应措施。

(9)质量保证体系及措施：根据项目质量要求(合同、公司质量目标或创优规划)，制定质量保证体系、分部分项工程质量保障措施、病害处治质量控制要点。

(10)环保、水保体系及措施：根据项目环保要求，制定环境保证体系及保障措施。

(11)文明施工保证体系及措施：根据有关法规和文件要求制定项目文明施工保证体系和保障措施。

(12)项目资金管理:成本控制措施、资金管理措施、农民工资保障措施等。

(13)施工图表:施工总平面布置图、驻地及场站规划平面图、施工进度计划图,劳务、材料、设备及资金计划表,初步施工方案示意图。

(14)合同约定的其他内容。

4. 病害处治施工组织特点

(1)结合隧道养护等级、区域路网、病害处治需求等提出交通组织方案,并考虑交通组织和处治施工所需的临时设施。

(2)处治施工对既有结构、排水系统、机电设施等有影响时,应提出合理的保护措施。

(3)制定隧道病害处治施工方法、施工顺序及工艺要求,并初步估算工期。

(4)处治施工对机电、交通安全设施有破坏时,应制定合理的恢复方案。

(5)明确主要材料的性能指标和要求。

(6)提出监控量测方案及相应控制标准值。

(7)对围岩坍塌、结构失稳、有害气体逸出、涌水突泥等风险,应提出风险防控措施。

第四节　隧道机电工程设施巡查

1. 一般规定

(1)日常巡查频率,高速公路应不少于1次/d,其他各级路可按1次/1~3d进行。极端天气和交通量增加较大时,应提高日常巡查的频率。

(2)日常巡查可采用人工与信息化手段相结合的方式。发现异常情况时,应予以报告,并做好记录,必要时应进行拍照和摄像。

2. 巡查内容

日常巡查应检查机电设施是否处在正常工作状态和是否存在故障隐患,主要包括:

(1)供配电设施日常巡查,应观察变压器、高低压配电柜及变配电室内相关设备的外观及运行状态,判断是否有外观破损、声响、发热、气味、放电等异常现象。

(2)照明设施日常巡查,应观察照明设备的外观及运行状态,判断有无异常。

照明设施日常检查主要以目测的方式,对照明设施亮度及损坏情况进行检查登记。对于灯罩脱落、连续坏灯等情况,及时组织更换或维修。

(3)通风设施日常巡查,应观察通风设备的外观及运转状态,判断是否存在隐患。

通风设施的日常巡查,根据隧道能见度、潮湿度或悬浮颗粒情况,开启或关闭风机,观察设备外观及运转有无异响、振动、电缆过热等异常,确定设备是否存在隐患。

(4)消防设施日常巡查,应观察各类消防设备的外观,并判断有无异常。

主要以目测的方式检查隧道内现场火灾报警盘指示灯显示是否异常,以及中控室集中报警控制柜上的故障、报警信息是否完整准确;检查消防器材是否缺损。

(5)监控与通信设施日常巡查,应巡检隧道内各种监控设备、信息采集和发布设备、监控室各类监视设备的外观和主要功能,并判断有无异常。

监控设施：观测交通参数的实时监测数据，确保记录真实、完整，并通过现场目测的方式检查可变限速标志、可变信息标志、交通信号灯等设备的通信状态是否正常，信息发布是否正确、完整，有无黑屏或变色现象。

通信设施：以目测方式检查系统外观是否正常，检查喇叭和紧急电话是否正常运行；此外，随机进行抽检，检查通话效果是否正常。

第五节　隧道机电工程设施清洁维护

1. 一般规定

对于机电设施，应根据养护等级、交通组成、污垢等对其功能影响、清洁方式和环境条件等因素进行清洁维护。清洁维护频率宜不低于表 5-4-4 的规定值。

机电设施清洁维护频率　　表 5-4-4

清洁项目	养护等级		
	一级	二级	三级
供配电设施	1 次/月	1 次/季度	1 次/半年
照明设施	1 次/季度	1 次/半年	1 次/年
通风设施	1 次/2 年	1 次/3 年	1 次/4 年
消防设施	1 次/季度	1 次/半年	1 次/年
监控与通信设施	1 次/季度	1 次/半年	1 次/年

2. 机电设施清洁设备

机电设施清洁设备包含表 5-4-5 规定的设备。

机电设施清洁设备　　表 5-4-5

设施名称	设备名称
供配电设施	配变电所内电力设备、箱式变电站、外场配电箱、插座箱、控制箱
照明设施	隧道灯具、洞外路灯
通风设施	轴流风机、射流风机
消防设施	消火栓及水泵接合器、灭火器、火灾报警设施、水喷雾控制阀及喷头、气体灭火设施电光标志等
监控与通信设施	各类检测仪、闭路电视、有线广播、紧急电话、横通道门、交通控制和诱导设施、控制器（箱）、光端机、交换机等

3. 机电设施清洁方法

机电设施采用湿法清洁时，应注意保护人员安全和机电设施内部电气元件安全，并应防止液体渗入设施内；采用干法清洁时，应采取必要的降尘措施。对于清扫不能去除的污垢，经判别可用湿法清洁时，可用清洁剂进行局部特别处理。

第五章

交通工程及沿线设施养护

技能目标

(1)能检查公路交通标志及标线设置位置,护栏、隔离栅等其他安全设施。

(2)能根据技术状况评定结果,结合道路使用状况,制定交通工程及沿线设施养护方案。

(3)能根据道路条件或交通条件变更公路交通标志及标线的内容和设置地点。

(4)能制定标志、标线等实施交通安全设施改进方案。

(5)能制定实施绿化带等绿化和环保设施改进方案。

(6)能在交通工程及沿线设施养护过程中,使用新设备、新材料、新技术、新工艺。

第一节 交通标志养护

一、交通标志检查

(1)定期检查周期不得超过3年。

(2)检查更换、增设的交通标志信息是否及时录入。

(3)检查现有交通标志是否满足当前需要。

(4)使用实时动态测量技术(RTK)、激光测距仪和钢卷尺等工具对现有的交通标志进行量测。交通标志检查示例如图5-5-1所示,量测工具如图5-5-2所示。

图5-5-1 交通标志检查示例

a)RTK

b)激光测距仪

图 5-5-2　量测工具

二、交通标志档案

(1)根据设计图纸将现有的交通标志分类汇总,核对其位置及数量信息。

(2)填写"交通标志档案表"(表 5-5-1)。

交通标志档案表　　表 5-5-1

桩号	
标志形式	
位置(前进方左侧或右侧)	
标志类型	
标志图片	

注:标志形式包括但不限于路侧、单悬、双悬臂、跨路门架。

三、交通标志更换、增设

1. 基本要求

(1)根据沿线基础设施变化和社会经济发展需要及时进行更换、增设。

(2)交通标志更换(图 5-5-3)可分为位置更换或板面更换。

(3)标志的设置位置、数量及安装角度应符合原建设期标准规范要求,版面信息不得被其他标志或树木等遮挡(图5-5-4)。

图5-5-3　交通标志更换

图5-5-4　交通标志遮挡

(4)交通标志的字符、图形应符合原建设期标准规范要求;标志板及支撑杆应符合原建设期标准规范要求。

(5)标志的地基承载力应满足设计要求。

(6)标志板面反光膜应符合现行《道路交通反光膜》(GB/T 18833)的规定;字符、图形不得更改。

2. 实测项目

交通标志更换、增设实测项目应符合表5-5-2的规定。

交通标志更换、增设实测项目　　表5-5-2

项次	检查项目		规定值或允许偏差	检查方法和频率
1Δ	标志板反光膜逆反射系数($cd \cdot lx^{-1} \cdot m^{-2}$)		符合设计要求	逆反射系数测试仪:每标志板测3点
2Δ	标志板色度性能		符合设计要求	测色计:每标志板测3点
3	标志板外形尺寸(mm)	边长<1200	±6	钢卷尺:每标志板长、宽各测2点
		边长≥1200	±0.5%	
4Δ	标志板下缘至路面净空高度(mm)		+2000	全站仪或钢卷尺:检查100%
5	立柱内边缘距路肩边缘距离(mm)		≥250	钢卷尺:检查100%
6	立柱竖直度(mm/m)		≤5	全站仪或靠尺、垂线:检查100%
7	基础尺寸(mm)		+100,-50	钢卷尺:每基础长、宽各测2点
8Δ	基础混凝土强度(MPa)		符合设计要求	按现行标准检查

3. 外观质量

交通标志更换、增设外观质量应符合下列规定:

(1)标志板反光膜和标志金属构件镀层应无明显损伤。

(2)紧固件数量及规格应符合设计规定,并应拧紧。

四、交通标志数字化管理系统

1. 系统建设

(1)系统可应用建筑信息模型(BIM)软件和地理信息系统(GIS)软件开发,建立数字化交通标志信息系统。

(2)系统具有可视化和自动识别功能。

2. 系统使用维护

(1)根据交通标志更换、增设图纸,及时更新系统数据。

(2)数据使用应符合管理流程(图5-5-5)。

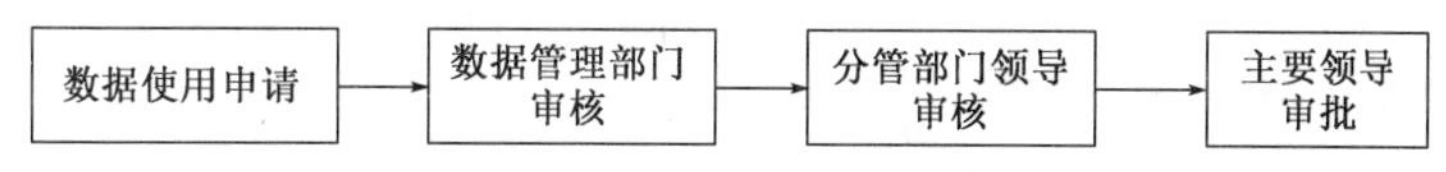

图5-5-5　数据使用管理流程

(3)系统使用应符合安全管理规定和保密管理规定,不得擅自连接外网,不得拷贝。

第二节　交通标线养护

一、交通标线检查及分类

1. 交通标线缺损原因检查分析

交通标线缺损主要包括以下几个方面的检查分析(图5-5-6):

(1)车辆碾压磨损:检查标线是否因长期车辆碾压而磨损严重,特别是高速公路等车流量大的地方,车辆碾压可能导致标线变得模糊或消失。

(2)天气因素:检查标线是否因雨雪、阳光暴晒等恶劣天气而褪色或破损,特别是在气候多变的地区,需要关注天气因素对标线的影响。

图5-5-6　交通标线检查

(3)施工质量:检查标线的施工质量,包括涂料选择、施工工艺、材料质量等,不合格的施工质量可能导致标线提前损坏。

(4)道路维护:检查道路维护情况,是否存在因为道路损坏导致标线受损的情况,如路面裂缝、坑洼等影响标线使用寿命的问题。

2. 交通标线分类

(1)交通标线根据施工方法可划分为热熔型和冷喷型两种。

图 5-5-7 热熔型交通标线施工

①热熔型交通标线(图 5-5-7)

热熔型交通标线通常由热熔涂料和玻璃珠混合而成。这种材料在道路表面上使用。热熔型交通标线具有耐磨损、耐侧滑、耐腐蚀等特点,能够在各种气候条件下保持良好的性能。这些标线通常通过机器或者人工在道路表面上进行施工,以标识车辆的行车路线、交通信号等。

热熔型交通标线的施工过程一般如下:

第一步,清洁道路表面:在施工之前,需要确保道路表面清洁干净,没有灰尘、油污等杂物,以确保标线能够牢固附着在道路上。

第二步,预热道路表面:使用专用的加热设备对道路表面进行加热,以使其能够更好地与热熔涂料黏结。

第三步,涂布热熔涂料:将预热后的道路表面上涂布热熔涂料,可以使用特殊的喷涂设备或者机械施工车辆进行操作。热熔涂料会在涂布后迅速降温凝固形成标线。

第四步,撒布玻璃珠:在涂布的热熔涂料上迅速撒布玻璃珠,这些玻璃珠能够增加标线的反光性能,提高夜间可视性。

第五步,冷却固化:经过一段时间的冷却,热熔涂料会完全固化,形成坚固的道路标线。

热熔型交通标线具有的特点和优势:

a. 耐候性:热熔型交通标线具有较好的耐候性能,可以在各种气候条件下使用,包括高温、低温和湿润环境。

b. 耐磨损性:由于热熔涂料是通过高温热熔并与道路表面形成化学结合的,因此它具有较强的耐磨损性,可以经受车辆轮胎的摩擦而不容易磨损。

c. 良好的可见性:热熔型交通标线通常添加了玻璃珠,使得标线具有较好的反光性能,提高了车辆在夜间和恶劣天气条件下的可见性。

d. 快速施工:相较于传统的油漆标线,热熔型交通标线施工更加便捷快速。它可以通过机械施工车辆进行涂布,从而提高施工效率。

e. 环保可持续:热熔型交通标线采用的热熔涂料通常不含有害物质,对环境友好,并且降解速度缓慢,有较长的使用寿命。

②冷喷型交通标线(图 5-5-8)

冷喷型交通标线与热熔型不同,它不需要在施工过程中进行加热处理。冷喷型交通标线使用的材料是预先配置好的环氧树脂油漆，它的施工过程相对较简单，包括以下几个步骤：

第一步，清洁道路表面：与热熔型标线一样，施工之前需要确保道路表面干净，没有杂物，以确保标线的附着性。

第二步，涂布环氧树脂油漆：使用专用喷涂设备将预先配置好的冷喷环氧树脂油漆涂布在道路表面上，形成标线的形状和颜色。

第三步，撒布玻璃珠：在涂布的环氧树脂油漆上迅速撒布玻璃珠，增加标线的反光性能，提高夜间可视性。

图 5-5-8　冷喷型交通标线施工

第四步，固化：经过一段时间后，环氧树脂油漆会逐渐固化成坚固的标线，确保其能够承受车辆行驶和自然环境的影响。

冷喷型交通标线具有的特点和优势：

a. 快速施工：冷喷型交通标线的施工过程相对简单，没有预热和热熔等步骤，可以节省大量施工时间。这对于需要快速完成标线施工的项目尤为重要，可以减少道路封闭时间和交通管制对道路交通的影响。

b. 降低能源消耗：热熔型交通标线需要加热设备进行预热和热熔，消耗较多能源。而冷喷型交通标线不需要加热处理，省去了能源消耗的环节。

c. 环境友好：冷喷型交通标线使用的环氧树脂油漆通常低挥发，不含有害物质，对环境影响较小。而热熔型交通标线中的热熔涂料可能会释放有害气体。

d. 耐候性：冷喷型交通标线使用的环氧树脂油漆具有较好的耐候性能，能够在不同气候条件下长期保持标线的色彩稳定性、抗褪色性和耐久性。

e. 适应性广泛：冷喷型交通标线适用于不同类型的道路，包括高速公路、城市道路、停车场等。它可以制作出各种形状、线宽和颜色的标线，以适应各种交通管理需求。

需要注意的是，冷喷型交通标线的耐磨性相对较低，特别是在高流量和频繁通行的道路条件下，可能需要更频繁的维护和重新涂刷。在选择标线施工材料时，需要根据具体的道路环境和使用需求进行综合考虑。

(2)热熔型交通标线根据材料可划分为普通热熔型标线和双组份热熔型标线。

普通热熔型标线：普通热熔型标线使用的是单组份的热熔涂料。这种涂料通常是一种反应性树脂，通过加热至高温使其熔化，然后将熔化的涂料倒在道路表面上，形成标线的形状和颜色。随着涂料的冷却固化，形成坚实的标线。普通热熔型标线的施工相对简单，但是需要专门的加热设备和涂线机进行施工。

双组份热熔型标线：相较于普通热熔型标线，双组份热熔型标线具有更好的性能和更强的耐用性。它使用的是两种组份的热熔涂料，一般为反应性树脂和固化剂。这两种组份在加热后混合在一起，并在施工时形成标线。双组份热熔型标线具有更好的耐候性、耐磨性和耐化学腐蚀性。它能够适应更恶劣的道路环境和更高的车辆流量，保持标线的长期可见性。

双组份热熔型标线的施工相对复杂，需要使用专门的双组份涂线机和加热设备。由于其更高的性能和耐用性，双组份热熔型标线常被用于高速公路、机场跑道等高要求的交通标线项目中。

需要注意的是,无论是普通热熔型标线还是双组份热熔型标线,在施工过程中都需要保证道路表面的干净和良好的附着性,以确保标线的质量和耐久性。选择热熔型标线时,应根据具体的道路情况、环境要求和使用需求进行综合评估。

二、标线施划要求

(1)路面标线的颜色、形状和设置位置应符合原建设期标准规范要求和设计要求。

(2)路面标线材料应符合设计要求和原建设期标准规范要求;局部补划的路面标线材料及形状宜与相邻路段原有路面标线一致。

(3)路面标线喷涂前应先清洁路面,保持路面干燥、无起灰现象。

(4)复划标线前对基底原路面标线的清理应符合设计要求。

(5)反光标线玻璃珠应撒布均匀,施划后标线应无起泡、剥落现象。

(6)标线施划实测项目应符合表 5-5-3 的要求。

标线施划实测项目 表 5-5-3

<table>
<tr><th>项次</th><th colspan="2">检查项目</th><th>规定值或允许偏差</th><th>检查方法和频率</th></tr>
<tr><td rowspan="2">1</td><td rowspan="2">标线长度(mm)</td><td>2000 ~ 6000</td><td>$\pm 0.005L$</td><td rowspan="2">钢卷尺:每 200m 测 1 处,每处测 2 段</td></tr>
<tr><td>1000</td><td>±10</td></tr>
<tr><td rowspan="2">2</td><td rowspan="2">标线纵向间距(mm)</td><td>2000 ~ 9000</td><td>$\pm 0.005L_1$</td><td rowspan="2">钢卷尺:每 200m 测 1 处,每处测 2 个间距</td></tr>
<tr><td>1000</td><td>±10</td></tr>
<tr><td>3</td><td colspan="2">标线宽度(mm)</td><td>+6,0</td><td>钢卷尺:每 100m 测 1 处</td></tr>
<tr><td>4Δ</td><td colspan="2">标线厚度(mm)</td><td>符合设计要求</td><td>标线厚度测量仪或卡尺:每 100m 测 1 处,每处测 2 点</td></tr>
<tr><td>5</td><td colspan="2">标线横向偏位(mm)</td><td>≤30</td><td>钢卷尺:每 100m 测 1 处</td></tr>
<tr><td>6</td><td colspan="2">反光标线逆反射亮度系数
($mcd \cdot m^{-2} \cdot lx^{-1}$)</td><td>符合设计要求</td><td>标线逆反射测试仪、干湿表面逆反射标线测试仪:每 200m 测 1 处,每处测 5 点</td></tr>
</table>

注:项次 1 中 L 为标线纵向长度,项次 2 中 L_1 为标线纵向间隔距离。

(7)标线应具有良好的视认性,颜色均匀、边缘整齐;线形应流畅,应与道路线形相协调。

(8)标线表面不应出现网状裂缝、断裂裂缝和起泡等现象;标线边缘不应出现明显毛边,复划标线应覆盖基底原路面标线。

第三节 护栏养护

一、波形梁钢护栏

(1)波形梁钢护栏(图 5-5-9)的防撞等级和路侧最小设置长度应符合原建设期标准规范要求。

图 5-5-9　波形梁钢护栏

(2)波形梁钢护栏构件的材质、几何尺寸应符合原建设期标准规范要求,防腐层质量应符合原建设期标准规范要求;局部更换的波形梁钢护栏材质、几何尺寸应与相邻的原有波形梁护栏一致。

(3)波形梁钢护栏的端部、中央分隔带开口及护栏过渡段的处理应符合设计要求。

(4)波形梁钢护栏立柱、波形梁、防阻块及托架的安装应符合设计要求,不得现场焊割和钻孔;波形梁板应沿行车方向平顺搭接。

(5)路肩和中央分隔带的土基压实度不应小于设计值,达不到压实度要求的路段不应该进行护栏立柱打入施工;桥梁、石方路段和挡土墙上的护栏立柱的埋深及基础处理应符合设计要求。

(6)波形梁钢护栏更换、增设实测项目应符合表 5-5-4 的规定。

波形梁钢护栏更换、增设实测项目　　表 5-5-4

项次	检查项目	规定值或允许偏差	检查方法和频率
1Δ	波形梁板基底板厚(mm)	符合 GB/T 31439.1、GB/T 31439.2 的规定	板厚千分尺:抽检 5%
2Δ	镀(涂)层厚度(μm)	符合设计要求	涂层测厚仪:抽检 5%
3	立柱埋入深度(mm)	不小于设计值	钢卷尺、过程检查:抽检 5%
4	立柱中距(mm)	±40	钢卷尺:每 200m 每侧检查 1 处
5	立柱竖直度(mm/m)	±10	靠尺、垂线:每 200m 每侧检查 1 处
6	立柱外边缘距路肩边缘线距离(mm)	≥250	钢卷尺:每 200m 每侧检查 1 处
7Δ	横梁中线高度(mm)	±20	钢卷尺:每 200m 每侧检查 1 处
8	螺栓终拧扭矩(N·m)	±10%	扭力扳手:每 200m 每侧检查 1 处

二、混凝土护栏

(1)混凝土护栏(图 5-5-10)的防撞等级和路侧最小设置长度应符合原建设期标准规范要求。

(2)混凝土护栏块件所用水泥、粗细集料、水、外加剂、掺和料和钢材等原材料的规格、质量以及混凝土配合比应符合原建设期标准规范要求。

图 5-5-10　混凝土护栏

(3)混凝土护栏块件标准段、混凝土护栏起始点及其他开口处的混凝土护栏块件的几何尺寸应符合设计要求;局部更换的混凝土护栏块件材质、尺寸应与相邻的原有混凝土护栏一致。

(4)各混凝土护栏块件之间、护栏与基础之间的连接以及护栏端头处理和过渡段的处理,均应符合设计要求。

(5)混凝土护栏的地基承载力、埋入深度、配筋方式及数量应符合设计要求。

(6)混凝土预制块件的损边、掉角的长度每处不得超过 20mm,否则应修补后才能安装使用;断裂的混凝土护栏块件不得使用。

(7)混凝土护栏整修、增设实测项目应符合表 5-5-5 的规定。

混凝土护栏整修、增设实测项目　　表 5-5-5

项次	检查项目		规定值或允许偏差	检查方法和频率
1Δ	护栏混凝土强度(MPa)		符合设计要求	按现行标准检查
2	护栏断面尺寸(mm)	高度	±10	钢卷尺:每 200m 每侧检查 1 处
		顶宽及底宽	±5	
3	钢筋骨架尺寸(mm)		符合设计要求	钢卷尺:每 200m 每侧检查 1 处
4	横向偏位(mm)		±20 或符合设计要求	钢卷尺:每 200m 每侧检查 1 处
5	拼接处高度及横向错位(mm)		≤5	钢卷尺:每 200m 每侧检查 1 处
6	直线段护栏顺直度(mm)		≤30	20m 拉线、钢直尺:每 200m 每侧检查 1 处
7	基础厚度(mm)		±10% H	钢卷尺、过程检查:每 200m 每侧检查 1 处

注:项次 3 钢筋骨架尺寸仅适用于现场浇筑;项次 7 中的 H 为基础设计厚度。

三、缆索护栏

(1)缆索护栏(图 5-5-11)的防撞等级和路侧最小设置长度应符合原建设期标准规范要求。

(2)缆索、立柱、锚具、紧固件的材质、性能、结构、尺寸及镀层质量应符合设计要求和原建设期标准规范要求。

(3)护栏的端头处理及护栏过渡段的处理应符合设计要求。

(4)立柱应安装牢固。采用挖埋法施工,立柱埋入土中时,回填土应分层(每层厚度不超过 100mm)夯实;立柱埋入混凝土中时,基础混凝土的几何尺寸、强度等应符合设计要求;采用打入法施工时，立柱顶部不应出现明显变形、倾斜扭曲或卷边等现象。

图 5-5-11　缆索护栏

（5）端部立柱调节螺杆行车方向外露部分长度和安全防护形式应符合设计要求。

（6）缆索护栏更换、增设实测项目应符合表 5-5-6 的规定。

缆索护栏更换、增设实测项目　　表 5-5-6

项次	检查项目	规定值或允许偏差	检查方法和频率
1Δ	初张力（kN）	±5%	张拉计、过程检查：逐根检查
2	最下一根缆索的高度（mm）	±20	钢卷尺：每 200m 每侧检查 1 处
3	立柱中距（mm）	±40	钢卷尺：每 200m 每侧检查 1 处
4	立柱竖直度（mm）	≤10	靠尺、垂线：每 200m 每侧检查 1 处
5	立柱埋置深度（mm）	不小于设计值	钢卷尺：每 200m 每侧检查 1 处
6	混凝土基础尺寸（mm）	符合设计要求	钢卷尺、过程检查：每 200m 每侧检查 1 处
7	基础混凝土强度（MPa）	符合设计要求	按现行标准检查

四、中央分隔带开口护栏

（1）中央分隔带开口护栏（图 5-5-12）的防护等级应满足设计要求，安全性能应符合原建设期标准规范要求。

（2）中央分隔带开口护栏的形式、规格，钢构件的防腐处理应符合设计文件的要求。

图 5-5-12　中央分隔带开口护栏

(3)中央分隔带开口护栏的安装及与中央分隔带护栏过渡段的处理,应满足设计要求并符合施工技术规范的规定。

(4)中央分隔带开口护栏应按设计文件的要求与相邻中央分隔带护栏合理过渡,高度宜与两端护栏齐平,平纵线形与公路保持一致。

(5)中央分隔带开口护栏在使用时,应易于开启、移动方便。

(6)中央分隔带开口护栏增设、更换实测项目应符合表 5-5-7 的规定。

中央分隔带开口护栏增设、更换实测项目　　表 5-5-7

项次	检查项目	规定值或允许偏差	检查方法和频率
1	高度(mm)	±20	量尺:每处测 5 点
2	涂层(μm)	满足设计要求	涂层厚度仪:每处测 5 点
3	开启时间	满足设计要求	按产品规定的开启方式
4	过渡处理	满足设计要求	对照设计文件

第四节　绿　　化

一、植树苗木选择

(1)应优先选择当地苗木,选择范围宜在 100km 以内。

(2)在当地没有合适苗木时,宜北树南移,选择范围不宜超过 700km。

(3)选择外地苗木时,根据植物喜性,以及当地土壤、气候条件确定适宜的苗木。

二、树木移植

(1)树木宜在休眠期移植,最佳期为植物萌动前的休眠期。

(2)灌木宜带土移植,乔木移植土坨直径为根径的 6 倍,土坨高度为根径的 4 倍。

(3)树木品种宜搭配种植,可采用乔灌结合和草灌结合等多种方式。

(4)移植后需将根部封闭,保证不透风,安装稳固支架,浇灌 3 次水,分别在第 3 天、第 7 天、第 10 天各浇 1 次水。

第六章 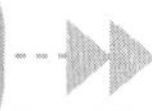

管理与培训

技能目标

(1)能提出预防养护、修复养护、专项养护和应急养护方案;能检验、评定公路养护质量和提出公路养护质量改进措施。

(2)能确定养护作业的组织形式;能开展养护施工作业的技术管理;能编写公路养护的远景规划方案。

(3)能对养护数据的内容进行管理与应用;能熟练应用数字化设备进行养护管理。

(4)能对公路养护技师进行理论知识和实操技能培训;能讲授公路养护新技术的应用。

第一节 养护质量管理

一、公路养护工程对策

(一)养护工程作业

养护工程应包括预防养护、修复养护、专项养护和应急养护工程。养护工程应符合下列规定。

(1)预防养护:公路整体性能良好但有轻微病害,为延缓性能过快衰减、延长使用寿命而预先采取的主动防护工程。

(2)修复养护:公路出现明显病害或部分丧失服务功能,为恢复技术状况而进行的功能性、结构性修复或定期更换,包括大修、中修、小修。

(3)专项养护:为恢复、保持或提升公路服务功能而集中实施的完善增设、加固改造、拆除重建、灾后恢复等工程。

(4)应急养护:在突发情况下造成公路损毁、中断、产生重大安全隐患等,为较快恢复公路安全通行能力而实施的应急性抢通、保通、抢修。

养护工程作业主要内容如表 5-6-1 所示。

养护工程作业主要内容　　表 5-6-1

工程类别	设施类别	作业主要内容
预防养护	路基	1. 路基防护工程增设或完善; 2. 路基排水系统增设或完善; 3. 防护及支挡结构物表面破损集中处治、泄水孔疏通等; 4. 边坡坡面冲刷、碎落和局部崩塌等集中处理
	路面	1. 沥青路面整路段防损、防水、抗滑、抗老化或提高平整度等表面处治; 2. 水泥混凝土路面整路段防滑、防水、防剥落或提高平整度等表面处治,板底脱空处治和接缝材料集中清理更换等
	桥梁、涵洞	1. 混凝土构件非结构性裂缝和表观缺损等集中处治,钢筋防锈和防侵蚀等预防处治; 2. 钢构件防腐、防锈和防侵蚀处理等周期性预防处治; 3. 吊杆、拉索两端锚头除锈、锚具锚杯内的防腐油脂定期更换;钢护筒与套管连接处的防水垫圈及阻尼垫圈定期更换; 4. 砌体非结构性开裂和砂浆剥落等集中处治; 5. 桥面铺装层轻微病害集中处治; 6. 伸缩装置和支座等构件维护; 7. 构件防水和防渗漏、箱室结构内部通风和除湿等预防处治; 8. 桥涵基础抗冲刷防护工程增设或完善
	隧道	1. 结构防腐、防侵蚀、防火阻燃等周期性预防处治; 2. 结构表面裂缝和剥落等集中处治; 3. 结构表面浸渗等的集中处治; 4. 路面轻微病害集中处治; 5. 高寒地区隧道防冻和保温设施维护和保养
修复养护	路基	1. 路堤沉陷、桥头跳车、翻浆和开裂滑移等处治; 2. 边坡失稳、坍塌和滑坡等治理; 3. 支挡结构物修复和增设; 4. 路基排水设施修复; 5. 路肩硬化、路缘石集中更换; 6. 局部路段路基加高、加宽或改建; 7. 防雪、防石和防风沙等防灾设施修复或增设
	路面	1. 沥青路面表面层结构功能衰减的修复、加铺或重铺; 2. 沥青路面面层和基层结构性破坏的修复、加铺或重铺: 3. 水泥混凝土路面裂缝、断裂和破碎等的修复或换板; 4. 水泥混凝土路面整体结构破坏的结构形式改造或结构加铺; 5. 砂石和块石路面整路段结构性恢复及改善; 6. 配套路面修复,标志、标线、护栏、路缘石及分隔带开口等的恢复和完善
	桥梁、涵洞	1. 混凝土构件变形、承载能力不足、结构性裂缝和缺损的修复或更换; 2. 砌体结构变形、结构性开裂和破损等的修复; 3. 钢构件变形、开裂、连接失效和承载能力不足等的修复或更换; 4. 钢管混凝土结构管内混凝土脱空处治; 5. 斜拉索、吊索和吊杆等的调整或更换; 6. 桥面铺装病害处治、附属设施集中修复或更换; 7. 伸缩装置和支座等构件集中更换; 8. 调治构造物和径流系统等的修复或完善; 9. 涵洞修复

续上表

<table>
<tr><th>工程类别</th><th>设施类别</th><th>作业主要内容</th></tr>
<tr><td rowspan="5">修复养护</td><td>隧道</td><td>1. 衬砌变形、结构性裂缝、破损和渗漏水等的修复;
2. 隧底涌水、翻浆、路面隆起或路面板断裂等的修复;
3. 洞口边仰坡边坡失稳和坍塌等治理;
4. 洞门结构物修复;
5. 检修道、吊顶及预埋件和内装饰等的修复;
6. 排水设施集中修复;
7. 隧道供配电、照明、通风、消防、监控和通信等机电设施及设备集中维修或更换;
8. 设备洞室、风机房、水泵房、洞外联络通道等其他工程设施的修复</td></tr>
<tr><td>交通安全设施</td><td>1. 标志牌、里程碑、百米桩和界碑等的集中修复或更换,标志牌补设;
2. 路面标线、立面标记和突起路标的整路段重新施划或更换;
3. 护栏、栏杆、防撞垫和防撞桶等防护设施的集中修复、更换或补设;
4. 轮廓标、示警桩、示警墩和道口标柱等的集中修复、更换或补设;
5. 中央分隔带防眩板或防眩网的集中更换;
6. 隔离栅、防落物网和防落石网的集中修复或更换;
7. 避险车道整体修复或制动床集料更换;
8. 防风栅、防雪栅、防沙栅、积雪标杆等的集中修复或更换</td></tr>
<tr><td>机电设施</td><td>1. 监控、收费、通信、供配电、照明、监测、隧道通风和消防等设施及设备集中维修或更换;
2. 软件系统增设或升级</td></tr>
<tr><td>管理服务设施</td><td>1. 管理服务设施用房定期修缮,设备集中维修或更换;
2. 场区、停车场及出入匝道等的修复或改造</td></tr>
<tr><td>绿化与环境保护设施</td><td>1. 公路用地范围绿化植物集中更换或新植,开辟苗园等;
2. 声屏障、污水处理设施、烟气除尘设施和水土保护设施等的修复、改造、扩建或增设;
3. 公路景观提升、路域环境治理等</td></tr>
<tr><td>专项养护</td><td>各类设施</td><td>1. 为提升服务功能的路段或路线交叉改建工程;
2. 为提升结构强度的路面大规模改建或重建工程;
3. 为提升承载能力或抗灾能力等的危旧桥梁改造专项行动;
4. 为提升交通安全保障水平的交通工程及沿线设施完善增设或升级改造等工程;
5. 为提升抗灾能力的地质灾害防治工程;
6. 为恢复公路服务功能的灾后恢复工程;
7. 其他,如“畅安舒美”示范公路创建工程等</td></tr>
<tr><td>应急养护</td><td>各类设施</td><td>1. 清理自然灾害及其他突发事件造成的障碍物;
2. 公路突发损毁的抢通、保通和抢修;
3. 可能危及交通安全的重大安全隐患处治</td></tr>
</table>

(二)养护工程对策

(1)公路养护工程应包括路况检查及评定、养护决策、养护工程设计、施工、技术文件和数据管理等工作。

(2)路况检查应包括对公路基础设施的日常巡查、经常检查、定期检查、专项检查和应急检查,对特殊基础设施应进行结构检测。在相关检查的基础上,应进行技术状况评定或专项性能评定。

(3)养护决策应基于检查及评定结果,通过养护决策分析,优化选择养护方案,为编制公路养护中长期规划和年度计划提供依据。

(4)应急养护工程可按技术方案组织实施,其余养护工程应按计划组织设计,依据设计及相关技术文件组织施工及验收。

(5)公路养护应收集、管理并充分利用各环节形成的技术文件和取得的数据,推进养护管理信息系统建设与应用。

(6)公路养护应配备与养护任务相适应的专业技术人员及专业机具设备,推广应用自动化、数据化快速养护检测和施工技术及设备。

(7)养护工程技术标准的采用应遵循下列原则:

①预防养护工程设计不应低于原技术标准;

②修复养护工程设计不应低于原技术标准,涉及结构安全和交通安全的修复养护工程设计宜采用现行技术标准;

③增设、升级改造和拆除重建等专项养护工程设计应采用现行技术标准。

养护工程质量控制对策如图 5-6-1 所示。

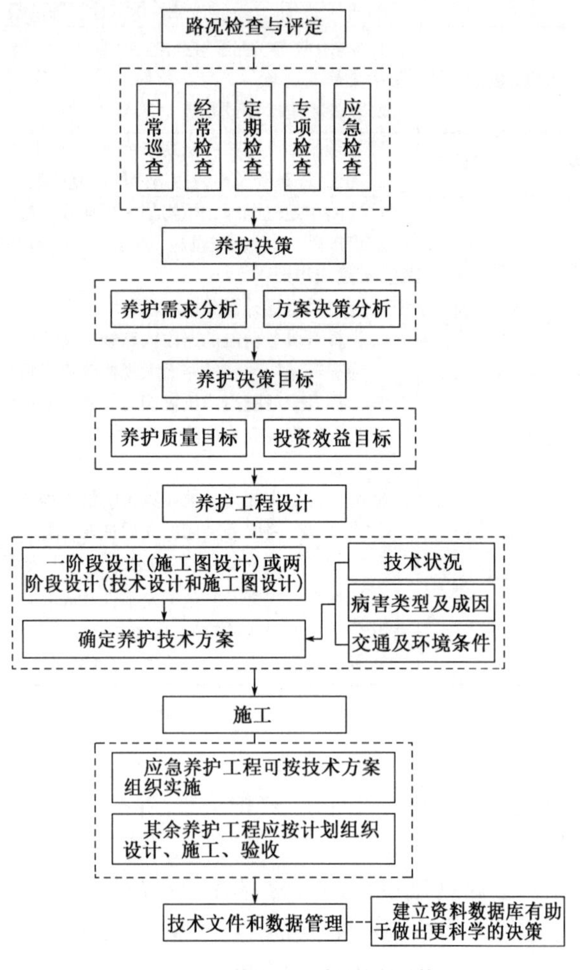

图 5-6-1　养护工程质量控制对策

二、公路养护检验与评定

(一)一般规定

(1)应在施工准备阶段按表5-6-2将养护工程划分为若干个养护工程质量检验评定单元。

公路养护工程的划分　　表5-6-2

养护工程	养护单元
路基、排水及支挡养护工程	路基养护工程:长度不超过1km的每一处路基构造物应按下列维修、加固的工艺或方法,分别作为一个养护单元,这些方法包括填方土边坡修复、土方路基修复、填石路基修复。当某一处的长度较短时,可将3~5处相同维修、加固的工艺或方法合并作为一个养护单元
	排水设施养护工程:每一处排水设施应按下列养护工艺或方法,分别作为一个养护单元,这些方法包括管道铺设,检查(雨水)井整修、增设,土沟整修、增设,砌筑排水沟整修、增设,急流槽及跌水整修、增设,盲沟整修、增设,泄水孔整修、增设
	支挡、防护及其他砌筑养护工程:每一处支挡、防护和砌筑工程均应按下列养护工艺或方法,分别作为一个养护单元,这些方法包括砌体挡土墙修复,护面墙修复,预应力锚杆、锚索加固,锥、护坡修复,边坡锚喷防护,边坡框架梁加注浆锚杆防护
路面养护工程	每10000~35000m^2的下列路面养护作业,分别作为一个养护单元:加铺或铣刨重铺沥青混凝土面层,微表处和稀浆封层,碎石封层,就地热再生,含砂雾封层,沥青路面局部挖补加铺水泥混凝土面层,水泥混凝土路面换板,水泥混凝土路面板底注浆,水泥混凝土路面刻槽,水泥混凝土路面碎石化,沥青碎石基层翻修,厂拌冷再生、就地冷再生、全深式冷再生,稳定土基层翻修,稳定粒料基层翻修,级配碎石基层翻修;每5000~10000延米的沥青路面开槽灌缝,作为一个养护单元
桥梁涵洞养护工程	桥梁养护工程:每一桥梁构件、部件均应按下列维修、加固的工艺或方法,分别作为一个养护单元,这些方法包括桥面铺装维修,伸缩装置更换,排水设施维修,混凝土栏杆及护栏维修,梁体顶升,支座更换,混凝土表面缺陷修补,混凝土裂缝修补,混凝土构件表面防护,植筋,钢筋混凝土增大截面,设置体外预应力,粘贴钢板,粘贴碳纤维复合材料,钢结构涂装防护,高强螺栓更换,钢管混凝土拱脱空注浆,钢管混凝土拱外包混凝土,更换吊杆、吊索和拱桥系杆,斜拉桥换索及调索,斜拉索、吊杆防护套修补,混凝土盖梁、台帽维修墩身外包钢,钢花管注浆锚杆加固桥台,墩、台增补静压桩,桩身修补
	涵洞养护工程:每一座涵洞应按下列维修、加固的工艺或方法,分别作为一个养护单元,这些方法包括涵洞接长、台身增大截面加固、基础注浆加固、混凝土涵管增大截面加固、拱涵主拱圈增大截面加固、一字墙和八字墙局部更换砌块
隧道养护工程	每一座隧道每10m纵向施工长度的衬砌背面压(注)浆,喷射混凝土加固,套(嵌)拱,增设仰拱;每200m累计长度渗、漏水处治;每6m混凝土衬砌更换;每50m施工长度的排水设施维修,冻害处治;每100m累计施工长度的人行道(检修道)维修。以上均分别作为一个养护单元

续上表

养护工程	养护单元
交通安全设施养护工程	每5~10km累计施工长度的下列养护作业,分别作为一个养护单元,这些养护作业包括交通标志更换、增设,路面标线划设,里程碑、百米桩和界碑更换、增设,波形梁钢护栏更换、增设,混凝土护栏整修、增设,缆索护栏更换、增设,混凝土隔离墩更换、增设,隔离栏更换、增设,突起路标更换、增设,轮廓标更换、增设,防眩设施更换、增设,隔离栅和防落网更换、增设;每处声屏障的下列养护作业分别作为一个养护单元,这些养护作业包括金属框架声屏障更换、增设
绿化养护工程	每1~3km累计施工长度的下列养护作业,分别作为一个养护单元,这些养护作业包括栽植土补缺、更换,植物材料更新、补缺,乔木、灌木栽植,草坪、草本地被栽植

注:表中"每一处"指每一个连续养护段落。

(2)养护工程质量检验评定应按养护单元、养护工程逐级进行。

(3)养护工程质量检验评定应符合下列要求:

①养护单元完工后,应根据现行标准进行检验,对工程质量进行评定。隐蔽工程在隐蔽前应检查合格。

②养护工程完工后,应汇总评定所属养护单元质量资料,检查外观质量,对工程质量进行评定。

(二)养护工程质量检验

(1)养护单元应按基本要求、实测项目、外观质量和质量保证资料等检验项目分别检查。

(2)养护单元质量应在所使用的原材料、半成品、成品及施工控制要点等符合基本要求的规定,无外观质量限制缺陷且质量保证资料真实齐全时,方可进行检验评定。

(3)基本要求检查应符合下列规定:

①应对养护单元所列基本要求进行逐项检查,经检查不符合规定时,不得进行工程质量的检验评定。

②养护单元所用的各种原材料的品种、规格、质量及混合料配合比和半成品、成品等应符合有关技术标准规定并满足设计要求。

(4)实测项目检验应符合下列规定:

①应对检查项目按规定的检查方法和频率进行随机抽样检验并计算合格率,采用其他高效检测方法时应经提前比对确认。

②应按下式计算检查项目合格率:

$$\text{检查项目合格率}=\frac{\text{合格的点(组)数}}{\text{该检查项目的全部检查点(组)数}}\times 100\% \qquad (5\text{-}6\text{-}1)$$

(5)实测项目中检查项目合格判定应符合下列规定:

①关键项目(在检查项目项次后以"△"标识)的合格率不得低于95%,属于工厂加工制造的桥梁金属构件的合格率应为100%,不符合要求时该检查项目应为不合格。

②一般项目的合格率应不低于80%,不符合要求时该检查项目应为不合格。

③有规定极值的检查项目，任一单个检测值都不得突破规定极值，不符合要求时该检查项目应为不合格。

④采用现行标准所列方法进行检验评定的检查项目，不符合要求时该检查项目应为不合格。

(6)外观质量应进行全面检查，并满足规定要求。对于明显的外观缺陷，养护工程施工单位应进行整修或返工处理直至合格。

(7)养护工程应有真实、准确、齐全、完整的施工原始记录、试验检测数据、质量检测结果等质量保证资料，有监理资料。其中，养护工程质量检验评定应符合表5-6-3、表5-6-4及现行标准的规定；养护工程的质量保证材料应符合现行标准的规定。当个别质量保证资料缺失时，应有检测机构出具的实体质量合格检测报告。

养护单元工程质量检验评定表　　表5-6-3

养护单元名称：　　　　施工单位：

养护工程部位：　　　　监理单位：

(桩号、墩台号、孔号)

<table>
<tr><td colspan="2">基本要求</td><td colspan="15"></td></tr>
<tr><td rowspan="9">实测项目</td><td rowspan="2">项次</td><td rowspan="2">检查项目</td><td rowspan="2">规定值或允许偏差</td><td colspan="10">实测值或实测偏差值</td><td colspan="3">质量评定</td></tr>
<tr><td>1</td><td>2</td><td>3</td><td>4</td><td>5</td><td>6</td><td>7</td><td>8</td><td>9</td><td>10</td><td>平均值、代表值</td><td>合格率(%)</td><td>合格判定</td></tr>
<tr><td></td><td></td><td></td><td></td><td></td><td></td><td></td><td></td><td></td><td></td><td></td><td></td><td></td><td></td><td></td><td></td></tr>
<tr><td></td><td></td><td></td><td></td><td></td><td></td><td></td><td></td><td></td><td></td><td></td><td></td><td></td><td></td><td></td><td></td></tr>
<tr><td></td><td></td><td></td><td></td><td></td><td></td><td></td><td></td><td></td><td></td><td></td><td></td><td></td><td></td><td></td><td></td></tr>
<tr><td></td><td></td><td></td><td></td><td></td><td></td><td></td><td></td><td></td><td></td><td></td><td></td><td></td><td></td><td></td><td></td></tr>
<tr><td></td><td></td><td></td><td></td><td></td><td></td><td></td><td></td><td></td><td></td><td></td><td></td><td></td><td></td><td></td><td></td></tr>
<tr><td></td><td></td><td></td><td></td><td></td><td></td><td></td><td></td><td></td><td></td><td></td><td></td><td></td><td></td><td></td><td></td></tr>
<tr><td></td><td></td><td></td><td></td><td></td><td></td><td></td><td></td><td></td><td></td><td></td><td></td><td></td><td></td><td></td><td></td></tr>
<tr><td colspan="3">外观鉴定</td><td colspan="5"></td><td colspan="2">质量保证资料</td><td colspan="7"></td></tr>
<tr><td colspan="3">工程质量等级评定</td><td colspan="5"></td><td colspan="2">监理意见</td><td colspan="7"></td></tr>
</table>

检验负责人：　　检测：　　记录：　　复核：　　年　月　日

养护工程质量评定表 表 5-6-4

养护工程名称： 路线名称：

起 讫 桩 号： 完工日期：

施 工 单 位： 监理单位：

养护单元			备注
编号	工程名称	质量等级	
养护工程质量等级			
养护工程评定意见			

检验负责人： 记录： 复核： 年 月 日

(8)要求有竣工资料的养护工程,可按现行标准编制竣工资料。

(三)养护工程质量评定

(1)养护工程质量等级应分为合格与不合格。

(2)养护单元工程质量评定为合格应同时符合下列规定：

①检验记录应完整；

②质量保证资料应符合现行标准规定；

③所含实测项目的质量均应合格；

④外观质量应满足要求。

(3)养护工程质量评定为合格应同时符合下列规定：

①评定资料应完整；

②所含各养护单元的质量均应合格；

③外观质量应满足要求。

(4)评定为不合格的养护单元，必须进行返工、加固、补强或调测，满足设计要要求后，可重新进行检验评定。

三、公路养护质量改进措施

公路养护工作的专业人员需要根据公路技术状况的变化和养护工作的实际情况，提出切实可行的改进措施。以下从管理、技术及材料等方面阐述了公路养护质量改进措施的一些方向。

1.优化工艺流程

在养护工程中，可以通过优化工艺流程来提高工程效率和质量。如设置标准化的养护工艺流程，确保每一道工序的操作要求和技术标注，规范化施工流程，提高工程的质量和效率。另外，可以采用信息化管理手段，对养护工程进行全程监控和管理，提高工程的实时监控性和可控性，保证工程质量和安全。

2.提高工程设备水平

为改进公路养护工程的效果，可以引进先进的养护设备、工程机械和技术装备，提高设备的水平，使其更加适应养护工程的需要。同时对技术人员定期培训，使其掌握技术水平和设备基本维护能力，为养护工程提供更好的保障。

3.施工质量控制

公路养护采用的主要原材料、半成品、成品、构件、机电设施和设备等应进行进场检验。涉及安全、节能、环境保护及主要使用功能的重要材料和产品，应按设计文件和有关标准的规定进行复检。

4.制定科学的养护计划

根据公路的使用情况和维护历史，制定科学合理的养护计划。养护计划应包括养护频率、内容和预算等方面的考虑。例如，可以根据交通流量、气候条件等因素，确定养护工作的频率和内容；可以根据公路的使用寿命和维护成本等因素，制定合理的养护策略。

5.创新管理模式

养护工程可以引入市场竞争机制，推行招投标制度、工程监理制度和合同管理制度；可以采用信息化管理技术，优化管理流程和保障工程的可溯性，从而达到提高养护工程效率和质量的目的。

6.加强监督检查

可以加强对养护工程的监督检查，建立健全的监督机制和责任制度，对工程实时全程监控和管理，加强对施工单位和监理单位的监督力度，提高技术人员的责任意识和工程的质量。

第二节　技术经济管理

一、养护施工作业经济管理

随着我国公路基础设施存量规模的增大,未来面临的养护任务将日益繁重。公路养护作业经济管理的重要性毋庸置疑,它是推动公路养护管理高质量发展的重要手段。例如,《"十四五"公路养护管理发展纲要》的制定和实施,就是为了全面加强"十四五"期间的公路养护管理工作,推动公路养护管理的高质量发展。因此,对养护作业经济管理提出了相应的要求。

(一)养护计划

制定合理的养护计划是养护作业的重要任务之一。一个合理的养护计划可以确保养护工作的效率和经济性,延长公路的使用寿命,保障交通安全和畅通。制定合理的养护计划主要包括以下几个方面。

1. 需要对公路的使用情况进行全面的调查和分析

需要了解公路的使用频率、交通流量、地理环境等因素,以及公路的病害类型和程度。通过对公路的全面了解,可以确定养护的重点和优先级。

2. 需要根据公路的使用情况和病害情况,制定合理的养护频率和时间

养护频率是指多长时间进行一次养护工作,养护时间是指每次养护工作的持续时间。需要根据公路的使用情况和病害情况,确定养护的频率和时间,以确保养护工作的及时性和有效性。

3. 需要确定养护的范围和内容

养护范围是指需要进行养护的具体路段或区域,养护内容是指具体的养护项目和方法。高级技师需要根据公路的使用情况和病害情况,确定养护的范围和内容,以确保养护工作的针对性和全面性。

4. 需要制定合理的养护预算

养护预算是指在一定时间内为养护工作所安排的资金。制定合理的养护计划需要根据养护计划的具体要求,结合市场行情和成本核算,制定合理的养护预算。在制定预算时,需要考虑人力、物力、设备、材料等方面的费用,并合理安排资金使用,以实现资源的最大化利用和效益的最大化。

(二)成本控制

养护工作涉及大量的人力、物力和财力投入,如何合理控制成本是一个关键问题。只有通过科学合理的成本控制,才能降低养护工作的成本,提高经济效益。成本控制主要包括以下几个方面。

1. 成本核算和分析

需要对养护过程中的各项费用进行详细核算，包括人力、物力、设备、材料等方面的费用。同时，还需要对这些费用进行分析，找出成本的主要来源和影响因素。通过对成本的核算和分析，可以为后续的成本控制提供依据。

2. 成本控制策略的制定

根据成本核算和分析的结果，可以确定成本控制的重点和方向。并通过优化资源配置、采用新技术和新材料、提高劳动生产率等方式来降低成本。同时，还可以与供应商和承包商进行有效的谈判和合作，争取到最优惠的价格和服务。通过合理的成本控制策略，可以降低养护工作的成本，提高经济效益。

3. 成本监控和评估

在养护工作进行过程中，高级技师需要对成本进行实时监控，及时发现和解决成本超支的问题。同时，还需要对成本控制的效果进行评估，分析成本控制措施的有效性和可行性。通过成本监控和评估，可以及时调整成本控制策略，确保养护工作的经济性。

（三）设备和材料的采购管理

养护工作需要使用各种设备和材料，如机械设备、清洗剂、修复材料等。需要根据养护计划和需求，制定合理的采购计划，选择性能优良、价格合理的设备和材料。通过合理的采购管理，可以降低设备和材料的采购成本，提高养护作业的经济性。设备和材料的采购管理主要包括以下几个方面。

1. 市场调研和供应商选择

需要了解市场上的设备和材料供应情况，比较不同供应商的价格、质量和服务等方面的优劣。通过市场调研和供应商选择，可以选择到合适的供应商，确保设备和材料的质量和价格的合理性。同时，还需要与供应商建立长期稳定的合作关系，争取到最优惠的价格和供货条件。

2. 制定采购计划和预算

根据养护工作的需要，需要确定所需的设备和材料的种类、数量和时间要求。同时，还需要结合市场行情和成本核算，制定合理的采购预算。通过采购计划和预算的制定，可以合理安排资源，避免浪费和超支。

3. 采购合同的签订和管理

在与供应商进行谈判和合作时，需要与供应商签订采购合同，明确双方的权益和责任。同时，还需要对合同的履行情况进行监督和管理，确保供应商按时提供符合要求的设备和材料。

4. 设备和材料的验收和使用管理

在设备和材料到达后，需要进行验收，检查其质量和数量是否符合合同要求。同时，还需要合理使用和管理设备和材料，避免浪费和损坏。

(四)质量监控和验收管理

质量监控和验收管理是确保公路养护工程质量的重要环节。公路养护工程管理办法规定,为加强和规范公路养护工程管理,提高养护质量与效益,需要采取一系列质量管理措施。在质量管理过程中,公路养护工程应具备验收条件后应及时组织验收,项目管理单位应组织有能力的检测机构进行养护工程质量检测,检测评定结果应满足现行相关标准要求。养护工作中的质量监控和验收管理主要包括以下几个方面。

1.制定质量标准和验收标准

需要根据国家和行业的相关标准,结合实际情况,制定适用于养护工作的详细质量标准和验收标准。这些标准可以包括材料的质量要求、施工工艺的规范、工程验收的标准等。通过制定严格的质量标准和验收标准,可以为后续的质量监控和验收提供依据。

2.进行质量监控和检查

在养护工作进行过程中,需要进行质量监控和检查,确保施工过程符合质量标准和验收标准。可以通过现场巡查、抽样检测、技术指导等方式进行质量监控和检查。同时,还需要及时发现和解决质量问题,确保养护工作的质量达到要求。

3.进行工程验收

在养护工作完成后,需要组织相关人员进行工程验收。验收过程中,需要对工程质量进行全面评估,包括外观质量、尺寸精度、功能性能等方面的检查。只有通过工程验收,才能确认养护工作的质量符合要求。

4.处理和改进质量问题

如果在质量监控和验收过程中发现质量问题,需要及时采取措施进行处理和改进。可以与相关部门和单位进行沟通和协调,解决问题并防止类似问题再次发生。通过质量问题的处理和改进,可以提高养护工作的质量水平。

二、公路养护远景规划

公路养护远景规划是指通过对公路养护发展前景进行系统性分析和综合设计,制定长远的发展目标、战略和政策,以引领和推动公路养护行业的持续发展。以下是关于公路养护远景规划的一些主要内容和考虑因素。

1.发展目标设定

(1)制定明确的发展目标,如提高公路基础设施的质量和安全性、优化养护施工效率、减少养护成本、提升技术创新能力等。

(2)设定具体的指标和标准,如路面平整度、服务年限、养护费用占比等,以便评估和监测发展进程。

2.技术创新和设备引进

(1)引入先进的养护技术和设备,如智能化路面检测技术、远程监控系统、自动化养护设备等,提升养护效率和质量。

(2)鼓励和支持科技创新,推动技术研发和应用,解决公路养护中的关键问题和挑战。

3. 环境保护和可持续发展

(1)着眼于生态环境保护,推广绿色养护技术和可持续施工方法,减少施工对环境的影响。

(2)采用可再生资源和环保材料,优化施工过程,降低能耗和碳排放,促进公路养护的可持续发展。

4. 人才培养和管理提升

(1)加强养护技术人才的培训和引进,提升工作人员的技能和专业水平,保障养护工作的高效进行。

(2)建立完善的人才激励和评价体系,吸引和留住优秀的养护人才,为公路养护行业的长远发展提供人才支持。

5. 国际合作和经验交流

(1)加强与国际组织和其他国家的合作,借鉴和吸收国际先进经验和技术,推动公路养护行业的国际化发展。

(2)参与国际标准的制定和推广,提升我国公路养护的国际竞争力和影响力。

公路养护远景规划需要综合考虑经济、技术、环境和社会等多方面因素,通过科学规划和有效管理,推动公路养护行业向更高质量、更高效率和更可持续的方向发展,为社会经济发展提供坚实的基础保障。

三、公路养护规划编制方法

公路养护的远景规划是确保公路长期稳定运行的重要保障。作为公路养护工作的专业人员,需要根据公路的技术状况和发展趋势,编写科学、实施性强的公路养护远景规划。公路养护规划编制方法主要包括以下几个步骤。

1. 数据收集

数据收集是公路养护规划编制的第一步,也是最重要的一步。数据收集的目的是为了获取公路的基本信息和使用情况,为后续的分析和规划提供依据。数据收集主要包括以下几个方面:

(1)公路基本信息:包括公路的长度、宽度、类型(如高速公路、国道、省道等)、路面材料、设计速度等。

(2)使用情况:包括交通流量、车辆类型、行驶速度、事故发生率等。

(3)历史养护记录:包括过去的养护活动、养护方法、养护效果、养护成本等。

(4)环境因素:包括地形地貌、气候条件、地质条件等。

(5)社会经济因素:包括人口、经济、交通需求等。

2. 现状分析

现状分析是公路养护规划编制的重要步骤,主要是对公路的现状进行全面、深入的分析,以了解公路的使用情况和存在的问题。现状分析主要包括以下几个方面:

(1)路面状况:包括路面的平整度、破损程度、裂缝情况等。

(2)交通流量:包括车辆的类型、数量、行驶速度等。

(3)设施设备:包括交通标志、照明设施、排水设施等。

(4)养护记录:包括过去的养护活动、养护方法、养护效果、养护成本等。

(5)环境因素:包括地形地貌、气候条件、地质条件等。

(6)社会经济因素:包括人口、经济、交通需求等。

3. 需求预测

需求预测主要是根据公路的使用情况和发展趋势,预测未来的养护需求。需求预测主要包括以下几个方面:

(1)交通流量:预测未来一段时间内的交通流量,包括车辆的类型、数量、行驶速度等。

(2)路面状况:预测未来一段时间内的路面状况,包括破损程度、裂缝情况等。

(3)设施设备:预测未来一段时间内需要更新或维修的设施设备。

(4)环境因素:预测未来一段时间内可能影响公路使用的环境因素,如气候变化、地质变化等。

(5)社会经济因素:预测未来一段时间内可能影响公路使用的社会经济因素,如人口增长、经济发展等。

4. 制定目标

制定目标主要是根据需求预测和公路的实际情况,制定养护的目标和策略。主要包括以下几个方面:

(1)路面状况:设定路面平整度、破损程度等指标的目标值。

(2)交通流量:设定交通流量、车辆类型、行驶速度等指标的目标值。

(3)设施设备:设定设施设备更新或维修的目标值。

(4)环境因素:设定环境保护的目标值。

(5)社会经济因素:设定满足社会经济发展的公路服务目标。

5. 方案设计

方案设计主要是根据制定的目标和策略,设计具体的养护方案。方案设计主要包括以下几个方面:

(1)养护内容:确定需要进行的养护活动,如路面修补、设施设备更新或维修等。

(2)养护方法:确定养护活动的具体方法,如采用何种材料、设备和技术。

(3)养护周期:确定养护活动的频率和时间,如每年进行一次全面养护,每季度进行一次小修保养等。

(4)预算:确定养护活动的预算,包括人工、材料、设备等费用。

(5)实施计划:制定养护活动的具体实施计划,包括人员配置、工作进度、质量控制等。

6. 方案评估

方案评估主要是对设计的养护方案进行全面、深入的评估，以确定其可行性和有效性。方案评估主要包括以下几个方面：

(1)技术可行性：评估养护方案的技术难度，确定是否具备实施的条件和能力。

(2)经济合理性：评估养护方案的成本效益，确定是否具有经济效益。

(3)环境影响：评估养护方案对环境的影响，确定是否符合环保要求。

(4)社会接受度：评估公众对养护方案的接受程度，确定是否满足社会需求。

(5)风险和不确定性：评估养护方案的风险和不确定性，确定是否具备应对风险的能力。

7. 方案优化

方案优化是根据方案评估的结果，对方案进行优化和调整，以提高其可行性和有效性。方案优化主要包括以下几个方面：

(1)技术改进：对养护方法、设备、材料等进行改进，提高养护效果和效率。

(2)成本控制：通过优化资源配置、采购策略等，降低养护成本。

(3)环境友好：通过采用环保的养护方法和技术，减少养护活动对环境的影响。

(4)社会接受度：通过公众参与、信息公开等方式，提高公众对养护方案的接受程度。

(5)风险管理：通过制定风险应对策略，降低养护方案的风险和不确定性。

8. 方案实施

方案实施是公路养护规划编制的最后步骤，主要是将优化后的方案付诸实施，并进行监督和管理，以确保养护活动的顺利进行。方案实施主要包括以下几个方面：

(1)人员配置：根据养护方案的需要，配置相应的人员和设备。

(2)工作进度：制定养护活动的工作计划和进度，确保按时完成。

(3)质量控制：建立质量控制体系，对养护活动进行监督和检查，确保质量达标。

(4)成本控制：对养护活动的成本进行控制，防止超预算。

(5)信息公开：通过公众参与、信息公开等方式，提高公众对养护活动的了解和支持。

在编写公路养护的远景规划时，需要充分考虑公路的技术状况和发展趋势，确保规划的科学性和实施性。通过明确养护目标、制定养护策略和措施，高级技师可以为公路的长期稳定运行提供有力保障，为我国公路建设和发展做出积极贡献。

第三节 数字化管理

一、公路养护数据的内容与管理

1. 一般规定

(1)公路养护技术文件的形成和积累、养护数据的收集和管理，应纳入养护管理各环节和有关人员的职责范围。

(2)公路养护应建立数据库,对各环节形成的具有科学价值的数据,均应收集加工、存储管理并充分利用,并宜建立公路养护管理信息系统。

2. 数据管理

(1)公路养护数据库应根据养护管理范围和职责分级建立,入库数据应包括基础数据、路况数据和管理数据,并应包含下列信息:

①基础数据:公路权属、技术等级、技术标准、各类基础设施构造和建设年代等资产信息,地形、地质、水文和气象等环境信息,材料单价、人工费用和地方经济指标等经济信息。

②路况数据:历次各类路况检查及评定、结构监测,交通量、交通组成和轴载谱历次养护工程设计、施工及其质量检验评定和验收等信息。

③管理数据:养护工程项目库、历年养护计划和历次中长期规划,公路管理、养护单位及其负责路段,以及路政管理信息等。

(2)数据库应及时录入路况数据和管理数据中的动态数据,其他数据发生变更时应及时更新。

(3)数据库宜具备数据获取、加工、存储、核查和检索等功能,并宜为各类数据交换、共享和应用提供接口。

(4)数据库应根据数据安全级别,采取严格的安全管控措施。

3. 养护管理信息系统

(1)公路养护管理信息系统应根据养护管理范围和职责分级建立,并宜与监测和监控等系统联网集成、协同管理。

(2)养护管理信息系统应具有基于数据库支撑的平台层、应用层和展示层的总体架构,以及信息安全体系和标准规范体系。根据实际需要及现有条件,宜具备技术状况评定、养护决策分析、日常养护和养护工程管理、公路资产管理和技术文件档案管理等功能。

(3)养护管理信息系统应按国家和行业现行有关标准的规定,建立完备的信息设备安全和场地安全体系。

二、公路养护数字化设备

公路养护数字化设备是利用数字技术、传感器技术、互联网技术等先进技术,对公路养护过程中的监测、检测、数据采集、管理和维护等环节进行数字化处理和智能化操作的设备和系统。这些设备能够实时监测公路路面、路基、桥梁等各种设施的状态,通过数据分析和处理提供精准的养护方案,从而提高养护工作的效率、质量和可持续性。以下是一些常见的设备:

(1)无损检测仪器:如激光扫描仪、地面雷达等,如图5-6-2所示。用于对路面进行全面、快速的无损检测,帮助发现裂缝、坑洼等问题。

(2)智能巡检设备:配备摄像头、传感器等设备,并通过GPS定位、无线通信等技术,实现对路面、路基状况的实时监测和数据采集,如图5-6-3所示。

(3)移动维修车辆:搭载维修工具和材料,可快速响应养护需求,及时修复路面问题,提升养护效率。

(4)远程监控系统:通过互联网技术远程监控公路养护设施和设备的运行状态,实时掌握养护情况,及时调整和优化养护计划。

(5)养护管理软件:包括养护计划编制、数据管理、维修记录等功能,帮助管理人员进行养护工作的跟踪监督和数据分析。

(6)智能路面标识设备:如智能交通标志、LED 路灯等,通过光电技术和智能控制实现对路面标识的远程监控和调控。

(7)环境监测设备:如气象站、污染监测仪等,用于监测养护工程周边环境因素,帮助优化养护方案,保障养护工程的环境友好性。

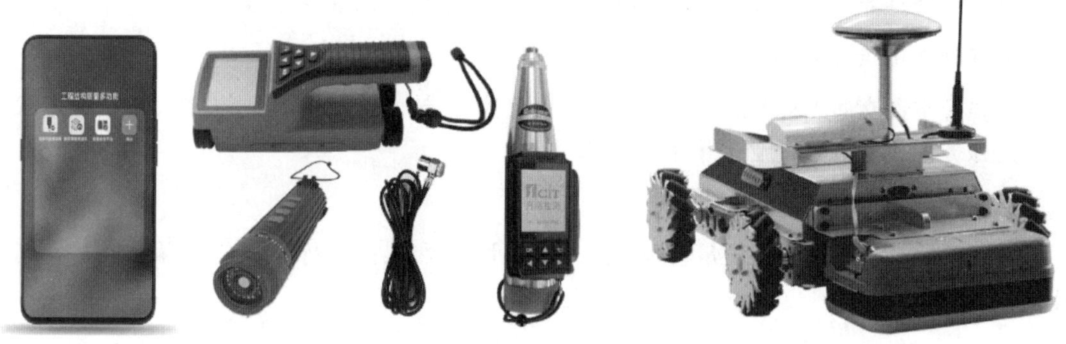

图 5-6-2　数字巡检设备　　　　图 5-6-3　智能雷达机器人

数字化设备的应用,可以提高公路养护工作的效率和质量,降低维护成本,提升公路交通系统的可靠性和安全性。同时,随着技术的不断发展和创新,数字化设备在公路养护领域的应用将不断丰富和完善。

第四节　培训与指导

一、理论知识和实操技能培训

公路养护高级技师应能对公路养护技师进行理论知识和实操技能培训。需要具备丰富的实践经验和专业知识,能够传授给学员正确的养护方法和技巧。

(一)理论知识培训

理论知识培训主要包括路基养护、路面养护、桥涵养护、隧道养护、交通工程与沿线设施以及管理与培训等方面的知识。

1. 路基养护

学员应掌握路基的技术状况检查、技术状况评定方法,根据评定状况采取相应的专项养护,并能组织自然灾害伴随的防治、抢修养护作业。

2.路面养护

学员应掌握路面的技术状况检查、技术状况评定方法,根据评定状况对路面采取相应的预防养护和专项养护。

3.桥涵养护

学员应掌握桥涵的技术状况检测、技术状况评定方法,根据评定状况对上下部结构及桥面系采取相应的专项养护。

4.隧道养护

学员应掌握隧道的土建结构经常性检查、土建结构技术状况评定方法,根据评定状况采取预防养护或修复养护,并能对隧道机电及其他工程设施进行检查、养护。

5.交通工程与沿线设施

学员应掌握交通工程与沿线设施的技术状况检查、技术状况检测评定方法,根据评定状况对管理服务设施和机电设施进行专项养护。

6.管理与培训

学员应掌握养护工程的质量管理和技术经济管理要求,能进行组织施工、编制养护计划和组织培训计划等。

(二)实操技能培训

实操技能培训内容主要涉及实际操作和现场解决问题的能力。需要对学员进行实际的路基养护、路面养护、桥涵养护、隧道养护、交通工程与沿线设施以及管理与培训等操作培训。同时,还需要考察学员在实际工作中遇到问题时的解决能力和应变能力。实操技能培训主要包括以下内容。

1.路基养护

(1)土方工程:学习土方工程的基本原理和方法,包括土方的开挖、填筑和夯实,以及土方工程中的施工注意事项和技巧。

(2)路基加固与改造:深入了解路基加固和改造的各种技术,如土石方工程、边坡防护、路基排水等,通过实际操作掌握加固和改造的方法和流程。

2.路面养护

(1)路面修补与铺设:学习路面修补的各种方法,包括补洞、修裂缝、填坑等,以及路面铺设的技术和流程,如沥青路面和水泥混凝土路面的铺设方法。

(2)路面刨削与维护:掌握路面刨削和平整的技术,了解路面维护的周期和方法,如清洁、防水、防滑等。

3.桥涵养护

(1)桥梁结构维护:学习桥梁结构的各种维护方法,包括桥面、桥墩、桥梁伸缩缝等部位的检修、防腐、防水等技术。

（2）桥梁安全管理：了解桥梁安全管理的重要性，学习桥梁的定期检测、维护和紧急救援措施，以确保桥梁的安全运行。

4. 隧道养护

（1）隧道内部设施维护：学习隧道内部设施的维护方法，包括通风系统、照明设备、排水系统等的检修、清洁和维护。

（2）隧道安全管理：了解隧道安全管理的重要性，学习隧道的定期巡检、紧急救援预案等，以确保隧道的安全运行。

5. 交通工程与沿线设施

（1）交通设备安装：学习交通信号灯、护栏、标志牌等设施的安装方法和标准，了解不同设施的功能和作用。

（2）设施检修与维护：掌握交通设施的定期检修和维护技术，包括设施的清洁、涂装、更换等操作。

6. 管理与培训

（1）养护管理体系：学习公路养护的管理体系，包括养护计划的制定与执行、资金管理、人员组织与调配等内容，了解养护管理的基本原则和方法。

（2）培训与技能提升：了解培训的重要性和方法，学习如何设计和实施培训计划，包括课程设置、教学方法、评估方式等，以提升员工的技能水平和工作效率。

在进行培训时，应注重理论与实践相结合，通过案例分析、模拟操作等方式提高学员的综合能力。此外，还应加强学员的安全意识和职业道德培养，确保在养护工作中能够做到安全第一、质量至上。

二、公路养护新技术

公路养护领域一直在不断引入新技术，以提高效率和质量。以下是一些公路养护新技术的介绍。

1. 机具设备

使用路面修补机（冷、热再生机）、铣刨机、压路机等，能够提高工作效率、质量和安全性，为公路养护工作提供有力支持，有助于提升公路养护工作的水平和效益。

2. 材料与工艺

新型路面材料的研发和应用，如高性能沥青混凝土、再生路基材料等，以及先进的施工工艺，如冷再生路面施工技术、微波加热修补技术等，能够提高路面的耐久性和承载能力。

3. 智能养护系统

利用传感器、数据采集和云计算技术，实现对路面、桥梁等设施的实时监测和评估，能够及时发现问题并采取措施，提高养护效率并减少成本。

4. 无人机和遥感技术

利用无人机进行航拍和巡检,结合遥感技术进行路况监测和评估,可以快速获取大范围的数据,并为养护决策提供科学依据。

5. 物联网技术

将物联网技术应用于设施设备的监测与管理,实现设备状态的实时监控、远程控制和预测性维护,提高设施的可靠性和可用性。

6. 虚拟现实与增强现实技术

通过虚拟现实和增强现实技术,可以模拟各种养护场景,为技术人员提供更直观、生动的培训体验,加深对操作技能的理解和掌握。

第七章

技术创新与试验研究

(1)养护工法创新:能对养护机具设备进行改进或创新;能对工艺进行改进或创新。

(2)试验研究:能开展养护材料试验与研制。

(3)能参与养护技术国际化交流、推广与转化,并能撰写专业技术工作报告。

第一节　养护工法创新

一、养护机具设备改进或创新

本部分将主要介绍三种具有代表性的养护机具设备的改进和创新方向,包括道路智能雷达系统、路况快速检测车以及智能养护巡检设备。首先是道路智能雷达系统,它利用雷达技术实现对道路状况的快速检测和评估,为养护工作提供了精准、高效的数据支持。其次是路况快速检测车,通过搭载各种传感器和测量仪器,能够快速准确地获取路面状况信息,有助于提前发现和解决路面问题。最后是智能养护巡检设备,它基于智能便携式终端,融合现有无损检测技术,实现对道路各部位进行快速检测并上传管理平台,实现养护工作的全面巡检,提高养护效率和质量。

通过引入智能化技术和先进的检测设备,可以提高养护工作的效率、准确性和可持续性。这些改进和创新的机具设备不仅为养护工作带来了便利,也为道路的安全性和可靠性提供了更好的保障。通过采用这些新技术和设备,可以更好地满足道路养护的挑战,提升公路交通系统的维护和管理水平。

(一)道路智能雷达系统

道路智能雷达系统是一种针对公路路基路面病害检测、市政管道(线)探测的数字检测雷达和智能机器人综合应用的数智设备系统。该系统通过无线局域网连接,采用多传感器融合,对指点检测区域可自行设置行驶路径并精准扫描,可自动巡航检测,能实现纵向移动、横向移动变换,自行方向切换等;搭配 RTK 定位系统,可对行驶路线精准定位,误差可控制在厘米级,能大幅提高上道作业效率,减少作业人员的同时,减轻作业人员负担。

道路智能雷达系统通过自行式机器人和 RTK 定位相结合实现自动行驶。机器人上所载的雷达天线则向地下介质发射几十兆赫至上千兆赫的高频电磁脉冲,电磁脉冲遇到不同电性介质的分界面时产生反射或散射,计算机接收并记录这些信号,再通过进一步的信号处理和解析即可了解地下介质的情况。

道路智能雷达系统组成主要包括自动导向车(AGV 小车)、RTK 定位系统、雷达天线(可搭配不同频率雷达天线)、配件(主机/平板电脑),如图 5-7-1 所示。

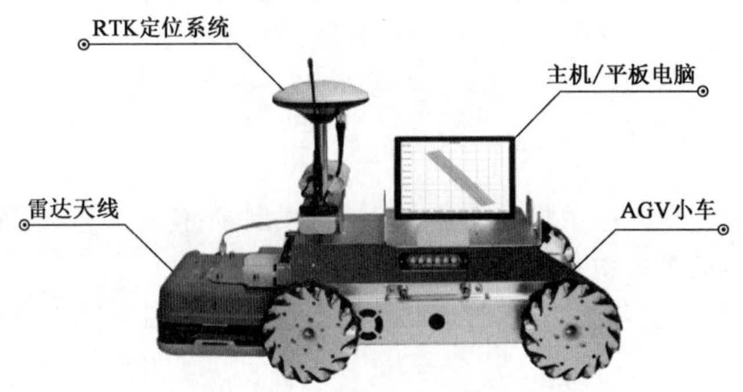

图 5-7-1　道路智能雷达系统组成

该技术具有测试效率高、可靠性好、可自动巡航定位、降低人员安全隐患等特点,可以显著提高公路工程、市政道路工程等质量把控,预防道路沉降、龟裂、塌陷等灾害发生,为人民生命及财产安全保驾护航。

应用实例:为支持市政道路的后期开挖工作,相关主管单位对某市政道路及其周边地下管线的分布和病害情况进行检测摸排。在盛夏 40℃超高温的情况下,传统"人工推进 + 检测"的探地雷达检测方式,几乎无法按时完成相关任务。采用道路智能雷达系统进行现场检测,则几乎不受温度等环境因素的影响。该系统可以设置自动行进路线和速度,根据设置的路线自动调节行进位置和方向,能够将检测数据实时上传,同时能够发送行进线路距离,现场可以实现无人操作检测。

对于传回的检测数据,可以通过人工分析处理,也可以采用图片识别技术对雷达图像进行人工智能识别。目前对单一雷达图谱的识别技术已经趋于成熟,但还不能实现多图谱叠加分析。如图 5-7-2 所示,如果仅凭单一的二维雷达图进行判断,极易误判为脱空情况,如果通过多测量水平切片图,则可清晰地看到一条横穿道路的管线。

(二)路况快速检测车

路况快速检测车(CICS)(图 5-7-3)是一种先进的交通检测设备,它能够迅速采集多种公路技术状况数据。这些数据包括但不限于路面损坏情况、横向力的测量、各层厚度、平整度信息、车辙深度、纹理特征以及弯沉程度等。通过这些全面且精确的数据,可以更好地了解和评估公路的质量和使用状况,为公路的维护、修复和管理提供科学依据。

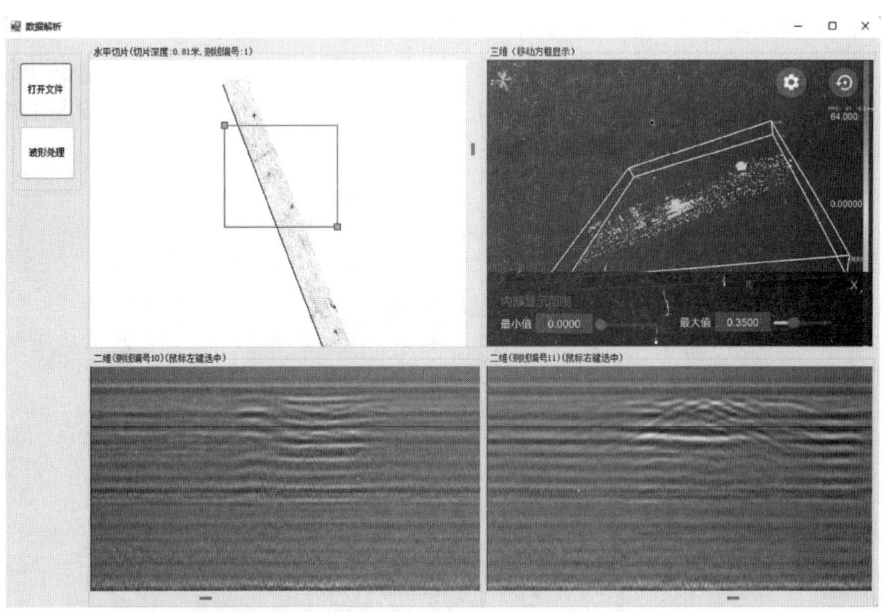

图 5-7-2　道路管线自动化检测

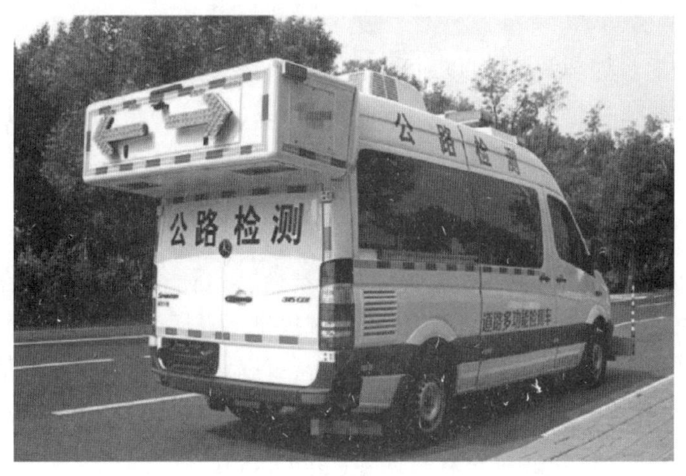

图 5-7-3　路况快速检测车

路况快速检测车(CICS)的核心优势在于其自动化和高效性。它具备在行驶过程中实时捕捉道路前方图像的能力,并将这些图像与公路数据库中的基础信息和路况数据进行有机结合,从而实现对道路状况的全方位评估。这一功能使得路况快速检测车(CICS)能够快速、准确地获取道路的详细信息,为后续的路况分析和决策提供可靠依据。同时,自动化操作不仅提高了工作效率,还减少了人为因素对检测结果的影响,保证了评估的客观性和准确性。

应用实例:某市政工程管理处对市内 9 座高架和一环、二环道路进行全面普查,总长达 1100km。根据现行《城镇道路养护技术规范》(CJJ 36)的要求,采用智能化、综合性的方式对这些道路进行检测(图 5-7-4)。检测使用路况快速检测车(CICS),该设备综合运用光学、机械、电子、计算和“3S”技术,是目前较为先进的道路检测设备。它以机动车为平台,配备先进的传感器系统、车载计算机和嵌入式集成多传感器同步控制单元等设备。在正常行驶状态下,车辆能够自动完成对道路路面损坏图像、路面车辙、道路前方图像、路面平整度及路面构造深度等数据的采集。这样可以最大限度地消除手动操作带来的人为误差,提高检测的准确性。

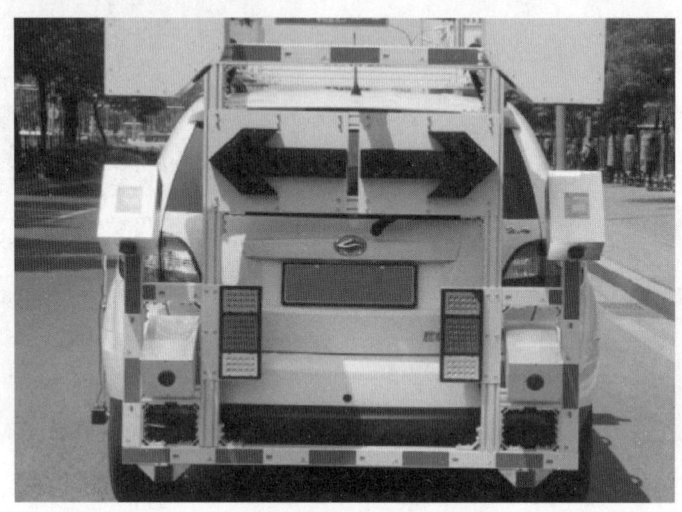

图 5-7-4　道路养护自动化检测

通过检测车的后台处理系统,可以对采集数据进行快速、准确、智能化的分析处理,统计和计算出路面的路面行驶质量指数(RQI)、路面状况指数(PCI)等指数,及时了解被检测路面的破损状况和病害原因,为该处市政道路科学养护提供真实、有效的数据支撑。

(三)智能养护巡检设备

基于智能手机的智能化养护巡检设备具有便携性、多功能性、优异的数据处理能力、相对低成本和用户友好性等特点,为道路巡检工程领域提供了灵活、高效、经济的巡查解决方案,推动了科技与工程的融合发展。同时,结合管理平台,可以实现对巡检数据的信息化、智能化、系统化的管理,提升道路养护的管理水平。下面列举几种基于智能手机的巡检设备。

1. 基于智能手机的裂缝识别及勾勒设备(图 5-7-5)

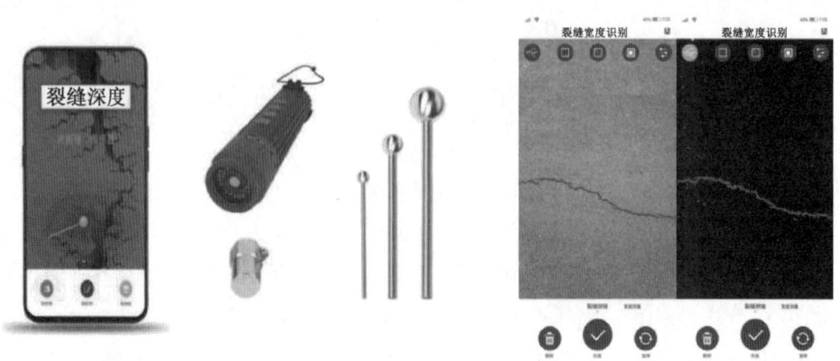

图 5-7-5　手机裂缝识别和勾勒及裂缝测宽检测系统

该类设备使用专用 App,结合图像处理和人工智能技术,能够快速识别桥梁、隧道等表面裂缝,并自动标记和测量其长度、宽度、走向等参数。此外,该设备还能勾勒道路表面的情况,辅助评估道路的平整度和安全性。

2. 基于智能手机的混凝土裂缝宽度及深度检测设备(图 5-7-6)

该类设备使用手机 App 结合图像处理等技术,可以快速测量桥梁、隧道等混凝土裂缝的宽度和深度,并提供可视化的检测结果和报告,以便养护人员及时采取修复措施。

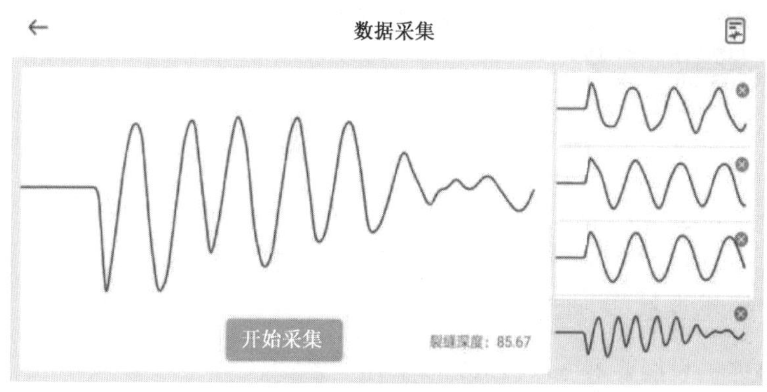

图 5-7-6　裂缝深度检测波形

3. 基于智能手机的混凝土浅层缺陷检测设备(图 5-7-7)

该类设备与手机 App 结合,可以快速检测桥梁、隧道等混凝土浅层缺陷,实现对缺陷位置、面积等快速测定。快速生成缺陷图像和报告,为养护决策提供技术支撑。

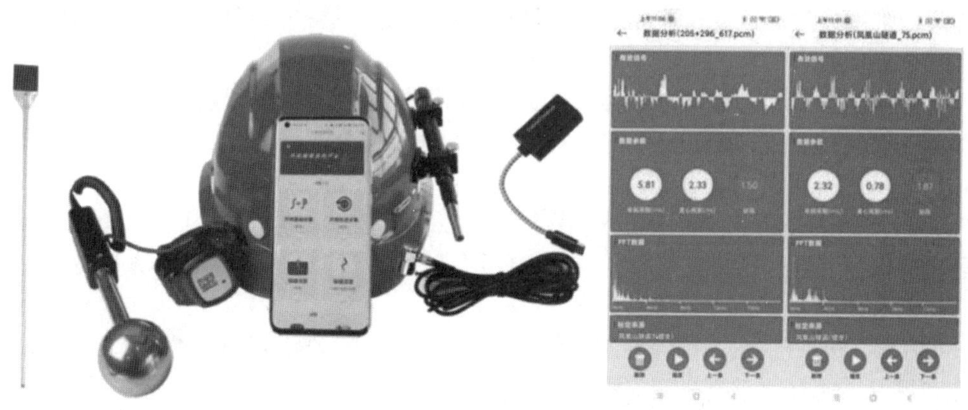

图 5-7-7　混凝土多功能无损检测仪

4. 基于智能手机的敲击法(隧道)检测设备(图 5-7-8)

该类设备采用打声方式获取信号,通过仪器对信号特性进行分析,并结合判定基准辨别缺陷。可实现现场拍照识别裂缝,做到数据结果可记录追溯,完全替代人工判别。

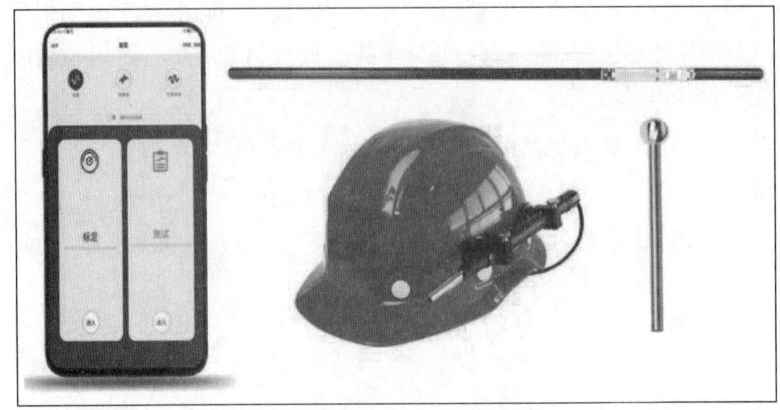

图 5-7-8　敲击式隧道衬砌缺陷检测仪

二、公路养护工艺技术要求

(一)养护技术发展要求

公路养护技术的发展要求可以归纳为以下几个方面:

(1)高效性:公路养护技术需要具备高效的施工和维修能力,以提高养护作业的效率和质量。这包括采用先进的设备和工艺,优化施工流程,实现快速、准确的养护工作。

(2)节能环保:随着环境保护意识的提高,公路养护技术要求在施工过程中降低对环境的影响,减少能源消耗和废弃物排放。例如,采用环保材料,推广节能设备和技术,控制噪声、振动等负面影响。

(3)长寿命:公路养护技术应注重提高道路结构和材料的耐久性和寿命,以延长道路使用寿命并降低维修频次。这涉及选择合适的材料、施工工艺和养护策略,以确保道路具有良好的耐久性和抗老化能力。

(4)智能化:随着信息技术的迅猛发展,公路养护技术也趋向于智能化。这包括利用传感器、监测系统和数据分析等技术,实现对道路状况的实时监测和评估,提供精准的养护决策支持。

(5)可持续性:公路养护技术要求在保障道路功能和安全的同时,注重资源的合理利用和生态环境的保护。这包括推广可再生材料的使用、节约水资源、开展循环经济等措施,以实现公路养护的可持续发展。

(6)标准化和规范化:为确保养护工作的质量和一致性,公路养护技术要求制定和遵守相关标准和规范。这有助于统一施工质量要求、安全管理和养护流程,提高整体养护水平。

总而言之,公路养护技术的发展要求包括高效性、节能环保、长寿命、智能化、可持续性以及标准化和规范化。通过满足这些要求,可以不断提升公路养护工作的质量和效率,提高道路的安全性、可靠性和可持续性。

(二)养护中检测及监测现状技术要求

在公路养护中,检测及监测技术的指标根据不同的对象和目的有所变化。以下是一些常

见的技术指标:

(1)精度:指测量结果与实际值之间的偏差。对于道路表面状况检测,精度可以体现为对路面缺陷(如裂缝、鼓包、坑洞等)的准确识别和定位能力。

(2)分辨率:指监测设备或传感器能够捕获到的最小细节大小。在道路表面状况检测中,分辨率可以反映出系统对于小尺寸缺陷的识别能力。

(3)反应速度:指监测设备从接收信号到输出结果的时间延迟。对于实时监测需求较高的情况,快速的反应速度可以帮助及时发现问题并采取相应措施。

(4)覆盖范围:指监测设备或传感器能够涵盖的区域范围。对于大面积道路的监测,广阔的覆盖范围可以提高效率和全面性。

(5)可靠性:指监测设备或系统的稳定性和长期可靠性。在公路养护中,需要确保监测设备能够持续工作,并产生准确和一致的结果。

(6)经济性:指监测设备或系统的成本效益。在选择和应用监测技术时,需要考虑其成本与性能之间的平衡,以确保投入产出的经济效益。

(7)自动化程度:指监测设备或系统的自动化程度。自动化程度越高,越能减少人工操作和人为误差,提高监测效率和准确性。

(8)数据处理与分析能力:指监测设备或系统对数据的处理和分析能力。这包括数据存储、处理算法、结果展示等方面,以支持决策和养护计划的制定。

这些技术指标是评估公路养护中检测及监测技术的重要参考。具体应根据实际需求和项目要求来确定适用的指标,并综合考虑多个因素进行综合评估。这些技术的应用可以提高养护工作的准确性、效率和安全性,有助于早期发现问题、及时采取措施并优化养护资源的利用。

三、公路养护工艺改进或创新

(一)表单型数据自动分析及管理系统

表单型数据自动分析及管理系统是一种利用光学技术和计算机技术来将图片或纸上的文字进行提取的技术。表单型数据自动分析及管理系统主要用于提取图像文本上的文字内容,应用领域十分广泛(如教育、交通、医疗、土木工程),是工业界和学术界的重点研究项目之一。

表单型数据自动分析及管理系统的意义主要体现在以下几个方面:

(1)提高工作效率:传统手动录入表单数据耗时且容易出错。通过自动分析和管理系统,可以快速、准确地提取图像或纸质表单上的文字内容,大大提高数据处理的效率。

(2)简化数据录入过程:自动分析和管理系统可以将烦琐的手动数据录入过程简化为图像识别和文字提取的自动化过程,减少人工操作的工作量,节约时间和人力成本。

(3)数据准确性和一致性:自动分析和管理系统具有较高的准确性和一致性,减少了由于人为因素导致的数据错误。这对于重要的数据分析、决策和报告具有重要意义。

(4)提供实时数据分析和监控能力:自动分析和管理系统能够实时提取和处理表单数据,使得数据分析和监控更加及时和准确。这对于实时监测和控制业务流程、资源分配和项目进展等非常重要。

（5）方便数据查询和检索：通过自动分析和管理系统，可以将提取的文字内容与其他相关数据进行关联和存储，便于后续的数据查询、检索和分析。这有助于提高数据的可用性和利用价值。

表单型数据自动分析及管理系统在公路养护工作中有多种应用（图 5-7-9）：

（1）路面巡检报告：自动识别和提取巡检表格中的文字信息，减少人工录入工作量，提高数据处理效率。

（2）缺陷记录和管理：自动识别和提取缺陷报告表单中的文字信息，建立缺陷数据库，实现自动化的缺陷管理和分析。

（3）养护合同和文件处理：快速将纸质文档转换为可编辑的电子文本，方便存储、检索和管理。

（4）养护档案数字化：将纸质档案转换为电子文本，方便存储、检索和共享。

图 5-7-9　表单型数据自动分析及管理系统的应用

总之，表单型数据自动分析及管理系统的意义在于提高工作效率、减少人工录入错误、实现实时数据分析和监控、方便数据查询和检索等，为数据处理和管理提供便捷、高效和准确的解决方案，提高数据处理的准确性和可追溯性，为养护工作的管理和决策提供支持。

接下来介绍表单型数据自动分析及管理系统的实现流程，其主要功能模块如图 5-7-10 所示。

图 5-7-10　表单型数据自动分析及管理系统实现流程

（1）图像预处理模块：对表单图像进行灰度化、二值化等基本预处理，以便后续处理和识别。通过对图像进行预处理，可以对因图片拍摄角度变换带来的影响进行矫正，并对图像进行去噪。

进一步,可对图像中的文档版面进行分割,如图 5-7-11 所示,将文本进行分割从而提取出字符。

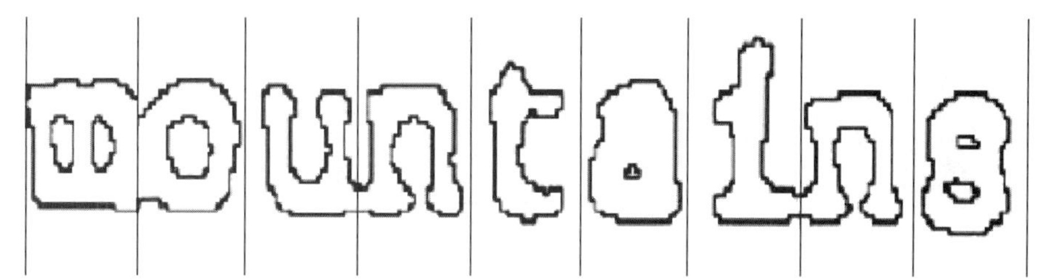

图 5-7-11　图像中的字符分割

(2)表单定位模块:利用深度学习网络模型,在表单图像中精确定位并标定表单的四个关键角点,确保准确的表单定位,如图 5-7-12 所示。

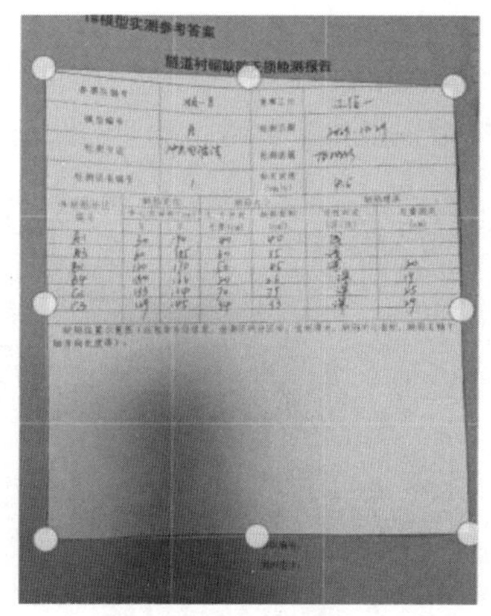

图 5-7-12　表单型数据自动分析及管理系统定位

(3)表单识别模块:LeNet 作为经典的 CNN 结构模型,在 MNIST 数据集上的识别率超过了 99%。利用深度学习 LeNet 卷积神经网络,可以实现对表单中的文字信息进行识别和提取,以获取表单中的文本内容。LeNet 网络结构如图 5-7-13 所示。

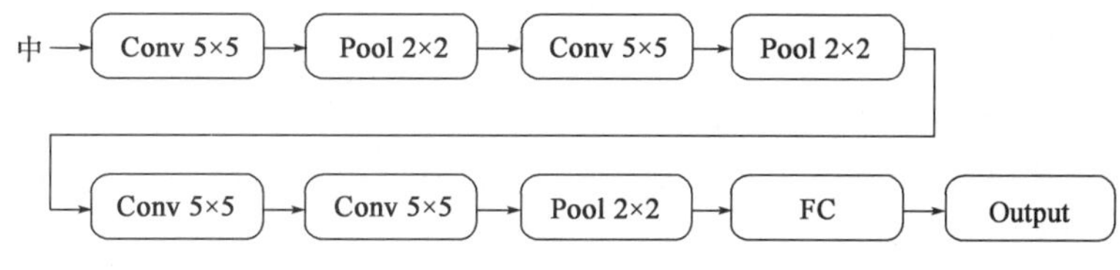

图 5-7-13　LeNet 网络结构图

(4)表格计算功能实现:通过内置计算逻辑可以直接完成表格中数字的计算工作,如图 5-7-14 所示。

(5)结果显示模块:将经过预处理、表单定位、文字识别等处理的结果进行展示,以便用户查看和验证识别结果。

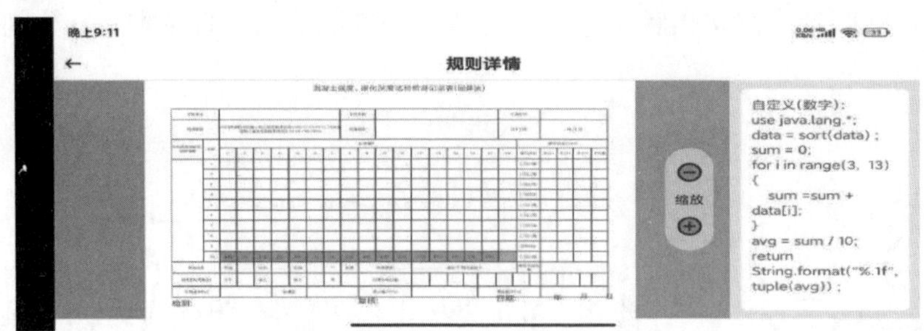

图 5-7-14　表格中可内置计算公式

(二)道路病害图像识别

基于智能手机的车载路面检测系统实现道路病害图像识别的步骤如下:

(1)数据收集(图 5-7-15):采集大量反映各种道路状况和路面缺陷(如裂缝、坑洞、鼓包等)的图像数据,作为训练样本。

(2)样本标注(图 5-7-16):对收集到的道路图像进行标注,用边界框将每个图像中的路面缺陷目标进行标记。采用算法模型识别和定位不同类型的路面缺陷。

图 5-7-15　智能终端对目标物进行拍照

图 5-7-16　缺陷标注

(3)模型选择和训练:选择合适的深度学习算法模型,如 yolov5,作为路面缺陷识别的基础模型。使用标注好的训练数据对模型进行训练,通过迭代优化模型参数,使其能够准确地识别和定位路面缺陷。

(4)终端设备拍摄:在车载终端设备上,即智能手机上安装相应的应用程序,使用手机摄像头拍摄道路图像。这些图像将用于后续的路面缺陷识别计算。

(5)图像预处理:对拍摄的图像进行预处理,包括调整图像角度,以实现鸟瞰视图。这可以通过根据摄像头的位置和角度进行几何校正来实现。

(6)路面缺陷识别计算(图 5-7-17):将经过预处理的图像输入训练好的模型,进行路面缺陷的识别和定位计算。模型将返回识别结果,标记出图像中存在的不同类型的路面缺陷及其位置信息。

(7)结果展示和记录:将识别结果以可视化形式在终端设备上展示,并将结果记录下来。这有助于监测道路状况、制定养护计划和优化资源调配。基于手机的道路病害图像识别如

图 5-7-18 所示。

图 5-7-17　缺陷处理及识别

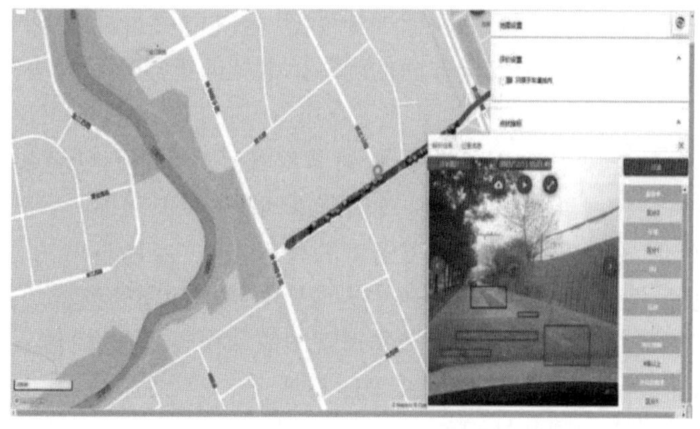

图 5-7-18　基于手机的道路病害图像识别

需要注意的是，该技术路线仅提供了一个基本框架，具体实施还需根据具体情况进行调整和优化。例如，在模型训练阶段可能需要更多的数据和迭代训练，预处理步骤可能涉及更复杂的几何校正算法等。

总之，通过对公路养护进行技术创新与试验研究，发现基于手机的智能化快速巡检设备在道路巡检中具有高效、准确、便捷等特点，可以显著提高巡检效率，保障道路安全。

第二节　试 验 研 究

一、试验的研究方法与管理知识

在公路养护设备的试验过程中，研究方法和管理知识的应用可以帮助确保试验的有效性和高效性。

(一)研究方法

公路养护常见的研究方法包含但不限于数据收集与分析、对照组和样本分析、人工智能应用研究、结构健康及安全监测分析等,下文主要针对人工智能应用研究、结构健康及安全监测分析的两个方法进行介绍。

1. 人工智能应用

人工智能应用研究是一门研究和开发计算机系统以模拟和复制人类智能的技术和科学领域。它涵盖了多个子领域和技术,包括机器学习、深度学习、自然语言处理、计算机视觉、专家系统等。这些技术的基本原理是通过利用数学、统计和算法来构建模型,并使用数据进行训练和推断,从而使计算机系统具备学习、推理和决策等能力。人工智能、机器学习、深度学习关系图如图 5-7-19 所示。

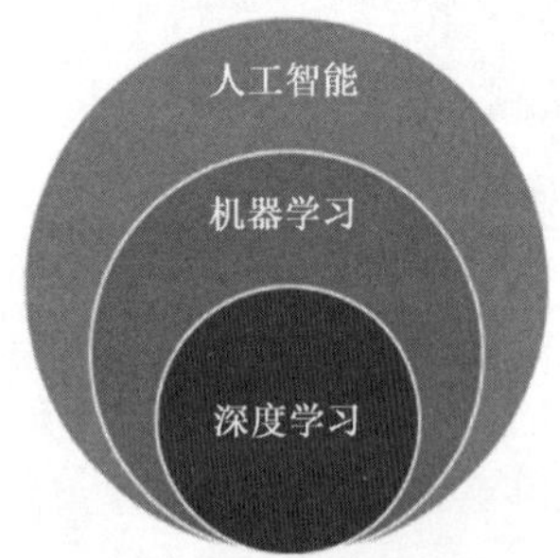

图 5-7-19 人工智能、机器学习、深度学习关系图

其中:

(1)机器学习:是一种重要的方法,它通过机器学习算法,使用大量的数据训练模型,使其能够自动识别、分类和预测结构健康和安全方面的问题。常见的机器学习算法包括决策树、支持向量机、神经网络等。

(2)深度学习:是机器学习的一个分支,通过多层神经网络进行特征提取和模式识别。它在结构健康和安全监测领域具有广泛应用,如缺陷检测、裂缝识别等。

(3)自然语言处理:是处理和理解人类语言的技术,通过应用自然语言处理技术,对文本数据进行分析和理解,例如从结构健康报告中提取有关结构问题的信息。

(4)计算机视觉:致力于让计算机"看"和理解图像和视频,通过模仿人类视觉系统来实现养护过程中图像识别、目标检测和图像生成等任务。

(5)专家系统:是基于规则和知识的推理引擎,通过模拟人类专家的决策过程来提供问题求解和决策支持,从大规模的结构监测数据中发现隐藏的模式和关联规则,帮助分析结构的健康状态和安全风险。

这些人工智能技术在许多领域都得到了广泛应用。例如,在金融领域,机器学习和深度学习可用于风险评估和市场预测;在交通领域,使用智能交通系统优化交通流量和开发自动驾驶技术;在制造业领域,利用机器学习和物联网实现智能工厂和预测性维护;在医疗领域,运用人工智能进行图像诊断、个体化治疗和健康监测等。

人工智能技术通过模拟和复制人类智能,使计算机具备了学习、推理和决策等能力,并在各个行业和领域产生了重大影响和变革。

在高速公路养护中应用人工智能已成为未来的趋势,具有重要的价值和潜力。通过人工智能技术可以实现缺陷检测与识别、路况监测与预测、维修计划优化、智能巡检与监控以及数据驱动的决策支持等方面的应用。这些应用将为公路养护带来效益和便捷服务,并推动智慧高速和智慧养护的革新。随着人工智能技术的发展和创新,将会有更多的应用场景出现,为提升养护管理的效率、质量和安全性带来巨大潜力。将人工智能与公路养护相结合,可以实现更智能、高效和可持续的养护管理体系。

2. 结构健康及安全监测分析

结构健康及安全监测分析技术是一种基于物联网的实时数据收集和处理技术。它利用各种传感器、通信设备和云计算技术,实现对设备、环境或过程的连续性和实时性监测。已经被广泛应用于各种领域,包括制造业、能源管理、环境监测、医疗保健、交通运输等。其通过实现设备、环境或过程的实时、连续监测,为提高效率、降低成本、优化资源利用、改善服务质量等提供了强大的支持。

结构健康及安全监测能够对公路各结构或部位性能进行实时监测,及时发现结构损伤或潜在的危险,实时对公路结构安全把脉,预测结构的性能变化和剩余寿命,支撑养护人员做出养护处置决策,是保障公路安全运营的有效手段,对提高公路运营效率、保障人民生命财产安全有极其重大的意义。通过将道路养护设备与互联网连接,实现设备的远程监控和管理,从而提高养护工程的管理效率和质量。

在基于物联网的养护工程质量管理中,物联网技术被用于实时监控和维护道路设施,以便及时发现和解决可能出现的问题。这种技术的应用不仅可以提高公路维护和管理的效率,而且有助于提升服务质量。

3. 结构健康及安全监测的系统

在公路养护工作中,结构健康及安全监测对象广泛,代表性强的包括桥梁结构、边坡结构、隧道结构等。公路养护中的健康监测已成为现代工程越来越迫切的需求,也是土木工程学科发展的重要领域。

该系统主要由传感器系统、数据采集传输系统、数据中心(数据库)和管理平台四大部分组成。从系统结构来看,其技术结构主要分为三层:感知层、网络层和应用层。

感知层:由各种传感器及传感器网关技术架构构成。感知层的作用相当于人的眼耳鼻喉和皮肤等神经末梢,它是物联网识别物体、采集信息的来源。

网络层:由各种私有网络、互联网有线网络和无线通信网络管理系统和云计算平台等组成,相当于人的神经中枢和大脑,负责传递和处理感知层获取的信息。

应用层:是物联网和用户(包括人、组织和其他系统)的接口,它与行业需求结合实现物联网的智能应用。其架构必须有三个重要组成:

(1)高性能的采传系统:主要是指稳定可靠的传感器与通畅的采集传输体系。

(2)监测对象载体:主要为复杂大型结构体,如桥梁、隧道、边坡、建筑等结构。

(3)成熟的网络架构:为了实现数据共享,整个系统必须要能够支持网络访问和存取数据。主要包括 C/S 架构和 B/S 架构。

4. 数据传输

数据传输指数据源和数据宿之间传送数据的过程,也表示借助信道上的信号将数据从一处送往另一处的操作。目前计算机网络应用主要采用物理层、数据链路层、传输层和应用层的四层结构框架,此框架中的每一层都有协议或者方法的选择。数据传输系统主要包括通信网络和通信协议。

通信方式根据传输介质可分为有线通信和无线通信。有线通信是指利用金属导线、光纤等有形媒质传送信息的技术。有线通信介质主要包括共轴线缆、双绞线、光纤等。无线通信主要是利用电磁波信号在空间中传播而进行信息交换的通信技术,进行通信的两端之间无须有形的媒介连接。光通信和量子通信技术均属于无线通信方式。

一般来讲,有线连接可靠性高、稳定性好;缺点是连接受限于传输媒介。无线连接自由灵活终端可以移动,没有空间限制,但可靠性受传输空间里的其他电磁波及传输空间的影响,可靠性低于有线传输方式。在公路养护结构健康及安全监测项目中,常用的通信方式包括以太网、串口、WiFi、蓝牙、LoRa、ZigBee 等。各种通信方式具备不同的特点,如以太网具备传输速度快、兼容性好等优点,但其速度瓶颈与局域入网设备数量有关,且易传输病毒。LoRa 具备传输传输距离远、功耗低等特点,在公路养护结构健康及安全监测项目中常有应用。

5. 结构健康及安全监测分析技术

在结构健康及安全监测领域进行研究的分析技术主要包含以下几大方向:

(1)传感器技术:利用各种类型的传感器(如应变传感器、加速度计、温度传感器等),实时采集结构的相关数据,用于结构健康和安全状态的监测和评估。

(2)数据分析与处理:通过对监测数据的分析和处理,识别异常或趋势性变化,判断结构的健康状况,并预测潜在的安全风险。

(3)结构模型与仿真:利用数值模型和仿真技术,建立结构的数学模型,并通过模拟不同工况下的响应,评估结构的稳定性和安全性。

(4)健康评估方法:开发和应用不同的健康评估方法,如基于物理特性、统计分析、机器学习等的方法,对结构的健康状况进行综合评估。

(5)长期监测与管理系统:设计和建立完善的结构监测与管理系统,包括数据采集、存储、处理、分析和可视化展示,以支持结构的长期健康和安全管理。

(二)管理知识

质量管理:在试验过程中,采用质量管理方法,包括制定质量控制计划、标准化操作流程、监控数据质量等,以确保试验结果的准确性和可靠性。

项目管理:将试验过程视为一个项目,制定项目计划、明确任务和责任分工、合理分配资源、进行进度和风险管理等,以保证试验的顺利进行和高效完成。

风险管理:识别试验过程中可能存在的风险和障碍,并制定相应的风险管理策略和预案,以减少不确定性对试验结果的影响。

沟通与协调:加强团队内部和外部的沟通与协调,确保信息的传递和共享,促进合作与交流,提高试验的效率和成果。

以上研究方法和管理知识的应用可以帮助实施公路养护设备调试试验时更科学、高效地进行设计、执行和管理。通过系统的研究方法和有效的管理措施,能够提高试验的可靠性和可操作性,并为后续决策提供有力的依据。

二、养护材料试验与研制

在公路养护中,监测传感器的研制和分类对于实时监测养护材料的性能和状况具有重要意义。下文将介绍关于公路养护监测中常用传感器的研制和分类。

(一)公路养护监测中常用传感器研制及分类

利用一些传感器,如光纤传感器、压电传感器、电磁伸缩材料制成的传感器、GPS、静力水准仪、风速风向仪等,来采集相关结构的温度、应变、位移、风速、风向、加速度、车辆载荷吊杆(斜拉索)拉力、主缆拉力等参数,可实时掌握公路,如桥梁、隧道、边坡等相关结构的运营状况,为公路养护提供养护管理与决策支撑。下面以桥梁监测为例,介绍相关传感器。桥梁在线监测可分为施工期监测和运营期监测两部分,监测项目基本相同,主要有以下几部分:

(1)环境监测

环境监测主要为温度、湿度、风速(大跨径桥梁)等,主要采用温度传感器、湿度传感器、风速传感器等。

(2)变形监测

变形监测主要针对沉降、水平位移、倾斜、挠度等进行监测,主要采用GPS、静力水准仪、位移计、固定式测斜计、位移传感器、裂缝计等。

(3)应力应变监测

主要针对混凝土结构表面、内部应变、钢筋受力、钢索受力等。主要采用表面应变计、埋入式应变计、钢筋计、锚索计、轴力计等。

(4)动(静)试验

监测桥梁在承受动态或静态载作用时的变化情况,结合分析软件可掌握桥梁的自振频率冲击系数、疲劳分析等,对桥梁的稳定性进行评估,主要采用加速度传感器、拾振器、应变片等。

(二)传感器布置及安装

公路养护监测系统所处的环境往往比较恶劣,监测周期长,数据准确性及精度要求高,若要实现对工程结构长期、稳定、可靠监测,所选择的传感器除满足必要的使用功能外,还需注意以下原则:稳定住好、适用性强、耐久性强、操作简便和便于更换维护等。

在公路养护工作中,主要常见的大型复杂结构包括桥梁和隧道。以下为在这两种结构监测中常用的传感器,见表5-7-1、表5-7-2。

桥梁结构监测常用传感器　　表5-7-1

结构类型	监测参数	设备名称	安装位置
桥梁	应力/应变	应变计	梁身、桥塔、桥墩等
	动挠度	加速度传感器	梁身、桥塔等
	振动模态、频率		
	静挠度	静力水准仪	桥墩、桥塔、梁体等
	混凝土温度	温度传感器	梁体
	结构沉降	静力水准仪	桥墩
	结构倾斜	倾角仪	桥墩、桥塔、梁体等
	温湿度	温湿度传感器	桥底、梁体
	风速风向	风速风向仪	塔顶、跨中

隧道结构监测常用传感器 表 5-7-2

结构类型	监测参数	设备名称	安装位置
隧道	隧道断面收敛变形	位移传感器	拱顶、拱腰等位置
	沉降	水准仪、全站仪等	地表
	温湿度	温湿度传感器	衬砌
	振动模态、频率	加速度传感器	衬砌
	应力/应变	应变计	衬砌
	钢筋应力	钢筋计	初衬钢筋
	倾斜角度	倾斜传感器	衬砌
	气体浓度	气体传感器	衬砌
	噪声	声音传感器	衬砌
	水位	水位传感器	地下、衬砌等

以桥梁养护工传感器安装为例,不同的传感器一般布置在桥梁不同位置,通过现场传感器数据感知,进而通过传输到系统平台实现对桥梁的健康监测。桥梁监测常用的传感器包括倾斜传感器、应变计、振动传感器等。

(三)案例展示

1.概述

以四川某特大桥的养护监测为例:该大桥左幅桥位中心桩号为 K34 + 300,全长 450.00m,桥跨布置为 2 × 30m(简支 T 梁) + (95 + 180 + 95)m(连续刚构)。右幅桥位中心桩号为 K34 + 485,全长 820.00m,桥跨布置为 3 × 30m(简支 T 梁) + (95 + 180 + 95)m(连续刚构) + 10 × 30m(简支 T 梁) + 1 × 40m(简支 T 梁),桥梁现场照片见图 5-7-20。

图 5-7-20 大桥现场照片

2. 系统方案

平台架构主要包括感知层、网络层、应用层等,如图 5-7-21 所示。

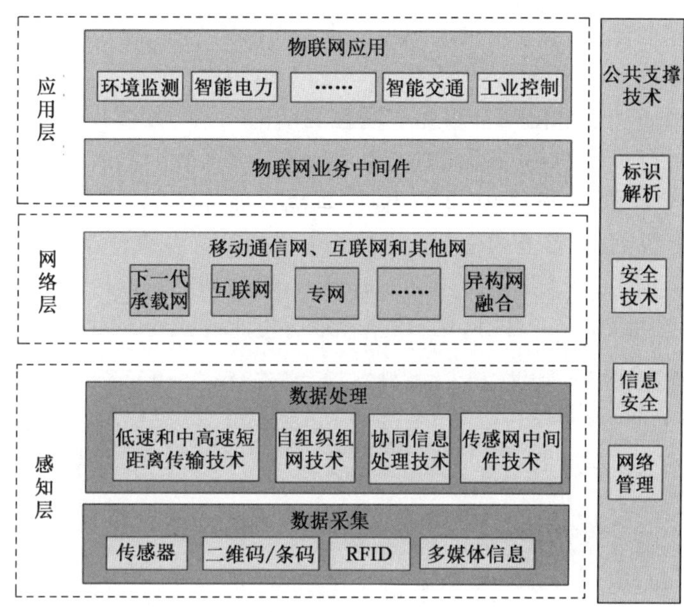

图 5-7-21　系统构架

3. 监测测点布置方案

本项目主要监测桥梁主桥部分,通过环境、作用、结构响应、结构变化方面分析对桥梁进行整体状况监测,所用传感器主要包括加速度计、应变计、温湿度计、静力水准仪等。传感器布置及点位如图 5-7-22 所示。

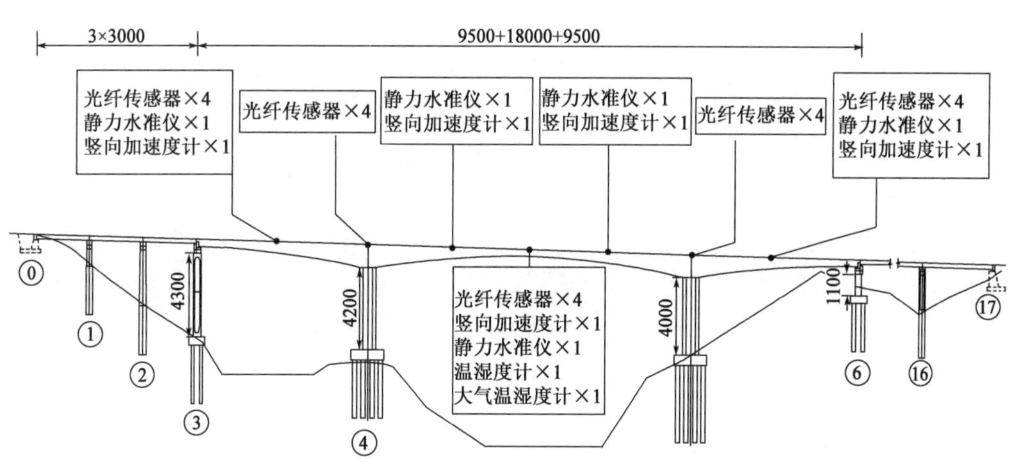

图 5-7-22　传感器布置及点位图(尺寸单位:mm)

4. 系统展示

采集传输系统包括数据采集、通信设备及相关软件等。根据监测环境,在被监测结构的相应部位设置监测点,并安装传感器。传感器连接到外场监测站的采集仪防护箱,通过远程控制和在线数据传输,将传感器数据直接传输到控制中心。

在线监测管理系统平台的功能包括:

(1)一体化管理平台:一个账户可以同时监测不同设施结构,避免重复采购和安装软件。

(2)监测结构地理定位功能。

(3)支持二维平面和轻量化 BIM 模型实现被测结构三维可视化展示和管理。

(4)系统管理平台包括 Web 端系统功能和移动客户端(App)。Web 端系统功能包括实时监测、数据管理、安全评价、报表管理、工程管理、系统管理等模块,实现监测数据展示、历史数据查询、巡查数据管理、报表推送、数据趋势预测、项目和基坑参数设置及管理等功能。

(5)预报警信息推送,可采用系统页面实时显示、短信和邮箱推送等方式。

系统实时监测界面如图 5-7-23 所示,数据管理历史曲线如图 5-7-24 所示。

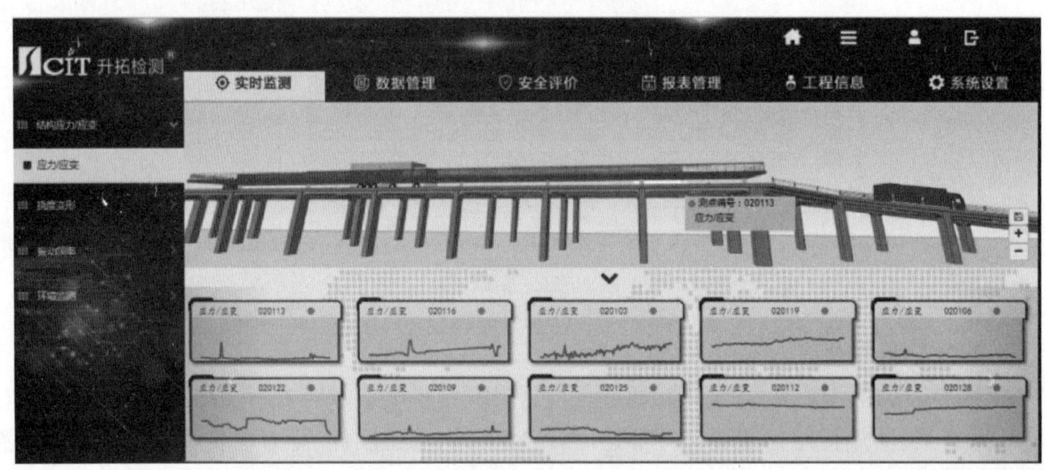

图 5-7-23　系统主界面

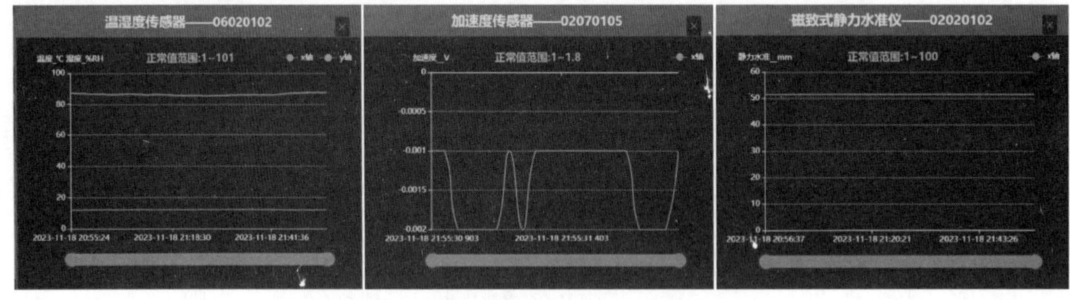

图 5-7-24　历史数据曲线(温湿度、加速度、静力水准)

三、养护技术国际化交流推广

在养护技术的国际化交流推广方面,以下是一些关键的方向和方法:

(1)参与国际会议和展览:积极参与国际性的养护技术会议、展览和研讨会,与来自世界各地的专家学者和行业从业者进行交流和经验分享。这种交流平台有助于了解国际养护技术的最新发展趋势和前沿技术。

(2)建立合作伙伴关系:与国际机构、大学、研究机构以及其他相关行业组织建立合作伙伴关系,共同开展养护技术的研究和项目合作。通过合作,促进技术的交流与创新。

(3)发布技术成果和研究论文:将养护技术的研究成果和创新成果发布在国际知名期刊或会议上,提高技术的可见度和认可度。这可以吸引国际同行的关注,并促进技术的推广和应用。

(4)举办国际培训和交流活动:组织国际培训班、研讨会和交流访问等活动,邀请国际专家和学者来访,分享养护技术的最新研究成果和实践经验。这有助于加强国际合作与交流,并提高养护技术人才的素质。

(5)参与国际标准化工作:积极参与相关国际标准化组织和委员会的工作,推动养护技术标准的制定和应用。这有助于提高养护技术的规范化水平,促进国际间的技术交流和互认。

(6)建立养护技术数据库和信息共享平台:建立养护技术的数据库和信息共享平台,收集、整理和分享国内外的养护技术资料和案例。这有助于促进不同地区之间的技术交流和借鉴。

(7)参与国际合作项目:积极参与国际合作项目,与其他国家或地区共同开展养护技术的研究和实践。通过合作项目,促进技术的共享和推广。

通过以上方法和途径,可以推动养护技术的国际化交流与推广,促进各国在养护技术领域的合作与共赢。这有助于提高养护技术的水平和标准化程度,推动行业的发展和进步。

四、专业技术工作总结和论文的写作方法

道路养护高级技师的专业技术工作总结和论文写作方法可以按照以下步骤进行:

1. 确定写作主题和目标

(1)选择一个具体的道路养护技术领域或问题作为主题。

(2)明确你的写作目标,例如总结某项技术工作的经验,或者研究解决某个特定的养护问题。

2. 收集资料和数据

(1)查阅相关的文献、期刊、会议论文等,收集与主题相关的资料。

(2)收集实地调研或项目工作中的数据,以支持你的观点和结论。

3. 进行分析和整理

(1)对收集到的资料和数据进行系统性分析和整理,提取其中关键的信息和观点。

(2)归纳总结出有价值的观点、结论和经验。

4. 组织结构和提纲

(1)根据你的主题和目标,制定清晰的文章结构和提纲。

(2)确定各个章节的内容和顺序,保证逻辑性和条理性。

5. 撰写正文部分

(1)按照提纲逐步展开论述,撰写论文的正文部分。

(2)在写作过程中，注意论述的连贯性和逻辑性，使用恰当的段落和标题来组织内容。

6. 结果分析和讨论

(1)对你的研究结果进行详细的分析和讨论，解释你的发现，并与先前的研究进行对比。

(2)提出自己的见解和观点，并探讨可能的原因、影响和应用。

7. 结论和建议

(1)在论文的结尾部分，总结你的研究成果，提出明确的结论和建议。

(2)强调你的研究的重要性和价值，并给出进一步研究或实践的建议。

8. 引用和参考文献

(1)论文中引用其他学者的研究成果时，确保正确标注引用来源，包括作者、年份和出处等信息。

(2)列出参考文献列表，按照特定的引用格式准确列出所有引用的文献资料。

9. 修改和审校

(1)完成初稿后，进行适当的修改和润色，检查文章的语法、拼写、标点符号等方面的错误。

(2)请同行或导师审校，获得专业的意见和建议，并根据反馈意见进行修改。

10. 最终撰写和提交

(1)根据修改和审校的反馈意见，完善最终版本的论文。

(2)按照期刊或学校的要求进行格式调整和排版，并准备好正式版本的论文进行提交。

参 考 文 献

[1] 中华人民共和国交通运输部. 公路路基养护技术规范:JTG 5150—2020[S]. 北京:人民交通出版社股份有限公司,2020.

[2] 中华人民共和国交通运输部. 公路养护技术标准:JTG 5110—2023[S]. 北京:人民交通出版社股份有限公司,2023.

[3] 中华人民共和国交通运输部. 公路沥青路面养护技术规范:JTG 5142—2019[S]. 北京:人民交通出版社股份有限公司,2019.

[4] 中华人民共和国交通运输部. 公路机电工程测试规程:JTG/T 3520—2021[S]. 北京:人民交通出版社股份有限公司,2021.

[5] 中华人民共和国交通运输部. 公路技术状况评定标准:JTG 5210—2018[S]. 北京:人民交通出版社股份有限公司,2018.

[6] 中华人民共和国交通运输部. 公路沥青路面预防养护技术规范:JTG/T 5142-01—2021[S]. 北京:人民交通出版社股份有限公司,2021.

[7] 中华人民共和国交通运输部. 公路沥青路面养护技术规范:JTG 5142—2019[S]. 北京:人民交通出版社股份有限公司,2019.

[8] 中华人民共和国交通运输部. 公路工程质量检验评定标准　第一册　土建工程:JTG F80/1—2017[S]. 北京人民交通出版社股份有限公司,2018.

[9] 中华人民共和国交通运输部. 公路工程质量检验评定标准　第二册　机电工程:JTG 2182—2020[S]. 北京:人民交通出版社,2020.

[10] 中华人民共和国交通运输部. 公路水泥混凝土路面养护技术规范:JTJ 073.1—2001[S]. 北京:人民交通出版社,2001.

[11] 全国交通工程设施(公路)标准化技术委员会. 道路交通标志和标线　第1部分:总则:GB 5768.1—2009[S]. 北京:中国标准出版社,2009.

[12] 全国交通工程设施(公路)标准化技术委员会. 道路交通标志和标线　第2部分:道路交通标志:GB 5768.2—2022[S]. 北京:中国标准出版社,2022.

[13] 全国交通工程设施(公路)标准化技术委员会. 道路交通标志和标线　第3部分:道路交通标线:GB 5768.3—2009[S]. 北京:中国标准出版社,2009.

[14] 中华人民共和国交通运输部. 公路桥涵养护规范:JTG 5120—2021[S]. 北京:人民交通出版社股份有限公司,2021.

[15] 中华人民共和国交通运输部. 公路养护工程质量检验评定标准　第一册　土建工程:JTG 5220—2020[S]. 北京:人民交通出版社股份有限公司,2020.

[16] 中华人民共和国交通运输部. 公路桥梁结构安全监测系统技术规范:JT/T 1037—2022[S]. 北京:人民交通出版股份有限公司,2022.

[17] 交通运输部职业资格中心. 公路养护工程技术人员专业实务[M]. 北京:北京交通大学出版社,2021.

[18] 周传林,王淑娟. 公路养护技术与管理[M]. 4版. 北京:机械工业出版社,2021.

[19] 王知乐. 路桥养护技术[M]. 北京:机械工业出版社,2019.
[20] 姜志青. 道路建筑材料[M]. 6 版. 北京:人民交通出版社股份有限公司,2021.
[21] 交通专业人员资格评价中心(交通运输部职业技能鉴定指导中心). 公路养护工(初级·中级·高级)[M]. 北京:人民交通出版社,2010.
[22] 交通运输部职业资格中心(交通运输部职业技能鉴定指导中心). 公路养护工 技师(二级)·高级技师(一级)[M]. 北京:人民交通出版社,2016.
[23] 袁芳. 公路养护技术与管理[M]. 北京:人民交通出版社,2022.
[24] 黄娟. 路基路面养护技术[M]. 北京:人民交通出版社,2021.
[25] 单德山,李乔,付春雨,等. 智能桥梁健康监测与损伤评估[M]. 北京:人民交通出版社股份有限公司,2010.
[26] 蒋永林,等. 数字技术与土木工程信息化[M]. 2 版. 北京:人民交通出版社股份有限公司,2021.
[27] 熊文劼. 基于图像识别的道路路面破损自动检测系统[J]. 价值工程,2015,34(28):152-154.